디지털 교육의 미래, 교실에서 시작된다

교실 속 AI 디지털 교육 인사이트

강주원 · 김효정 · 박준호
김진관 · 이혜림 · 김동준
이성일 · 이성강 · 장덕진

박영story

머/리/말

"교실 속 AI 디지털 교육, 미래를 향한 동행"

안녕하세요. 독자 여러분,

급변하는 시대의 한가운데, 교육은 그 어느 때보다 거대한 변곡점에 서 있습니다. 인공지능(AI)과 디지털 기술의 물결은 우리 아이들이 살아갈 미래 사회를 재편하고 있습니다. 교육의 본질과 방향에 대한 근본적인 질문을 던지고 있습니다. 이러한 시대적 흐름 속에서『교실 속 AI 디지털 교육 인사이트』를 통해 여러분과 함께 미래 교육의 길을 모색하게 되어 진심으로 기쁩니다.

이 책은 단순히 AI 디지털 교육의 기술적 측면만을 다루는 것을 넘어, 교실 현장의 생생한 목소리와 깊이 있는 성찰을 담아내고자 했습니다. 9명의 저자들은 AI·디지털 교육자료 도입을 넘어선 정책적 비전부터 특수교육 현장의 로드맵, 사회정서학습의 새로운 지평, 교사 학습 공동체의 힘, 디지털 리터러시, 기초학력, 깊이 있는 학습, 과정 중심 평가, AI 기반 서논술형 평가에 이르기까지, AI 디지털 교육의 다양한 스펙트럼을 폭넓게 조망합니다.

1부에서는 기존 AI · 디지털 교육자료 도입과 특수교육, 사회정서학습, PLC 생태계 구축 등 미래 교육사례와 정책적 제언을 담았습니다.

강주원 선생님은 「회복력 있는 AI 교육 정책 설계」를 통해 단일 기술 중심의 접근을 넘어선 지속가능하고 포괄적인 AI 교육 정책 프레임워크를 제안합니다. 대한민국 교육이 직면한 복합적 위기를 진단하고 AI 기술이 그 해법이 될 수 있음을 역설하면서도, 기술적·윤리적 한계를 넘어선 '회복력 있는' 정책 설계를 위한 구체적인 로드맵을 제시합니다.

김효정 선생님은 「AI·디지털 기술로 지원하는 특수교육현장 로드맵」에서 디지털 전환 시대의 기술이 특수교육 분야에 어떻게 효과적으로 활용될 수 있는지 탐구합니다. 특수교육 대상자의 '학습 자립'을 위한 디지털 기술의 필요성을 강조하며, 국내외 사례 분석과 함께 특수교육 AI·디지털 교육자료의 활용방향성을 조망하며 현장의 고민을 함께 나누고자 했습니다.

박준호 선생님은 「에듀테크 활용 사회정서학습 사례로 본 미래교육」을 통해 AI 디지털 교육 속에서 사회정서학습(SEL)과 에듀테크가 어떻게 만나 교실 현장을 더 따뜻하고 풍성하게 만들 수 있는지를 보여줍니다. 다양한 에듀테크 사례를 통해 학생들의 마음을 세심하게 돌보는 교육의 가능성을 제시하며, 기술이 궁극적으로 사람과 사람 사이의 마음을 연결하는 다리 역할을 해야 함을 강조합니다.

김진관 선생님은 「교사 자발성, 커뮤니티(PLC) 중심 생태계 구축의 길을 묻다」에서 교사와 커뮤니티의 힘이 교육 혁신의 핵심임을 역설합니다. 하향식 정책 전달의 한계를 넘어, 교사의 자발성과 동료 간의 협력을 바탕으로 한 '교사 주도 전문적 학습 공동체(PLC)' 구축 모델을 제시하며, 실제 현장 사례를 통해 상향식과 하향식의 '혼합형 성장 모델'의 가능성을 생생하게 보여줍니다.

2부에서는 교실 현장에서 AI 디지털 교육이 실제 어떻게 구현되고 적용될 수 있는지에 대한 깊이 있는 탐색을 이어갑니다.

이혜림 선생님은 「모든 학생을 위한 디지털 리터러시 교육」을 통해 디지털 시대를 살아가는 아이들을 위한 새로운 교육의 방향을 제시합니다. 학생들이 단순한 소비자를 넘어 콘텐츠를 창작하고 소통하는 '생산자형 디지털 리터러시'로 전환되어야 함을 강조하며, 실제 수업 사례와 정책 방향을 구체적으로 소개합니다.

김동준 선생님은 「AI · 디지털 교육자료 활용 교수 · 학습방법」에서 2022 개정 수학과 교육과정의 목표인 '포용성과 창의성을 갖춘 주도적인 사람'을 기르기 위해 AI · 디지털 교육자료가 어떻게 효과적으로 지원될 수 있는지를 탐구합니다. 학생별 맞춤형 학습 제공 및 협력 학습을 위한 구체적인 교수학습 방법을 제시하며 현장의 실천 전략을 모색합니다.

이성일 선생님은 「깊이 있는 학습과 AI 디지털 기반 수업설계」를 통해 교사의 역할이 지식 전달자에서 학습 설계자로 변화했음을 강조합니다. 2022 개정 교육과정이 강조하는 '깊이 있는 학습'을 위해 탐구 질문 중심의 백워드 설계와 수행 중심 과제 활용 방안을 제시하며, AI가 이러한 수업 설계를 지원하는 조력자 역할을 할 수 있음을 보여줍니다. 동시에 기술 활용의 교육적 맥락과 교사의 전문성을 강조합니다.

이성강 선생님은 「디지털 융합수업의 등장과 평가 패러다임의 변화」에서 2015 개정 교육과정부터 시작된 역량 중심 교육과 과정중심평가의 중요성을 다시 한번 강조합니다. 현장에서 과정중심평가 실천의 막막함을 해결하기 위해 새로운 도구들의 적용을 통해 '문서 속 평가'가 아닌 '교사와 학생의 곁으로 다가가는 평가'의 실체를 서술합니다.

마지막으로 장덕진 선생님은 「AI 기반 서논술형 과제 피드백의 현재와 방향」에서 AI 기반 서논술형 평가의 가능성과 한계를 논합니다. 개별 맞춤형 교육을 지원하는 AI 기술이 고차원적 사고 평가에 적용될 때의 신뢰성, 타당성, 교사 권한 침해 문제를 짚어보며, 국내외 에듀테크 사례를 통해 현재 수준의 적용 가능성을 탐색하고 미래 방향을 제시합니다.

『교실 속 AI 디지털 교육 인사이트』는 이처럼 각 분야의 전문가들이 현장 경험과 깊은 통찰을 바탕으로 AI 디지털 교육의 현재를 진단하고 미래를 제안하였습니다. 이 책이 교사, 교육 행정가, 연구자, 그리고 미래 교육에 관심을 가진 모든 분들에게 영감을 제공하기를 바랍니다. 우리는 이 책을 통해 AI와 디지털 기술이 단순히 교육의 도구가 아니라, 교사와 학생의 파트너가 될 수 있음을 보여주고자 했습니다.

미래 교육의 주역인 우리 아이들이 디지털 세상을 주도하는 학습자로 성장하고, 따뜻한 마음을 가진 시민으로 자라날 수 있도록 이 책이 독자분들에게 작지만 의미있는 디딤돌이 되길 바랍니다. 함께 고민하고 실천하며, 더 나은 교육의 내일을 꿈 꿉니다.

감사합니다.

교실 속 AI 디지털 교육 인사이트

저자 일동

추/천/사

이 책은 빠르게 변화하는 시대 속에서 교실과 교육이 어디로 나아가야 하는지에 대한 진지한 질문을 던집니다. 무엇보다 단순히 교실에서 AI와 디지털 기술을 도입한 사례를 나열하는 데 그치지 않고, 교사들이 현장에서 부딪히며 얻은 경험과 깊은 성찰을 생생하게 담아냈습니다. 책 속에는 정책적 비전과 특수교육, 사회정서학습, 교사학습공동체, 디지털 리터러시, 평가 혁신 등 교육의 본질과 미래를 잇는 다양한 시도가 펼쳐져 있습니다. 특히 중요한 점은 기술 그 자체가 목적이 아니라 인간을 위한 교육, 그리고 아이들의 성장을 위한 도구로서 AI와 디지털 교육을 바라본다는 점입니다. 이 책이 교사에게는 실천의 길잡이가, 교육 행정가와 연구자에게는 새로운 관점이, 그리고 미래 교육에 관심 있는 모든 분들에게는 따뜻한 영감과 용기가 되어줄 것이라 기대하며 일독을 권해드립니다.

정제영(한국교육학술정보원장, 이화여대 교육학과 교수)

『교실 속 AI 디지털 교육 인사이트』는 교실 현장에서의 생생한 경험을 겪어낸 9분의 선생님들의 경험과 지식을 구조화하는 것을 넘어 교육 혁신에 대한 올바른 판단과 실천적 행동을 이끄는 통찰의 힘을 보여주는 지침서이다. 특히 디지털의 교육적 가능성에 대해 고민하는 분이 계시다면 누군가의 경험 속에서 지혜를 찾는 기회가 될 수 있을 것이다. 한달음에 한 번 읽고, 한 문장 문장을 곱씹는 다독을 권한다.

김진숙(경기도교육연구원 원장)

차 / 례

01 Part AI 디지털 교육, 정책과 현장의 패러다임 전환

Part

01

AI·디지털 교육, 정책과 현장의 패러다임 전환

Chapter 1

회복력 있는 AI 교육 정책 설계

강 주 원

1 변화의 기로에 선 대한민국 교육과 AI의 역할

대한민국 교육은 눈부신 경제 성장의 밑거름이 되어 왔으나 지금 우리는 급격한 사회 변화와 새로운 도전 과제 앞에 서 있다. 4차 산업혁명과 디지털 대전환의 물결 속에서 미래 사회가 요구하는 역량은 과거와 판이하게 달라지고 있으며, 저출산 심화로 인한 학령인구 감소는 교육 시스템의 근본적인 변화를 요구하고 있다. 여기에 더해 수도권과 비수도권, 소득 계층 간 교육 격차 심화, 과도한 사교육 의존, 교원의 높은 업무 부담 등 해결해야 할 과제들이 산적해 있다.

이러한 시대적 전환기에 인공지능(AI) 기술은 교육 혁신을 위한 새로운 가능성을 제시한다. AI는 학생 개개인의 특성에 맞는 학습 경로를 제공하고, 지리적·환경적 제약을 넘어 교육 기회를 확장하며, 교사가 교육 본연의 활동에 집중할 수 있도록 지원하는 등 우리가 당면한 교육 문제 해결에 실질적으로 기여할 잠재력을 지니고 있다.

이에 본 장에서는 대한민국 초·중등 교육의 현주소를 객관적으로 진단하고, AI 기술의 교육적 활용 가능성을 심층적으로 탐색하고자 한다. 특히, 최근 추진되고 있는 AI·디지털 교육자료 정책을 포함한 국내외 AI 교육 정책 동향을 균형 잡힌 시각에서 분석하고, 이를 바탕으로 미래 교육 환경 변화에 유연하게 대응하며 지속가능한 교육 혁신을 이끌 수 있는 '**회복력 있는 AI 교육 정책 프레임워크**'를 제안한다. 이 프레임워크는 특정 기술이나 정책에 얽매이지 않고, 학교 현장의 교사, 학생, 학부모를 중심에 두며, 교육의 본질적 가치를 추구하는 미래지향적인 AI 교육 생태계 조성을 목표로 한다. 본 제안이 대한민국 교육이 당면한 위기를 극복하고 새로운 도약을 이루는 데 기여할 수 있기를 기대한다.

2 대한민국 초중등 교육의 현주소와 당면 과제

1) 학령인구 감소와 교육 시스템의 변화 압력

대한민국의 저출산 현상은 세계적으로 유례를 찾기 힘들 정도로 심각하며, 이는 학령인구의 급격한 감소로 이어져 교육 시스템 전반에 큰 변화를 요구하고 있다. 통계청과 한국교육개발원(KEDI)의 자료에 따르면, 2024년 유·초·중·고 학생 수는 약 568만 명으로 전년 대비 약 10만 명 가까이 줄어들며 19년 연속 감소세를 보였다. 특히 초등학교 입학생 수는 2024년 40만 명 선이 붕괴된 데 이어, 향후 몇 년 안에 20만 명대까지 급감할 것으로 예측된다.

이러한 학령인구 감소는 단순히 학생 수가 줄어드는 문제를 넘어, 학교 운영의 어려움을 가중시킨다. 학생 수 감소는 소규모 학교 증가와 학교 통폐합 논의를 가속화하며, 특히 농산어촌 지역의 학교 소멸 위기를 심화시킨다. 2024년 한 해에만 전국적으로 125개의 학교가 문을 닫았으며, 유치원의 폐원 사례는 더욱 두드러진다.[1] 이는 교육 인프라 유지 및 관리의 어려움을 야기하고, 지역 사회 공동화 문제로까지 이어질 수 있다.

그림 1-1 대한민국 전국 학령인구(6-21세)

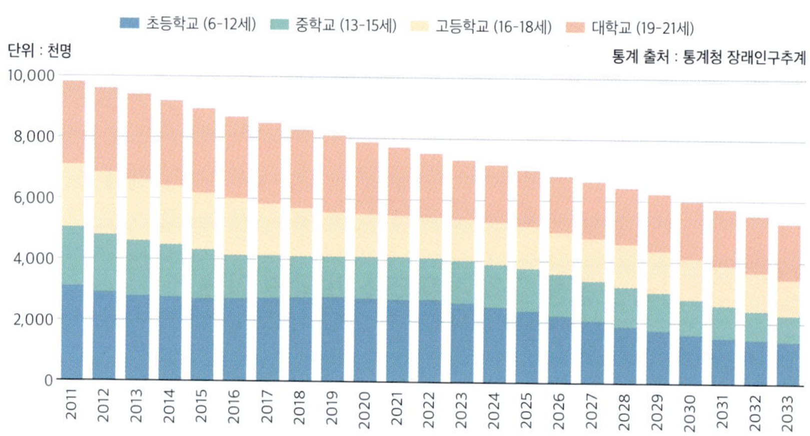

출처: KOSIS 인구로 보는 대한민국 전국 학령인구(6-21세)[2]

교육 재정 및 자원 배분에도 변화가 불가피하다. 학생 수를 기준으로 배분되는 지방교육재정교부금 구조하에서 학생 수 감소는 학교 운영 예산 축소 압력으로 작용할 수 있다. 또한, 교원 1인당 학생 수는 자연스럽게 감소하지만,

1 신연경. (2024, 8월 29일). 1년만에 학생수 570만명선 붕괴… 학령인구 10만명 줄고 학교도 125곳 문 닫았다. 중부일보.

2 https://kosis.kr/visual/populationKorea/PopulationDashBoardDetail.do?statJipyoId=3744&vStatJipyoId=5288&listId=A_02&areaId=&areaNm=

이는 정부의 교원 감축 계획과 맞물려 지역별, 학교급별 교원 수급 불균형 문제를 심화시키고 교육의 질적 저하로 이어질 수 있다는 우려가 제기된다.

한편, 전체 학생 수는 감소하는 반면 다문화 학생 수는 꾸준히 증가하여 2023년 기준 18만 명을 넘어섰다. 특히 국내 출생 다문화 학생 비율이 높아짐에 따라, 이들에 대한 한국어 교육, 문화 적응 지원 등 맞춤형 교육 정책의 중요성이 더욱 커지고 있다.

2) 심화되는 교육 격차: 지역과 소득의 그늘

교육 기회의 균등은 대한민국 교육의 중요한 가치이지만, 현실에서는 지역과 소득 수준에 따른 교육 격차가 여전히 심각한 문제로 남아있다.

지역 간 격차: 읍면지역 학생들의 학업성취도는 대도시 학생들에 비해 유의미하게 낮은 경향을 보이며, 이러한 격차는 중학교 단계에서 더욱 벌어지는 양상을 나타낸다. 코로나19 팬데믹 기간 중 원격수업 확대는 이러한 격차를 더욱 심화시킨 것으로 분석된다. 농산어촌 지역은 상대적으로 열악한 교육 인프라, 다양한 교육 프로그램 운영의 한계, 문화 자본 접근성 부족, 우수 교원 확보의 어려움 등 구조적인 불리함을 안고 있다. 이는 학력 격차로 이어지고, 다시 인구 유출을 부추겨 교육 여건을 더욱 악화시키는 악순환을 낳는다.

소득별 격차: 가정의 소득 수준 역시 학업 성취도와 밀접한 관련을 보인다. 다수의 연구에서 가구 소득 수준과 자녀의 사교육 참여율 및 지출액, 학업성취도 간에 뚜렷한 정적 상관관계가 확인되었다. 2023년 통계에 따르면 월 소득 800만 원 이상 가구의 학생 1인당 월평균 사교육비는 월 소득 300만

원 이하 가구의 3.6배에 달했다.[3] 이러한 교육 투자의 차이는 학업 성취도의 격차로 이어지며, 최근 그 격차가 더욱 심화되는 추세를 보이고 있다는 분석도 있다.

교육 격차는 사교육 접근성, 부모의 사회경제적 지위 및 교육 지원 수준, 거주 지역의 교육 환경, 공교육의 질 등 복합적인 요인이 상호작용한 결과이다. 이러한 구조적 불평등은 교육 기회의 공정성을 훼손하고 사회 이동성을 저해하는 심각한 문제이므로, 교육 정책 수립 시 최우선적으로 고려되어야 할 과제이다.

그림 1-2 지역규모별 '3수준 이상' 비율(%)

구분 / 연도	중3						고2					
	국어		수학		영어		국어		수학		영어	
	대도시	읍면	대도시	읍면	대도시	읍면	대도시	읍면	대도시	읍면	대도시	읍면
'21	75.9 (1.16)	67.1 (2.13)	61.0 (1.48)	42.2 (2.41)	69.3 (1.46)	50.1 (2.16)	68.9 (2.02)	61.1 (3.47)	68.3 (1.88)	55.4 (4.17)	78.0 (1.79)	69.6 (3.91)
'22	65.9 (1.74)	56.2 (3.04)	55.0 (1.56)	41.6 (2.30)	60.2 (1.70)	47.6 (2.75)	58.4 (1.81)	51.2 (4.38)	59.6 (2.07)	54.6 (5.05)	69.0 (2.01)	63.2 (4.47)
'23	**63.0** (1.90)	**56.2** (1.83)	**56.2** (1.60)	**38.6** (1.91)	**68.6** (1.54)	**54.4** (1.99)	**56.7** (2.16)	**47.5** (4.38)	**61.4** (2.52)	**51.3** (4.29)	**74.2** (2.21)	**66.4** (3.93)

※ [ ] 은 '23년의 지역규모별 비율이 통계적으로 유의한 차이를 보인 경우임(이하 동일)

출처: 한국교육과정평가원, 2023년 국가수준 학업성취도 평가결과

3 김세완 외, 「사교육 원인 분석과 대책 연구 주요 결과」, 국가교육위원회 제36차 회의 자료(2024), 국가교육위원회.

3) 과열된 사교육 시장과 공교육의 위기

대한민국 교육의 고질적인 문제 중 하나는 과도한 사교육 의존 현상이다. 학령인구 감소 추세에도 불구하고 사교육 시장은 오히려 팽창하고 있다.

2024년 기준 초·중·고 사교육 참여율은 80.0%로 역대 최고치를 기록했으며, 사교육비 총액 역시 약 29.2조 원으로 4년 연속 최고치를 경신했다. 학생 1인당 월평균 사교육비는 47만 4천 원(참여 학생 기준 59만 2천 원)에 달해 가계에 큰 부담을 주고 있다. 특히 초등학생의 사교육 참여율과 비용 증가율이 높게 나타나는 등 사교육의 저연령화 현상도 심화되고 있다.[4]

그림 1-3 초·중·고 사교육비(2024년)

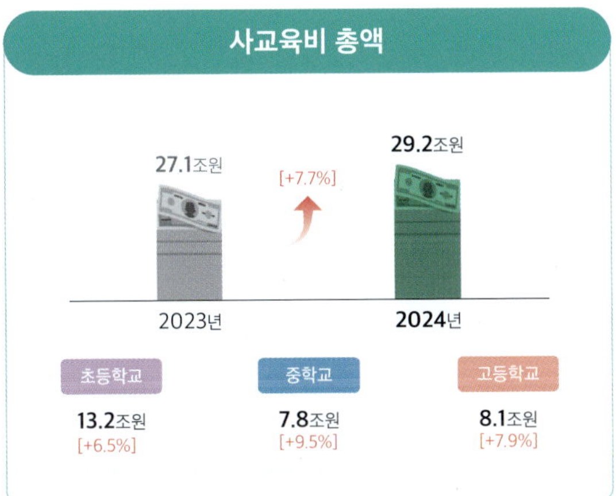

출처: 통계청, 2024년 초중고 사교육비 조사 결과

사교육 팽창의 배경에는 치열한 대학 입시 경쟁과 학력 중심 사회 구조, 공교육 시스템에 대한 불신과 불안감, 자녀 교육을 통한 사회경제적 지위 유

4 통계청. (2025년 3월 13일). 2024년 초중고 사교육비조사 결과.

지 또는 상승에 대한 기대 심리 등이 복합적으로 작용한다. 소득 수준에 따른 사교육 지출 격차는 교육 불평등을 심화시키는 주요 기제가 되며, 과도한 사교육비 부담은 가계 경제 압박을 넘어 저출산 현상을 심화시키는 간접적인 요인으로도 지목된다.

사교육 시장의 비대화는 공교육 시스템의 약화와 교육 불평등 심화라는 악순환 구조를 형성한다. 공교육 내에서 학생들의 다양한 학습 요구를 충족시키고 신뢰를 회복하는 것이 사교육 문제 해결의 근본적인 방향이 될 것이다.

4) 교원의 과중한 업무 부담과 교육 활동 위축

대한민국 교사들은 수업과 학생 지도라는 본연의 업무 외에 과도한 행정 업무 부담에 시달리고 있다. 이는 교사의 직무 스트레스를 높이고 교육 활동의 질을 저해하는 심각한 문제이다.[5]

교사들은 빈번하고 과다한 공문 처리, 각종 위원회 운영, 불필요하거나 형식적인 보고서 작성, 교육 활동과 직접 관련성이 낮은 행사 및 사업 추진 등에 많은 시간과 에너지를 소모하고 있다. 한 연구에서는 교사들이 행정업무 부담으로 인해 수업 준비, 학생 생활 지도, 교재 연구 등 핵심적인 교육 활동을 소홀히 한 경험이 많다고 응답하기도 했다. 이러한 현실은 교사의 심리적 소진(burnout)으로 이어져 교직 만족도를 떨어뜨리고, 궁극적으로는 교육의 질 저하를 초래할 수 있다.

정부와 교육 당국 차원에서 교원 업무 경감을 위한 정책들이 추진되어 왔

5 한국교육정책연구소. (2023). 교원의 교육전념 여건 조성을 위한 학교 행정업무 경감 및 효율화 방안 연구 (김이경 외). 충청북도교육청 수탁연구과제.

으나, 현장에서 교사들이 체감하는 효과는 미미하다는 지적이 많다. 특히, 학교 자율성 확대 정책이 오히려 단위 학교의 책임과 업무량을 증가시킨 측면도 있으며, 잦은 교육 정책 변화 역시 새로운 행정 수요를 지속적으로 발생시킨다.

교사의 과중한 업무 부담은 단순히 교사 개인의 문제를 넘어 교육 시스템 전체의 효율성과 교육의 질을 저해하는 구조적인 문제이다. 교사가 교육 본연의 활동에 집중할 수 있는 환경을 조성하는 것이 시급하며, 이를 위한 실질적인 업무 경감 방안 마련이 절실하다.

3 AI·디지털 교육자료 정책의 현황과 과제

교육 분야의 디지털 전환과 당면 과제 해결을 위한 핵심 정책 중 하나로 AI·디지털 교육자료 도입이 추진되고 있다. AI·디지털 교육자료는 AI 기술을 활용하여 학생 맞춤형 학습을 지원하고 교육 혁신을 이끌 것으로 기대되는 차세대 교수학습 자료이다.

1) AI·디지털 교육자료 도입 배경과 정책 목표

AI·디지털 교육자료 도입의 가장 중요한 배경은 저출산 시대에 학생 한 명 한 명의 잠재력을 극대화하는 맞춤형 교육의 필요성이 커졌다는 점이다. 기존의 획일적인 교육 방식으로는 다양한 학습 속도와 수준을 가진 학생들의 요구를 충족시키기 어려우며, 이는 학습 부진 및 교육 격차 심화로 이어질 수 있다. 따라서 AI와 같은 에듀테크를 활용하여 교육 격차를 완화하고 모든 학생을 미래 인재로 키우는 것이 중요한 정책 목표로 설정되었다. 또한, 4차 산업혁명과 디지털 대전환이라는 시대적 흐름에 발맞춰 교육 시스템을 혁신하고, 코로나19 팬데믹을 거치며 확산된 에듀테크 활용 경험을 바탕으로 공교육의 질을 높여야 한다는 요구도 중요한 배경이 되었다.

이에 따라 AI·디지털 교육자료 정책은 ▲ AI 기반 학생 맞춤형 학습 기회 제공 ▲ 학습 효과 극대화 및 교육 격차 해소 ▲ 공교육 내 맞춤형 학습 지원 강화를 통한 사교육 의존도 완화 ▲ 데이터 기반 객관적 학습 정보 제공 및 교사 지원을 통한 공교육 질 제고 등을 목표로 추진되고 있다.

2) AI·디지털 교육자료의 주요 기능과 특징

AI·디지털 교육자료는 단순한 서책형 교과서의 디지털 변환이 아닌, AI 기술을 기반으로 한 상호작용성과 맞춤형 기능을 핵심으로 한다. 주요 기능으로는 ▲ AI 기반 학습 진단 및 분석 ▲ 맞춤형 학습 콘텐츠 및 경로 추천 ▲ AI 튜터 및 실시간 피드백 제공 ▲ 학습 현황 시각화 대시보드 ▲ AI 보조교사 기능(수업 설계 지원, 자동 채점 등) ▲ 멀티미디어 및 상호작용 기능(영상, VR/AR, 시뮬레이션 등) 등이 있다.

기술적으로는 특정 기기나 운영체제에 종속되지 않는 클라우드 기반 웹 서비스 형태로 개발되었으며, 교과서 발행사와 에듀테크 기업 간 협력을 통해 개발되고 구독형 모델로 제공된다. 2025년 3월부터 초3·4, 중1, 고1의 수학, 영어, 정보 교과에 우선 도입되었고, 학교에서 사용 희망 시 신청하여 서책형 교과서와 병행하여 교수학습 자료로 활용할 수 있다.

3) AI·디지털 교육자료의 기대 효과와 교육 혁신 가능성

AI·디지털 교육자료 도입은 대한민국 교육 시스템에 긍정적인 변화를 가져올 잠재력을 지닌 것으로 평가된다.

맞춤형 학습 및 자기주도 학습 능력 신장: AI가 학생의 학습 수준과 속도를 정밀하게 진단하고 최적화된 학습 콘텐츠와 경로를 제공함으로써, 학생들은 자신의 페이스에 맞춰 효과적으로 학습하고 자기주도 학습 능력을 기를 수 있다.

교육 격차 해소 기여: 학습 부진 학생에게는 AI가 부족한 부분을 집중적으로 지원하고, 학습 능력이 뛰어난 학생에게는 심화 학습 기회를 제공함으로써 교육의 형평성을 높이고 학습 소외 학생을 줄이는 데 기여할 수 있다.

데이터 기반 피드백 및 소통 강화: 학생, 교사, 학부모는 객관적인 학습 데이터를 통해 학습 상태를 정확히 파악하고, 이를 바탕으로 시의적절한 피드백과 소통을 강화하여 교육 주체 간 신뢰와 협력을 증진시킬 수 있다.

교사 역할 변화 및 전문성 신장 지원: AI가 지식 전달 및 반복 업무를 일부 보조함에 따라, 교사는 학생 개개인의 정서적 성장 지원, 고차원적 사고력 함양 활동 촉진 등 학습 촉진자 및 멘토로서의 역할에 더욱 집중할 수 있다. 또한, AI 기반 업무 지원 도구는 교사의 행정 부담을 줄여 교육 활동의 질적 향상에 기여할 수 있다.

학습 몰입도 및 흥미 증진: 다양한 멀티미디어 자료와 상호작용 기능은 학생들의 학습 동기를 유발하고 수업 참여를 증진시켜 보다 즐겁고 몰입도 높은 학습 경험을 제공할 수 있다.

이러한 기대 효과는 AI 기술(High Tech)과 인간 교사의 정서적 지원 및 상호작용(High Touch)이 조화롭게 결합될 때 극대화될 수 있다. AI가 기술적 지원을 담당하고, 교사는 이를 바탕으로 인간적인 상호작용과 심층적인 지도에 집중하는 '하이터치 하이테크(HTHT)' 교육 모델 구현이 중요하다.

4) 현장의 우려와 성공적 안착을 위한 과제

AI·디지털 교육자료 도입에 대한 기대와 함께, 교육 현장에서는 여러 우려와 개선 요구사항이 제기되고 있다. 정책의 성공적인 안착을 위해서는 이러한 목소리에 귀 기울이고 해결 방안을 모색해야 한다.

기술적 완성도 및 안정성: 짧은 개발 기간으로 인한 기술적 완성도 부족, 실제 학교 환경에서의 시스템 안정성 확보에 대한 우려가 크다. 충분한 테스트와 검증 없는 성급한 도입은 현장 혼란을 야기할 수 있다.

디지털 기기 과의존 및 부작용: 스크린 타임 증가로 인한 디지털 기기 중독, 집중력 저하, 시력 등 건강 문제, 텍스트 문해력 저하 가능성, 학생 간 상호작용 감소 등이 우려된다.

교육 효과성 검증 부족: AI·디지털 교육자료가 기존 서책형 교과서보다 교육적으로 우수한지에 대한 충분한 실증적 검증이 부족하다는 지적이 있다. 과거 유사 정책의 실패를 반복하지 않기 위해 신중한 접근이 필요하다.

교사의 수용성 및 준비: 새로운 기술 도입에 대한 교사들의 심리적 부담감, AI 활용 역량 부족, 연수 부족 등이 문제로 지적된다. 교사의 역할 변화에 대한 명확한 안내와 지원도 필요하다.

데이터 프라이버시 및 보안: 방대한 학습 데이터 수집 및 활용에 따른 개인정보 유출 및 오용 위험, 해킹 등 보안 취약성에 대한 우려가 크다. 철저한 보호 장치 마련이 시급하다.

디지털 격차 심화: 가정 환경에 따른 디지털 기기 및 인터넷 접근성 차이가 교육 격차를 더욱 심화시킬 수 있다는 우려가 있다. 교사 간 디지털 역량 차이도 문제다.

콘텐츠 및 알고리즘 문제: 특정 수준의 콘텐츠 부족, AI 알고리즘의 잠재적 편향성 및 차별 가능성 등이 제기된다.

비용 및 예산: 개발, 보급, 구독료, 인프라 유지보수 등에 막대한 예산이 소요될 것으로 예상되어 재정 부담에 대한 우려가 있다.

정책 추진 방식: 현장 의견 수렴 부족, 성급한 도입 결정 등에 대한 비판과 함께 정책의 정당성 및 안정성에 대한 의문도 제기된다.

이러한 우려들은 기술 자체에 대한 반감이라기보다는, 준비 부족, 효과 불확실성, 기존 문제 심화 가능성, 윤리적 문제 등에 대한 합리적인 지적이다. 따라서 AI·디지털 교육자료를 위해서는 기술 개발과 병행하여 ▲ 기술적 완성도 제고 및 안정성 확보 ▲ 충분하고 실질적인 교사 연수 및 지원 ▲ 단계적 도입과 효과 검증 ▲ 디지털 격차 해소 노력 ▲ 강력한 데이터 보안 및 프라이버시 보호 조치 ▲ 현장과의 지속적인 소통 및 신뢰 구축 등이 필수적으로 요구된다.

5) 시사점: 경기도 하이러닝 사례를 중심으로

AI·디지털 교육자료 정책 추진에 있어 국내 유사 플랫폼 운영 사례는 중요한 시사점을 제공한다. 경기도교육청의 AI 기반 교수학습 플랫폼 '하이러닝(경기도교육청)'은 AI·디지털 교육자료와 유사한 목표와 기능을 가지고 실제 학교 현장에서 활발히 운영되고 있어 주목할 만하다.

그림 1-4 경기도교육청 하이러닝 정책 평가 설문조사 결과(경기도민 대상)

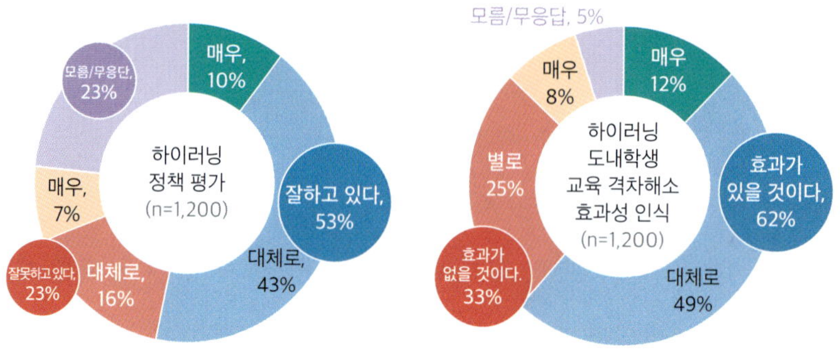

출처: 경기도교육청, 보도자료(2024.10.7.).

하이러닝은 AI 기반 학습 진단, 맞춤형 콘텐츠 추천, 실시간 학습 모니터링, 온라인 통합학습창, 모둠 활동 지원 등 다양한 기능을 제공하며, 현장 교사들의 요구를 반영하여 AI 논술 문항 생성 및 평가 루브릭 구성 기능 등을 추가하며 지속적으로 고도화되고 있다. 경기도교육청은 플랫폼 기능 개선과 함께 1인 1스마트기기 보급 완료, 교사 현장자문단 운영, 교사 역량 강화 지원 등 인프라 및 인적 지원을 병행하고 있다. 그 결과, 하이러닝은 교사의 피드백 활동 지원과 학생 수준별 학습 지원에 긍정적인 효과를 보이고 있으며, 도민 대상 여론조사에서도 비교적 긍정적인 평가를 받고 있다.

하이러닝 사례는 AI·디지털 교육자료 정책에 다음과 같은 시사점을 준다. 첫째, AI 교육 플랫폼은 현장 중심의 지속적인 개선이 필수적이다. 둘째, 플랫폼 기능, 안정적 인프라, 교사 지원이 통합적으로 이루어져야 한다. 셋째, 데이터 기반의 객관적인 효과성 검증이 중요하다. 넷째, 정책 추진 동력 확보를 위해 긍정적 여론 형성 및 소통 노력이 필요하다. 결국, AI 교육 플랫폼의 성공은 기술 개발 노력과 함께 현장 중심성, 지속적인 개선 의지, 통합적인 지원 체계 구축에 달려있음을 보여준다.

표 1-1 AI·디지털 교육자료 정책과 경기도 하이러닝 비교 분석

구분	AI · 디지털 교육자료	경기도 하이러닝 플랫폼	시사점
주관/개발	교육부 (국가 주도)	경기도교육청 (지역 주도)	국가/지역 단위 정책 연계 및 역할 분담 필요
목표	맞춤형 학습, 교육 격차 해소, 사교육 부담 완화, 공교육 혁신	맞춤형 학습, 참여 학습, 융합 학습, 학습 격차 해소 기대	AI 기반 맞춤형 학습 및 격차 해소라는 공통 목표 추구
주요 기능	AI 진단/분석, 맞춤형 콘텐츠/경로 추천, AI 튜터, 대시보드, AI 보조교사 등	AI · 디지털 교육자료와 유사 기능 (AI 진단, 콘텐츠 추천, 통합학습창, 실시간 피드백, 모둠 활동, 문제집, AI 논술 문항 생성 등)	핵심 기능은 유사하나, 플랫폼별 특화 기능 및 사용자 인터페이스 차이 존재 가능성. 상호 운용성 확보 중요
도입 현황/계획	2025년 초3 · 4, 중1, 고1 일부 교과 우선 도입	2023년 시범운영 시작, 2025년 4월 기준 2,640개교, 학생 86만, 교사 6.7만 명 활용	AI · 디지털 교육자료는 단계적 도입, 하이러닝은 선도적 도입 및 확산. 하이러닝의 운영 경험이 AI · 디지털 교육자료 안착에 참고가 될 수 있음
현장 피드백/개선	완성도, 부작용, 효과성, 교사 준비, 프라이버시 등 우려 및 개선 요구 다수	현장 요구 반영 기능 고도화(수업설계안 공유, AI 논술 등), 도민 여론 긍정적 평가 우세하나 운영 안정화 과제(교과서 콘텐츠, 교사 역량 등) 제시됨	AI · 디지털 교육자료는 도입 전 우려 해소 및 신뢰 구축 필요. 하이러닝은 지속적 현장 소통 및 개선 노력의 중요성 시사
교사/인프라 지원	선도교사단 양성, 대규모 연수 계획, 인프라(기기, 네트워크) 개선 계획 발표	1인 1기기 보급 완료, 현장자문단/고객센터 운영, 지역 네트워크 통한 교사 역량 강화 지원	양쪽 모두 기술 도입과 함께 교사 역량 강화 및 인프라 구축의 중요성 인식 및 추진. AI · 디지털 교육자료는 보다 체계적이고 대규모 지원 필요
효과성 검증	도입 전 실증 연구 부족 비판, 향후 지속적 평가 계획	학습 격차 해소 기대 높으나, 효과성 검증 위한 데이터 수집/분석은 아직 초기 단계	두 플랫폼 모두 데이터 기반의 객관적인 효과성 검증 및 결과 기반 개선이 향후 핵심 과제

4 AI 기술과 교육 문제 해결의 시너지

AI 기술은 교육 현장의 난제 해결에 실질적으로 기여할 잠재력을 가지고 있다. 지능형 튜터링 시스템(ITS), 적응형 학습 플랫폼, AI 기반 교사 업무 지원 도구 등은 교육 격차 해소, 학습 효과성 증대, 교사 부담 경감 등 다양한 측면에서 긍정적인 변화를 이끌 수 있다.

1) 지능형 튜터링 시스템(ITS) 및 적응형 학습 플랫폼의 가능성

ITS와 적응형 학습 플랫폼은 AI를 활용하여 학습자 개개인의 특성에 맞춰 교육 내용과 방법을 최적화하는 시스템이다. ITS는 학생의 지식 상태, 오류 유형 등을 진단하여 인간 튜터처럼 개별화된 피드백을 제공하며, 적응형 학습 플랫폼은 더 나아가 학습 콘텐츠와 경로 자체를 동적으로 조절한다.

이러한 시스템은 특히 **교육 격차 해소**에 기여할 잠재력이 크다. 학습 속도가 느리거나 특정 개념 이해에 어려움을 겪는 학생들에게 맞춤형 보충 학습과 개별화된 피드백을 제공함으로써 학습 결손을 효과적으로 예방하고 학력 격차를 완화할 수 있다. 다수의 연구에서 ITS 및 적응형 학습 시스템이 학생들의 **학업 성취도 향상, 학습 동기 및 몰입도 증진**에 긍정적인 영향을 미친다는 결과가 보고되었다. 특히 수학, 과학 등 논리적이고 절차적인 지식 학습이 중요한 교과 영역에서 효과가 두드러진다는 연구 결과가 많다.[6]

6 Alenezi, A. (2024). Evaluating the effectiveness of AI-powered adaptive learning systems in secondary schools. International Journal on Studies in Education, 6(4), 686-700.

그러나 이러한 시스템의 효과는 기술 자체보다는 교수설계, 활용 맥락, 교사의 역할, 학생의 자기 조절 능력 등 다양한 요인에 따라 달라질 수 있다. 따라서 기술 도입과 함께 이를 효과적으로 활용하기 위한 교수학습 모델 개발, 교사 역량 강화, 학생의 자기주도 학습 능력 함양 지원 등이 병행되어야 한다.

2) AI 기반 교사 업무 지원 도구의 효과

교사의 과중한 업무 부담은 교육의 질을 저해하는 주요 요인이다. AI 기술은 교사의 행정 업무 및 반복 작업을 자동화하고 효율화하여 교사가 교육 본연의 활동에 집중할 수 있도록 지원하는 강력한 도구가 될 수 있다.

주요 기능으로는 ▲ 자동 채점 및 평가 지원(객관식, 단답형, 서·논술형 초벌 채점 및 피드백 초안 생성) ▲ 행정 업무 자동화(가정통신문, 보고서 등 문서 작성 지원, 일정 관리, 데이터 정리 등) ▲ 수업 자료 제작 지원(자료 추천 및 생성, 활동 아이디어 제안 등) ▲ 학생 데이터 분석 및 관리(학습 현황 시각화, 맞춤형 지도 지원) 등이 있다.

이러한 도구 도입은 ▲ 교사의 업무 부담을 실질적으로 경감시키고 ▲ 확보된 시간을 교육 본연 활동에 집중하게 하며 ▲ 교사의 직무 만족도 향상 및 소진 예방에 기여할 것으로 기대된다. 국내외적으로 교사 업무 지원을 위한 다양한 AI 기반 에듀테크 서비스들이 개발·활용되고 있으며, 교사들의 AI 도구 사용 경험과 수용도도 점차 증가하는 추세이다.

AI 기반 교사 업무 지원 도구는 교사의 근무 환경 개선을 넘어, 교육 시스템 전체의 효율성과 효과성을 높이는 중요한 선순환 구조를 만들 잠재력을 지닌다. 따라서 교사 업무 경감을 위한 AI 도구 개발·보급 및 활용 역량 강화 지원은 향후 AI 교육 정책의 핵심 요소가 되어야 한다.

3) AI 기술과 교육 정책 목표 달성의 시너지 전략

AI·디지털 교육자료를 포함한 AI 교육 정책의 성공적인 목표 달성을 위해서는 다양한 AI 교육 기술들과의 유기적인 연계 및 통합을 통해 시너지를 창출하는 전략이 필요하다.

맞춤형 학습 심화: AI·디지털 교육자료 플랫폼 내 AI 엔진을 고도화하여 학생의 인지적·정의적 특성을 종합적으로 고려한 초개인화된 학습 경로 및 콘텐츠 추천, 지능형 피드백 시스템을 구현한다.

데이터 기반 교육 생태계 구축: AI·디지털 교육자료 등 다양한 시스템에서 생성되는 학습 데이터를 개인정보 보호 원칙 하에 국가 또는 시도 단위의 '학습 데이터 허브'에 통합·관리하고, 이를 분석하여 교육 정책 수립, 교육 과정 개선, 교사 연수 개발 등에 활용하는 데이터 기반 교육 생태계를 조성한다.

교사 지원 강화: AI·디지털 교육자료 플랫폼 내에 자동 채점, 맞춤형 학습 자료 추천, 행정 문서 작성 지원 등 교사의 업무 부담을 실질적으로 줄여주는 AI 기반 지원 도구를 적극 통합한다.

교육 격차 해소 지원: AI·디지털 교육자료 플랫폼과 연계하여 기초학력 부진 학생, 다문화 학생 등 학습 취약 학생을 위한 AI 기반 진단-보정 시스템, 맞춤형 콘텐츠 및 튜터링 서비스, 다국어 지원 등을 강화한다.

결론적으로, AI·디지털 교육자료 정책의 성공은 AI·디지털 교육자료라는 단일 플랫폼을 넘어, 다양한 AI 교육 기술과의 시너지 창출에 달려있다. AI·디지털 교육자료를 중심으로 ITS, 적응형 학습 시스템, 교사 업무 지원 도구, 데이터 분석 플랫폼 등이 유기적으로 연동되는 개방적이고 확장 가능한 'AI 기반 교육 생태계' 구축이 중요하며, 이를 위해 기술 표준화 및 상호운용성 확보 노력이 필수적이다.

5 대학 입시 변화와 AI 기반 평가 지원 방향

최근 교육계에서는 미래 사회 역량 평가 강화를 위해 대학 입시, 특히 평가 방식 변화 요구가 높아지고 있다. 이러한 흐름 속에서 AI 기술은 평가의 공정성과 효율성을 높이는 데 중요한 역할을 할 수 있다.

1) 대학 입시 서·논술형 평가 확대 동향

2028 대학입시제도 개편안에서는 고교 내신에서 서술형·논술형 평가 비중을 점진적으로 확대한다는 방침을 밝혔다.[7] 이는 단순 지식 암기 능력보다 창의적 사고력, 문제 해결 능력, 비판적 사고력 등 고차원적인 역량 평가의 중요성이 커졌기 때문이다. 나아가 수능에서도 서·논술형 문항 도입에 대한 논의가 진행 중이며, 국민참여위원회 숙의 결과에서도 긍정적인 반응이 나타났다. 프랑스의 바칼로레아 등 해외 주요국의 논술·서술형 대입 시험 사례도 이러한 논의에 영향을 미치고 있다.

7 교육부. (2023년 10월 10일). 2028 대학입시제도 개편 시안.

2) AI 기반 평가 지원 기술의 가능성 및 기여 방향

서·논술형 평가 확대의 가장 큰 난제는 채점의 객관성, 공정성, 효율성 확보다. AI 기술, 특히 자연어 처리(NLP) 기반의 자동 채점(AES: Automated Essay Scoring) 기술은 이러한 문제를 해결하는 데 기여할 수 있다. AI는 사전에 정의된 채점 기준에 따라 답안의 내용, 구조, 표현 등을 분석하여 점수를 부여하고, 학생에게 자동 피드백을 생성하여 제공할 수 있다.[8] 이는 평가의 일관성과 신뢰성을 높이고, 교사의 채점 업무 부담을 획기적으로 경감시켜 평가 효율성을 높일 수 있다. 또한, 학생들은 즉각적인 피드백을 통해 자신의 글쓰기 능력을 성찰하고 개선하는 기회를 얻을 수 있다.

그러나 AI 자동 채점은 미묘한 의미 차이나 창의성 평가의 한계, 알고리즘 편향성 문제 등을 안고 있다. 따라서 현재로서는 AI가 단독으로 최종 평가를 수행하기보다, AI가 초벌 채점이나 분석을 통해 인간 채점자를 지원하거나, AI 채점 후 교사·전문가가 검토·조정하는 등 인간과 AI가 협력하는 평가 모델 구축이 현실적인 대안으로 여겨진다. AI를 평가 과정 효율화 및 학생 피드백 강화를 위한 '지원 도구'로서 신중하게 도입하고 발전시켜 나가는 것이 중요하다.

6 글로벌 AI 교육 정책 동향 및 시사점

AI 기술의 교육적 활용은 전 세계적인 관심사이며, 주요 국제기구와 국가

8 정유남. (2024). 대학 글쓰기 수업에서 학생 인식 기반 AI 피드백의 효용성 연구. 교양교육연구, 18(5), 159-173.

들은 관련 정책 수립 및 실행에 적극적으로 나서고 있다. 이러한 글로벌 동향 분석은 대한민국 AI 교육 정책 방향 설정에 중요한 시사점을 제공한다.

1) 국제기구 가이드라인(UNESCO, OECD)

UNESCO는 AI 기술의 교육적 잠재력을 인정하면서도 '인간 중심적 접근'을 강조한다. AI는 인간의 존엄성, 인권, 형평성, 다양성을 존중하며 인간의 역량을 강화하는 방향으로 활용되어야 하며, 교사나 학생의 자율성을 침해해서는 안 된다고 역설한다. 이를 위해 정책 입안자 가이드라인, AI 역량 프레임워크, 생성형 AI 가이드라인 등을 발표하며 윤리적이고 포용적인 AI 활용을 위한 원칙과 방향을 제시하고 있다.[9]

OECD 역시 혁신을 촉진하는 동시에 '신뢰할 수 있는 AI(Trustworthy AI)' 개발 및 활용을 위한 국제적 표준 마련에 힘쓰고 있다. OECD AI 원칙은 포용적 성장, 인권 존중, 투명성, 안전성, 책임성 등을 핵심 가치로 제시하며, 교육 분야에서도 이러한 원칙 적용의 중요성을 강조한다. 특히, 교사 역량 강화, 디지털 인프라 접근성 보장, 윤리적 문제 해결 등을 위한 정책적 노력을 촉구한다.[10]

UNESCO와 OECD 모두 AI의 교육적 활용 가능성을 인정하면서도 공통적으로 '인간 중심성', '윤리', '형평성', '투명성', '안전성', '책임성'을 핵심 가치로 강조한다. 이는 AI 교육 정책 수립 시 기술적 효율성뿐만 아니라 사회적, 윤리적 영향을 균형 있게 고려하고, 모든 학습자에게 공평한 혜택이 돌아가도록 설계해야 함을 시사한다.

9 UNESCO. (n.d.). Artificial intelligence in education. UNESCO. https://www.unesco.org/en/digital-education/artificial-intelligence

10 OECD. (n.d.). AI principles. OECD. https://www.oecd.org/en/topics/ai-principles.html

2) 주요 국가 AI 교육 전략 비교

싱가포르: '스마트 국가' 비전하에 국가 학습 플랫폼(SLS)에 AI 기반 적응형 학습 시스템, 자동 피드백 도구 등을 적극 통합하고 있다.[11] 교사 연수(AI@NIE) 및 학생·교사의 AI 리터러시 교육을 강조하며 실용적인 AI 활용에 중점을 둔다.

핀란드: 윤리적 고려와 인간 중심성을 최우선 가치로 삼는다. 국가 AI 프로그램(AuroraAI) 등을 통해 기술이 인간에게 봉사하고 교육 형평성을 높이는 데 기여하도록 노력한다.[12] 코딩 기술보다는 AI 리터러시와 비판적 사고 능력 함양에 중점을 두며, 교사 교육과 데이터 보호를 중요하게 여긴다.

에스토니아: 강력한 디지털 인프라를 기반으로 "AI Leap 2025" 프로그램을 통해 모든 중등학교 학생과 교사에게 최첨단 AI 도구 무료 접근권 및 활용 교육을 제공하는 등 국가적 차원에서 AI 기술의 보편적 접근성 확보와 역량 강화에 힘쓰고 있다.[13]

이 외에도 미국은 주 정부 및 민간 주도의 다양한 이니셔티브가, 중국은 강력한 정부 주도하에 교육과정 통합 및 대규모 플랫폼 도입이 이루어지고 있다.

11 Etheredge, L. M. (2025, February). AI in education: Global trends and country-by-country analysis (2018-2023) [Conference presentation]. TBD Conference.

12 Moraitis, V. (2025, February 20). Why the guidelines for AI in Finland's education system could redefine learning globally. The AI Track. https://theaitrack.com/ai-in-finland-education-global-model/

13 Kelly, R. (2025, March 10). Estonia to roll out ChatGPT Edu for all secondary schools. The Journal. https://thejournal.com/Articles/2025/03/10/Estonia-to-Roll-Out-ChatGPT-Edu-for-all-Secondary-Schools.aspx

3) 대한민국 AI 교육 정책 발전을 위한 시사점

글로벌 동향 분석을 통해 다음과 같은 시사점을 도출할 수 있다.

유연하고 적응성 있는 정책 프레임워크: 급변하는 기술 환경에 대응 가능한 적응형 정책 설계가 필요하다.

교사 역량 강화 및 자율성 존중: AI 리터러시 및 AI-TPACK 역량 강화를 위한 체계적 지원과 함께, 교사의 자율적인 도구 선택 및 활용 환경 조성이 중요하다.

인간 중심 가치 및 윤리 원칙 견지: 교육의 본질적 가치를 최우선으로 고려하고, 데이터 프라이버시, 알고리즘 공정성 등 윤리적 거버넌스 체계를 확립해야 한다.

개방적이고 상호운용 가능한 기술 생태계: 특정 기술 종속을 피하고 다양한 솔루션 활용을 위해 기술 표준화 및 상호운용성 확보가 필수적이다.

증거 기반 정책 결정 및 지속적 환류: 데이터 기반의 객관적인 정책 효과 평가 및 결과 기반의 지속적인 정책 개선 시스템을 구축해야 한다.

사회적 합의 및 다자간 협력: 다양한 이해관계자 의견 수렴 및 사회적 공감대 형성과 함께, 효과적인 정책 실행을 위한 민관 협력 체계 구축이 필요하다.

이러한 시사점들은 한국의 고유한 교육 현실과 사회적 맥락을 고려하여 최적의 AI 교육 정책 전략을 수립하는 데 중요한 지침이 될 것이다.

7 회복력 있는 AI 교육 정책 프레임워크

대한민국 초·중등 교육의 당면 과제를 해결하고 미래 변화에 능동적으로 대응하기 위해 본 저자는 '**회복력 있는 AI 교육 정책 프레임워크(Resilient AI**

Education Policy Framework)' 구축을 제안한다. 이는 AI 기술의 잠재력을 높이고 위험을 관리하며, 교육 시스템의 적응성과 지속가능성을 높이는 것을 목표로 한다.

1) 프레임워크의 비전 및 목표

비전: AI 기술을 포용적이고 윤리적으로 활용하여, 모든 학생의 잠재력 발현과 미래 핵심 역량 함양을 지원하고, 교사가 교육 전문가로서 역량을 발휘하며 학생과의 인간적인 상호작용에 집중할 수 있는, 지속가능하고 회복력 있는 초중등 교육 생태계를 구축한다.

핵심 목표: ① 맞춤형 학습 심화 및 교육 격차 해소 ② 교사의 전문성 신장 및 교육 활동 집중 지원 ③ 데이터 기반 효율적·투명한 교육 시스템 운영 ④ 윤리적·책임감 있는 AI 활용 문화 정착 ⑤ 미래 교육 환경 변화에 대한 유연한 적응력 확보를 목표로 한다.

2) 프레임워크의 핵심 구성 요소

본 프레임워크는 다음 5가지 핵심 요소들이 유기적으로 연계되어 작동한다.

교육과정 연계 및 현장 자율성 지원: AI 활용을 2022 개정 교육과정의 목표(핵심 역량, 기초 소양 함양)와 연계하고, 학교자율시간 등을 활용하여 학교와 교사의 교육과정 설계 및 AI 도구 선택·활용 자율성을 최대한 보장한다.

도구/플랫폼 다양성 및 상호운용성: AI·디지털 교육자료를 포함한 다양한 AI 교육 도구/플랫폼이 상호보완적으로 활용될 수 있도록 기술 표준화(국제 표준 고려) 및 상호운용성을 확보하여 개방적 기술 생태계를 조성하고 학교·교사의 선택권을 확대한다.

데이터 기반 효과 분석 및 개선·환류: AI 교육 정책 및 도구의 효과성을 데이터 기반으로 과학적으로 검증하고, 그 결과를 정책 개선 및 시스템 고도화에 지속적으로 환류하는 PDCA 기반 관리 시스템[14]을 구축한다.

안정적 재정 및 미래형 인프라: AI 교육 운영을 위한 중장기 안정적 재정 확보 계획을 수립하고, 고성능 네트워크, 클라우드 환경, 데이터 센터 등 미래 지향적 디지털 인프라 고도화 로드맵을 추진한다.

그림 1-5 회복력 있는 AI 교육정책 프레임워크

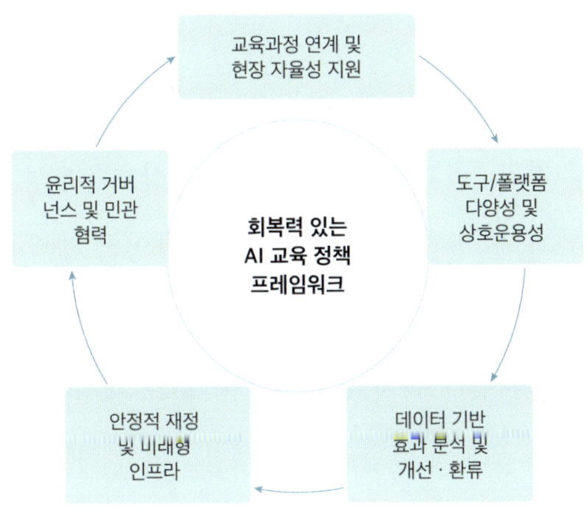

윤리적 거버넌스 및 민관 협력: 강력한 데이터 프라이버시 및 보안 체계, 교육 분야 AI 윤리 원칙(투명성, 공정성, 책임성 등)을 확립하고, 다양한 이해관계

14 PDCA 관리 시스템은 Plan(계획), Do(실행), Check(평가), Act(개선)의 4단계로 구성된 순환적 개선 방법론으로, 정책이나 프로그램의 실행-분석-개선 과정을 체계적으로 반복함으로써 지속적 성과 개선을 도모하는 접근 방식이다. 교육 분야에서는 AI 도입 효과 분석, 교사 연수 운영, 성취도 기반 교육과정 조정 등에 활용된다.

자가 참여하는 협력적 거버넌스를 구축하며, 신뢰할 수 있는 AI 기술/콘텐츠 검증·인증 시스템 도입을 검토한다.

3) AI·디지털 교육자료를 프레임워크 내 핵심 요소로 통합

본 프레임워크는 AI·디지털 교육자료 정책을 폐기하거나 대체하는 것이 아니라, 기존 정책의 방향성을 존중하면서 이를 보다 포괄적이고 지속가능한 시스템 안으로 통합하는 관점을 제시한다. 즉, AI·디지털 교육자료는 '회복력 있는 AI 교육 정책 프레임워크'를 구성하는 여러 핵심 요소 중 하나로서 중요한 역할을 수행하게 된다.

AI·디지털 교육자료의 개발, 검정, 보급, 활용, 평가, 개선 등 전 과정은 상기 프레임워크의 5가지 핵심 원칙, 즉 ① 2022 개정 교육과정과의 연계 및 학교 현장 자율성 지원, ② 다양한 AI 도구와의 상호운용성 및 선택권 확대, ③ 데이터 기반 효과 분석 및 지속적 개선, ④ 안정적 재정 및 인프라 확보, ⑤ 신뢰 기반의 윤리적 거버넌스 체계 하에서 추진되어야 한다.

예를 들어, AI·디지털 교육자료 콘텐츠는 2022 개정 교육과정의 성취 기준과 핵심 역량 함양 목표에 부합하도록 개발되어야 하며, 학교 현장에서는 교사의 판단에 따라 자율적으로 활용될 수 있어야 한다. 또한, AI·디지털 교육자료 플랫폼은 다른 에듀테크 도구들과의 데이터 연동 및 콘텐츠 호환이 가능하도록 개방형 표준을 준수해야 하며 이를 통해 수집된 학습 데이터는 개인정보 보호 원칙 하에 정책 효과 분석 및 시스템 개선에 활용되어야 한다. AI·디지털 교육자료 운영에 필요한 예산은 안정적으로 확보되어야 하며 활용 과정에서는 엄격한 데이터 보안 및 AI 윤리 기준이 적용되어야 한다.

궁극적으로 AI·디지털 교육자료는 단순히 특정 교과목의 디지털 교재를 넘어 다양한 AI 기반 교육 도구 및 서비스와 연동되고, 풍부한 학습 데이터를 생성·분석·활용하는 데이터 기반 맞춤형 교육 생태계의 핵심 플랫폼이자 허브로서 기능하도록 전략적으로 설계되고 지속적으로 발전시켜 나가야 한다.

이러한 '회복력 있는' 프레임워크 접근 방식은 AI 기술의 빠른 발전 속도, 교육 환경의 불확실성, 예기치 못한 사회적 요구 변화 등 미래의 다양한 변수에 효과적으로 대응할 수 있는 기반을 제공한다. 특정 기술(예 AI·디지털 교육자료) 중심의 경직된 정책은 변화에 취약할 수 있지만, 핵심 원칙(자율성, 상호운용성, 데이터 기반 개선, 윤리 등)을 기반으로 지속적인 학습과 조정을 가능하게 하는 시스템은 잠재적 위험(예 기술 종속, 격차 심화, 윤리 문제)을 완화하고 교육 혁신의 지속가능성을 담보할 수 있다. AI·디지털 교육자료는 이 회복력 있는 구조 내에서 중요한 역할을 수행하지만, 전체 시스템의 목표 달성과 유연성 확보를 위해 다른 요소들과 끊임없이 상호작용하고 필요에 따라 조정될 수 있는 유기적인 구성 요소로 자리매김해야 한다.

8 정책 프레임워크 실행 계획

'회복력 있는 AI 교육 정책 프레임워크'의 성공적인 구현을 위해서는 구체적이고 체계적인 실행 계획이 뒷받침되어야 한다. 본 장에서는 제안된 프레임워크를 현실화하기 위한 핵심 실행 과제들을 인적 자원, 물적 자원 및 인프라, 시스템, 교육과정 및 평가, 형평성 및 포용성, 교사 지원, 이해관계자 협력 등 7개 영역으로 나누어 제시한다.

1) 인적 자원: 교원 역량 강화 및 지원

AI 기술의 교육적 효과는 궁극적으로 이를 활용하는 교사의 역량에 달려 있다. 따라서 교원의 AI 리터러시 및 활용 능력 제고를 위한 체계적이고 지속적인 지원이 필수적이다.

① AI-TPACK 기반 교원 연수 심화 및 맞춤형 지원

AI-TPACK 프레임워크 도입: 교사가 AI 기술(AI-TK)을 이해하고 이를 특정 교과 내용(CK) 및 교수법(PK)과 효과적으로 통합하여 활용할 수 있는 능력, 즉 AI-TPACK(AI Technological Pedagogical Content Knowledge) 역량 함양을 목표로 교원 연수 프로그램을 설계하고 운영한다. 이는 단순한 도구 활용법 교육을 넘어, AI 기술의 교육적 원리를 이해하고 비판적으로 수용하며, 각 교과 및 학습 상황에 맞게 창의적으로 적용할 수 있는 심층적인 전문성 개발을 지향한다.

수준별·맞춤형 연수 프로그램 제공: 모든 교사를 대상으로 하는 AI 기초 소양 교육부터, 특정 교과(수학, 영어, 정보 등 AI·디지털 교육자료 도입 교과) 교사를 위한 심화 활용 연수, 관리자 대상 연수, AI 윤리 및 데이터 분석 능력 함양 연수 등 교사의 경력, 역할, 필요에 따른 다양한 수준별, 맞춤형 연수 과정을 개발하고 제공한다. 연수 방식 또한 온라인, 오프라인, 블렌디드, 워크숍, 프로젝트 기반 학습 등 다양화하여 참여 효과를 높인다.

선도교사 양성 및 활용: AI 기술 활용에 능숙하고 교육적 적용 경험이 풍부한 교사들을 **선도교사**(예 터치교사단, 교실혁명 선도교사 등)로 양성하고, 이들이 동료 교사 대상 멘토링, 컨설팅, 우수 수업 사례 공유 및 확산 활동을 주도하도록 지원한다. 이는 상향식(bottom-up) 현장 변화를 촉진하는 효과적인 전략이 될 수 있다.

교원 양성 과정 연계: 예비 교사 단계부터 AI 소양 및 활용 능력을 함양할 수 있도록 교원 양성 기관의 교육과정을 개편하고, AI 기반 교육 실습 기회를 제공한다.

② AI 보조교사 역할 정립 및 활용 지원

역할 명확화 및 제도화: AI·디지털 교육자료 활용 지원, 학생들의 기기 사용 보조, 기본적인 기술 문제 해결 등을 담당하는 AI 보조교사 또는 디지털 튜터의 역할과 자격 기준, 근무 조건 등을 명확히 규정하고 제도화한다. 교육부는 2025년 디지털 튜터 1,200명 양성 및 학교 배치 계획을 발표한 바 있다.[15]

효과적 협업 모델 개발: 교사와 AI 보조교사가 각자의 전문성을 바탕으로 효과적으로 협력하여 학생 지원 및 수업 운영의 시너지를 창출할 수 있는 구체적인 협업 모델을 개발하고 현장에 보급한다. AI 보조교사가 교사의 교육 활동을 침해하지 않으면서 실질적인 도움을 줄 수 있도록 역할 분담 및 소통 방안을 명확히 한다.

양성 및 연수: AI 보조교사(디지털 튜터)에게 필요한 기술적 소양, 교육적 이해, 학생 및 교사와의 소통 능력 등을 함양하기 위한 체계적인 양성 및 연수 프로그램을 개발하고 운영한다.

2) 물적 자원 및 인프라: 안정적 환경 구축

AI 기반 교육을 원활하게 구현하기 위해서는 안정적이고 고도화된 물적

15 교육부. (2024년 5월). 초·중등 디지털 인프라 개선계획(안).

자원 및 인프라 구축이 선행되어야 한다.

① 안정적 네트워크 환경 구축

고성능 무선망 확충: 모든 학교의 모든 교실 및 학습 공간에 AI·디지털 교육자료, 다양한 에듀테크 도구, 다수의 기기가 동시에 안정적으로 접속하여 대용량 데이터를 원활하게 처리할 수 있도록 기가급(1Gbps 이상) 고성능 무선 네트워크(WiFi 6E 이상 권장)를 100% 구축한다.

인터넷 회선 증속 및 고도화: 향후 AI 기술 발전과 데이터 사용량 증가(228 예측: 2026년 평균 2~2.6G)에 대비하여 학교 인터넷 기본 회선 속도를 단계적으로 증설(예 현행 1Gbps에서 1.5~2.5Gbps 이상으로)하고, 필요시 10Gbps급 회선 도입을 검토하는 등 네트워크 인프라를 지속적으로 고도화한다.

네트워크 품질 관리 강화: 전국 학교 네트워크 현황을 정기적으로 점검하고, 노후 장비 교체, 회선 최적화, 환경 설정 개선 등을 통해 네트워크 속도와 안정성을 확보하는 사업을 지속적으로 추진한다. 네트워크 장애 발생 시 신속하게 대응하고, 트래픽 변화를 예측하여 사전 조치할 수 있는 통합 관제 시스템을 구축·운영한다.

② 디바이스 보급 및 효율적 관리 시스템

1인 1디바이스 환경 조성 및 유지: AI·디지털 교육자료가 적용되는 학년을 중심으로 학생 1인 1디바이스 환경을 조성하고, 이를 지속적으로 유지·관리한다. 특히, 저소득층 학생들에게는 PC 구매비 및 인터넷 통신비 지원을 강화하여 디지털 접근성 격차를 해소해야 한다.

디바이스 보급 방식 유연화: 각 시도교육청 및 학교의 여건에 따라 디바이스를 구매하여 보급하는 방식 외에도, 임대(리스), 공동구매, 학생/학부모 대상 바우처 제공 등 다양한 보급 방식을 허용하고 지원하여 효율성과 선택권을 높인다.

효율적 전주기 관리 시스템 구축: 디바이스 도입 전 성능 및 호환성 테스트(예 디바이스 테스트랩 운영), 보급 후 통합 관리(MDM: Mobile Device Management 활용), 고장·수리·분실 등 유지보수 지원, 내용연수 경과 후 폐기 및 재활용까지 디바이스 전주기(Lifecycle)를 효율적으로 관리할 수 있는 시스템과 가이드라인을 마련한다. 교실 내 충전 시설 확충 등 사용 편의성을 높이기 위한 지원도 병행한다.

현장 관리 부담 경감: 학교 현장에서 발생하는 디바이스 관리 및 기술 문제 해결 부담을 줄이기 위해 교육(지원)청 단위의 테크센터를 시범 운영하고, 기술 지원 전문 인력(테크매니저)을 배치하여 학교를 순회하거나 원격으로 지원하는 체계를 구축한다. 디지털 튜터 역시 디바이스 관리 지원 역할을 수행할 수 있다.

3) 시스템: 데이터 관리, 표준화, 기술 지원

AI 교육 생태계가 효과적으로 작동하기 위해서는 데이터 관리, 기술 표준화, 현장 기술 지원 등 시스템적 기반이 견고하게 마련되어야 한다.

① 교육 데이터 통합 관리 및 안전한 활용

학습 데이터 허브 구축: AI·디지털 교육자료, 학습 관리 시스템(LMS), 교육행정정보시스템(NEIS), 평가 시스템 등 다양한 시스템에 분산되어 있는 학생들의 학습 이력, 학적 정보, 평가 결과 등의 교육 데이터를 연계·통합하여 관리하고, 분석·활용할 수 있는 국가 또는 시도 단위의 학습 데이터 허브를 구축한다.

데이터 거버넌스 체계 확립: 데이터 허브에 축적된 데이터를 안전하고 효과적으로 활용하기 위한 명확한 데이터 거버넌스 체계를 수립한다.[16] 여기에는 데이터의 소유권 및 관리 주체, 데이터 유형별 접근 권한 및 활용 범위 설정, 데이터 품질 관리 기준, 데이터 생애주기 관리 정책, 그리고 가장 중요한 개인정보 보호 및 보안 규정 등이 포함되어야 한다. 모든 데이터 활용은 관련 법규를 준수하고 정보 주체의 권리를 최대한 보장하는 방식으로 이루어져야 한다.

② 기술 표준화 및 상호운용성 확보

국제 표준 도입 및 적용: 다양한 AI 교육 도구와 플랫폼들이 원활하게 데이터를 교환하고 콘텐츠를 공유하며 함께 작동할 수 있도록 기술 표준화를 적극 추진한다. 이를 위해 학습 객체 메타데이터(LOM 등), 학습 도구 연동(LTI), 학생 정보 연동(OneRoster), 평가 문항 및 결과 교환(QTI), 학습 분석 데이터(Caliper Analytics), 콘텐츠 패키징(Common Cartridge) 등 관련 국제 표준(IMS Global, Ed-Fi 등)을 국내 교육 환경에 맞게 도입하고, AI·디지털 교육자료를 포함한 공공 및 민간 에듀테크 시스템 개발 시 표준 준수를 의무화하거나 강력히 권고한다.[17]

개방형 API 생태계 조성: 공공 플랫폼(AIDT 포털, 데이터 허브 등)과 민간 에듀테크 솔루션 간의 유연한 연동을 지원하기 위해 표준 기반의 개방형 API를 개발하고 공개하는 정책을 추진한다. 이는 혁신적인 에듀테크 서비스 개발

16 한국지능정보사회진흥원. (2024). 데이터로 살펴본 디지털 교육혁신 현황 - AI 디지털교과서를 중심으로 (Data Brief 2024-3).

17 1EdTech Consortium. (n.d.). Interoperability Standards. Retrieved from https://www.1edtech.org/specifications

을 촉진하고 학교 현장의 선택권을 넓히는 데 기여할 것이다.

③ 현장 밀착형 기술 지원 체계 강화

통합 지원 센터 운영 강화: 한국교육학술정보원(KERIS) 내에 설치된 AI·디지털 교육자료 통합 지원센터의 기능과 역할을 강화하여, AI·디지털 교육자료 운영 현황 모니터링, 기술적 문제 발생 시 신속 대응, 사용자(교사, 학생, 학부모) 대상 안내 및 지원 등 종합적인 지원을 제공한다.

다층적 지원 네트워크 구축: 앞서 언급한 디지털 튜터와 테크센터/테크매니저를 활용하여 학교 현장에서 발생하는 일상적인 기술 문제 해결 및 활용 지원을 강화한다.

상시 지원 채널 활성화: 교사들이 AI 도구 활용 과정에서 겪는 어려움을 언제든지 문의하고 해결 방안을 찾을 수 있도록 온라인 교사 커뮤니티, 헬프데스크, 원격 지원 서비스 등 상시적인 기술 지원 채널을 구축하고 활성화한다.

4) 교육과정 및 평가: AI 활용 혁신 및 지원

AI 기술은 교육과정 운영과 평가 방식의 혁신을 통해 학습 효과를 높이고 학생들의 미래 역량 함양에 기여할 수 있다.

① AI 활용 혁신 교수학습 모델 개발·보급

2022 개정 교육과정 연계: 2022 개정 교육과정이 강조하는 학생 주도성, 탐구 중심 학습, 협력 학습, 문제 해결 능력 함양 등의 목표를 AI 기술을 활용하여 효과적으로 달성할 수 있는 혁신적인 교수학습 모델을 개발하고 보급한다. 예를 들어, AI 기반 데이터 분석을 활용한 프로젝트 기반 학습(PBL), AI

튜터와 함께하는 거꾸로 학습(Flipped Learning), AI 기반 시뮬레이션을 활용한 탐구 실험, AI 챗봇을 활용한 토론 및 상호작용 학습 등이 가능하다.

미래 핵심 역량 함양 지원: AI 도구를 단순히 지식 전달이나 문제 풀이 훈련에만 사용하는 것을 넘어, 학생들이 AI를 활용하여 정보를 탐색·분석하고, 창의적인 아이디어를 생성하며, 복잡한 문제를 해결하고, 동료들과 효과적으로 협업하는 등 미래 사회에 필요한 핵심 역량을 기를 수 있도록 지원하는 교수학습 전략을 개발하고 확산한다.

② 맞춤 학습 심화 및 학습 격차 완화 지원

정교한 개인별 학습 경로 제공: AI·디지털 교육자료 및 연계된 적응형 학습 시스템을 통해 수집된 학생의 학습 데이터를 심층적으로 분석하여, 학생 개개인의 인지적 특성(예 지식 수준, 이해 속도, 오개념)뿐만 아니라 정의적 특성(예 흥미, 동기, 학습 태도)까지 고려한 초개인화된(hyper-personalized) 학습 목표 설정, 콘텐츠 추천, 학습 활동 제안, 피드백 제공 등 맞춤형 학습 지원을 고도화한다.

학습 부진 조기 진단 및 개입 강화: AI 기반 학습 진단 시스템과 기존의 기초학력 진단-보정 시스템을 연계하여, 학습에 어려움을 겪는 학생들을 조기에 정확하게 진단하고, 이들에게 필요한 맞춤형 학습 지원(예 AI 튜터링, 보충 학습 콘텐츠 제공)을 적시에 제공함으로써 학습 결손 누적을 방지하고 학습 격차를 효과적으로 완화한다.

③ AI 기반 평가 지원(서·논술형 포함) 방안

서·논술형 평가 자동 채점 및 피드백 지원: 대학 입시 및 학교 내신에서 서·논술형 평가가 확대되는 추세에 발맞추어, AI 기반 자동 채점 시스템

(AES: Automated Essay Scoring) 개발 및 도입을 지원하여 평가의 효율성과 일관성을 높인다. 동시에, 채점 결과와 연동하여 학생들에게 구체적이고 즉각적인 첨삭 및 피드백을 제공하는 기능을 강화하여 학생들의 쓰기 능력 향상을 지원한다.[18]

평가 신뢰성·공정성 확보 및 교사 역량 강화: AI 채점의 기술적 한계와 편향성 문제를 해결하기 위해, 채점 결과 검증 체계를 마련하고, AI 채점 결과 활용에 대한 명확한 가이드라인을 제공한다. AI 단독 채점보다는 AI와 인간 교사가 협력하는 채점 모델(예 AI 초벌 채점 후 교사 검토)을 권장하며, 교사들이 AI 채점 결과를 비판적으로 해석하고 교육적으로 활용할 수 있도록 평가 전문성 함양 연수를 병행한다.

다양한 평가 방식 지원: 형성평가, 과정 중심 평가, 포트폴리오 평가 등 다양한 평가 방식에 AI 기술을 접목하여, 평가 과정을 효율화하고 학생의 성장 과정을 다각적으로 파악하며, 평가 결과를 교수학습 개선에 효과적으로 활용할 수 있도록 지원한다.

5) 형평성 및 포용성: 모두를 위한 AI 교육 실현

AI 기술이 교육 혁신을 이끄는 동시에 새로운 교육 격차를 유발할 수 있다는 우려를 해소하고, 모든 학생이 AI 기술의 혜택을 공평하게 누릴 수 있도록 형평성과 포용성 확보에 정책적 노력을 집중해야 한다.

18 박종임. (2023). 인공지능 한국어 논·서술형 자동채점 연구의 현황과 과제. 행복한교육, 2023(12).

① 디지털 접근성 보장 및 리터러시 교육 강화

보편적 접근 환경 구축: 가정의 사회경제적 배경이나 거주 지역에 관계없이 모든 학생이 AI 기반 학습에 필요한 디지털 기기(태블릿 PC, 노트북 등)와 안정적인 인터넷 접속 환경을 갖출 수 있도록 지원을 강화한다. 저소득층 학생, 농산어촌 지역 학생, 장애 학생 등 취약 계층 학생들을 위한 디바이스 무상 대여 또는 구매 지원, 통신비 지원 정책 등을 확대하고 내실화해야 한다. 학교 내에서도 모든 학생이 동등하게 디지털 자원을 활용할 수 있도록 충분한 수량의 공용 기기를 확보하고 관리한다.

디지털 리터러시 교육 의무화 및 내실화: 모든 학생이 AI를 포함한 디지털 기술을 단순히 사용하는 것을 넘어, 비판적으로 이해하고 책임감 있게 활용하며, 창의적으로 생산 할 수 있는 디지털 리터러시 또는 AI 리터러시 역량을 함양할 수 있도록 교육과정 내 관련 교육을 강화하고 내실화한다. 정보 검색 및 평가 능력, 데이터 프라이버시 및 보안 의식, 디지털 윤리, AI 기술의 원리 이해 및 잠재적 영향력 인지, 허위 정보 판별 능력 등이 포함되어야 한다.

② AI 편향성 완화 노력

편향성 검증 및 완화 기술 개발 지원: AI 학습 데이터나 알고리즘 설계 과정에서 발생할 수 있는 성별, 인종, 지역, 사회경제적 배경 등에 따른 편향성을 최소화하기 위한 기술적 연구 개발을 지원하고, 교육용 AI 시스템 개발 시 편향성 검증 및 완화 노력을 의무화하거나 권장하는 가이드라인을 마련한다.[19]

19 정현선. (2024, 2월 28일). 학생을 위한 안전한 디지털 교육 환경 조성의 쟁점과 과제: 개인정보, 사생활, 학생 데이터 보호를 중심으로 [발제문]. 국회입법조사처 NARS 연속 간담회: 디지털 시대 교육기회 균등.

다양성을 반영한 데이터 구축: AI 모델 학습에 사용되는 데이터가 특정 집단에 편중되지 않고 다양한 배경의 학습자 데이터를 균형 있게 포함하도록 노력하며, 필요한 경우 데이터 다양성 확보를 위한 국가 차원의 데이터셋 구축 사업을 추진한다.

투명성 및 설명가능성 제고: AI 시스템의 작동 방식과 판단 근거를 사용자가 이해할 수 있도록 투명성과 설명가능성을 높이는 기술 개발 및 적용을 장려한다. 이를 통해 잠재적 편향성을 사용자가 인지하고 비판적으로 수용할 수 있도록 돕는다.

③ 취약계층 학생 맞춤 지원 강화

AI 기반 맞춤형 지원 시스템 활용: AI 기술을 활용하여 기초학력 부진 학생, 학습장애 학생, 다문화 학생, 탈북 학생, 장애 학생 등 학습에 특별한 지원이 필요한 학생들의 어려움을 조기에 진단하고, 이들의 특성과 요구에 맞는 개별화된 학습 콘텐츠, 보조 공학 도구, 상담 및 정서 지원 등을 제공하는 시스템을 구축하고 활용한다. 예를 들어, 다문화 학생을 위한 AI 기반 실시간 번역 및 언어 학습 지원, 난독·난산 학생을 위한 AI 튜터 지원, 장애 학생의 학습 참여를 돕는 보조 기술 연계 등이 가능하다.[20]

인간 교사와의 연계 강화: AI 시스템이 제공하는 진단 정보와 지원 도구를 바탕으로, 교사가 해당 학생들에게 보다 집중적이고 효과적인 개별 지도와 정서적 지원을 제공할 수 있도록 연계 시스템을 강화한다. AI는 교사의 진단과 지원을 돕는 보조 도구로서 기능하며, 최종적인 교육적 판단과 개입은 교사가 주도하도록 한다.

20 서울특별시교육청. (2021). AI 기반 융합 혁신미래교육 중장기 발전계획('21~'25) (요약).

6) 교사 지원: 실질적 업무 경감 및 전문성 신장

AI 교육 정책의 성공은 교사의 적극적인 참여와 역할 수행에 달려있다. 따라서 교사들이 AI 기술을 부담 없이 활용하고 교육 전문가로서 성장할 수 있도록 실질적인 지원 방안을 마련하는 것이 매우 중요하다.

① AI 활용을 통한 실질적 업무 경감 방안 구체화

행정 업무 자동화 도구 적극 도입 및 지원: 교사들이 가장 큰 부담을 느끼는 반복적이고 시간 소모적인 행정 업무(예 공문 처리 지원, 가정통신문 작성, 생활기록부 기재 지원, 평가 결과 입력 및 통계 처리, 회의록 자동 정리 등)를 AI 기술을 활용하여 실질적으로 경감할 수 있는 구체적인 도구를 개발하거나 도입하고, 학교 현장에서 쉽게 활용할 수 있도록 지원한다.

자동 채점 및 피드백 기능 고도화: 특히 평가 관련 업무 부담을 줄이기 위해, 객관식뿐만 아니라 서·논술형 평가에 대한 AI 기반 자동 채점 및 피드백 생성 기능을 고도화하고, 교사가 이를 신뢰하고 활용할 수 있도록 정확성과 편의성을 높인다. 교사는 AI의 초벌 채점 결과를 검토·수정하거나, AI가 생성한 피드백 초안을 활용하여 학생 지도에 집중할 수 있다.

수업 준비 지원 강화: 교사가 수업 목표와 학생 수준에 맞는 학습 자료, 활동 아이디어, 평가 문항 등을 AI를 통해 추천받거나 생성할 수 있도록 지원하여 수업 준비 시간을 단축시킨다.

업무 경감 효과 체감도 제고: 단순히 도구를 제공하는 것을 넘어, AI 도구 활용이 실제 업무 시간 단축과 효율성 향상으로 이어지는지 지속적으로 모니터링하고, 현장 교사들의 피드백을 반영하여 도구와 지원 방식을 개선해 나가야 한다.

② 교사의 전문성 신장 및 자율성 존중 문화 조성

AI 활용 교육 전문가로서의 성장 지원: 교사들이 AI 기술을 교육적으로 의미 있게 활용하고, 데이터 기반으로 학생들의 학습을 진단하며, AI 시대에 필요한 새로운 교수법을 개발하고 적용하는 교육 전문가로서 성장할 수 있도록 심층적인 연수와 연구 활동 기회를 제공한다. AI 기술의 발전에 발맞춰 지속적인 학습과 전문성 계발이 가능하도록 지원한다.

교수·학습 설계 자율성 보장: AI·디지털 교육자료나 특정 플랫폼 사용을 강요하기보다는, 교사가 교육과정 목표와 학생 특성을 고려하여 최적의 교수학습 방법과 도구를 자율적으로 선택하고 결정할 수 있는 권한을 존중하고 보장해야 한다. AI는 교사의 교육적 판단을 돕는 도구이지, 교사의 역할을 대체하거나 제약하는 수단이 되어서는 안 된다.

협력과 공유 문화 조성: 교사들이 AI 활용 경험과 노하우, 우수 수업 사례, 개발한 자료 등을 서로 자유롭게 공유하고 협력하며 함께 성장할 수 있는 온·오프라인 교사 커뮤니티 활동을 적극 지원한다. 선도교사 그룹 운영, 연구회 지원, 자료 공유 플랫폼 구축 등이 포함될 수 있다.

심리적 지원 및 부담 완화: 새로운 기술 도입에 따른 교사들의 심리적 불안감이나 스트레스를 해소하기 위한 상담 및 지원 프로그램을 마련하고, 기술적인 문제 발생 시 신속하고 효과적인 지원을 제공하여 AI 활용에 대한 부담감을 줄여준다.

7) 이해관계자 협력: 소통 강화 및 파트너십 구축

AI 교육 정책의 성공적인 추진과 안착을 위해서는 학교 현장의 교사, 학생, 학부모뿐만 아니라 지역사회, 산업계, 연구기관 등 다양한 이해관계자들과의 긴밀한 소통과 협력이 필수적이다.

① 학부모·지역사회와의 소통 강화 및 참여 유도

정책 투명성 제고 및 정보 제공: AI 교육 정책의 목표, 내용, 추진 과정, 기대 효과 및 우려 사항 등에 대해 학부모와 지역사회에 투명하게 정보를 공개하고, 설명회, 간담회, 온라인 채널 등 다양한 방식으로 적극적으로 소통하여 정책에 대한 이해도를 높이고 오해를 해소한다.

학부모 교육 및 참여 지원: 학부모들이 AI 기술과 미래 교육 환경 변화를 이해하고, 가정에서 자녀의 AI 기반 학습을 효과적으로 지원하며, 올바른 디지털 기기 사용 습관을 지도할 수 있도록 학부모 대상 교육 및 연수 프로그램을 제공한다. 학교 운영위원회 등을 통해 학부모가 AI 교육 정책 관련 의사결정 과정에 참여할 수 있는 기회를 마련한다.

지역사회 자원 연계 및 활용: 지역 대학, 연구소, 기업, 도서관, 평생학습관 등 지역사회가 보유한 인적·물적 자원을 AI 교육과 연계하여 활용하는 방안을 모색한다. 예를 들어, 지역 전문가를 활용한 AI 특강, 지역 기업과 연계한 AI 프로젝트 학습, 지역 도서관의 AI 교육 프로그램 운영 등이 가능하다.

② 산업계와의 파트너십 구축

기술 개발 및 실증 협력: 우수한 AI 기반 에듀테크 솔루션 개발을 위해 교육 현장의 요구사항을 산업계에 전달하고, 개발된 기술을 학교 현장에서 실증하고 피드백을 제공하는 등 민관 협력 연구개발 및 실증 사업을 활성화한다. AI·디지털 교육자료 개발 시 발행사와 에듀테크 기업 간 컨소시엄 구성 지원 등이 그 예이다.

표준화 및 상호운용성 협력: 에듀테크 기업들이 기술 표준을 준수하고 개방형 생태계 조성에 동참하도록 유도하고 협력한다. 표준 개발 및 확산을 위한 공동 노력, 상호운용성 테스트베드 구축 등을 추진할 수 있다.

윤리적 개발 및 활용 유도: 에듀테크 기업들이 AI 기술 개발 및 서비스 제공 과정에서 데이터 프라이버시 보호, 알고리즘 공정성 확보 등 윤리적 책무를 다하도록 관련 가이드라인을 제시하고 협력을 강화한다.

③ 연구기관과의 협력 강화

증거 기반 정책 수립 지원: 대학, 국책 연구기관(KEDI, KERIS 등)과의 협력을 통해 AI 교육 정책의 효과성 분석, 국내외 우수 사례 연구, 기술 동향 분석, 윤리적·사회적 영향 연구 등을 수행하고, 그 결과를 정책 수립 및 개선에 적극 활용한다.

교사 연수 및 프로그램 개발 협력: 연구기관의 전문성을 활용하여 AI-TPACK 기반 교사 연수 프로그램, 혁신적인 교수학습 모델, AI 리터러시 교육 콘텐츠 등을 공동으로 개발하고 보급한다.

미래 교육 연구 선도: AI 기술 발전이 미래 교육에 미칠 장기적인 영향에 대한 심층 연구를 공동으로 수행하고, 미래 교육 비전과 전략 수립을 위한 학술적 기반을 마련한다.

이처럼 다양한 이해관계자들과의 열린 소통과 긴밀한 파트너십 구축은 AI 교육 정책의 사회적 수용성을 높이고, 정책의 실효성과 지속가능성을 확보하는 데 핵심적인 역할을 할 것이다.

9 AI, 인간 중심 교육 혁신의 길을 열다

대한민국 교육은 저출산, 교육 격차, 사교육 문제, 교사 부담 등 복합적인 도전에 직면해 있다. 이러한 위기 속에서 AI 기술은 맞춤형 학습, 교육 격차 완화, 교사 지원 등 교육 혁신을 위한 중요한 기회를 제공한다. 그러나 기술 도입에 따른 잠재적 위험과 윤리적 문제 또한 간과할 수 없다.

본 장에서는 이러한 배경 하에, 특정 기술이나 정책에 얽매이지 않고 미래 변화에 유연하게 대응하며 지속가능한 교육 혁신을 추구하는 '**회복력 있는 AI 교육 정책 프레임워크**'를 제안하였다. 이 프레임워크는 교육과정 연계 및 현장 자율성, 도구/플랫폼 다양성 및 상호운용성, 데이터 기반 개선·환류, 안정적 재정 및 인프라, 윤리적 거버넌스 및 협력이라는 5가지 핵심 원칙을 기반으로 한다. AI·디지털 교육자료 정책은 이 프레임워크 안에서 다른 AI 기술들과 시너지를 내며 교육 생태계의 핵심 요소로 발전해야 한다.

제안된 프레임워크의 성공적인 실행을 위해서는 인적 자원 개발, 인프라 구축, 시스템 정비, 교육과정 및 평가 혁신, 형평성 제고, 교사 지원 강화, 이해관계자 협력 등 다각적인 노력이 체계적으로 추진되어야 한다.

궁극적으로 AI는 교육의 도구이며, 그 자체로 목적이 될 수 없다. AI 교육 정책의 지향점은 기술을 통해 모든 학생의 잠재력을 꽃피우고, 교사가 교육 전문가로서 학생들과 깊이 교감하며, 인간 중심의 따뜻하고 공정한 교육 공동체를 만들어나가는 데 있어야 한다. 제안된 프레임워크가 이러한 비전을 현실로 만들고, 대한민국 교육이 당면한 위기를 넘어 새로운 도약을 이루는 데 기여하기를 기대하며, 모든 교육 주체의 지혜와 협력을 촉구한다.

참/고/문/헌

교육부. (2023, 10월 10일). 2028 대학입시제도 개편 시안.

교육부. (2024, 5월). 초·중등 디지털 인프라 개선계획(안).

김세완 외. (2024). 「사교육 원인 분석과 대책 연구 주요 결과」. 국가교육위원회 제36차 회의 자료. 국가교육위원회.

박종임. (2023). 인공지능 한국어 논·서술형 자동채점 연구의 현황과 과제. 행복한교육, 2023(12).

서울특별시교육청. (2021). AI 기반 융합 혁신미래교육 중장기 발전계획('21~'25) (요약).

신연경. (2024, 8월 29일). 1년만에 학생수 570만명선 붕괴… 학령인구 10만명 줄고 학교도 125곳 문 닫았다. 중부일보.

정유남. (2024). 대학 글쓰기 수업에서 학생 인식 기반 AI 피드백의 효용성 연구. 교양교육연구, 18(5), 159-173.

정현선. (2024, 2월 28일). 학생을 위한 안전한 디지털 교육 환경 조성의 쟁점과 과제: 개인정보, 사생활, 학생 데이터 보호를 중심으로 [발제문]. 국회입법조사처 NARS 연속 간담회: 디지털 시대 교육기회 균등.

통계청. (2025, 3월 13일). 2024년 초중고 사교육비조사 결과.

한국교육정책연구소. (2023). 교원의 교육전념 여건 조성을 위한 학교 행정업무 경감 및 효율화 방안 연구 (김이경 외). 충청북도교육청 수탁연구과제.

한국지능정보사회진흥원. (2024). 데이터로 살펴본 디지털 교육혁신 현황 -AI 디지털 교과서를 중심으로 (Data Brief 2024-3).

1EdTech Consortium. (n.d.). Interoperability Standards. https://www.1edtech.org/specifications

Alenezi, A. (2024). Evaluating the effectiveness of AI-powered adaptive learning systems in secondary schools. International Journal on Studies in Education, 6(4), 686-700.

Etheredge, L. M. (2025, February). AI in education: Global trends and country-by-country analysis (2018-2023) [Conference presentation]. TBD Conference.

Kelly, R. (2025, 3월 10일). Estonia to roll out ChatGPT Edu for all secondary schools. The Journal. https://thejournal.com/Articles/2025/03/10/Estonia-to-Roll-Out-ChatGPT-Edu-for-all-Secondary-Schools.aspx

KOSIS. (n.d.). 인구로 보는 대한민국: 전국 학령인구(6-21세). https://kosis.kr/visual/populationKorea/PopulationDashBoardDetail.do?statJipyoId=3744&vStatJipyoId=5288&listId=A_02&areaId=&areaNm=

Moraitis, V. (2025, 2월 20일). Why the guidelines for AI in Finland's education system could redefine learning globally. The AI Track. https://theaitrack.com/ai-in-finland-education-global-model/

OECD. (n.d.). AI principles. https://www.oecd.org/en/topics/ai-principles.html

UNESCO. (n.d.). Artificial intelligence in education. https://www.unesco.org/en/digital-education/artificial-intelligence

Chapter 2

AI·디지털 기술로 지원하는 특수교육현장 로드맵

김효정

1 디지털 전환 시대, 특수교육의 과제와 기회

AI기술을 포함한 디지털 기술은 우리 사회 전반의 수많은 영역의 문화,산업 현장을 뒤흔들어 놓고 있다. AI가 그림으로 변경한 프로필 사진이 유행하고, AI가 생성한 영상으로 광고가 이루어지며, AI와의 감정대화에 위로 받은 에피소드가 들려오는 등 불과 몇 년 사이의 기술의 발전은 따라가기 버거울 정도이다. AI·디지털 기술을 활용하여 학습을 하는 모습 역시 교육계 전반에서 어렵지 않게 찾아볼 수 있는 장면이 되었다.

그러나 기술 발전의 수혜가 누구에게나 평등하게 다가오지 못하는 경우도 있는데, 특수교육 대상 학생들은 종종 새롭게 변화하는 시스템에 빠르게 혜택을 보지 못하는 집단이 되기도 한다. AI·디지털 교육이라고 하면 '개인 맞춤형', '누적된 데이터 분석', '빠른 피드백을 통한 지원' 등의 관련 표현들이 연상되지만, 누구보다도 다양한 특성을 고려하여 맞춤형으로 설계되어야 하는 특수교육의 현장에서 이 기술의 발전이 어떠한 영향을 발휘하고 있는지에 대해서는 상대적으로 아직 많은 논의가 이루어지지 않았다.

디지털 교육 정책 방향에서 교육의 기본 방향은 학생들을 '자기주도적 학습자'로 성장시키는 데에 두고 있다. 이를 위해 특히나 신체적, 인지적, 감각적 특성을 지닌 특수교육대상 학생들에게 어떠한 기술적 배려가 필요할지 살펴보고 보다 적극적으로 기술의 혜택을 적용할 때이다.

특수교육에서 무엇보다 중요한 점은 '개별화'이다. 디지털교육정책의 방향에서 가장 중요시하고 있는 부분이기도 하다. 기술의 발전보다도 중요한 것은, 기술이라는 도구를 어떻게 활용할지 올바른 방향으로 설계하는 것이다. 특수교육을 논의할 때 놓치지 않아야하는 점은, 기술을 통해 학생들을 '배려'하는 것이 아니라, 기술이 접목된 발전된 교육을 통해 학생들의 '권리'를 실현시키는 것이다.

1) 디지털 대전환의 흐름 속 특수교육의 현주소

우리나라의 특수교육정책은 98년 1차 특수교육발전계획(1998-2002)을 시작으로 제도적인 틀안에서 꾸준히 발전을 이루어왔다. 2007년 「장애인에 대한 특수교육법」의 제정은 헌법적 토대를 기반으로 대상학생들의 교육권을 보장받게 하였고, 현재 6차 특수교육발전계획(2023-2027)까지 다양한 각도에서의 지원이 가능한 체계적인 교육시스템을 구축했다.

그러나 갑작스러웠던 코로나19로 인한 펜데믹은 특수교육의 다양한 요구까지 고려하지 못하여 특수교육학생들이 지속적으로 학습에 참여하기 어려운 순간들을 만들었다. 원격수업이나 여러 방면의 교재개발 등이 서둘러 이루어졌으나 일부 학생들은 비대면의 상황 속에서 학습 기회 자체를 충분히 보장받기 어려웠다. 학생들 뿐 아니라 교사와 보호자 모두 처음 맞이해보는 상황 속에 대응할 만큼 충분한 시간과 자원을 확보하지 못하였기 때문이다. 또한 기술의 발달을 받아들이고 접목시킬 수 있도록 숙련될 시간도 매우 촉박하였다.

펜데믹의 상황이 어느 정도 종료된 이후, AI·디지털 기술 발전의 속도는 오히려 더욱 증가하였고 이제는 교육의 구조 자체를 바꾸고 있다. 그렇다면 이러한 시대의 변화에 발맞추어 특수교육도 AI·디지털 기술을 충분히 활용하여 교육의 모습을 바꾸어 가야 한다.

2) 특수교육 대상자의 지속적 증가와 변화 양상

2024년도 특수교육통계에 따르면 특수교육대상자 수는 115,610명으로 전체 유·초·중·고 학생 수(5,682,016명)의 약 2.0%를 차지하며, 전년 대비 0.1% 증가한 것으로 나타났다. 이러한 증가 추세는 장애나 특수교육에 대한 인식 변화와 특수교육 관련서비스 확대 등으로 전체 학령인구가 감소하는 상황에서도 꾸준히 지속되고 있으며, 특히 특수학교 및 특수교육지원센터에 배치된 학생에 비해 일반학교 내 특수학급에 배치된 학생 수와 일반학급에 통합된 특수교육 대상자의 수가 함께 증가하고 있다.[21] 이러한 변화는 통합교육의 중요성을 더욱 부각시키며, 효과적인 통합교육을 위하여 교육과정의 유연성 확보, 교사 연수 강화, 보조공학기기 지원 등 다각적인 접근이 필요함을 시사한다.

21 2020년 72.1% → 2022년 72.8% → 2024(73.7%)
[특수학급 57.1%, 일반학급 16.6%] (출처: 2024 특수교육통계)

그림 2-1 2024 배치유형별 특수교육대상자 현황

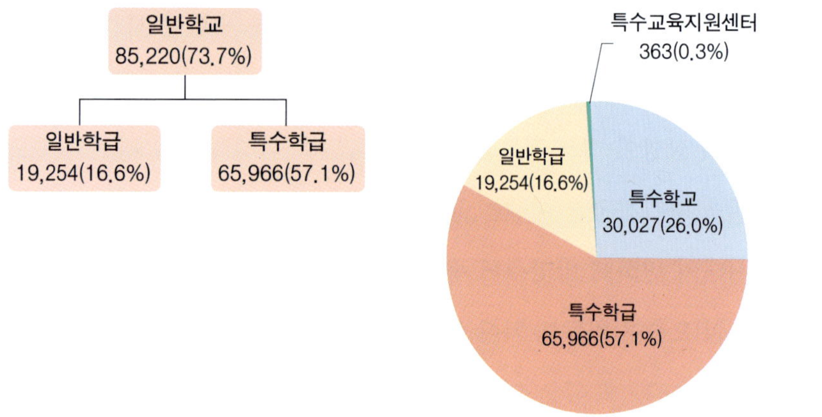

출처: 2024년 특수교육통계, 교육부(2024)

그림 2-2 장애유형별 특수교육 대상자 현황

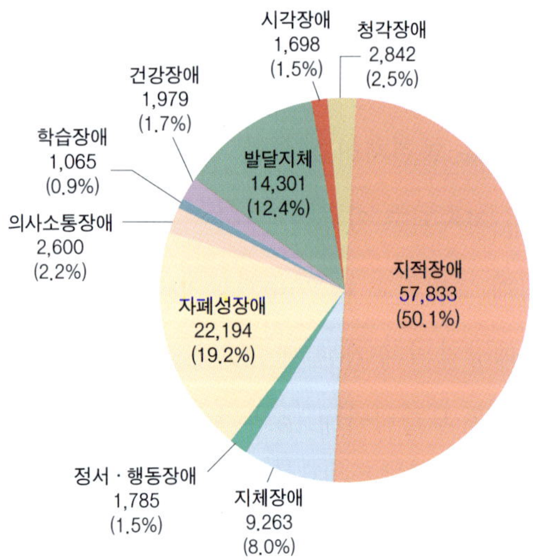

출처: 2024년 특수교육통계, 교육부(2024)

또한 전체 장애유형을 살펴보면, 진단기준에 대한 민감도와 인식 변화 등으로 인해 자폐성장애와 발달지체의 증가가 두드러진다.[22] 반면에 지체장애 및 시각·청각 장애는 감소[23]되는 경향을 발견할 수 있다. 이러한 경향과 추이를 살펴보며 개발·지원 방향을 설정해 나갈때, 학생들의 제한점을 정확하게 지원해 줄 수 있는 방향으로 제한된 자원을 효과적으로 활용할 수 있다.

특히, 특수교육 대상 학생들의 학습권 보장과 자립 역량 강화를 위하여 다양한 장애 유형과 개별적인 교육적 요구를 고려한 맞춤형 지원 체계 구축이 시급하다. 이를 위해 AI·디지털 기술을 적극적으로 활용하여 보다 효과적인 특수교육의 방향과 방법을 다각도로 연구할 필요가 있다.

3) 특수교육에서의 디지털 접목의 방향성

국내 특수교육 디지털 접목의 방향은 2022년 교육부의 '디지털 기반 교육혁신 추진 전략'을 기점으로 더욱 가속화되었다. 그리고 2023년 시작된 제 6차 특수교육발전 5개년 계획에 따라 AI·디지털 기술 기반의 맞춤형 학습환경 제공은 핵심전략으로 포함 되었다. 이에 따라 국립특수교육원은 'AI 콘텐츠 개발', '장애 유형별 AI·디지털 교육자료', '보조공학기기 지원체계 개선' 등을 추진해왔다. 그러나 상당 비중의 특수교육의 디지털화는 '일반교육'에서 '특수교육' 쪽으로 확산되는 형태로 이루어지고 있어 특수교육현장에 조금 더 특성화된, 현장의 요구를 실질적으로 반영한 선제적 지원 로드맵이 필요하다.

이를 위해 현재 특수교육에서 디지털 도입을 구체적으로 어떻게 진행하고 있는지 '제6차 특수교육발전 5개년 계획'을 기준으로 살펴보도록 하겠다.

22 자폐성장애 : 13.4% → 16.4% , 발달지체 : 7.2% →10.7% (2018→2022)
23 지체장애 : 11.5% → 9.3% , 시각·청각장애 :5.8%−4.6% (2018→2022)

2 제6차 특수교육발전 계획으로 살펴보는 디지털 전략 현황

'제6차 특수교육발전 5개년 계획[24]'은 특수교육 분야에서의 '에듀테크 활용 맞춤형 교육과정 운영'을 추진하고 있다. 이는 장애학생의 개별적인 특성과 학습 수준에 맞춘 개별화된 교육을 실현하기 위함이다. 이를 위해 아래와 같은 다양한 전략들을 활용하고 있다.

1) 디지털 기반 교육환경 조성

특수교육발전 계획에서는 학생들의 장애 유형과 특성을 고려하여 에듀테크 및 실감형 콘텐츠를 보급하고, 실감형 콘텐츠 체험교실 구축, 체험버스 운영 확대 등을 통한 맞춤형 체험 기회를 제공하고자 하고 있다.

① 실감형 콘텐츠 체험교실 구축 및 체험버스 운영 확대

국립특수교육원에서는 장애학생들에게 첨단 기술과 연계된 여러 가지 에듀테크의 체험 기회를 제공하기 위하여 실감형 콘텐츠 체험교실을 구축하여 활용하고 있다. 체험교실은 2022년 기준 73개 기관이 운영되고 있으며, 2027년까지 143개 기관으로 확대할 예정이다. 이러한 체험교실은 다양한 놀이 연계 신체활동 등으로 학생들의 신체능력을 기를 수 있으며, 이 과정에서 단체활동 등이 자연스럽게 이루어져 사회성도 증진될 것으로 기대되고 있다. 이에 지역 교육청들은 체험교실을 방문하는 데 도움을 줄 수 있는 차량 운행을 지원하는 등 사업의 효과성이 확보되도록 다각도로 현장의 목소리를 반영하고 있다.

24 1998년부터 5개년 단위로 시행된 특수교육발전 계획이다. 2025년 현재는 제 6차(2023-2027) 특수교육발전 5개년 계획이 시행중이다.

그림 2-3 실감형 콘텐츠 체험교실

❶ 4D체험존 ❷ XR스크린존 ❸ 에듀탐험존 ❹ AR체험존

출처: 국립특수교육원 에듀에이블 홈페이지[25]

또한 국립특수교육원에서는 일반학교에 재학중인 특수교육대상학생을 대상으로 '찾아가는 상상 체험버스'를 운영하여 디지털정보격차를 해소하고 디지털시민역량을 향상시키고자 노력하고 있다. 이는 특히 지리적 문화적 접근성이 낮은 지역의 대상 학생들에게 첨단기술에 대한 복합체험 기회를 제공할 수 있다. 2024년에는 전국 153개 학교가 참여하여 VR, AR, AI로봇 코딩 등 여러 가지 체험활동이 이루어졌으며, 학생·교사·강사 등 다양한 관련 주체들을 설문한 결과 높은 사후 만족도를 보이고 있다.

25 국립특수교육원 에듀에이블, https://www.nise.go.kr/main.do?s=eduable

그림 2-4 실감형 콘텐츠 체험 버스 활동지 및 운영 사업 성과자료집

출처: 교육부 국립특수교육원 에듀에이블 홈페이지

'디지털 기반 교육환경 조성'의 일환으로 추진 중인 실감형 콘텐츠 체험교실 구축 및 체험버스 운영 사업은 특수교육 현장에서 특히 높은 만족도를 보이고 있다. 일부 교사들은 "AI, AR, VR 등 다양한 실감형 기술을 활용한 체험학습장은 많지만, 특수학급 학생을 위한 수업이 가능한 곳은 대부분 거리가 멀거나 제한적으로 운영돼 실제 참여가 어렵다"고 토로해 왔다. 이러한 현실에서, 직접 학교로 찾아오는 이동형 체험버스는 특수교육 대상 학생들에게 매우 유의미한 경험을 제공한다. 전남의 한 초등학교 교사는 사례집을 통해 체험버스를 통한 활동 이후, 한 학생이 영화관에서 키오스크 사용을 주저 없이 실천해낸 사례를 소개하며, 실감형 체험이 실제 생활기술로 자연스럽게 확장되었음을 언급했다.[26] 이러한 사례들을 종합한 운영 성과자료집에서도 해당 사업이 교육 효과성과 학생 만족도 측면에서 매우 높은 평가를 받

26 2024년 실감형 콘텐츠 체험버스 운영 사업 성과자료집, 국립특수교육원.

고 있음이 확인할 수 있다.

특히, 실감형 콘텐츠 체험이 단순한 일회성 활동이 아니라 학생의 자립성과 사회적 참여 능력을 길러주는 중요한 기회로 작용하고 있다는 점에서, 향후 더 많은 학교와 지역으로 확대되어야 할 필요성이 크다.

표 2-1 에듀테크 기반 교육환경 조성 계획[27]

	2022년	2023년	2025년	2027년(목표)
SW · AI 교육자료	2종	≫	6종	10종
체험교실구축	73기관	≫		143기관
체험버스운영		70회	≫	350회

2) AI 교육 선도 특수학교 지정 및 교원연수 기회 확대

정부는 또한 AI교육 선도 특수학교를 지정하여 운영하며 지역 내 AI 활용·융합교육 거점 역할을 수행 할 수 있도록 지원[28]하고, AI·디지털 기술을 실질적으로 교육현장에 적용하여 실천할 교원들의 디지털교육 역량 강화를 위한 연수 개설을 늘려나가고 있다.

3) 교육 프로그램에 활용할 콘텐츠 및 디지털도구 개발

정부는 지능형 로봇을 활용하여 학생들의 의사소통, 정서안정 등을 지원하며 지역과 민간의 다양한 인프라를 활용하여 체험형 교육 프로그램을 제

27 제6차 특수교육발전 5개년 계획(2023~2027) (2022), 교육부 특수교육정책과.
28 AI 교육 선도 특수학교는 2023년 5교, 2025년 17교, 2027년 34교를 목표로 함.

공하고자 시도하고 있다. 무인정보단말기, 증명서 발급 등 일상생활 속 디지털문해력 강화를 위해 교육자료를 개발하고 보급하고 있으며 디지털 튜터를 지원하여 학생들이 충분히 체험할 수 있도록 하고 있다. 실제로 국립특수교육원 홈페이지에서는 에듀에이블, 잡에이블, 평생배움세상 등 다양한 연결 사이트를 운영 혹은 연계하여 학생들의 직업교육, 일상생활활동(의료기관 이용, 교통수단 이용, 유통점포 이용 등)뿐 아니라 소프트웨어교육, 공학보조기기 이용 방법까지 수많은 교육용 컨텐츠를 제공하여 영역별 교육을 지원하고 있다. 이러한 콘텐츠의 다양화 덕분에, 특수교육 대상 학생들이 학교 안에서 키오스크를 활용해 영화 티켓을 예약하거나 음식을 주문하는 등의 실생활 기반 디지털 체험을 보다 자연스럽게 익혀나가고 있다. 또한, 가상현실(VR)을 통해 사격, 자전거 타기 등 신체 활동을 안전하게 체험해보는 학습도 가능해졌으며, 이는 실제로 '디지털 새싹 프로그램' 등에서 학생들이 높은 몰입도와 만족도를 보이고 있음이 확인되고 있다. 디지털 콘텐츠 기반의 체험형 학습은 단순한 기술 습득을 넘어, 학생들의 자립적 일상생활 능력과 사회 적응력을 실질적으로 강화하는 데 기여하고 있음을 알 수 있다.

그림 2-5 장애학생을 위해 개발된 SW교육교재 사례

출처: 교육부 국립특수교육원 에듀에이블

장애학생 진로·직업 정보화 사이트인 '잡에이블'에서는 학생들의 희망 직무별로 학습할 수 있는 콘텐츠를 활용할 수 있으며, 장애학생 고등교육 관련 자료와 장애대학생 진로·취업과 관련된 자료도 제공하고 있다.

그림 2-6 장애학생을 위한 무인정보단말기 교육 콘텐츠 (요식업, 교통)

출처: 교육부 국립특수교육원 에듀에이블

특히 교육부와 대전특수교육원은 2022년 「인공지능(AI) 활용 장애학생 진로탐색 학습콘텐츠」를 제작하여 활용서와 학습자료를 배포하였다.[29] 이를 통해 21가지 직업군에 대한 진로탐색 학습활동이 가능하다.

29 활용서와 학습자료(http://www.nise.go.kr/ebook/site/20220825_100822/)

그림 2-7 「인공지능(AI) 활용 장애학생 진로탐색 학습콘텐츠」 홍보 리플릿

출처: 대전특수교육원

4) 장애학생 맞춤형 교육 플랫폼 운영

그림 2-8 특수교육 플랫폼(열린배움터) 운영 예시

그림상징기반 의사소통 교육(좌-교사화면, 우- 학생화면)

출처: 열린배움터(class.nise.go.kr)

국립특수교육원에서는 2022년부터 특수교육의 혁신을 지원하기 위하여 온·오프라인 융합수업 등을 지원할 수 있는 특수교육 플랫폼 '열린배움터'를 운영하고 있다. 열린배움터에서는 개별학생들의 온라인수업진도를 관리하고 화상수업에서 실시간 음성 인식 및 자막 등을 지원하며 다양한 교과학습 콘텐츠를 활용할 수 있는 기능이 지원되고 있다.

또한 장·단기 결석이 불가피한 건강장애학습의 학습권 보장과 개별화된 수업 지원을 위하여 맞춤형 원격교육 플랫폼도 운영 예정이다. 이 원격교육 플랫폼은 건강장애 학생들의 학습데이터를 활용하여 여러 가지 정보(군집특성, 로그인 패턴, 학습유형 및 수준 등)를 시각적으로 제공하는 고유의 학습플랫폼으로 계획되고 있으며, 구체적인 개발 계획은 아래 표와 같다.

표 2-2 맞춤형 원격교육 플랫폼 구축계획

연도	단계(계획)
2022	학습데이터 활용 체계 및 교사용 대시보드 구축
2023	학생용 대시보드 구축
2024	AI 보조교사 구현
2025-2027	맞춤형 학습 지원 고도화

5) 방과후교육·돌봄 프로그램 발굴

AI·SW 등을 포함한 다양한 프로그램을 활용한 방과후교육 혹은 돌봄 프로그램을 발굴·확산해가고 있으며, AI·SW 관련 교육 프로그램 운영 시 디

30 제6차 특수교육발전 5개년 계획(2023~2027) (2022), 교육부 특수교육정책과.

지털 적응도가 높은 예비 특수교사를 적극적으로 활용하도록 하고 있다. 또한 지역 내 방과후 활동 제공기관 및 대학기관과 연계하여 현장 수요를 반영한 방과후 프로그램을 개발하고 있으며, 돌봄 역시 수요자들의 요구를 고려하여 다양하게 프로그램을 제공할 수 있도록 지원하고 있다.

6) 보조공학기기 활용 지원

교육부는 특수교육기관과 지역 보조기기센터간 연계체계를 구축하여 학교 방문형 '찾아가는 보조기기' 서비스를 제공하도록 하고 있다. 이미 대구를 포함한 여러 교육청에서 보조기기센터와 교육청의 업무협약식이 이루어진 사례가 많다. 이를 통해 특수교육학생들의 보조기기 서비스에 대한 접근성이 매우 높아졌다. 또한 지원된 보조기기를 효과적으로 활용하여 교육효과를 높이기 위하여 교직원과 장애학생을 대상으로 보조기기 활용 교육을 실시하고 있다.

그림 2-9 경기도 특수교육 정보자료실 및 보조공학기기별 설명 영상

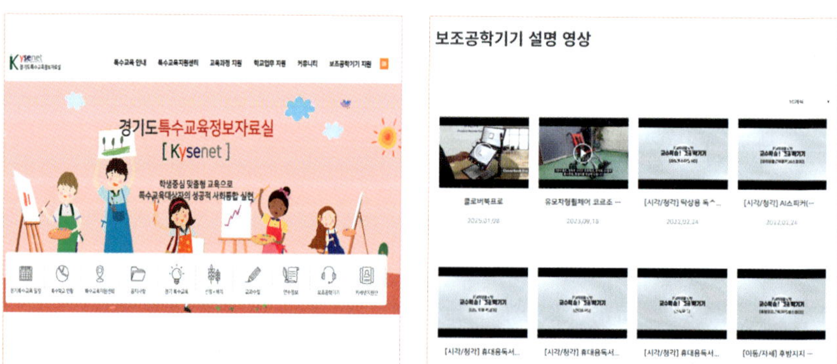

출처: 경기교육모아 키세넷(KYSENET)

현재는 지역교육청과 특수교육지원센터와의 협약 혹은 지역별 보조기기 센터와 연계함에 따라, 교사 또는 학부모가 '보조공학기기 지원 시스템' 혹은 공문을 통하여 기기를 신청하여 대여하고 원칙적으로 학교에서 사용하도록 하는 식으로 해당 사업이 운영되고 있다. 경기도의 보조공학기기 지원 시스템(키세넷)에서는 보조공학기기 신청 뿐 아니라 수요조사, 설명영상 및 자료 등을 수요자에게 제공하고 있다.[31]

3 디지털 기반 특수교육 추진의 현실과 과제

제6차 특수교육 발전 5개년 계획은 디지털 기반 교육환경 조성과 보조공학기기 활용, 맞춤형 플랫폼 운영 등을 주요 전략으로 제시하고 있다. 하지만 실제 교육현장에서 디지털 기술이 효과적으로 작동하기에는 여전히 구조적·현실적 과제가 남아있다. 특히 특수교육 대상자의 다양한 장애 특성과 개별 학교 여건, 교사의 역량 격차 등은 정책의 의도와 실제 실행 사이의 간극을 만들어낸다. 현장의 목소리를 반영한 정책 보완이 필요한 시점이다.

1) 디지털 기반 인프라의 불균형

특수교육 현장의 디지털 환경은 지역, 학교급, 학교 유형에 따라 큰 편차를 보인다. 특히 일반학교 내 특수학급은 학교 전체의 인프라에 종속되기 쉬

31 경기도의 경우 특수교육 정보자료실 '키세넷(https://more.goe.go.kr/kysenet)'에서 보조공학기기 지원 시스템 서비스를 제공하고 있다.

워, 디지털 기자재가 충분히 배치되지 않거나 최신 장비지원의 우선순위에서 밀리는 경우가 종종 발생한다. 반면 특수학교는 별도의 예산으로 상대적으로 장비가 잘 갖추어져 있지만, 그 안에서도 장애 유형별로 필요한 장비나 환경이 세분화되어야 하므로 '기본 장비 구비'만으로는 충분치 않다. 또한, 농어촌 지역의 경우 인터넷 연결 속도나 장비 유지보수 여건이 매우 열악해, 디지털 기반 수업이 안정적으로 이루어지지 않는다는 현장의 목소리가 지속적으로 들리고 있다.

2) 교사의 디지털 전문성 편차

특수교육 교사는 다양한 장애 유형을 이해하고 교육적 지원을 제공해야 하므로, 그 자체로도 전문성이 매우 높은 직군이다. 그러나 디지털 기술의 빠른 발전 속도에 비해, 이를 따라가는 교사의 역량은 일관되지 못하다. 일부 교사는 AI 기반 학습도구나 보조공학기기 사용에 능숙한 반면, 디지털 기기의 원활한 활용이 어려운 교사도 있다. 교사 연수 역시 기기 사용법 위주의 일회성 교육이 대부분이며, 실질적인 수업 장면별 적용이나 장애 유형별 활용 전략에 대한 심화 연수가 많지 않다. 그 결과, 동일한 디지털 자원이 배치되더라도 이를 활용하는 교사에 따라 수업 효과에 큰 차이가 발생할 수 있다.

3) 보조공학기기의 실질적 활용도 저조

보조공학기기 지원은 정부의 정책적 우선순위에 포함되어 왔으나, 실제 교육현장에서는 기기가 도입 이후에 잘 작동하지 않거나, 학생의 수준과 맞지 않아 수업에서 활용되지 못하는 경우가 종종 발생한다. 예컨대 AAC(보완대체의사소통기기)[32]나 학습보조 소프트웨어는 대상 학생의 의사소통 능력, 인지 수준, 수업 내용과 긴밀히 연결되어 활용되어야 하는데, 단순히 장비만 지원된 채 구체적인 사용 가이드가 제공되지 않으면 오히려 '부담스럽고 불편한 장비'가 되어버릴 수 있다. 또한, 기기의 유지보수나 기술적 지원 체계가 부족해 고장이 나면 방치되는 사례도 적지 않다.

4) 개별화 교육계획(IEP)과 연동되지 않는 디지털 시스템

디지털 학습 도구나 플랫폼이 도입되었더라도, 그것이 학생의 개별화 교육계획(IEP)과 연계되지 않으면 맞춤형 학습이 어렵다. IEP는 학생의 학습 목표, 현재 수준, 지원 전략 등을 담고 있는, 특수교육에서 특히나 매우 중요한 문서이다. 그러나 현재 많은 디지털 플랫폼은 이를 자동 연동하거나 반영할 수 있는 구조가 갖추어져 있지 않다. 오히려 기존의 IEP와 분리되게 학습관리 및 누적을 위한 플랫폼들만 도입된다면, 교사는 학생별로 자료를 이중관리해야 하고, 시스템상에서는 모든 학생에게 일괄적인 콘텐츠만 제공되는 경우가 많다. 이로 인해 처음의 취지와는 전혀 별개로 현장에 실질적인 도움이 되지 못하고, 업무만 가중 되어버려 교육의 내실화를 방해하는 요인이 될 수 있다. 이로 인해 디지털 기술이 오히려 특수교육의 '개별화' 원칙과 어긋나는 방향으로 현장을 혼란스럽게 하는 현상도 발생한다.

32 보완대체 의사소통(Augmentative and Alternative Communication, AAC).
입이나 글로 언어를 구사하거나 이해하는 데에 장애가 있는 사람들을 위해 말과 글을 보완하거나 대체하는 데 사용되는 의사소통 방식.

5) 장애 유형별 콘텐츠의 부족

기존의 디지털 교육 콘텐츠는 매우 많지만, 특수교육 대상 학생을 위한 장애 유형별 맞춤 콘텐츠는 여전히 부족한 실정이다. 예를 들어, 시각장애 학생을 위한 음성 내비게이션이나 화면 낭독 기능은 일반 콘텐츠에는 거의 반영되지 않으며, 청각장애 학생을 위한 수화 통역 콘텐츠도 제한적이다. 지적장애나 자폐성 장애 학생의 경우, 학습 내용의 난이도 조절, 시각적 지원, 반복 학습 기능 등이 필수적인데, 현재의 일반 디지털 콘텐츠는 대부분 '형식적인 수정'에 그치며 다양한 장애 유형을 고려한 깊이 있는 설계는 부족하다. 특수교육을 위한 별도 콘텐츠 제작이 아닌, 일반 교육 콘텐츠의 일부 변형 수준으로는 학생들의 다양한 학습 요구를 충분히 충족하기 어렵다는 사실을 인지해야 한다.

4 특수교육에의 AI · 디지털 기술 지원 사례

1) 미국: 디지털 도서관 운영을 통한 정보접근성 확대

미국의 교육부는 비영리단체 Benetech를 지원하여 시각장애나 난독증 등 인쇄물 활용에 어려움을 겪고 있는 학생들을 위하여 AI 낭독기능이 탑재된 디지털도서관 Bookshare를 운영한다.[33] 책을 읽는(듣는) 학습자는 편안한 속도, 음성, 언어를 선택하여 텍스트를 읽을(들을) 수 있으며, 독서가 진행되

33 Bookshare.org

는 동안 특정 키워드 강조 기능을 선택적으로 활용하여 인지적 어려움을 극복할 수 있다. Bookshare은 DAISY, EPUB, MP3 등 다양한 형식으로 90만 권 이상의 도서를 제공하며, 미국 교육부의 지원을 받고 있으므로 자격을 갖춘 학생들은 무료로 해당서비스를 자유롭게 이용할 수 있다.

이러한 서비스는 일반 교과서에 접근하기 어려운 학생들에게 보다 편안한 학습기회를 제공할 수 있으며, 학생들은 지원된 기술을 활용하여 학습 속도와 이해도를 개별화 할 수 있다.

그림 2-10 Bookshare에서 사용하는 텍스트 강조 기능[34]

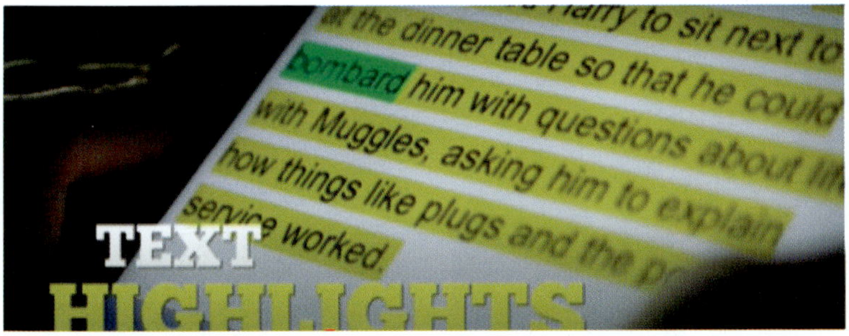

2) 핀란드: 헬싱키시 원격학습 로봇 활용

핀란드의 헬싱키시는 특수아동을 포함하여 건강상의 이유로 등교가 어려운 학생들의 지속적인 학습 유지를 위하여 원격학습 로봇을 도입하였다. 이 로봇은 학생들의 책가방에 들어갈 수 있는 사이즈로, 등교하지 못한 학생의 책상에 놓이게 되고, 학생은 태블릿을 통해 원격으로 로봇을 제어한다. 학생

34 Bookshare 공식 홍보 영상에서 발췌(https://youtu.be/w4M7P0qomlo).

들은 교실에서 발생하는 상황을 로봇을 통해 보고 들을 수 있으며, 함께 수업에 참여하여 활동하게 된다. 표시등을 통해 손을 들거나, 모둠활동을 하면서 이모티콘 표현 등까지 나타낼 수 있어 교실에 있는 급우들과 의사소통할 수 있다. 이 원격학습 로봇은 카메라를 통해 상황을 지켜보고 수동적으로 참여할 수 밖에 없던 비대면 원격학습에서 한 보 더 전진한 방식으로, 일시적으로 수업에 참여하지 못하는 학생들이 학습적인 면에서나 학급 학생들과의 사회적 교류현장에서 소외되지 않도록 지속적인 연결을 지원해주는 도구이다.

그림 2-11 헬싱키시의 원격학습 로봇 / AV-1

출처: (좌) 헬싱키 타임즈(2024.10.3.) / (우) No Isolation

3) 미국: 개별화학습계획(IEP)의 디지털화

미국은 특수교육 분야에서 IEP(개별화 교육 계획)의 디지털화를 빠르게 추진하고 있으며, 이를 지원하는 다양한 시스템이 현장에 도입되어 있다. 대표적으로 EasyIEP™[35], EmbraceIEP®[36], SIRAS Systems[37]와 같은 웹 기반 플랫폼은 IEP 작성, 관리, 모니터링, 보고 등 전 과정을 체계적이고 효율적으로 처리할 수 있도록 설계되어 있으며, 설정된 시스템 안에서 기록이 누적·연계되기 때문에 사용하는 교사들이 연방 및 주 법령을 준수하는 데도 도움을 받을 수 있다. 이와 같은 디지털화된 개별화 학습계획 시스템은 교사의 행정적 부담을 줄이고, 특수교육 대상 학생들의 맞춤형 교육을 보다 정교하게 운영할 수 있도록 돕는 핵심 도구로 자리 잡고 있다.

5 특수교육 AI·디지털 교육자료[38] 개발의 방향성

'AI·디지털 교육자료 개발가이드라인'에 따라 올해 일부 교과의 AI·디지털 교육자료가 현장에서 활용되고 있다. 학습의 개별화와 맞춤형 교육이 누구보다 중요한 특수교육에서도 역시 별도의 '특수교육 AI·디지털 교육자료 개발 가이드라인'에 따라 특수교육 AI·디지털 교육자료가 개발되고 있으며, 2025년 올해 9월 초등 3·4학년 국어교과를 시작으로 점차 확대 도입 될 예정이다.

1) 특수교육 AI·디지털 교육자료의 차별점

특수교육 AI·디지털 교육자료는 기존의 「AI·디지털 교육자료 개발 가

35 웹 기반 특수교육 사례 관리 도구 , 미국 내 30개 이상의 주에서 사용됨.

36 온라인 IEP 작성 소프트웨어, 사용자 정의형 IEP 소프트웨어.

37 브라우저 기반 특수교육 데이터 시스템.

38 기존 AI 디지털교과서 (AIDT)가 교육자료로 지위가 격하하는 내용의 초중등교육법 개정안이 가결(2025.8.4)된 후, 변경된 용어가 아직 확정되지 않았으므로 본 책에서는 'AI·디지털 교육자료'라는 용어로 대체하여 사용하며, 맥락에 따라 기존 용어가 혼용되어 있을 수 있음.

이드라인」의 내용을 기본적으로 준용하고 있으나, 특수교육에서 추가적으로 고려되어야 할 부분을 보다 꼼꼼하게 반영하여 개발되고 있다. 다음은 특수교육 AI·디지털 교육자료 개발 가이드라인에서 추진방향으로 제시하고 있는 일반 AI·디지털 교육자료와의 차별성이다.[39]

- 개별학생의 필요에 맞추어 텍스트북을 쉽고 편리하게 사용할 수 있는 보조공학 기능을 제공
- 학습자가 직관적으로 사용할 수 있는 사용 환경을 조성하여 몰입감과 흥미를 제공할 수 있는 포용적이고 직관적인 설계
- 다양한 학습 스타일을 고려하여 장애 학생이 각자의 방식으로 학습할 수 있는 학습지원의 제공
- AI 기반의 다양한 기능들을 통해 장애학생이 쉽게 접근할 수 있도록 하는 첨단기술의 적용

또한 특수교육 AI·디지털 교육자료 개발 가이드라인에서는 일반 AI·디지털 교육자료에서 추구하는 '맞춤형 학습'이 특수교육에서의 개별화/맞춤화와 의미적으로 상당한 차이가 있음을 밝히며 AI·디지털 교육자료를 통하여 특수교육이 중시하는 개별 맞춤형 교육이 모두 실현되는 것은 아님을 명시하고 있다.

표 2-3 '맞춤형 학습'의 의미

AI · 디지털 교육자료	특수교육 AI · 디지털 교육자료
학습자의 성취평가에 기반한 난이도 / 단계의 맞춤형	학습자의 강점, 제한점, 선호와 요구를 충분히 고려한 학습 속도, 진도, 콘텐츠의 다양성

39 특수교육 AI디지털교과서 개발 가이드라인(2024), 이화여자대학교 산하협력단.

따라서 특수교육 AI·디지털 교육자료가 현장에 도입되면, 이를 활용하는 교사들도 특수 AI·디지털 교육자료가 어떤 점에서 특수교육 대상 학생에게 보다 초점을 맞추어 개발되어 있는지 등의 개발의 의도를 우선 파악하고, 수업 설계 시 그 특성을 충분히 반영해야 실질적으로 효과성이 있는 특수 AI·디지털 교육자료 활용 수업을 진행할 수 있을 것이다.

다음은 특수교육 AI·디지털 교육자료의 비전체계도(안)이다.

그림 2-12 특수교육 AI·디지털 교육자료 비전체계도(안)

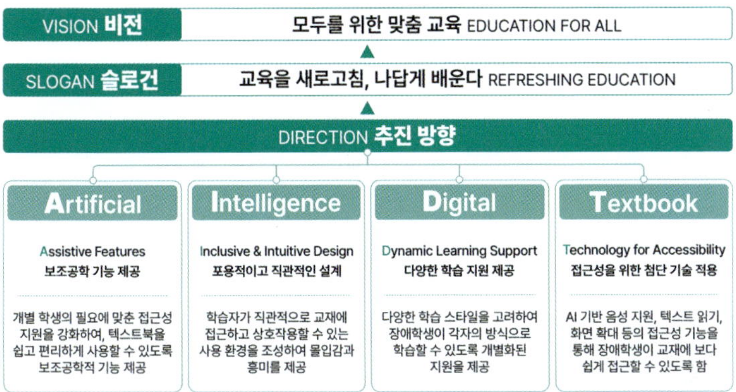

출처: 특수교육 AI·디지털 교육자료 개발 가이드북

2) 특수교육 AI·디지털 교육자료의 UDL

일반 AI·디지털 교육자료 역시 통합학급에서 학습하는 다양한 제한점을 가진 학생들을 고려해 UDL(보편적 학습 설계) 원칙이 반영되었고, 올해부터 현장에

40 제6차 특수교육발전 5개년 계획(2023~2027) (2022), 교육부 특수교육정책과.

서 사용중인 AI·디지털 교육자료에는 일부 기능이 실제로 구현되어 활용되고 있다. 그러나 특수교육용 AI·디지털 교육자료에서는 이러한 접근이 더욱 핵심적이며, 반드시 실현되어야 할 기능의 범위와 깊이가 훨씬 넓고 중요하다.

이를 위해 특수교육 AI·디지털 교육자료 가이드라인에서는 [학습 내용 제시 - 교수·학습 상호작용 - 교수·학습 관리]로 이어지는 보편적 학습 설계(UDL)의 과정에 따라 고려해야 할 요소들을 구체적으로 제시하고 있다. 또한 실제 사용자들의 다양한 특성(시각, 청각, 인지 등)을 반영해 높은 접근성이 확보되도록 명확한 기술적 요구사항을 포함하고 있으며, 장애 학생들이 사용하는 보조공학기기 및 학습 보조기기와의 원활한 호환도 필수적으로 반영하도록 규정하고 있다.

3) 특수교육 AI·디지털 교육자료의 보급 일정

2025.8.4 기존 AI 디지털교과서 (AIDT)가 교육자료로 지위가 격하하는 내용의 초중등교육법 개정안이 가결되었다. 이에 따라 보급 일정의 변경이 불가피해졌으나, 기존의 발표에 따르면 특수교육 대상 학생들을 위한 AI·디지털 교육자료는 2025년 9월부터 초등학교 3~4학년 국어 교과에 우선 도입되어 단계적으로 확대될 예정이었다. 또한 2026년에는 국어와 함께 수학 교과에도 도입되며 초등 고학년까지 확대되고, 2027년에는 중학교 전 학년으로, 그리고 2028년에는 고등학교까지 적용 범위가 넓어질 계획으로 발표되었었다. 추후 변경된 보급 일정에 대한 발표를 기다려봐야 하겠지만, 이러한 순차적 보급계획은 학습자의 수준과 특성을 반영한 맞춤형 교육을 원활하게 구현하기 위한 기반 마련의 일환이며, AI 기술을 통해 학습 진단, 피드백, 다감

각 콘텐츠 제공 등이 가능해질 것으로 기대된다.

그림 2-13 특수교육 AI·디지털 교육자료 도입 일정 (기존 계획)

구분		2025.9.	2026	2027	2028
국정 특수	초	국어 ③,④	국어 ③,④,⑤,⑥	국어 ③,④,⑤,⑥	국어 ③,④,⑤,⑥
			수학 ③,④	수학 ③,④,⑤,⑥	수학 ③,④,⑤,⑥
	중			국어	국어
				수학	수학
	고				국어
					수학

출처: 특수교육 AI·디지털 교육자료 도입 안내 공문(2025.3), 경상남도교육청.

오늘날 특수교육에서의 AI와 디지털 기술 도입은 단순한 보조 수단이 아니라, 학생 스스로 학습에 능동적으로 참여하고 자기 주도적으로 학습 경로를 조절해나갈 수 있는 "학습 자립"의 가능성을 여는 핵심 열쇠이다. 기존에는 교사나 보호자의 지속적인 지원 없이는 학습 참여가 어려웠던 학생들도, AI 기반 진단과 피드백, 시·청각 정보의 다감각적 변환, 사용자 맞춤형 콘텐츠 제공 등을 통해 스스로 이해하고 탐색하며 학습을 이어갈 수 있는 환경을 경험할 수 있다. 이제 정책은 이러한 '학습 자립'의 가능성을 일회성 프로젝트가 아닌 지속 가능한 '일상적 교육 환경'으로 정착시키는 데 초점을 맞춰야 한다. 이를 위해서는 특수교육 AI·디지털 교육자료 등 여러 교육자료의 안정적 보급·정착, 보조공학기기 및 학습보조도구의 체계적 대여·유지 관리, 디지털 개별화교육시스템의 기반 구축, 그리고 지속 가능한 예산 확보 등이 반드시 병행되어야 한다.

6 AI·디지털로 강화되는 특수교육의 방향성 '학습 자립'

1) 안정적인 특수교육 AI·디지털 교육자료 개발 및 활용 정착

AI·디지털 교육자료는 특수교육 대상 학생에게 단순히 콘텐츠를 전달하는 데 그치지 않고, 학습자의 인지 특성과 반응에 따라 학습 경로를 조정하고, 이해 수준에 맞는 피드백을 제공하는 자기주도 학습을 지원하는 도구로 작동 할 수 있다. 특히 국어와 수학처럼 누적 학습이 중요한 교과에서, AI의 도움을 받아 학습자의 강점과 약점을 실시간으로 분석하고 맞춤형 콘텐츠를 제공하는 기능은 학습 결손을 줄이는 데 결정적인 역할을 할 수 있다. 한 학기 먼저 적용된 일반 AI·디지털 교육자료가 겪은 시행착오를 반영하여, 특수교육 AI·디지털 교육자료는 9월에 보다 원만하게 작동될 수 있도록 계획되었지만 특수교육의 다양성 등을 반영한 교과서 개발은 일반 교육과는 다른 별도의 접근이 요구되며, 이는 일관된 국가 정책과 충분한 예산 지원으로 뒷받침 되어야 한다. 또한, 9월 이후 개발된 교육자료가 현장의 교사와 학생이 실제로 활용할 수 있는 수준으로 정착되기 위해서는 사용자 경험(UX)에 기반한 설계, 지속적인 콘텐츠 고도화, 교육청과 학교 현장의 피드백을 반영한 지속적 업데이트 등 원활한 순환 구조가 필요하다.

2) 시뮬레이션 기술을 접목한 진로 교육 시스템 도입

특수교육 대상 학생의 자립을 위한 핵심 교육 영역 중 하나는 진로 탐색과 직업 체험이다. 그러나 실제 현장에서는 체험처의 부족, 이동의 어려움,

안전 문제 등으로 인해 충분한 기회가 제공되지 못하는 경우가 빈번하다. 이에 대한 대안으로, AI와 가상현실(VR), 증강현실(AR), 시뮬레이션 기술을 접목한 더 많은 진로 체험 콘텐츠의 개발과 보급이 필요하다. 다양한 직업 환경과 업무 상황 체험을 디지털로 구현하면, 학생이 자신의 속도와 방식에 맞게 반복적으로 연습하여 상황에 대한 이해도를 높일 수 있기 때문이다. 또한, 이러한 시스템에 AI 기반 피드백 기술을 연계하면 학습자의 반응과 성취 수준을 분석해 개인 맞춤형 진로 학습 경로를 설계하는 것도 가능하다. 단순한 직업 정보 제공을 넘어, 실제 직무 수행에서 요구되는 사회적 기술과 직무 절차를 학습할 수 있는 콘텐츠의 제공은 특수교육을 통한 대상자의 '자립'을 실질적으로 뒷받침할 수 있다. 이러한 시뮬레이션 기술을 접목한 진로교육 시스템이 구축되기 위해서는 국가 차원 개발 및 지역별 시범 적용, 진로전담 인력 연수 및 우수사례발굴까지 포괄하는 장기적 접근이 필요하다.

3) 원활한 보조공학기기와 학습 보조 기기 활용 지원

인공지능 시대, 특수교육의 본격적인 디지털화를 이끌어 낼 AI·디지털 교육자료를 포함한 디지털 플랫폼들이 실제 수업 현장에서 효과적으로 기능하기 위해서는 이를 보조적으로 뒷받침하는 다양한 기기들과의 연계가 필수적이다. 특히 보조공학기기나 학습 보조기기와의 호환성과 활용 여건은 장애학생의 학습 참여와 자립성에 직접적인 영향을 미친다. 이에 따라, 다음 두 가지 측면에서의 지원 방안이 함께 고려되어야 한다.

① 디지털 교육자료와의 원활한 호환성 확보

특수교육 AI·디지털 교육자료 등 디지털 교육자료가 특수교육 대상 학생의 '학습 자립'을 실현하는 도구로 자리 잡기 위해서는, 다양한 보조공학기기 및 학습 보조기기와의 기술적 호환성이 필수 조건이다. 점자 정보 단말기, 화면 낭독 소프트웨어, 특수 키보드 및 스위치 장치 등은 많은 특수교육 대상 학생들에게 학습 접근의 중요한 수단이다. 디지털 교육자료가 이 기기들과 실시간으로 원활하게 연동되지 않으면 실제 활용도는 급격히 떨어질 수밖에 없다. 특히 AI·디지털 교육자료를 포함한 교육자료들이 음성 출력, 화면 확대, 색상 반전, 터치 인터페이스 등 사용자 맞춤 기능을 지원하더라도, 각 기기의 운영 체제나 소프트웨어 환경과의 정교한 연계 없이는 일관된 학습 경험을 제공하기 어렵다. 따라서 향후 특수교육 AI·디지털 교육자료의 개발은 단순 콘텐츠 중심이 아닌, 보조기기 중심의 접근성 설계가 반영되어야 한다. 기술이 이미 준비되어 있다고 하더라도, 그것이 실제 현장에서 학생의 손끝에 도달하기 위해서는 '연결'을 위한 마지막 단계까지의 섬세함을 놓치지 않아야 한다.

② 보조공학기기와 학습 보조 기기의 안정적 활용을 위한 지역 기반 통합 지원 체계 구축

AI·디지털 교육자료나 기타 디지털 학습환경이 제대로 기능하려면, 그와 연계해 사용할 수 있는 보조공학기기와 학습 보조기기의 안정적인 활용 보장이 필수적이다. 그러나 현재는 기기 구매 비용의 부담, 사용법에 대한 안내 부족, 고장 시 수리나 교체 지연 등의 문제로 인해 기기를 제대로 보유하고도 실제 수업에서 활용하지 못하는 경우가 많다. 이에 대한 해결책으로, 지역 내 육아종합지원센터의 장난감 도서관 제도처럼 지역 단위로 특수교육용 기기를 대여·회수·유지보수까지 통합 지원하는 '기기 지원 센터' 구축이 필요하다.

이러한 센터는 보조공학기기와 학습 보조도구를 학생의 장애 유형과 교육 환경에 맞춰 단기 또는 장기 대여할 수 있어야 하며, 교사와 보호자 대상의 사용법 안내, 시연 교육도 함께 제공해야 한다. 특히 지체장애, 중복장애 등으로 이동이 어려운 학생의 경우에는 '찾아가는 기기 대여 및 지원 서비스'를 병행 운영하여, 가정 또는 학교 현장에서 직접 전달해주는 지원이 이뤄질 수 있도록 해야 한다. 단순히 제품을 수요자에게 빌려주는 개념을 넘어서, 수업 상황과 학습 과정 속에서 기기를 능동적으로 활용할 수 있도록 돕는 지원이 필요하다. 이를 통해 단기적인 기기 접근성뿐 아니라, 학생의 학습 자립성과 수업 참여도를 실질적으로 높일 수 있다.

그림 2-14 전국 보조기기센터

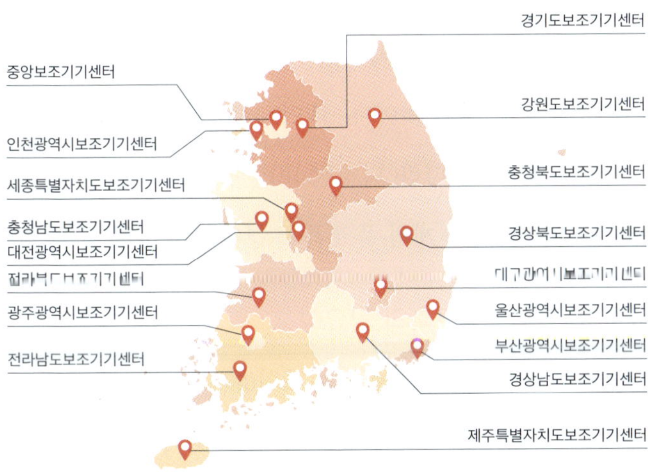

출처: 보조기기서비스 이용자 만족도 및 효과성 조사(2024), 보건복지부 국립재활원, 중앙보조기기센터

더불어, 기기의 내구연한과 사용자 특성을 고려한 정기적인 성능 점검 및 교체 기준 마련, 보조공학기기 예산의 정액 편성, 플랫폼 연계형 기기 재고 관리 시스템 구축도 함께 추진되어야 한다. 기술의 유무보다 더 중요한 것은, 그 기술이 학생의 곁에서 '작동 가능'한 상태로 구현되는 것이기 때문이다.

현재 각 지역별로 보조기기 지원 사업을 훌륭히 수행하고 있는 보조기기 지원센터의 인력과 예산을 확충하는 방식으로 좀 더 다각도의 지원 사업을 운영할 수 있는 방안 등을 고려해 볼 수 있다.

4) 체계적인 디지털 개별화교육계획(IEP[41]) 시스템 구축

AI·디지털 기술을 활용한 특수교육의 핵심은 학생 개개인의 특성과 변화 과정을 정교하게 반영하는 개별화 교육계획(IEP)의 내실화에 있다. 이를 위해 아날로그식의 기존 IEP에서 벗어나, 데이터 기반의 디지털 IEP 시스템으로의 전환이 요구된다. 이에 따라 디지털 IEP 시스템 구축과 이를 안정적으로 구현하기 위한 중앙-지역 연계형 플랫폼 운영이 필요하다.

① 디지털 IEP 시스템 구축의 필요성

특수교육의 중심에 있는 개별화교육계획(IEP)은 학생의 장애 특성과 발달 수준을 고려한 맞춤형 교육을 설계하는 핵심 문서이지만, 현재 학교 현장에서는 계획 수립과 실행 간의 연계 부족, 형식 중심의 문서화, 교사 간 협업의 어려움 등 여러 문제점이 제기되고 있다. 특히 계획 수립 이후 실제 수업이

41 Individualized Education Program(개별화 교육 프로그램)

나 평가, 피드백 과정과 단절되어 '살아 있는 IEP'로 기능하지 못하는 경우가 있다. 이에 따라, AI 기반의 디지털 개별화교육계획 시스템을 구축하여 '계획-실행-기록-피드백'의 전 과정을 데이터 기반으로 유기적으로 연결하는 체계 마련이 필요하다.

이 디지털 시스템은 교사, 보호자, 활동지원사 등이 온라인 플랫폼을 통해 공동으로 계획을 수립하고 주기적으로 수정·보완할 수 있도록 설계되어야 하며, 특히 디지털 교육자료 등을 통해 수집된 학습 데이터(예 문제풀이 기록, 콘텐츠 접근 방식, 보조기기 사용 이력 등)와 연동될 때 더욱 내실 있게 작동할 것이다. 학습의 실제 흐름과 개별 성취 수준이 자동으로 반영됨으로써, IEP 목표의 현실성과 실효성의 상승을 기대할 수 있다.

또한 특수교육 현장에서는 학생을 지도하거나 도움을 줄 수 있는 담임교사, 특수교육실무사, 사회복무요원 등이 정기적으로 변경되게 된다. 즉, 학생에 대한 지도가 유기적으로 연속되기 어렵고, 정보 인계가 어려운 구조적인 한계가 생기게 된다. 디지털 IEP 시스템은 이러한 지속성의 문제를 보완할 수 있는 핵심 도구로 기능할 수 있다. 즉, 디지털 IEP 시스템으로 학생의 발달 이력과 교육 목표 달성 과정, 효과적인 지원 전략 등을 지속·장기적으로 누적·관리함으로써 교체 인력 간의 정보 단절을 줄이고, 보다 안정적이고 연계성 높은 교육지원을 가능하게 한다.

무엇보다 중요한 것은 단순한 문서의 디지털화가 아니라, 학생 중심의 교육과정을 유연하게 설계하고 조정할 수 있는 실천 도구로서의 기능 강화다. 디지털 IEP 시스템은 개별 학생의 특성과 교육적 요구를 정밀하게 반영함과 동시에, 학교 간 정보 격차를 해소하고 행정 부담을 줄이는 지속 가능하고 실효성 있는 특수교육 지원 기반이 될 것이다.

표 2-4 기존 IEP와 디지털 IEP의 비교

	기존 IEP	디지털 IEP (추구방향)
작성방식	종이 문서 혹은 단순 워드파일 중심	클라우드 기반 플랫폼, 실시간 작성 · 관리
협업과정	교사 중심 작성	교사, 학부모, 활동지원사 등이 함께 수정 · 관리
수정 및 모니터링	학기별, 지속적 수정 어려움	실시간 수정가능, 수정 과정 기록됨
자료 접근성	일부 교사	권한에 따른 사용자 추가 가능
피드백 · 평가	수기 기록, 주관적 해석	• 학습 데이터 기반 피드백 • 객관적인 변화 추적 가능
통합성	수업, 상담과정이 분리되기 쉬움	누적된 다양한 정보를 통합하여 관리 가능
사용목적	행정적 절차에 그치기 쉬움	학습 설계 · 실행의 근거가 되는 '실제적인 교육 도구'로 활용 가능

② 중앙-지역 연계형 플랫폼 구축 및 단계적 시범운영

디지털 IEP 시스템의 안정적 구축과 운영을 위해서는 중앙과 지역이 협력하는 이중 구조의 지원 설계가 필요하다. 교육부 또는 국립특수교육원 차원에서 중앙 데이터베이스와 표준화된 설계 기준을 마련하고, 이를 기반으로 시·도교육청 및 학교가 지역 특성과 인력 여건에 맞춰 탄력적으로 운용할 수 있는 구조를 갖추는 것이 이상적이다. 예를 들어, 중앙에서는 IEP 양식, 목표 설정 템플릿, 연계 가능한 학습 데이터 유형 등을 제시하고, 지역은 실제 학교 현장에서의 적용, 교사 연수, 피드백 수렴 등을 맡는 방식이다.

이와 함께, 전국 단위의 일괄적 시행 전에 권역별로 시범 운영할 교육청을 지정하여 디지털 IEP 시스템의 초기 구축과 운영을 실증할 필요가 있다. 시범운영은 최소 1년 이상의 주기로 설정하여 학기별 수정·보완 과정을 거치고, 학교급별(유·초·중·고)과 장애 유형별로 적용 효과를 비교 분석해야 한다. 또한 특수 AI·디지털 교육자료, 학습보조기기, 교육과정 자료 등과의 연동성 검증 역시 시범운영과정에서 동시에 이뤄져야 실질적인 효과를 확인할 수 있다. 이런 과정을 통해 현장의 의견을 반영하고 기술적 문제를 조기에 파악해야, 안정적으로 전국적 도입이 가능할 것이다.

5) 삶과 연결되는 맞춤형 학습콘텐츠 다양화

특수교육 대상 학생들의 학습은 단순 지식 전달을 넘어, 실질적인 삶을 위한 스킬(skill)과 연결되어야 한다. 따라서 AI 디지털 기술을 활용한 학습 콘텐츠 역시 학생의 발달 수준과 삶의 맥락을 고려한 다양하고 실질적인 형태로 확대되어야 하며, 생산되는 콘텐츠들의 품질 관리를 통해 보다 효율적이고 의미있는 학습이 되도록 지원해야 한다.

① 특수교육 콘텐츠 개발의 방향성

디지털 교육자료와와 디지털 학습환경이 실질적인 특수교육 지원 도구가 되기 위해서는 국어, 수학 등 핵심 교과 중심 콘텐츠뿐 아니라, 특수교육 대상 학생들의 삶과 직결되는 진로교육, 의사소통 교육, 사회적 기술 훈련 등 다양한 영역의 콘텐츠 개발이 필수적이다. 특히 의사소통에 어려움을 겪는 학생들을 위한 AAC(보완대체의사소통) 기반 콘텐츠, 반복적 직업 훈련이 필요한 학생을 위한 직업 시뮬레이션 콘텐츠, 또래와의 상호작용을 연습할 수 있는 사회적 상황 학습 콘텐츠의 지원은 단순한 교과교육 지원을 넘어 학생의 자립과 사회참여 역량을 키우는 핵심 요소다. 콘텐츠의 다양화는 장애 특성과 발달단계별로 세분화된 맞춤형 지원을 가능하게 한다. 이를 위해 교사, 치료사, 콘텐츠 개발사 간 협업을 통해 실제 수업에 활용 가능한 형태의 멀티미디어 자료, 시뮬레이션 앱, 인터랙티브 게임형 콘텐츠 등 다양한 형태의 콘텐츠 개발이 필요하다.

현재 국내에서는 특수교육 대상 학생을 위한 콘텐츠 개발이 점차 확대되고 있다. 예를 들어, 국립특수교육원은 '열림배움터'를 통해 맞춤형 디지털 학습 자료를 제공하며 맞춤형 수업을 지원하고 있으며[42], 일부 시·도교육청에서는 의사소통 중재를 위한 AAC 보드[43] 및 디지털 활용 자료를 개발·보급하고 있다. 경기도에서는 '보완대체의사소통판 제작 플랫폼(AAC Board Maker Platform)[44]'을 운영하여 다양한 AAC 그림판과 교육 자료를 개발하고 보급하며, 여러가지 상징과 어휘를 활용한 그림판을 제공하여 특수교육 현장에서 활용 할 수 있게 지원한다. ㈜소프트젠에서 개발한 '버츄얼바리스타'를 활용한 VR 바리스타교육과 ㈜페리굿에서 개발한 편의점 근무 체험 등 발달장애인들의 직업교육에서 VR(가상현실) 콘텐츠는 이미 쉽게 찾아볼 수 있다. 이러한 시도들은 단순한 정보 전달을 넘어, 특수교육 대상 학생의 학습권 보장과 자립 역량 강화를 위한 디지털 콘텐츠 개발의 방향을 보여주는 훌륭한 사례라 할 수 있다. 이 사례들을 참고하여 더 발전된 형태의 다양한 콘텐츠 개발 지원이 지속되어야 한다.

---

42 학교급별 자료외에도 공통자료로 신체활동, 여가생활, 의사소통, 자립생활, 생활 적응 등 다양한 주제의 콘텐츠를 제공하고 있다.

43 2019년 인천광역시교육청에서 출간한 장애학생 위기행동 대처 매뉴얼과 합께 보급된 보완대체 의사소통 (ACC) 포켓 등을 찾아볼 수 있다.

44 https://www.aacmaker.or.kr/

② 특수교육 콘텐츠 검수 및 인증 체계 마련

특수교육 콘텐츠는 학생의 장애 특성과 발달 수준에 밀접하게 맞춰져야 하므로, 일반 콘텐츠보다 더 높은 수준의 정확성, 적합성, 접근성 검토가 요구된다. 그러나 현재는 디지털 특수교육 콘텐츠에 대한 공식적인 검수 체계나 인증 기준이 미비해, 학교 현장에서 자료 활용 시 교육적 효과와 안정성을 충분히 담보하기 어려운 상황이다. 이에 따라, 교육부 또는 국립특수교육원 차원에서 장애 유형별 콘텐츠 개발 가이드라인, 전문가 및 현장 교사 중심의 심의 위원회, 학생 피드백 기반의 사후 평가 체계 등을 포함한 공신력 있는 검수·인증 시스템을 구축할 필요가 있다. 이 시스템은 단순한 승인 절차에 그치는 것이 아니라, 민간 개발자나 학교 단위의 자율 개발 가이드로 활용할 수 있도록 개방성과 품질을 동시에 보장하는 구조여야 하며, 향후 콘텐츠 플랫폼 내 '검증 완료' 콘텐츠에 대한 별도 마크 부여나 추천 기능으로 교사의 수업 활용 편의성까지도 높일 수 있다. 혹은 인증을 받은 콘텐츠들의 바로가기 모음을 제공하는 방식으로도 신뢰도와 활용성을 높일 수 있다.

6) 특수학교·특수학급 교원 대상 연수 강화

특수교육의 질적 향상을 위해서는 교육 현장의 중심에 있는 교사들이 다양한 상황에 맞게 전문성을 발휘할 수 있도록 체계적인 연수 지원이 필수적이다. 특히 최근에는 특수학급에 중증 장애 학생의 배치가 증가하면서, 일반 교육과정을 그대로 적용하기 어려운 현실적인 문제가 발생하고 있다. 하지만 현재 특수학급에서는 원칙적으로 일반학교의 공통교육과정을 적용하게 되어있어 맞춤형 학습을 준비해야하는 교사는 교육과정의 재구성이나 대체

교재 활용에 상당한 어려움을 겪고 있다. 이러한 상황을 고려하여, 특수학교 교육과정을 반영한 AI·디지털 교육자료와 같은 대안적 도구의 활용에 대한 연수가 병행되어야 하며, 교사가 학생의 장애 정도에 맞는 적절한 교수·학습 전략을 선택하고 실행할 수 있도록 연수 내용이 다양화되어야 한다. 또한, 특수학교·특수학급·통합학급 등 교사들의 역할에 따라 연수 방향이 세분화되어야 하며, 현장의 수요에 따라 필요한 소주제를 조합하여 선택할 수 있는 '과목 선택형 연수' 제도가 확대되어야 한다. 이러한 지원을 활용하여 교사는 매해 달라지는 담당 학급 유형과 학생의 특성에 맞춘 교육 전문성을 지속적으로 강화할 수 있으며, 나아가 효과적인 통합교육 실현에도 기여할 수 있다.

7) 예산확보 및 전략적 투자 계획 수립

'제6차 특수교육발전 5개년 계획'은 장애영유아의 교육지원 확대부터 장애인 평생교육 활성화까지 여러 가지 영역에서 지원을 높이고자 촘촘히 계획되어 있다. 특히나 '에듀테크 활용 맞춤형 교육과정'이라고 명시된 영역 외에서도 AI·디지털을 활용하여 더 나은 교육 서비스를 제공할 계획을 추진중이다. 그러나 특수교육에서 활용 가능한 예산과 인력은 제한적이기 때문에, AI·디지털 기술 도입은 모든 영역에 일괄적으로 동시에 적용하기보다는 학습 효과와 접근성에 결정적인 영향을 미치는 핵심 영역부터 집중 투자하고 안정적으로 정착시킨 뒤, 그 성과를 바탕으로 다른 영역과 대상으로 점진적으로 확산해 나가는 전략이 필요하다.

7 정리 및 제언: 디지털 전환과 함께 여는 특수교육의 미래

AI·디지털 기술이 일상과 교육 전반을 빠르게 바꾸고 있는 지금, 특수교육 역시 이 흐름 속에서 중요한 전환점을 맞이하고 있다. 기술은 도구일 뿐이지만, 그 도구를 어떻게 설계하고 누구를 위해 사용할지에 따라 교육의 의미와 가능성은 크게 달라진다. 특수교육의 현장은 여전히 복잡하고 다양한 과제를 안고 있지만, 디지털 전환을 잘 설계하고 활용한다면 그동안 어려움으로 여겨졌던 많은 문제들이 새로운 방식으로 해결의 실마리를 찾을 수 있다. 이제는 모든 아이들이 자신의 속도와 방식대로 배우며 성장할 수 있는 교육 환경을 만드는 데 집중해야 한다. 디지털 시대를 제대로 이해하고 활용해, 특수교육이 한 단계 더 도약하며 괄목할 만한 성장을 이루기를 기대한다.

참/고/문/헌

경상남도교육청(2025.3.13.) [알림] 특수교육 AI 디지털교과서 도입 안내

교육부, 대전특수교육원(2022), 「인공지능(AI) 활용 장애학생 진로탐색 학습콘텐츠」 및 리플릿.

국립특수교육원 (2025.3.6.) 특수교육 AI 디지털교과서 도입 안내

국립특수교육원 에듀에이블 https://www.nise.go.kr/main.do?s=eduable

보조기기서비스 이용자 만족도 및 효과성 조사 결과보고서(2024), 국립재활원.

보조기기서비스 이용자 만족도 및 효과성 조사(2024), 국립재활원,중앙보조기기센터.

실감형 콘텐츠 체험버스 운영 사업 성과자료집(2023, 2024), 국립특수교육원.

이영선 외 7명, 인천광역시교육청(2019), 장애학생 위기행동 대처 매뉴얼, 인천광역시 교육청.

이영선, 권정민, 김동심, 박진석, 김주성, 이정아 (2024), 특수교육 AI 디지털교과서 가이드라인, 이화여자대학교 산하협력단.

제6차 특수교육발전 5개년 계획(2023~2027) (2022), 교육부 특수교육정책과.

한국교육학술정보원 (2023), AI 디지털교과서 개발 가이드라인.

2024 특수교육통계 (2024), 교육부 국립특수교육원.

Dezeen. (2018). 노르웨이 스타트업 'No Isolation'의 원격 학교 로봇 AV1 [AV1 robot by No Isolation helps chronically ill children attend school]. https://www.dezeen.com/2018/09/04/av1-robot-no-isolation-norway-london-design-biennale/. Helsinki Times. (2024). 헬싱키, 로봇 기술로 만성 질환 아동의 원격 등교 지원 [Robot technology helps chronically ill children attend school from home in Helsinki]. https://www.helsinkitimes.fi/themes/themes/education/25667-robot-technology-helps-chronically-ill-children-attend-school-from-home-in-helsinki.html

Chapter 3

에듀테크 활용 사회정서학습 사례로 본 미래교육

● 박 준 호

1 디지털 전환시대, 사회정서학습

디지털 기술의 급격한 발전은 교육 패러다임에 큰 변화를 가져왔다. 특히, 학생들의 인지적 성장뿐만 아니라 건강한 사회성과 정서적 발달을 지원하는 사회정서학습(SEL) 분야에서 에듀테크는 새로운 가능성을 제시하고 있다.

1) 사회정서학습이란?

사회정서학습(Social-Emotional Learning, SEL)은 개인이 건강한 정체성을 확립하고, 감정을 관리하며, 개인과 공동의 목표를 달성하기 위해 타인을 공감할 수 있고, 나아가 관계를 구축 및 유지하여 책임감있고 배려하는 결정을 내리는 데 필요한 지식, 기술, 태도를 얻는 과정이다. 즉, 학생들이 자신과 타인의 감정을 인식하고 조절하는 능력, 타인에 대한 공감 능력을 형성하고, 책임감 있는 의사결정을 내리며 도움이 필요하다면 도움을 적절히 요청할 수 있는 역량을 키우는 교육과정을 말한다. 이는 단순히 학업적 성취만을 목표로 하는 것이 아니라, 학생들의 정서적 안정과 사회적 역량을 균형 있게 함양하는 통합적 교육이다.

OECD(2002)는 사회정서학습을 주변 타인들과 우호적인 사회적 관계를 유지하고, 공동의 목표를 위해 협력할 수 있는 능력으로 정의하며 , 정서 및 정서와 연결된 인지, 자기 인식, 자기 지식에 초점을 둔 개인 내적 발달을 반영하는 개념으로도 이해된다. 더 나아가, 초·중·고등학교에서 학생들의 학업 성취와 사회정서적 능력을 향상시키는 다양한 활동과 방법을 통합하는 개념적 틀로 정의되기도 한다.

미국의 학업·사회정서학습협회(CASEL)에서는 사회정서학습의 핵심 역량을 다섯 가지 영역으로 정의하고 있다. 자기인식(self-awareness), 자기관리(self-management), 사회적 인식(social awareness), 관계 기술(relationship skills), 그리고 책임감 있는 의사결정(responsible decision-making)이다(CASEL, 2022).

사회정서학습은 "건강한 삶을 영위하기 위해 사회정서역량 함양을 목적으로 하는 교육과정"으로 정의된다(Zins, 2004). 이는 디지털 전환 시대에서 더욱 중요성이 부각되고 있으며, 학생들이 단순히 지식을 습득하는 것을 넘어, 자신의 정서를 이해하고 조절하며 타인과 건강한 관계를 맺을 수 있는 능력을 개발하는 데 초점을 맞춘다.

한국형 사회정서교육은 최근 교육부에서 도입을 추진 중인 정책으로, 학생들의 정서적 성장과 사회적 관계 형성을 지원하기 위해 마련되었다. 이는 학생들이 자신의 감정을 이해하고 조절하며, 타인과의 관계 속에서 건강하게 성장할 수 있도록 돕는 교육 방법으로, 2022 개정 교육과정에서도 중요하게 다루어지고 있다(교육부, 2022).

2) 사회정서성장교육의 필요성

현대 사회에서 사회정서성장교육의 필요성은 점점 더 커지고 있다. 특히 디지털 전환 시대를 맞아 학생들의 정신건강과 사회적 역량 함양이 더욱 중요해지고 있다. 이러한 필요성은 다음과 같은 측면에서 살펴볼 수 있다.

첫째, 정신건강 문제의 증가에 대응하기 위해서 필요하다. 코로나19 팬데믹 이후 학생들의 마음건강 문제가 심각한 사회적 이슈로 대두되었으며, 특히 디지털 환경의 급속한 변화는 학생들의 정신건강에 새로운 도전을 제시하고 있다(한국교육개발원, 2025). 청소년 스마트폰 과의존 위험군은 2021년 37%에서 2023년 40.1%로 증가했으며, 사이버폭력 경험(가해, 피해, 가·피해)은 청소년의 경우 40.8%, 성인은 8.0%에 달하는 것으로 나타났다. 또한 딥페이크 성범죄 발생 후 '불안함'을 느낀 이유로 여학생의 81.7%, 남학생의 67.7%가 '나도 모르게 피해자가 될 수 있다'고 응답했다(관계부처 합동, 2025).

둘째, 디지털 시대의 시민 역량을 키우기 위해 필요하다. 디지털 교육의 내용과 방식은 디지털 시대에 필요한 역량을 키울 수 있는 방향으로 설계되고 운영되어야 한다. 특히 디지털 안전과 윤리, 책임의식있는 시민성 등 이를 포괄하는 디지털 리터러시는 모두를 위한 디지털 역량 프레임워크의 핵심 요소로 제시되고 있다(관계부처 합동, 2025).

셋째, 학업 성취와의 연관성이 있다. 여러 연구에 따르면, 체계적인 SEL 프로그램을 받은 학생들이 그렇지 않은 학생들에 비해 학업 성취도가 평균적으로 높아지는 효과가 확인되었다. 실제로 SEL 실시 이후 학생들의 우울감과 문제행동이 감소하고 사회정서적 기술과 학업성취도는 향상되었다는 연구 결과가 있다(EBS 뉴스, 2024). 미국 일리노이주의 사례를 보면, SEL 표준을 도입한 이후 학생들의 불안과 우울, 행동 문제가 줄어들고 긍정적인 성과가 나타나 SEL이 전국으로 확산되는 계기가 되었다.

넷째, 미래 사회 적응력을 위해서 필요하다. 세계경제포럼(WEF)은 미래 인재의 핵심 역량으로 비판적 사고, 창의성과 함께 협업과 공감 등의 정서적 역량을 강조하고 있다. 빠르게 변화하는 디지털 환경에서는 정보 처리 능력뿐 아니라, 타인과의 효과적인 소통, 협업 능력, 창의적 문제해결 능력이 중요하며, 이는 사회정서역량과 밀접하게 연결되어 있다.

사회정서학습은 현재의 학교 적응뿐 아니라 미래 사회 참여에 필요한 삶의 기술을 길러주는 핵심적인 교육이며, 학업과 인성을 아우르는 전인교육의 기반이 된다고 할 수 있다.

참고

CASEL은 사회정서학습의 핵심 역량을 다섯 가지로 제시하며, 이는 전 세계적으로 널리 인정받고 활용되고 있다.

1. **자기 인식(Self-Awareness)**: 자신의 감정, 생각, 가치를 이해하고 이것이 다양한 상황에서 행동에 어떤 영향을 미치는지 이해하는 능력이다. 자신의 강점과 한계를 현실적으로 인식하고, 자신감과 목적의식을 갖는 것을 포함한다. 세부적으로는 개인적 및 사회적 정체성 통합, 감정 인식, 정직성과 진실성 증명, 감정-가치-생각 연결, 편견 검토, 자기 효능감 경험, 성장 마인드셋 함양 등을 포함한다. 예를 들어, 자신의 감정 유발 요인을 파악하고, 특정 감정이 타인에게 미치는 영향을 분석하며, 자신의 필요와 가치를 인식하는 것이 해당된다.

2. **자기 관리 (Self-Management)**: 다양한 상황에서 자신의 감정, 생각, 행동을 효과적으로 관리하고 목표와 열망을 달성하기 위해 노력하는 능력이다. 스트레스 관리, 충동 조절, 자기 동기 부여, 목표 설정 및 계획 수립 능력 등이 포함된다. 예를 들어, 충동이나 공격성을 조절하고, 스트레스를 관리하며, 단기 및 장기 목표를 향해 계획을 세우고 노력하며, 피드백을 건설적으로 활용하는 능력이다.

3. **사회적 인식 (Social Awareness)**: 다양한 배경, 문화, 맥락 속 타인의 관점을 이해하고 공감하는 능력이다. 타인에 대한 연민을 느끼고, 다양한 상황에서의 사회적 규범을 이해하며, 가족, 학교, 지역사회 내 자원과 지원을 인식하는 것을 포함한다. 타인의 감정을 파악하기 위해 언어적, 신체적 단서를 인식하고, 다양한 관점을 이해하며 다양성을 존중하는 것이 중요하다.

4. **관계 기술 (Relationship Skills)**: 다양한 개인 및 그룹과 건강하고 지지적인 관계를 구축 및 유지하고, 다양한 환경을 효과적으로 탐색하는 능력이다. 명확한 의사소통, 적극적인 경청, 협력, 건설적인 갈등 해결, 도움 요청 및 제공 능력 등이 포함된다. 예를 들어, 협력 학습을 통해 공동 목표를 달성하고, 관계 내에서 감정을 관리하고 표현하며, 부적절한 사회적 압력에 저항하는 능력이다.

5. **책임감 있는 의사결정(Responsible Decision-Making)**: 다양한 상황에서 개인 행동과 사회적 상호작용에 대해 사려 깊고 건설적인 선택을 하는 능력이다. 윤리적 기준, 안전 문제, 행동 결과 등을 고려하며 개인적, 사회적, 공동체적 웰빙을 증진시키는 결정을 내리는 것을 포함한다. 문제 상황을 분석하고 해결책을 모색하며, 자신의 행동 결과를 예측하고 평가하며, 윤리적 책임감을 갖는 것이 중요하다.

이러한 SEL 역량은 개인의 내적 역량(자기 인식, 자기 관리)과 대인관계 역량(사회적 인식, 관계 기술, 책임감 있는 의사결정)으로 구성되어, 개인이 자신과 타인을 이해하고 건강한 관계를 맺으며 사회적으로 책임감 있는 행동을 하도록 돕는다. 어린 시절부터 사회정서학습(SEL)을 접하며 감정, 감정 유발 요인, 개인적 가치 등을 이해하는 데 필요한 기술을 개발하여 상호작용을 효과적으로 이해하고 더 나은 선택을 할 수 있게 된다.

이러한 SEL의 핵심 역량은 한국의 2022 개정 교육과정이 추구하는 핵심 역량과도 밀접하게 연관된다. 2022 개정 교육과정은 자기관리 역량, 의사소통 역량, 공동체 역량, 창의적 사고 역량, 심미적 감성 역량, 정보 처리 역량 등을 핵심 역량으로 제시한다.

표 3-1 사회정서학습(SEL) 핵심 역량과 2022 개정 교육과정 핵심 역량 비교

CASEL 핵심 역량	CASEL 정의 (요약)	2022 개정 교육과정 관련 역량	주요 중첩 기술/개념
자기 인식 (Self-Awareness)	자신의 감정, 생각, 가치, 강점, 한계 인식	자기관리 역량, 공동체 역량	감정 · 가치 인식, 자아정체성, 자기이해, 자기효능감, 성장형 사고방식
자기 관리 (Self-Management)	감정, 생각, 행동 조절, 목표설정 및 추구	자기관리 역량	감정 · 충동 조절, 스트레스 관리, 목표설정 및 계획, 자기주도성
사회적 인식 (Social Awareness)	타인 관점 이해, 공감, 다양성존중	협력적 소통 역량, 공동체 역량, 심미적 감성역량	공감, 타인 존중, 관점 이해, 다양성 수용, 경청, 사회규범 이해
관계 기술 (Relationship Skills)	건강한 관계 형성 및 유지, 협력, 갈등 해결	협력적 소통 역량, 공동체 역량	의사소통, 협업, 팀워크, 갈등 관리, 사회적 참여, 도움 요청/제공
책임감 있는 의사결정(Responsible Decision-Making)	윤리적, 건설적 선택, 결과 고려	자기관리 역량, 지식정보처리 역량, 창의적 사고 역량, 공동체 역량	문제해결, 윤리적 판단, 결과 예측, 비판적 사고, 자기성찰, 공동체적 책임

출처: CASEL 프레임워크 및 2022 개정 교육과정 총론 자료 재구성

3) 기존 방식의 한계점

전통적으로 이루어져 온 사회정서교육에는 몇 가지 중요한 한계점이 존재했다. 이러한 한계점들은 디지털 전환 시대에 더욱 두드러지면서, 새로운 접근 방식의 필요성을 제기하고 있다.

먼저, 일회성 교육의 문제가 있다. 기존의 사회정서교육은 주로 일회성 특강이나 단기 프로그램 형태로 진행되어 지속적인 효과를 기대하기 어려웠

다. 학생들의 사회정서역량은 일시적인 활동으로 형성되는 것이 아니라 지속적이고 반복적인 경험과 훈련을 통해 발달하는데, 기존의 특별활동 중심의 접근은 이러한 지속성을 확보하지 못했다.

둘째, 표준화된 접근방식의 한계가 있다. 학생 개개인의 정서적 상태와 필요에 맞춤화된 교육이 아닌, 표준화된 내용을 일방적으로 전달하는 방식으로 진행되어 학생들의 개별적 정서 발달을 충분히 지원하지 못했다. 교사 1명이 다수의 학생을 담당하는 환경에서 각 학생의 정서적 상태를 세밀하게 파악하고 즉각적으로 대응하기는 현실적으로 어려웠다(한국교육개발원, 2023).

셋째, 데이터 수집과 분석의 한계가 있었다. 학생들의 정서적 상태와 발전 과정을 객관적으로 측정하고 분석할 수 있는 체계적인 도구가 부족했다. 이로 인해 프로그램의 효과성을 검증하고 지속적으로 개선하는 근거 기반 접근이 어려웠다.

넷째, 교사의 업무 부담문제가 있다. 학생 개개인의 정서적 상태를 파악하고 적절한 지원을 제공하는 것은 교사에게 상당한 업무 부담으로 작용했다. 특히 정서적 어려움을 겪는 학생들이 교실에서 눈에 띄지 않는 경우, 적시에 필요한 지원을 받지 못하는 사례가 빈번했다.

다섯째, 접근성 문제가 있었다. 전통적인 대면 상담이나 교육 방식은 시공간의 제약으로 인해 학생들이 필요할 때 즉시 접근하기 어려웠다. 특히 심리적 부담으로 인해 도움을 요청하기 어려운 학생들에게는 이러한 접근성 문제가 더욱 크게 다가왔다(교육부, 2024).

여섯째, 문제 중심 접근의 한계가 있었다. 기존의 접근 방식은 주로 문제가 발생한 후에 대응하는 방식으로, 예방적 차원의 교육이 부족했다. 학생들이 이미 정서적 어려움을 겪고 있거나 행동 문제를 보일 때 개입하는 형태였기 때문에, 보다 근본적인 예방과 역량 강화 측면이 약했다.

이러한 한계점들로 인해 기존의 사회정서학습은 학생들의 정서적 성장을 효과적으로 지원하지 못했으며, 특히 디지털 전환 시대에 필요한 역량을 키우는 데 있어 충분한 효과를 발휘하지 못했다.

4) 사회정서학습에서 에듀테크 활용을 해야하는 이유

전통적인 사회정서학습(SEL) 방식이 가진 한계점을 극복하고, 디지털 시대를 살아가는 학습자들의 요구에 부응하기 위해 에듀테크(EdTech)의 활용은 더 이상 선택이 아닌 필수가 되고 있다. 에듀테크는 교육(Education)과 기술(Technology)의 결합으로, 기존 교육이 해결하지 못했던 난제에 대한 해법을 제시하며 새로운 교육 패러다임을 열 가능성을 보여준다. 과거에는 교육의 보조 수단으로 여겨졌던 기술이 이제는 교육의 질에 직접적인 영향을 미치는 핵심 도구로 인식되면서 에듀테크의 중요성은 더욱 커지고 있다.

에듀테크는 특히 SEL 분야에서 전통적인 접근법의 한계를 극복하는 데 강력한 잠재력을 지닌다. 앞서 지적된 '앎'과 '행함'의 간극은 에듀테크를 통해 좁혀질 수 있다. 예를 들어, 인공지능(AI) 기반의 챗봇이나 시뮬레이션은 학생들이 안전한 환경에서 감정 표현을 연습하고, 다양한 사회적 상황에 대한 대처 방안을 탐색하며 즉각적인 피드백을 받을 기회를 제공한다. 가상현실(VR)이나 증강현실(AR) 기술은 몰입감 있는 경험을 통해 공감 능력이나 갈등 해결 능력을 보다 현실적으로 체득하도록 도울 수 있다.

① 에듀테크가 SEL에 기여하는 구체적인 이점

개인 맞춤 학습: AI는 학생 개개인의 학습 속도, 이해도, 감정 상태, 흥미 등을 분석하여 최적화된 SEL 콘텐츠와 학습 경로를 제공할 수 있다. 이는 모든 학생이 자신의 수준과 필요에 맞는 지원을 받도록 하여 학습 효과를 극대화하고 학습 격차를 해소하는 데 기여한다. AI 튜터나 AI · 디지털 교육자료는 이러한 개인 맞춤형 학습을 구현하는 대표적인 예이다.

학습 몰입도 및 참여 증진: 게임화(Gamification), 인터랙티브 콘텐츠, VR/AR 등 에듀테크는 학습 과정을 더욱 흥미롭고 매력적으로 만들어 학생들의 자발적인 참여를 유도한다. 특히 디지털 환경에 익숙한 학생들에게는 기술 활용 자체가 학습 동기를 부여할 수 있으며, 소극적인 학생들도 온라인 환경에서는 자신의 의견을 표현하는 데 더 편안함을 느낄 수 있다.

데이터 기반 피드백 및 관리: 에듀테크 플랫폼은 학생들의 학습 과정, 상호작용 패턴, 심지어 감정 상태에 대한 데이터를 수집하고 분석할 수 있다. 교사는 이 데이터를 활용하여 학생들의 SEL 역량 발달 과정을 객관적으로 파악하고, 도움이 필요한 학생에게 시의적절하고 구체적인 피드백과 지원을 제공할 수 있다. 이는 교사의 직관에만 의존하던 방식보다 훨씬 정교한 학생 관리를 가능하게 한다.

교사 지원 및 효율성 증대: 에듀테크는 SEL 교육 자료 제공, 학습 진도 관리, 평가 자동화 등을 통해 교사의 업무 부담을 경감시킬 수 있다. AI 보조교사는 수업 자료 검색이나 콘텐츠 추천 등을 통해 교사가 교수 활동 자체에 더 집중할 수 있도록 돕는다.

접근성 및 포용성 확대: 디지털 플랫폼은 시간과 공간의 제약을 넘어 사회정서학습(SEL)자원에 대한 접근성을 높인다. 또한, 장애 학생이나 다문화 학생 등 다양한 배경을 가진 학습자들이 동등하게 학습에 참여할 수 있도록 지원하는 '배리어 프리(Barrier-free)' 환경을 구축하는 데 기여할 수 있다. 이는 비장애 학생들이 장애 학생을 위한 콘텐츠를 자연스럽게 접하며 배려와 조율의 사회정서역량을 기르는 기회가 되기도 한다.

한편, 디지털 환경의 확산 자체가 SEL의 필요성을 더욱 증대시키는 역설적인 측면도 존재한다. 청소년들의 디지털 미디어 사용 증가는 사이버불링, 가치관 혼란, 자기 통제력 상실, 대인관계 문제, 정신건강 악화 등 새로운 심리·정서적 위험을 야기한다. 온라인상의 익명성은 때로 공격성을 부추기고, 소셜 미디어는 타인과의 비교를 통해 불안감을 증폭시킬 수 있다. 또한, 가짜뉴스나 정보의 범람은 비판적 사고와 책임감 있는 정보 소비 능력을 요구한다. 이러한 디지털 시대의 도전 과제들은 결국 건강한 자아 인식, 자기 조절 능력, 타인에 대한 공감, 건전한 대인관계 기술, 책임감 있는 의사결정 능력 등 SEL의 핵심 역량 함양을 더욱 중요하게 만든다.

결론적으로, 에듀테크는 전통적인 사회정서학습(SEL) 방식의 한계를 보완하고 학습 효과를 높이는 강력한 도구이다. 개인 맞춤 학습 지원, 학습 몰입도 증진, 데이터 기반의 정교한 관리, 교사 지원, 접근성 확대 등 다양한 이점을 제공한다. 동시에 디지털 환경 자체가 야기하는 새로운 사회정서적 문제들에 대응하기 위해서라도 사회정서학습(SEL)은 필수적이며, 아이러니하게도 디지털 기술(에듀테크)이 효과적인 사회정서학습(SEL)을 위한 핵심적인 수단이 될 수 있다. 따라서 에듀테크를 활용한 사회정서학습(SEL)은 단순한 교육 방식의 개선을 넘어, 디지털 시대를 살아갈 미래 세대가 반드시 갖추어야 할 핵심 역량을 함양하기 위한 시대적 요구라고 할 수 있다. 다만, 에듀테크 활용이 기술 자체에 매몰되어 교육의 본질을 잃지 않도록 신중한 접근과 설계가 필요하며, 교사의 역할 변화에 대한 충분한 지원과 준비가 병행되어야 할 것이다.

2 에듀테크 활용 사회정서학습 전용 앱 사례 소개

에듀테크를 활용한 사회정서학습(SEL)은 이론적 논의를 넘어 실제 교육 현장에서 다양한 애플리케이션과 플랫폼을 통해 구현되고 있다. 국내외적으로 개발된 여러 사례들은 기술이 어떻게 학생들의 감정 인식, 자기 조절, 관계 형성, 책임감 있는 의사결정 능력을 지원할 수 있는지 구체적으로 보여준다.

1) 해외에서 AI 예수님 사례 소개

그림 3-1 AI 예수님 아바타의 모습

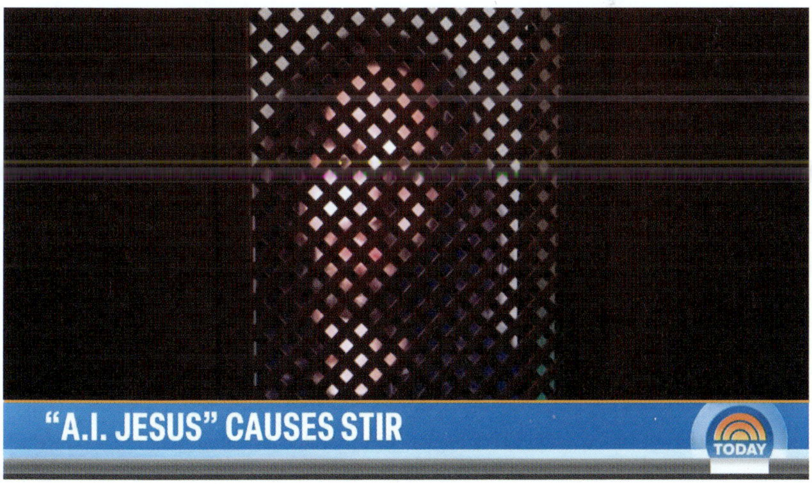

그림 3-2 방대한 신학 텍스트를 학습한 AI 예수님의 실체

출처: NBC's Kelly Cobiella reports for TODAY(2024.12.5.)
https://youtu.be/Rj4AABFdtcE?si=fHpRy7o6OBm6Dhp9

최근 해외에서는 인공지능을 활용하여 종교적, 정서적 지원을 제공하는 '디지털 멘토' 개념의 애플리케이션이 등장하고 있다. 그 중에서도 독특하고 주목할 만한 사례가 바로 'AI 예수님' 프로젝트이다.

2024년 스위스 루체른의 한 교회에서는 흥미로운 실험이 진행되었다. 고해성사실(고백실)에 AI 예수님 아바타를 설치하여 방문자들과 종교적·정서적 대화를 나누도록 한 것이다. 이 AI 예수님은 예수의 겉모습을 한 화면 속 아바타로, 방대한 신학 텍스트를 학습하여 100개 이상의 언어로 실시간 응답할 수 있었다.

방문자가 자신의 고민이나 속마음을 털어놓으면, AI 예수님은 성경 구절 등에 기반한 위로와 조언을 제공하였다. 두 달 동안 전 세계에서 약 1천 명이 이 AI와 대화했고, 이용자의 2/3는 이를 영적 치유 경험으로 평가했다고 한다.

이 사례는 인공지능이 인간의 정서적·영적 지지자 역할을 할 수 있음을 보여준다. 비록 교육 현장은 아니지만, 청소년들이 친숙한 디지털 매체를 통해 위로받고 삶의 의미를 고민해볼 수 있는 새로운 방식으로서 시사점이 있다. 기술과 인간의 깊은 정서 영역의 융합 가능성을 보여준 AI 예수님 사례는, 학교에서도 AI를 활용한 상담·멘토링 프로그램 개발에 영감을 줄 수 있다.

이러한 접근은 단순한 정보 제공을 넘어서, 사용자가 자신의 감정과 고민을 표현하고 반영할 수 있는 안전한 공간을 제공한다는 점에서 사회정서학습의 관점과 연결된다. 특히 전통적인 상담이나 멘토링에 접근하기 어려운 사람들에게 언제 어디서나 정서적, 윤리적 지침을 제공할 수 있다는 점에서 의미가 있다.

AI 예수님와 유사한 앱들은 다음과 같은 사회정서적 기능을 제공한다.

1. 자기 성찰 촉진: 사용자가 자신의 감정과 생각을 정리하고 표현하도록 유도
2. 정서적 지원: 공감과 위로의 메시지를 통한 정서적 안정감 제공
3. 가치 기반 판단: 윤리적, 도덕적 관점에서의 조언을 통한 의사결정 지원
4. 정서적 회복력 증진: 어려운 상황에서도 희망과 의미를 찾을 수 있도록 지원

이러한 해외 사례는 종교적 관점과 가치를 활용한 정서적 지원 모델로서, 우리나라의 사회정서학습에도 시사하는 바가 크다. 특히 AI 기술을 통해 개인화된 정서적 지원과 멘토링을 제공한다는 점에서, 에듀테크를 활용한 사회정서학습의 가능성을 보여준다.

참고

챗GPT 등 생성형 AI 활용: 특정 SEL 도구는 아니지만, 챗GPT와 같은 생성형 AI가 학업 및 과외 활동에서 다양하게 활용되면서 간접적으로 SEL 역량 함양에 기여하는 사례들이 보고되고 있다. 예를 들어, ADHD 학생의 학습 계획 수립 지원, 자폐증 학생의 추상적 개념 이해 보조, 작문 능력 향상을 위한 아이디어 구상 및 피드백 제공, 토론 및 발표 준비 지원 등은 문제 해결 능력, 자기 관리 능력, 의사소통 능력 등 SEL과 관련된 기술을 연습하는 기회를 제공한다. 핀란드 초등학교에서는 시각적 읽기 어려움이 있는 학생을 위해 챗GPT를 활용하기도 한다.

출처: AI Insights Worldwide https://playtechtrend.com/chatgpt-20success-story/. 교육을 바꾸는 사람들 '핀란드 AI 및 디지털 교육 정책의 명암 - 새로운 비상과 심화된 디지털 불평등 https://21erick.org/column/13531/

2) 마이크로소프트 리플렉트(Microsoft Reflect)

마이크로소프트에서 개발한 AI 코스웨어로, 학교 현장에서 학생들의 정서 지원을 위해 널리 활용되고 있다. 이 도구는 학생들이 간단한 체크인을 통해 자신의 감정을 표현하고, 감정 어휘력을 키우며, 자기 성찰 활동을 통해 사회적, 정서적, 학업적 기술을 함양하도록 돕는다. 교사는 Reflect 대시보드를 통해 학급 전체의 정서 상태를 파악하고 개별 학생의 감정 변화를 추적하여 필요한 지원을 제공할 수 있다. 실제 학교 적용 사례에서 학생들의 성장과 만족도 향상, 교사의 학생 이해도 증진 등의 긍정적인 효과가 보고되었다.

그림 3-3 Microsoft Reflect 'How are you feeling today?'

출처: Microsoft Reflect 고객지원 사이트
https://support.microsoft.com/ko-kr/topic/microsoft-reflect-%EC%8B%9C%EC%9E%91-c6cbbacc-5655-450e-bca9-988ddc506017#id0ebbj=create

이 앱의 특징은 귀여운 "필링 몬스터(Feeling Monster)" 캐릭터들이 60가지 다양한 감정을 표현해주어, 어린 학생들도 자신의 현재 감정을 정확히 식별하고 이름 붙이는 연습을 할 수 있다는 점이다. 예를 들어 학생이 Reflect 앱을 열면 "오늘 기분이 어떤가요?"라는 질문과 함께 웃고 있는 몬스터, 찡그린 몬스터 등 감정을 나타내는 이모티콘들이 나타나고, 학생은 그 중 가장 가까운 것을 선택한다(Microsoft Reflect, 2023).

이렇게 수집된 정서 데이터는 교사에게 실시간으로 시각화되어 제공되어, 교사가 학급 전체 분위기 파악이나 개별 학생의 정서 추세를 파악하는 데 활용한다. 또한 학생들에게 자기인식과 공감 능력을 길러주는 활동과 마음 챙김 뇌휴식 콘텐츠도 내장되어 있어, 단순 체크인을 넘어 정서학습 활동까지 연계된다.

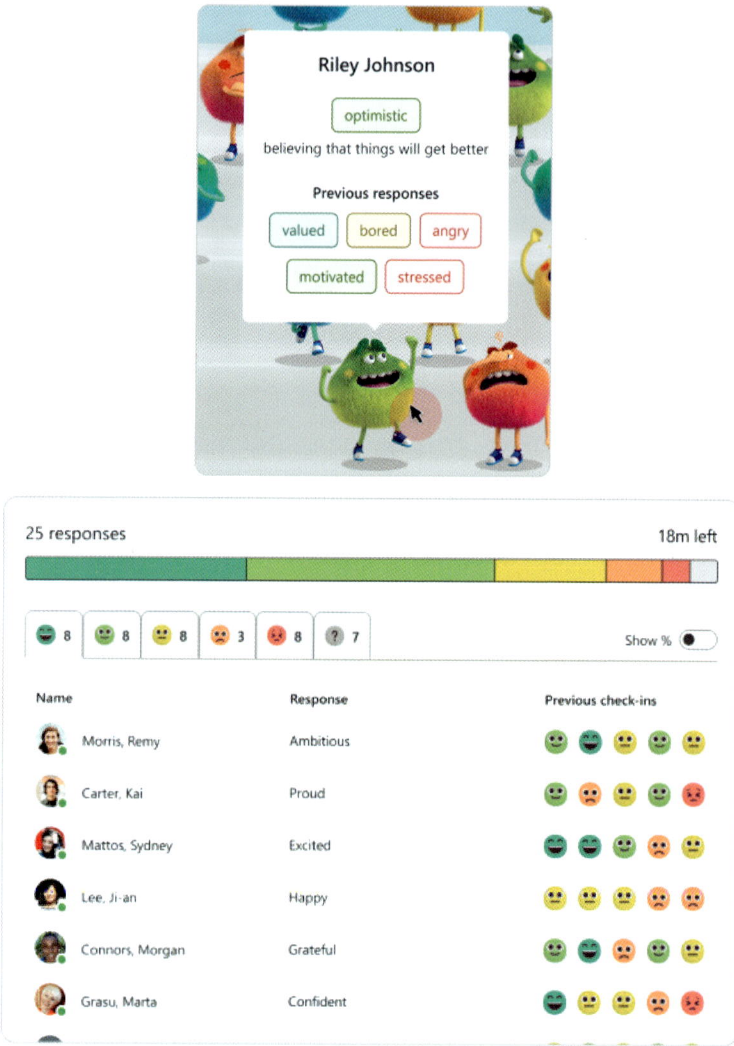

그림 3-4 Microsoft Reflect 감정 대시보드

Microsoft Reflect 앱 특징은 다음과 같다.

1. 감정 체크인: 학생들이 다양한 캐릭터와 이모티콘을 통해 자신의 현재

감정 상태를 표현

2. 감정 추세 분석: 시간에 따른 학생들의 감정 변화를 추적하고 분석
3. 학급 감정 대시보드: 교사가 학급 전체의 감정 상태를 한눈에 파악할 수 있는 시각화 도구
4. 맞춤형 학습 활동: 학생의 감정 상태에 따른 적절한 사회정서학습 활동 추천
5. 마음챙김 활동: 스트레스 감소와 집중력 향상을 위한 마음챙김 연습

이 앱은 특히 디지털 네이티브 세대인 학생들에게 친숙한 인터페이스를 통해 정서 표현의 문턱을 낮추고, 정서 어휘력을 확장하는 데 도움을 준다. 또한 교사에게는 학급 내 정서적 역동성을 더 잘 이해하고, 개별 학생의 필요에 맞는 지원을 제공할 수 있는 통찰력을 제공한다.

Reflect 사례는 대규모 학급에서도 정서 체크인을 일상화하고, 이를 통해 학생들의 자기표현을 장려하면서 동시에 교사가 데이터 기반으로 정서 지원을 할 수 있다는 점에서 의미가 있다. 현재 미국을 비롯한 여러 국가에서 Reflect를 통한 SEL 실천이 확산되고 있으며, "학교 10곳 중 8곳이 SEL을 실시"한다는 보도도 있듯이, 이러한 디지털 도구가 SEL 보급의 촉매가 되고 있다.

마이크로소프트는 학교-가정 연계도 지원하여, 학부모가 자녀의 정서 상태에 대한 통찰을 얻고 가정에서도 적절한 지원을 제공할 수 있도록 돕고 있다. 이는 SEL이 학교에서만이 아니라 학생의 전체 생활 환경에서 이루어져야 한다는 종합적 접근을 반영한다.

3) AI 마음일기

그림 3-5 AI 마음일기 소개자료

출처: Askedutech (https://old.askedtech.com)

국내 에듀테크 기업 테바소프트(Tebahsoft)가 개발한 '심스페이스'는 학생들의 감정 기록과 분석을 도와주는 AI 기반 감정 일기 플랫폼이다. 이 앱은 학생들이 자신의 감정 상태를 일기 형태로 자유롭게 기록하고, AI가 이를 분석하여 감정 상태를 파악하는 방식으로 운영된다(테바소프트, 2023).

'AI마음일기'는 서울교육청과 제주교육청을 포함한 여러 지역에서 사회정서학습 지원 도구로 활용되고 있으며, 사용자 친화적인 인터페이스와 AI 감정 분석 기술로 학생들의 자기 감정 인식과 표현을 돕고 있다(경기에듀테크소프트랩, 2024).

이 앱에서 학생들은 자신의 감정 상태를 일기 형태로 자유롭게 적거나, 제공되는 "감정사전"을 활용해 오늘의 기분을 표현할 수 있다. AI는 학생이 작성한 내용이나 선택한 감정을 바탕으로 심리 상태를 분석하고, 필요에 따라 맞춤형 조언이나 피드백을 제공한다.

예를 들어 "오늘 친구와 다퉈서 속상해"라고 쓰면, AI가 "친구와 갈등을 겪어 마음이 아프겠어요. 다음에 솔직하게 대화해보는 것은 어떨까요?"와 같은 피드백을 줄 수 있다. 학생들은 이를 통해 자기 감정에 대한 통찰과 대처법을 배우게 된다.

교사에게는 학급 학생들의 전체적인 감정 추이를 보여주는 "마음 건강 차트"와 관리도구가 제공되어, 어느 시기에 부정적 정서가 높았는지 파악하거나 특정 학생의 변화 추이를 확인할 수 있다. 이를 통해 교사는 학급 운영과 교육과정 운영에 있어 학생들의 정서 상태를 고려한 접근이 가능하다.

실제 학교 현장에서 AI 마음일기를 활용한 교사들은 "아이들이 스스로 감정을 표현하는 법을 배우고, 교사와 속마음을 공유하는 빈도가 늘었다"는 긍정적 반응을 보였다. 한 교사는 "예전에는 말없이 힘들어하던 아이를 몰라봤을 때가 있었는데, 이제는 일기 속 표현을 통해 위기 신호를 미리 발견하고 도와줄 수 있게 되었다"고 평가하였다.

AI마음일기 앱의 특징은 다음과 같다.

1. 지속적인 감정 모니터링: 학생들이 매일 감정을 기록하고 추적하여 자기인식 능력 향상
2. 개인화된 피드백: AI가 학생의 감정 패턴과 표현 방식에 맞춘 맞춤형 조언 제공
3. 조기 위험 감지: 심각한 부정적 정서나 위험 신호를 포착하여 적시 개입 가능
4. 정서 표현력 강화: 감정사전을 통해 다양한 감정 어휘를 학습하고 정서 표현 능력 향상
5. 데이터 기반 정서 지원: 축적된 감정 데이터를 바탕으로 효과적인 정서 지원 전략 수립

이처럼 AI 일기 앱은 학생들의 자기성찰 습관 형성과 교사의 세심한 정서 돌봄을 동시에 지원하는 도구로 주목받고 있다. 디지털 네이티브인 학생들에게 익숙한 형태로 정서 교육을 제공할 수 있다는 점, 그리고 데이터 기반의 객관적인 정서 상태 파악이 가능하다는 점에서 전통적인 방식을 보완하는 혁신적인 접근이라고 할 수 있다(AskEdTech, 2024).

AI 마음일기 외에도 LG U+ '답다 (Dapda)'라는 LG유플러스 내 스타트업 방식으로 개발된 마음 관리(멘탈 헬스케어) 앱이 있다. 사용자가 110여개 감정 중 하나를 선택하고 일기를 작성하면, AI '마링이'가 12시간 이내(유료 시

5분 이내)에 공감과 조언이 담긴 답장을 보내준다. 일기 작성 시 사진 첨부 기능(최대 3장), AI가 일기 작성을 돕는 '쓰기 찬스' 기능도 제공한다. AI가 사람이 아니기에 오히려 더 솔직하게 속마음을 털어놓을 수 있다는 사용자 반응이 많으며, AI의 공감 능력('F형' 답변)이 인기를 얻고 있다. 빠른 가입자 증가세(2024년 1월 기준 8만 명 돌파)와 높은 재방문율(월 45%)을 기록하고 있다. 다만, 12시간의 답장 대기 시간이 길다는 피드백도 있다. 사용자의 일기 내용은 개발진이 볼 수 없으며, AI는 답장 생성에만 관여하고 내용을 학습하지 않도록 설계되었다.

이러한 AI 마음일기 앱들은 학생들이 자신의 감정을 인식하고(자기 인식), 표현하며(관계 기술), AI의 피드백을 통해 감정을 조절하는 방법(자기 관리)을 배우도록 돕는다. 또한 교사에게는 학생들의 정서 상태에 대한 귀중한 정보를 제공하여 보다 효과적인 생활지도와 상담을 가능하게 한다.

4) "우리반 관계 읽기" (퓨전소프트)

학교 내 또래 관계를 시각화하여 파악하려는 시도도 이루어지고 있다. "우리반 관계도"는 학급에서 학생들 간의 호감도나 친밀도를 조사하여 관계망을 도식화한 것이다. 이는 주로 사회연결망분석(Social Network Analysis, SNA)을 기반으로 한 접근으로, 학급 내 사회적 역학을 이해하고 관리하는 데 도움을 준다.

그림 3-6 우리반 관계 읽기 대시보드

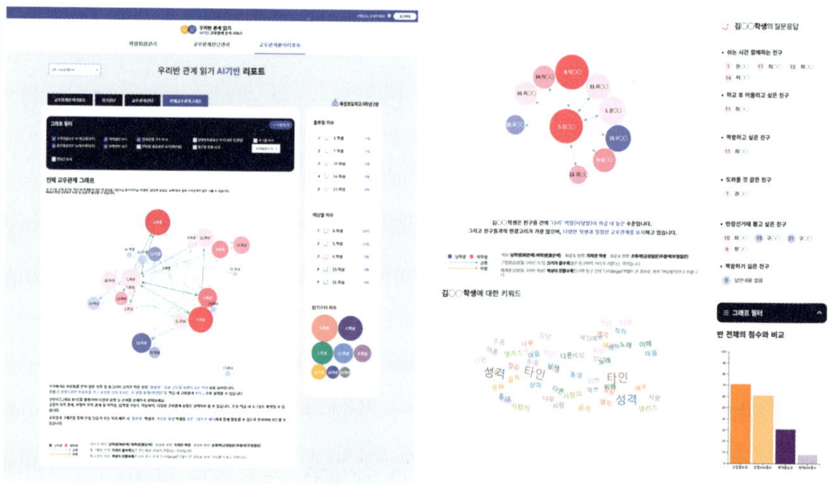

출처: 우리반 관계 읽기(https://www.rais.co.kr/ttfs/ttMain.do)

우리반 관계도의 작동 방식은 다음과 같다. 교사가 학생들에게 "가장 함께 있고 싶은 친구 3명을 적어보라"와 같은 사회연결망 설문을 실시한 뒤, 이를 소프트웨어로 분석하면 노드(학생)와 링크(친구선택)로 이루어진 사회관계망 그래프가 생성된다. 이 관계도에서는 누구와 누구가 서로 선택하여 강한 연결을 맺고 있는지, 어떤 학생이 주변으로부터 고립되어 있는지 한눈에 볼 수 있다.

"우리반 관계도" 앱 특징은 다음과 같다(RAIS, 2023).

1. 위험군 학생 선별: 사회적으로 고립되거나 또래 관계에 어려움을 겪는 학생들을 조기에 식별하여 교사가 집중 관리할 수 있도록 지원한다.
2. 관계 개선 추천: 학생들의 성향과 기존 관계 패턴을 분석하여, 서로 잘

어울릴 수 있는 모둠 구성이나 짝 활동을 추천한다. 이는 학급 내 응집력을 높이고 소외된 학생들의 통합을 도울 수 있다.

3. 학급 관계도 시각화: 학급의 전체적인 관계망 구조를 한눈에 파악할 수 있도록 시각화하여, 교사가 학급 역동성을 이해하고 개입 전략을 수립하는 데 도움을 준다.

실제 학교 현장에서는 이러한 관계도를 활용하여 학급 내 또래 괴롭힘 예방, 모둠 활동의 효과적인 구성, 학급 공동체 의식 강화 등에 활용하고 있다. 교사들은 "관계도를 보고 학급 분위기를 진단하니, 눈에 보이지 않던 관계망의 허브와 단절점이 파악되어 지도에 큰 도움이 된다"는 의견을 나타내고 있다.

우리반 관계도는 특히 사회정서학습의 '관계 기술'과 '사회적 인식' 영역과 밀접하게 연관되어 있다. 교사들은 이를 통해 학급 내 또래 관계 역학을 이해하고, 긍정적인 관계 형성을 위한 중재 전략을 개발할 수 있다. 또한 학생들에게도 자신의 사회적 위치와 관계 패턴을 인식하는 기회를 제공할 수 있다(학교상담연구, 2024).

일부 선도적인 시도에서는 AI와 빅데이터를 활용하여 온라인 학습 환경에서의 상호작용 패턴이나 협업 활동 참여도 등을 기반으로 관계도를 자동으로 업데이트하는 시스템도 개발되고 있다. 이는 디지털 환경에서도 학생들의 사회적 관계를 파악하고 지원할 수 있는 가능성을 보여준다.

우리반 관계도 서비스는 SEL의 사회적 측면(공동체 의식, 소속감 증진)을 다루는 잠재력 있는 접근이다. 이는 정량적 인간관계 데이터로 SEL을 지원하는 혁신적인 시도로, 향후 AI와 데이터 분석 기술의 발전과 함께 더욱 정교한 형태로 발전할 것으로 기대된다.

5) AI·디지털 교육자료에서 마음 날씨와 학습에 관한 사회정서 데이터 수집

교육부가 2025년부터 도입을 추진 중인 AI · 디지털 교육자료는 단순히 학습 내용을 디지털화한 것을 넘어, 학생들의 학습 과정과 정서 상태를 통합적으로 모니터링하고 분석하는 플랫폼으로 진화하고 있다. 이 플랫폼의 핵심 기능 중 하나는 학생들의 '마음 날씨'와 같은 사회정서데이터를 수집하고 분석하는 것이다.

AI·디지털 교육자료가 2025년부터 단계적으로 학교 현장에 도입되면서, 교육부는 학생들의 학습 상태뿐 아니라 정서적 웰빙도 함께 관리하는 통합적 접근을 시도하고 있다. 특히 디지털 환경에서 아직 발달 과정에 있는 아동·청소년들을 위한 정서적 안전망 구축의 중요성이 강조되고 있다(관계부처 합동, 2025).

AI · 디지털 교육자료에서 사회정서데이터를 수집하는 주요 방식은 다음과 같다.

1. 마음 날씨 기능: 학생들이 학습 활동 전후에 자신의 정서 상태를 '날씨'와 같은 직관적인 메타포로 표현하도록 하여 정서 데이터를 수집한다. 예를 들어, 맑음, 흐림, 비, 천둥번개 등으로 자신의 감정 상태를 표현할 수 있다. 이는 학생들이 자신의 감정을 자연스럽게 인식하고 표현하는 능력을 기르는 데 도움이 된다.
2. 학습-정서 연계 분석: 수집된 정서 데이터와 학습 활동 데이터를 연계하여 분석함으로써, 특정 학습 활동이 학생의 정서 상태에 미치는 영향과 정서 상태가 학습 성과에 미치는 영향을 파악할 수 있다. 이러한 분석은 교육과 학습을 보다 정서적으로 지원하는 방향으로 설계하는 데

기여할 수 있다.

3. 정서 변화 추적: 시간에 따른 학생들의 정서 변화를 추적하여, 학기 중 스트레스가 높아지는 시점이나 특정 교과/내용에 대한 정서적 반응 패턴을 식별할 수 있다. 이러한 정보는 학교와 교사가 학생들의 정서적 건강을 지원하는 중재 프로그램을 적시에 제공하는 데 활용될 수 있다.
4. 교사 대시보드: 교사들이 학급 전체의 정서 분포와 변화를 한눈에 파악할 수 있는 대시보드를 제공하여, 필요한 정서적 지원이나 학습 전략 조정을 계획할 수 있게 한다. 이는 교사의 학급 관리와 개별 학생 지원을 데이터에 기반하여 더욱 효과적으로 수행할 수 있게 돕는다.
5. 개인화된 학습 경로 제안: 학생의 정서 상태와 학습 데이터를 종합적으로 분석하여, 각 학생에게 최적화된 학습 경로와 활동을 추천할 수 있다. 이는 학습 내용뿐만 아니라 학습 방식과 속도도 학생의 정서적 상태에 맞게 조정할 수 있도록 하여, 학습 효과를 극대화하면서 정서적 스트레스를 최소화하는 균형을 추구한다.

그러나 이러한 데이터 수집과 활용에는 몇 가지 주의점도 존재한다. 예를 들어, 지나친 디지털 교육과 데이터 수집이 학생들의 마음 건강과 전인적 발달에 부정적인 영향을 미칠 수 있다는 우려가 있다. 또한 AI나 데이터 분석 결과를 맹신하기보다는, 이를 교사의 전문적 판단을 보조하는 도구로 활용하는 균형 잡힌 접근이 필요하다.

AI · 디지털 교육자료의 사회정서데이터 수집과 분석은 결과에 집중하는 기존의 교육 패러다임에서 벗어나, 학습 과정 전반에 걸친 학생의 정서적 경험과 변화에 관심을 기울이는 새로운 교육 패러다임으로의 전환을 의미한다. 이는 궁극적으로 학생의 학업 성취와 정서적 웰빙을 통합적으로 지원하는 교육 환경을 구축하는 데 기여할 것으로 기대된다(교육부, 2024).

6) 멀티모달 AI를 활용한 사회정서학습 (KERIS 연구)

사회정서학습(SEL) 지원을 위한 에듀테크는 인공지능(AI) 기술의 발달과 함께 더욱 정교화되고 있다. 특히 최근 주목받는 멀티모달(Multimodal) AI 기술은 기존의 단일 데이터(텍스트, 음성 등) 기반 분석의 한계를 넘어, 다양한 유형의 데이터를 통합적으로 분석하여 학생들의 정서 상태와 사회적 상호작용을 보다 깊이 이해하고 지원할 가능성을 열어주고 있다. 한국교육학술정보원(KERIS)은 이러한 멀티모달 AI 기술을 교육 현장의 SEL에 적용하는 방안에 대한 연구를 활발히 수행하고 있다.

멀티모달 AI는 텍스트, 이미지, 소리(음성, 환경음), 비디오, 생체 신호 등 여러 종류의 데이터 입력(Modality)을 동시에 처리하고 분석하는 기술이다. 이는 인간이 세상을 인식하고 이해할 때 여러 감각을 동시에 사용하는 방식과 유사하다. KERIS의 연구는 이러한 멀티모달 AI 기술을 활용하여 학생들의 정서 상태를 실시간으로 파악하고, 사회적 상호작용을 촉진하며, 개인 맞춤형 SEL 지원을 제공하는 구체적인 방안을 탐색하는 데 초점을 맞추고 있다.

KERIS 연구에서 제시된 멀티모달 AI 기반 SEL지원 기술 및 활용 시나리오는 다음과 같다.

멀티모달 감정 인식: 학생의 표정, 목소리 톤, 말투, 시선 등을 복합적으로 분석하여 실시간으로 감정 상태(예 기쁨, 슬픔, 불안, 지루함)나 학습 몰입도를 파악하는 기술이다. 이는 교사가 학생의 정서 변화를 즉각적으로 인지하고 개입하거나, AI 시스템이 학습 콘텐츠나 난이도를 학생의 상태에 맞게 조

절하는 데 활용될 수 있다.

생체 신호 분석: 스마트워치나 밴드와 같은 웨어러블 기기를 통해 심박수, 피부 전도율, 움직임 등 생체 신호를 실시간으로 수집하고, 이를 감정 상태와 연관 지어 분석한다. 이를 통해 스트레스 수준을 감지하거나 감정 조절이 필요한 시점을 파악하여 마음 챙김 활동이나 휴식을 권고하는 등 자기 관리 능력 향상을 지원할 수 있다.

상호작용 분석: 교실 내 AI 스피커나 카메라를 통해 학생들 간의 대화 내용, 발화 패턴, 협력 행동 등을 분석하여 팀 프로젝트나 협력 학습 상황에서의 상호작용 양상을 파악한다. 이를 통해 갈등 상황을 조기에 감지하거나, 협력 기술이 부족한 학생 또는 그룹에게 맞춤형 피드백을 제공하여 관계 기술 향상을 도울 수 있다.

AI 튜터 및 챗봇 고도화: 멀티모달 데이터를 기반으로 학생의 상태를 종합적으로 이해하는 AI 튜터나 챗봇은 보다 공감적이고 효과적인 상호작용을 제공할 수 있다. 예를 들어, 학생의 목소리 톤이나 표정 변화를 감지하여 격려의 메시지를 전달하거나, 대화 내용을 분석하여 학생의 잠재적인 고민을 파악하고 상담을 제안할 수 있다.

VR/AR 기반 SEL 훈련: 가상현실(VR) 환경에서 AI 기반 NPC(Non-Player Character)와 상호작용하며 사회적 기술이나 감정 조절 능력을 연습하는 시뮬레이션을 제공한다. 이때 사용자의 음성, 표정, 행동 등을 멀티모달 AI가 분석하여 현실적인 피드백을 제공함으로써 학습 효과를 높일 수 있다.

취약 학생 지원: 언어 장애나 정서 행동 장애가 있는 학생, 다문화 배경 학생 등 특정 지원이 필요한 학생들의 비언어적 표현이나 행동 패턴을 멀티모달 AI가 분석하여 교사에게 필요한 정보를 제공하거나, 학생의 특성에 맞는

맞춤형 소통 방식(예 음성, AR)을 지원할 수 있다.

이러한 멀티모달 AI 기술의 적용은 SEL 교육의 질을 한 단계 높일 수 있는 잠재력을 지닌다. 학생들의 내면 상태에 대한 보다 객관적이고 다각적인 이해를 가능하게 하며, 실시간 맞춤형 지원을 통해 SEL 역량 함양의 효과를 극대화할 수 있다.

그러나 멀티모달 AI의 도입은 심각한 윤리적, 기술적 과제를 동반한다. 학생들의 표정, 목소리, 생체 신호 등 매우 개인적이고 민감한 데이터를 지속적으로 수집하고 분석하는 것은 프라이버시 침해, 데이터 보안, 감시 사회에 대한 우려를 증폭시킨다. AI의 감정 인식 알고리즘이 특정 문화나 개인의 독특한 표현 방식을 제대로 이해하지 못하고 편향된 결과를 내놓거나, 복잡한 인간의 감정을 단순화하여 잘못 해석할 위험도 존재한다. 또한, 이러한 기술을 구현하기 위한 고성능 장비, 안정적인 네트워크 환경, 데이터 처리 인프라 구축 등 기술적 장벽도 고려해야 한다.

따라서 멀티모달 AI를 SEL에 성공적으로 적용하기 위해서는 기술 개발과 함께 강력한 윤리적 가이드라인 수립, 투명한 데이터 활용 정책, 학생 및 학부모의 동의 확보, 데이터 보안 강화, 그리고 알고리즘의 공정성 및 정확성에 대한 지속적인 검증이 필수적이다. 무엇보다 중요한 것은 AI가 제공하는 분석 결과가 교사의 전문적인 판단과 인간적인 상호작용을 대체하는 것이 아니라, 이를 보조하고 심화시키는 '인간 중심(Human-in-the-loop)' 시스템으로 설계되어야 한다는 점이다. 기술은 학생들의 정서적 성장을 지원하는 도구일 뿐, 교육의 중심에는 항상 학생과 교사의 따뜻한 관계와 상호작용이 있어야 할 것이다.

7) 클래시파이(Classify) 학생 심리 검사 기반 학급 관리 시스템

클래시파이(Classify)는 현직 초등학교 교사가 초등학생들의 학교 적응 및 성격 이해를 돕기 위해 개발한 성격 유형 검사 도구이다. 이 도구는 MBTI(Myers-Briggs Type Indicator), 성격 5요인 모델(Big Five personality traits), 그리고 학교생활 적응검사 척도를 결합하여 학생들을 16가지 유형으로 분류한다.

클래시파이의 주요 목적은 교사가 학생 개개인의 특징을 객관적으로 파악하여 체계적인 생활 지도를 하고, 학부모 상담 시 보조 자료로 활용할 수 있도록 지원하는 것이다. 개발자는 'Classify'라는 이름에 학생들이 교실이라는 공간에서 잘 적응하고 편안하게 학습할 수 있도록 돕는다는 의미와 함께, '교실을 교실답게 만들자'는 학급 경영의 방향성을 담았다.

클래시파이는 학생 개인을 심층적으로 이해하기 위한 공식적인 진단 도구라기보다는, 학생들이 학교생활에 잘 적응하고 있는지, 학습에 어려움은 없는지 등을 파악하여 담임교사의 생활 지도에 참고 자료를 제공하는 데 초점을 맞추고 있다. 실제 사용자 후기에 따르면, 학생들이 태블릿 PC 등을 이용해 간단한 설문에 응답하면 교우 관계 시트 등이 쉽게 생성되어 교사의 업무 부담을 덜어주며, 기존에 파악하지 못했던 학생 간의 선호도나 관계 역학을 발견하는 데 도움이 되기도 한다.

이처럼 클래시파이는 교사가 학생들의 성격 유형과 학교 적응도를 이해하고, 이를 바탕으로 보다 효과적인 학급 운영 및 생활 지도를 할 수 있도록 지원하는 에듀테크 도구로서, 사회정서학습(SEL)의 중요한 요소인 자기 이해 증진 및 교우 관계 개선에 간접적으로 기여할 수 있는 잠재력을 가지고 있다.

클래시파이는 다음과 같은 측면에서 교육데이터 표준화에 기여할 수 있다.

개인 수준 데이터의 발굴 및 활용: 교육데이터 연구에서는 활용도가 높은 학생 수준 데이터의 접근이 극히 제한적이며, 개별 학생 정보가 연동되어 있지 않은 문제점을 지적한다. 클래시파이는 학생의 심리적 특성, 학교 적응도, 강점 및 유의점 등 개인 단위의 정성적 데이터를 체계적으로 수집하고 시각화하여 제공한다. 이는 기존의 주로 양적인 현황 통계 자료를 넘어선 질적인 개인 수준 정보를 확보하는 데 중요한 역할을 할 수 있다.

교사의 현장 체감도 향상: 현재 교육데이터는 현장에서 활용 유익이 크게 체감되지 않는다는 의견이 많다. 클래시파이는 교사의 학급 운영과 생활 지도에 직접적인 도움을 줌으로써 데이터 활용의 현장 체감도를 높일 수 있는 실제적인 모델을 제시한다. 이는 교사들이 데이터의 가치를 인식하고 자발적으로 데이터를 생성, 관리하는 데 동기를 부여할 수 있다.

데이터 연계 및 통합의 기반 마련: 클래시파이의 분반 프로그램이 학급별 통계 데이터를 제공하고, 진급 학급에 대한 정보를 다음 학년 담임 선생님에게 공유할 수 있는 기능은 기관 간 개별 데이터 항목의 내용과 형태를 비교하고 연계하는 방식과 유사한 개념을 소규모 학급/학교 단위에서 구현하는 예시가 될 수 있다.

새로운 분류 기준에 부합: 교육데이터 표준화 연구는 '기관, 개인, 관계, 교과과정의 내용 및 활동 데이터'를 하나의 구조에 담고, '층위별, 분야별' 분류 체계를 제안한다. 클래시파이는 학생이라는 '개인' 층위의 데이터를 중심으로 '교육과정'(생활 지도, 학급 운영) 및 '교육효과'(심리적 적응, 관계 개선) 영역의 데이터를 제공함으로써 이러한 새로운 분류 기준에 부합하는 데이터를 생성한다.

개인정보 보호 방안 제시: 민감한 개인 정보의 활용에 대한 우려가 큰 상황에서, 클래시파이가 데이터를 비식별화하는 방식을 채택한 것은 향후 교육데이터 표준화 및 통합 플랫폼 구축 시 개인정보 보호와 데이터 활용 사이의 균형점을 찾는 데 참고할 만한 사례가 될 수 있다.

'클래시파이'는 교사 중심의 실용적인 접근을 통해 학생 개개인의 심리 및 적응 관련 데이터를 체계적으로 수집, 분석, 활용하는 모델을 제시한다. 이는 교육현장의 데이터 활용 체감도를 높이고, 개인 수준의 질적 데이터 확보에 기여하며, 궁극적으로 분산된 교육데이터를 통합하고 표준화하는 데 필요한 구체적인 정보와 경험을 제공할 수 있다.

8) 삼성 라임앱과 삼성 라이키

삼성금융네트웍스가 추진하는 청소년 마음건강 지원 사업은 크게 두 가지 축으로 운영되고 있다. 온라인 상담 플랫폼인 '라임(Lime)' 앱과 오프라인 학교 기반 프로그램인 '라이키(Likey)'이다. 이 두 프로그램은 상호 보완적으로 작동하여, 청소년들의 정서적 위기를 예방하고 지원하는 통합적 시스템을 구축하고 있다.

① 삼성 라임앱(Lime)

라임(Lime)은 'Life-Mate'의 약자로, 청소년의 '인생 친구'가 되겠다는 의미를 담고 있는 청소년 상담 채널이다. 이 앱은 만 9~24세 청소년이 언제, 어디서든 접근 가능한 24시간 365일 운영되는 상담 서비스를 제공한다(한국생명의전화, 2024).

라임앱은 삼성금융네트웍스가 교육부, 한국생명의전화와 함께 2024년 6월에 출시한 청소년 SNS 상담 플랫폼으로, 디지털 네이티브 세대인 청소년들이 익숙한 채팅 기반 인터페이스를 통해 상담 서비스에 쉽게 접근할 수 있도록 설계되었다.

그림 3-7 라임 애플리케이션

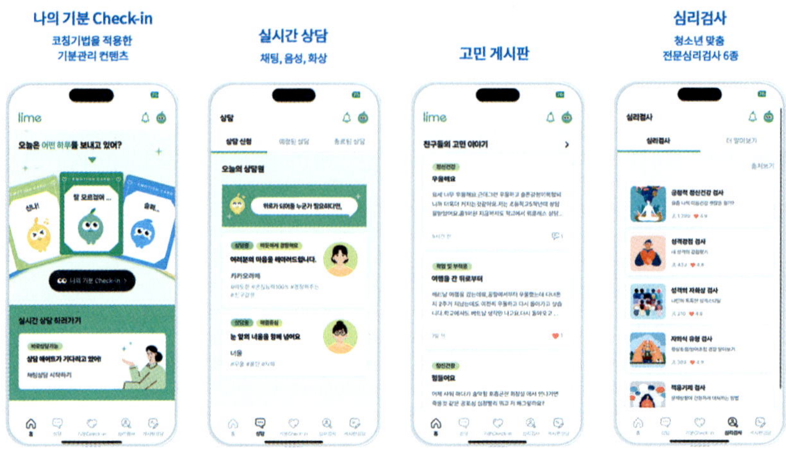

출처: 삼성금융네트웍스x생명의 전화 라임웹페이지(https://www.lifeline.or.kr/business/lime.php)

② 라임앱의 주요 특징

1. 위기 단계별 맞춤 상담: 청소년의 위기 단계에 따라 채팅, 음성, 화상 등 다양한 형태의 상담 서비스를 제공한다. 특히 채팅 내용에서 자해나 자살 위험이 감지되면, AI가 이를 분석하여 즉시 전문 상담사의 개입을 유도하는 안전 시스템을 갖추고 있다.
2. 익명성 보장: 청소년들이 부담 없이 자신의 고민을 털어놓을 수 있도록 익명 상담을 원칙으로 하며, 이는 상담의 문턱을 낮추는 데 중요한 역할을 한다.
3. 기분 체크인 기능: 자신의 기분과 감정 상태를 기록하고 추적할 수 있는 기능을 제공하여, 청소년들이 자신의 정서 상태를 모니터링하고 자기인식 능력을 개발할 수 있도록 돕는다.

4. 자가 심리 검사: 6가지 표준화된 심리 검사를 통해 자신의 정신건강 상태를 점검할 수 있으며, 결과에 따른 맞춤형 안내와 지원을 받을 수 있다.
5. 마음건강 콘텐츠: 명상, 심리 교육, 스트레스 관리 등 청소년들이 일상에서 활용할 수 있는 다양한 마음건강 콘텐츠를 제공하여, 자기 관리 능력을 향상시킬 수 있도록 돕는다.

이처럼 라임앱은 청소년들이 디지털 기기를 통해 익명으로, 그리고 즉각적으로 정서적 지원을 받을 수 있는 플랫폼을 제공함으로써, 전통적인 대면 상담의 접근성 한계를 극복하고 있다. 특히 심리적 위기 상황에 신속하게 대응할 수 있는 시스템은, 청소년 자살 예방에 있어 중요한 안전망 역할을 할 것으로 기대된다.

③ 삼성 라이키(Likey) 프로그램

라이키(Likey)는 삼성금융네트웍스와 한국생명의전화가 공동으로 기획한 학교 기반 생명존중 문화조성 프로그램으로, 'Life'와 'Key'를 결합한 이름에서 알 수 있듯이 생명존중과 마음건강의 열쇠를 의미한다.

이 프로그램은 2022년 준비 과정을 거쳐 2023년부터 서울과 경기 지역의 3개 학교에서 시범 운영되었으며, 점차 전국으로 확대되고 있다. 라이키 프로젝트의 가장 큰 특징은 '또래 주도형' 접근 방식이다. 대학생 멘토와 중·고등학생 라이키 서포터즈가 협력하여, 학교 내에서 '마음이 건강한 학교' 문화를 조성하는 활동을 펼친다.

그림 3-8 삼성 라이키 학습 프로그램 구성

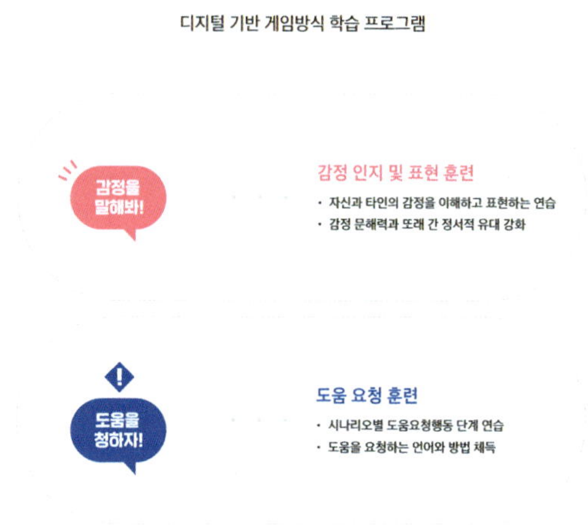

④ 라이키 프로젝트의 핵심 활동

1. 마음보호훈련(Help Seeking Behavior, HSB): 학생들의 정서적 회복탄력성과 도움 요청 행동을 강화하기 위한 체계적인 교육 프로그램이다. 이 훈련은 국제적으로 검증된 청소년 자살예방 모델을 기반으로 하며, 학생들이 자신과 친구의 감정을 인식하고, 어려운 상황에서 적절한 도움을 요청하는 방법을 배우는 것에 중점을 둔다.
2. 생명존중 캠페인: 학교 전체에 생명존중 문화를 확산하기 위한 다양한 캠페인 활동으로, 학생들이 직접 기획하고 실행하는 참여형 프로그램이다. 이를 통해 생명존중의 가치가 학교 문화에 자연스럽게 스며들도록 한다.

라이키 프로그램의 차별화된 특징 중 하나는 디지털 기술을 접목한 체험형 콘텐츠를 활용한다는 점이다. 삼성과 교육 콘텐츠 전문회사 놀공(Nolgong)이 협력하여 개발한 게임 형태의 디지털 프로그램들이 마음보호훈련의 핵심 도구로 활용되고 있다.

예를 들어, 감정을 말해봐(Emotion Literacy Game)는 감정 단어 퀴즈나 상황별 감정 맞추기 등의 활동을 통해 학생들의 감정 인식 능력을 향상시키고, 도움을 청하자(Help-Seeking Game)는 가상의 시나리오에서 어려운 상황에 처했을 때 주변에 도움을 요청하는 연습을 하도록 설계되어 있다.

이러한 게임화(gamification) 접근은 학생들의 흥미와 참여를 이끌어내는 데 효과적이며, 디지털 네이티브인 청소년들에게 친숙한 방식으로 사회정서학습을 제공한다는 장점이 있다. 또한 디지털 기반 활동은 학생들의 참여 데이터를 수집하고 분석할 수 있어, 프로그램의 효과성을 객관적으로 평가하고 개선하는 데도 도움이 된다.

라이키 프로젝트는 단순한 자살예방 교육을 넘어, 학생들의 전인적 사회정서역량 개발에 초점을 맞추고 있다. 이는 디지털 시대의 학생들이 직면하는 다양한 심리적 도전에 대응하고, 건강한 자아와 관계를 형성할 수 있도록 지원하는 통합적 접근이라고 할 수 있다.

삼성 라임앱과 라이키 프로그램은 각각 온라인과 오프라인 영역에서 상호 보완적으로 작동하며, 청소년들의 정신건강을 통합적으로 지원하는 생태계를 구축하고 있다. 이러한 접근은 에듀테크의 장점과 면대면 상호작용의 가치를 결합한 균형 잡힌 모델로, 디지털 전환 시대에 사회정서성장교육의 새로운 패러다임을 제시하고 있다.

3 삼성금융네트웍스의 사회공헌사업 '생명존중교육사업' 그리고 교실에서의 실증

1) 삼성의 청소년 정신 건강 및 교육 분야 사회공헌

삼성, 특히 삼성생명을 중심으로 한 삼성금융네트웍스(삼성생명, 삼성화재, 삼성카드, 삼성증권)는 "함께가요 미래로! Enabling People"이라는 삼성그룹의 CSR 비전 아래, 기업 시민으로서의 책임을 다하고 지속 가능한 사회를 만들기 위한 다양한 사회공헌 활동을 전개하고 있다. 이러한 활동은 단순한 자선적 기부를 넘어, 창의적인 아이디어와 기술, 그리고 기업의 핵심 가치를 연계하여 사회 문제에 대한 실질적인 해결책을 제시하고 긍정적인 임팩트를 창출하는 것을 목표로 한다.

삼성의 사회공헌 활동은 크게 '상생 협력', '청소년 교육', '지역사회 기여' 등의 테마로 나눌 수 있다. 이 중 '청소년 교육' 분야에서는 교육 기회 격차 해소를 위한 '드림클래스', 자립준비청년 지원을 위한 '희망디딤돌', 금융 이해력 증진을 위한 '찾아가는 금융교실' 등을 운영하고 있다.

특히 주목할 부분은 '상생 협력' 테마 아래 포함된 '청소년 생명존중' 사업이다. 2015년부터 시작된 이 사업은 미래 세대의 주역인 청소년들이 마음의 위기 속에서 홀로 어려움을 겪지 않도록 지원하는 것을 목표로 한다. 이는 한국 사회의 심각한 문제 중 하나인 청소년 자살 문제에 대한 기업의 책임 있는 대응으로 해석될 수 있다. 삼성은 이 사업을 통해 청소년 대상 생명존중 교육 실시, '사람사랑 생명사랑 밤길걷기'와 같은 인식 개선 캠페인 진행, 그리고 '라이키 프로젝트' 시범 사업 실시 등 다각적인 활동을 펼쳐왔다. 또한, 2024년부터는 위기 청소년을 위한 모바일 기반의 전문 상담 채널인 '라임(LIME)' 앱을 운영하며 지원 체계를 더욱 강화하고 있다.

이러한 활동들은 삼성이 청소년 정신 건강 문제를 단편적인 시각에서 접근하는 것이 아니라, 교육, 상담, 캠페인, 또래 지원, 기술 활용 등 포괄적인 생태계적 관점에서 해결하고자 노력하고 있음을 보여준다. 특히 '생명존중(Life Respect)'이라는 용어를 전면에 내세우는 것은 , 한국 사회의 특수한 맥락(높은 청소년 자살률) 에 대한 깊은 이해를 바탕으로 사회적 가치 창출에 기여하려는 의지를 반영한다. 삼성은 국회자살예방포럼 국제세미나에 참여하는 등 이 문제에 대한 사회적 논의에도 적극적으로 동참하고 있다. 또한, 삼성생명 등 18개 생명보험사가 공동으로 설립한 생명보험사회공헌재단 역시 청소년 자살 예방 및 생명 존중 캠페인을 활발히 전개하며, 업계 차원의 노력을 보여주고 있다.

결론적으로 삼성의 청소년 정신 건강 및 교육 분야 CSR 활동, 특히 '생명존중교육사업'은 기업이 사회 문제 해결에 기여하는 중요한 모델을 제시한다. 이는 단순한 재정적 지원을 넘어, 기업의 역량과 기술(에듀테크 활용), 정부 및 NGO와의 협력(교육부, 생명의전화)을 통해 사회적 난제에 대한 체계적이고 지속적인 해결 방안을 모색한다는 점에서 의미가 크다. 라임 앱과 라이키 프로그램은 이러한 삼성의 CSR 철학과 전략이 구체적으로 구현된 핵심적인 사례이다.

2) 프로그램 목표 및 핵심 활동

라이키 프로그램의 궁극적인 목표는 학교 내 생명 존중 가치를 확산하고,

학생 개개인의 심리적 보호 요인(예 자존감, 문제 해결 능력, 도움 요청 능력)을 강화하여 청소년 자살을 예방하고 '마음이 건강한 학교 문화'를 조성하는 것이다. 이를 위해 다음과 같은 핵심 활동들을 유기적으로 연계하여 운영한다.

① 라이키 및 대학생 멘토 양성

공모와 면접을 통해 선발된 중·고등학생 '라이키'와 대학생 멘토는 프로그램의 핵심 인력이다. 이들은 함께 양성 캠프와 리더 캠프 등에 참여하여 생명 존중의 가치, 사회정서 역량, 리더십, 또래 상담 및 지원 기술 등을 배우고 익힌다. 대학생 멘토는 라이키들의 활동을 지원하고 안내하며 긍정적인 역할 모델이 되어준다.

② 마음보호훈련 (HSB)

라이키 프로그램의 핵심 교육 콘텐츠로, 청소년 자살 예방을 위한 한국 맞춤형 프로그램이다. 미국의 성공적인 프로그램(Sources of Strength, JED Foundation)을 벤치마킹하고 국내 정신건강 전문가들의 자문을 거쳐 개발되었다. 특히, 청소년들의 흥미와 몰입을 높이기 위해 에듀테크를 적극 활용한 디지털 게임 형태로 제공된다.

③ 감정을 말해봐 (Tell Me Your Emotions)

감정 문해력 향상을 위한 게임으로, 학생들이 다양한 감정을 인식하고 이해하며 적절하게 표현하는 방법을 배우도록 돕는다.

④ 도움을 청하자 (Let's Ask for Help)

어려움에 직면했을 때 혼자 힘들어하지 않고 주변(친구, 교사, 부모, 전문기관 등)에 적절하게 도움을 요청하는 기술(Help Seeking Behaviors)을 연습하는 게임이다. 이러한 게임 기반 훈련은 라이키와 대학생 멘토가 함께 진행하며 , 딱딱한 강의식 교육보다 훨씬 효과적으로 학생들의 참여를 유도하고 실제적인 기술 습득을 돕는다.

⑤ "마음보호대탐험 (Mind Protection Grand Exploration)" 캠페인

'마음보호훈련'에서 배운 내용을 학교 전체 학생들과 공유하고 생명 존중 문화를 확산시키기 위한 참여형 캠페인이다. 주로 세계 자살 예방의 날(9월 10일) 주간에 진행되며, 학생들이 일상적으로 이용하는 복도와 같은 공간을 활용하여 퀴즈, 미션 수행, 협력 게임 등 다양한 활동을 펼친다. 라이키들이 리더 캠프에서 직접 기획한 아이디어를 바탕으로 학교별 특성에 맞게 운영되며 , 친구들과 함께 즐기고 소통하며 협력하는 과정을 통해 '마음이 건강한 학교'를 함께 만들어가는 경험을 제공한다.

⑥ 사회정서학습(SEL) 역량과의 연계성

라이키 프로그램은 SEL의 핵심 역량 함양과 직접적으로 연결된다. '마음보호훈련'의 '감정을 말해봐' 게임은 자기 인식(감정 인지) 및 관계 기술(감정 표현)을, '도움을 청하자' 게임은 자기 관리(어려움에 대처), 관계 기술(도움 요청), 책임감 있는 의사결정(필요시 도움을 구하는 선택) 능력을 길러준다. 라이키 활동과 대학생 멘토링 과정은 사회적 인식(타인의 어려움 공감), 관계 기술(또래 지원, 협력, 소통), 공동체 역량(학교 문화 개선 기여)을 강화한다. '마음보호대탐험' 캠페인은 공동체 가치 인식 및 관리, 관계 기술(협력, 소통) 함양에 기여한다. 궁극적으로 이 모든 활동은 정신건강 인식 개선 및 관리 능력 향상이라는 목표를 지향한다.

라이키 프로그램의 가장 큰 특징이자 강점은 에듀테크(디지털 게임)를 활용한 흥미 유발과 또래 리더(라이키) 및 멘토를 통한 인간적인 지지 시스템을 결합한 다층적 접근 방식에 있다. 이는 청소년들에게 SEL 기술을 효과적으로 전달하고, 단순한 지식 습득을 넘어 학교 문화 전체의 긍정적인 변화를 유도할 수 있는 잠재력을 지닌다. 학생 주도의 활동을 강조함으로써 , 프로그램의 지속가능성을 높이고 참여 학생들에게는 리더십과 책임감을 함양하는 기회를 제공한다는 점도 중요한 의미를 갖는다.

3) 삼성 라이키를 활용한 전국단위교육연구회 사례 소개

라이키 프로젝트가 시범학교에서 성과를 보이고, 이를 전국적으로 확산하고 교육 현장에 맞게 적용하기 위한 교사 주도의 연구모임이 결성되었다. (비영리사단법인)디지털미디어교육콘텐츠 교사연구협회 '몽당분필(이하 몽당분필)'에서는 전국단위 사회정서학습 교사연구회를 2023년부터 전국 각지의 다양한 학교급과 교과 배경을 가진 교사들이 모여 결성하였고 법인차원의 사회공헌사업이자 교사모임으로서 핵심 프로젝트로 삼성라이키 프로젝트를 채택하였다.

또한 2024년 교육부에서 주관하고 EBS에서 주최한 전국단위교육연구회로 선정되어 1년간 삼성 라이키 프로젝트를 실증하며 교육과정재구성을 통해 실천하였다. 전국단위교육연구회 이후 몽당분필에서는 삼성금융네트웍스의 라이키 프로젝트와 협력하여 '라이키 프로젝트 교원트레이너 양성' 활동을 진행하고 있다.

사회정서학습(SEL)을 위한 삼성 라이키 프로젝트 실천한 주요 활동은 다음과 같다.

자율 교육과정 개발: 학교 자율학습 시간을 활용한 사회정서학습 교육과정을 개발하고, 이를 라이키 프로그램과 연계하는 방안을 연구한다. 특히 2022 개정 교육과정의 자율적 교육과정 편성·운영의 기회를 활용하여, 학교 특성에 맞는 사회정서교육 모델을 설계하고 있다.

청소년 자살예방교육 연구: 라이키 프로젝트의 핵심인 청소년 자살예방 및 생명존중 교육 방법을 연구하고, 이를 학교 현장에 적용하는 방안을 모색한다. 특히 위기 청소년의 조기 발견과 지원 시스템 구축에 중점을 두고 있다.

에듀테크 활용 사회정서교육: 라이키 프로그램과 함께 다양한 에듀테크 도구를 활용하여 사회정서교육의 효과를 높이는 방법을 연구한다. AI, VR, 게임화 등의 기술을 사회정서학습에 통합하는 혁신적 접근을 시도하고 있다.

학부모 참여 프로그램: 가정과 학교의 연계를 강화하기 위한 학부모 참여형 사회정서교육 프로그램을 개발하고 실행한다. 학부모 대상 워크숍, 가정 내 실천 활동 등을 통해 학교와 가정이 일관된 방향으로 학생의 사회정서성장을 지원할 수 있도록 한다.

국제 SEL 프로그램 연구: 미국 CASEL, 핀란드의 KiVa, 싱가포르의 SEL 프로그램 등 해외의 선진 사회정서학습 모델을 연구하고, 한국적 맥락에 맞게 적용하는 방안을 모색한다.

몽당분필은 특히 학문적 이론과 교육 현장의 실천을 연결하는 가교 역할을 중시한다. 이들은 최신 사회정서학습 연구 동향을 지속적으로 검토하고, 이를 바탕으로 라이키 프로그램을 포함한 다양한 실천 모델을 발전시켰다.

몽당분필에서 사회정서학습의 문화적 맥락을 중요하게 고려하여 한국 사회와 교육 환경에 적합한 사회정서교육 모델을 정립하고 실천하는 데 기여하고 있다. 이러한 노력은 라이키 프로그램이 단순한 외국 프로그램의 도입이 아닌, 한국적 맥락에서 의미 있게 재구성된 고유한 사회정서교육 모델로 발전하는 데 도움을 주고 있다.

4) 몽당분필의 사회정서학습 활동 핵심 성과

교육과정 통합 모델 개발: 연구회 활동을 통해 라이키 프로그램을 정규 교육과정과 효과적으로 연계하는 다양한 모델이 개발되었다. 이는 사회정서교육이 일회성 활동이 아닌, 학교 교육의 통합적 일부로 자리잡는 데 중요한 기여를 했다.

교사 역량 강화: 연구회 참여 교사들은 사회정서교육에 대한 전문성이 크게 향상되었으며, 이들이 각 학교에서 사회정서교육의 허브 역할을 함으로써 지식과 경험의 확산 효과가 나타났다. 특히 디지털 도구를 활용한 사회정서교육 역량이 크게 향상되었다.

실증적 효과 검증: 연구회의 체계적인 데이터 수집과 분석 활동을 통해, 라이키 프로그램의 효과성에 대한 실증적 증거가 축적되었다. 이는 프로그램의 지속적 확산과 개선을 위한 중요한 기반이 되었다.

교육 자료의 풍부화: 연구회 활동을 통해 다양한 수업 지도안, 학습 활동지, 평가 도구, 디지털 콘텐츠 등이 개발되어, 교사들이 손쉽게 활용할 수 있는 자료가 풍부해졌다. 이는 프로그램의 접근성과 실행 가능성을 크게 향상시켰다.

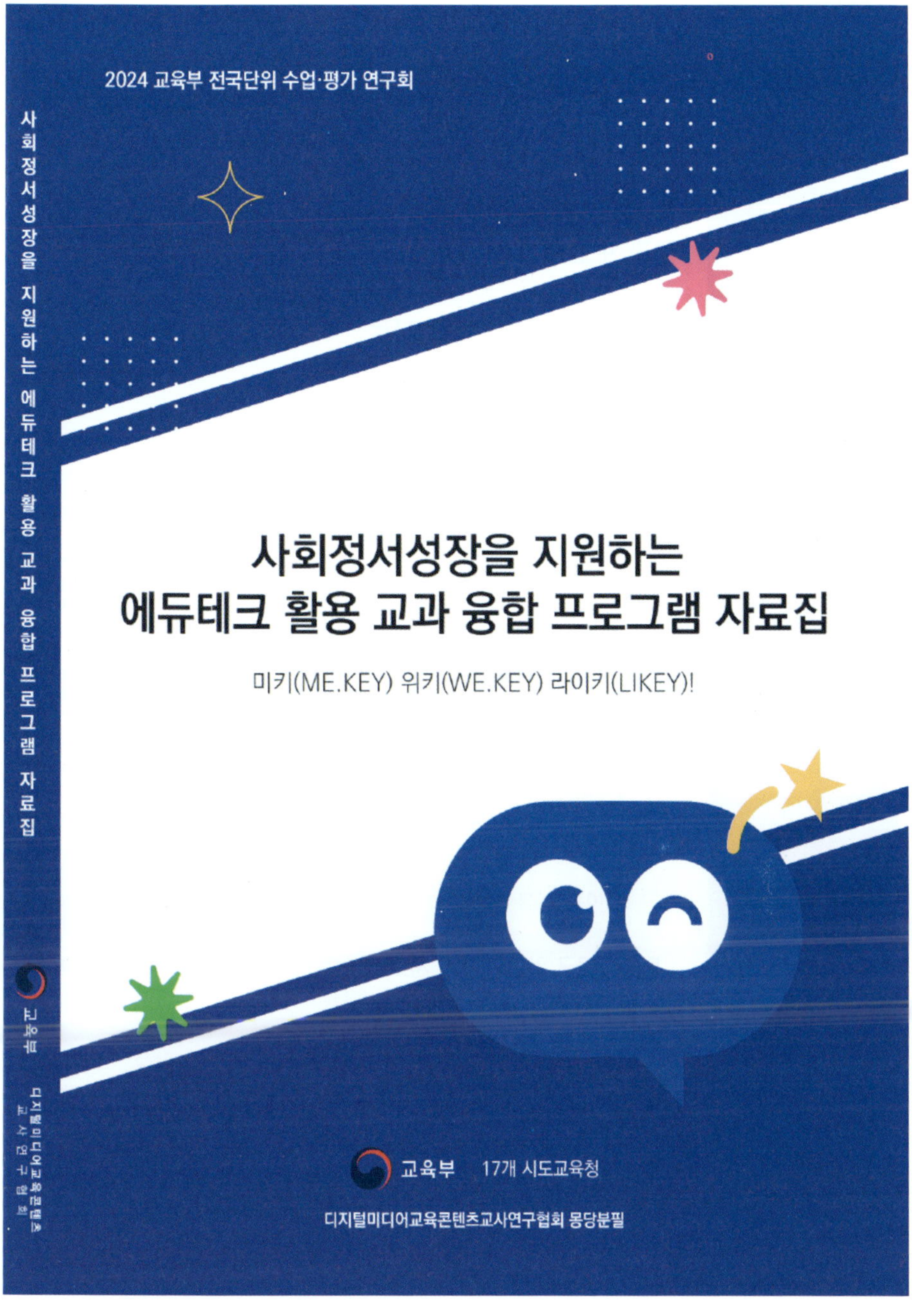
2024 교육부 전국단위 수업·평가 연구회
사회정서성장을 지원하는
에듀테크 활용 교과 융합 프로그램 자료집
미키(ME.KEY) 위키(WE.KEY) 라이키(LIKEY)!
교육부 17개 시도교육청
디지털미디어교육콘텐츠교사연구협회 몽당분필
사회정서성장을 지원하는 에듀테크 활용 교과 융합 프로그램 자료집
교육부
디지털미디어교육콘텐츠교사연구협회

목차

결과 보고서

연구회명	디지털 미디어 교육콘텐츠 교사 연구협회 몽당분필
연구 주제	사회정서 성장을 지원하는 에듀테크 활용 교과 융합 프로그램 개발 - 라이키 프로젝트를 중심으로 -
연구개발 주제	① 교과 융합형 [V]
	② 에듀테크 활용형 [V]
	④ 사회정서성장 지원형 [V]

1. 추진배경 및 목표

연구주제 선정 배경

● **사회정서학습(SEL)의 중요성 인식 및 에듀테크의 활용 가능성**

사회정서학습이 중요해지고 있는 현시점에 학생의 정서지원을 위한 에듀테크 분야는 현장의 도입을 많이 찾아볼 수 없는 상황입니다. 이와 관련하여 학생들의 감정 상태를 진단하고, 진단한 정보를 통해 빠른 피드백을 제공할 수 있다는 점에서 에듀테크의 가능성을 바라볼 수 있습니다. 다양한 교과와 연계한 융합형 프로그램을 통해 현장 맞춤형 수업 평가모델을 개발합니다.

● **라이키(LIKEY)프로그램과의 연계**

생명존중 문화를 전파하는 또래 친구를 의미하는 '라이키'는 사회 정서 및 에듀테크 융합 분야에 최적화된 프로그램으로 해당 프로젝트를 통해 학생 개개인의 보호요인을 강화하고 학교내 생명존중의 가치를 확산할 수 있습니다.

연구의 목적

● **생명존중 가치의 확산을 통한 마음이 건강한 학교문화 조성**

연구에 따르면 청소년에게 가장 큰 영향을 미치는 부정적 정서로는 우울감과 자살 충동이 있습니다. 2022년 기준 청소년 자살률은 2000년 이후 최고치를 기록하며, 이를 해결하기 위한 정서적 지원의 필요성이 대두되고 있습니다. 본 연구는 학생들이 자신의 욕구와 정서를 인식하고 생명을 존중하는 자세를 갖도록 지원하여 자기 이해와 성장, 타인에 대한 공감, 학생-교사 관계 개선, 교권 침해 예방 등 건강한 학교 문화를 조성하는 것을 목표로 합니다.

● **사회정서학습을 통한 학생의 정서지지 자원 및 보호요인 강화**

코로나19로 인한 마스크 착용과 사회적 거리두기는 학생들의 소통 능력을 약화시키고 고립과 우울감을 심화시켰습니다. 특히 초등학생의 사회성과 대인관계 형성에도 부정적 영향을 미쳤습니다. 사회정서학습은 정서 인식, 자기관리, 관계 기술 등을 함양해 이러한 문제를 해결하는 대안으로 주목받고 있습니다. 본 연구는 학생들이 자기 개방과 감정 인식을 통해 건강한 소통과 갈등 해결 능력을 키울 수 있도록 지원합니다.

- **현장 맞춤형 에듀테크 콘텐츠 개발과 프로그램의 활용성 강화**

  세계 최초로 대한민국 교육부는 AI 디지털 교과서를 도입하기 전 단계에 있습니다. 본 연구는 에듀테크 솔루션의 실효성을 분석해 학습 성과와 사회정서학습의 교육 효율성을 극대화할 방안을 제시합니다. 또한, 현장에 적용 가능한 맞춤형 프로그램을 개발해 미래 교육 모델 구축에 기여하고자 합니다.

2. 연구의 실행

연구의 대상 및 기간

- **연구 대상**
  - 전국 초등학교 약 40개 학급(1~6학년)
- **연구 기간**
  - 2024년 7월~ 2024년 12월

연구의 실행 결과

가. 연구과제의 실행

- **라이키 에듀테크와 사회정서학습 자료조사 및 연구**
  - 사회정서학습(SEL)의 핵심 역량 연구
  - 라이키 마음보호 훈련 교사 트레이너과정 이수
- **프로그램 연구 및 개발**
  - 라이키 에듀테크를 활용한 교과 융합형 프로젝트 수업 자료 설계
  - 학년군별 특성을 반영한 교과 융합 에듀테크 활용 수업 프로그램 개발
  - 교사용 교수학습과정안 및 학생 활동지 자료 개발
- **프로그램 시범·적용**
  - 프로그램 적용 시 효과성 평가 기준 설정
  - 학년군별 수업 적용 및 차시별 프로그램 실증
- **시범·적용 결과 피드백**
  - 29개학급 수업 시범 및 적용 결과 피드백
  - 수정 보완 후 반영
- **상호 컨설팅**
  - 교수학습 과정안과 수업 슬라이드 및 활동지의 일반화를 위한 상호 컨설팅 진행 (전체 회원 대상)

나. 수업 나눔 릴레이

- **에듀플러스 위크 미래교육박람회 수업 나눔 부스 운영 (8월)**
  - 개발 프로그램을 소개하고 체험할 수 있는 수업 나눔 부스 진행

5

- **지역 공개수업 진행 (9월)**
  - 개발 프로그램의 시범 적용 및 피드백 결과를 토대로 에듀테크 활용 수업 공개 및 협의회 진행
- **교원 연수 세미나 및 수업 나눔 워크숍 개최 (10월)**
  - 성과 공유와 수업 나눔을 위한 연수 세미나 및 워크숍 개최
- **온라인 수업 나눔 릴레이 (11월)**
  - 프로젝트에 대해 이해하고 나의 감정에 친숙해질 수 있는 기초를 다지는 과정에 맞추어 수업 나눔
- **지역아동센터 방과후 교육나눔 봉사활동 (11월)**
  - 조이스터디 지역아동센터를 방문하여 초등학교 3-6학년 학생 대상 방과후 교육나눔 봉사활동 총 3회 실행 (11/8, 11/15, 11/22, 각 3차시)

월별 실행 내용

월	활동명	연구활동내용	참석 범위 및 인원
6	연구회 리딩 협의 (1차)	- 연구회 진행 방향 및 연간 계획 추진 일정 협의	10
7	연구회 리딩 협의 (2차)	- 프로그램 연구 및 개발 방향 설정	10
7	1차 대면 모임	- 사회정서학습 자료 조사 및 연구 발표 - 라이키 마음보호 훈련 교사 트레이너 과정 실습 - 프로그램 연구·개발	36
8	1차 비대면 모임	- 교과 융합형 프로젝트 수업 자료 설계 - 프로그램 연구·개발 및 시범 적용 - 교수학습과정안 및 학생 활동지 자료 개발	33
8	수업 나눔 (1차)	- 에듀플러스위크 미래교육박람회 연구회 프로그램 수업 나눔 부스 운영	23
9	2차 비대면 모임	- 프로그램 시범 적용, 피드백 및 상호 컨설팅	37
9	3차 비대면 모임	- 프로그램 시범 적용, 피드백 및 상호 컨설팅	37
9	수업나눔 세미나 (2차)	- 지역 공개수업 및 연구 주제 성찰	20
10	2차 대면 모임 및 수업나눔 워크숍 (3차)	- 교원 연수 세미나 및 수업 나눔 워크숍 개최	28
11	수업 나눔 (4차)	- 지역아동센터 방과후 교육나눔 봉사활동 (조이스터디 지역아동센터) - 11/8, 11/15, 11/22 총 3회 교육 봉사 진행	6
11	수업 나눔 (5차)	- 온라인 수업 나눔 릴레이 - 교내 공개수업 및 영상 촬영 편집	15
12	3차 대면 모임, 토론회	- 자료 일반화, 결과 공유 - 연구주제 성찰 및 토론회	40

1차 대면 모임 (7월)_연구 발표 및 라이키 에듀테크 실습

1차 비대면 모임_프로그램 연구 개발 (8월)

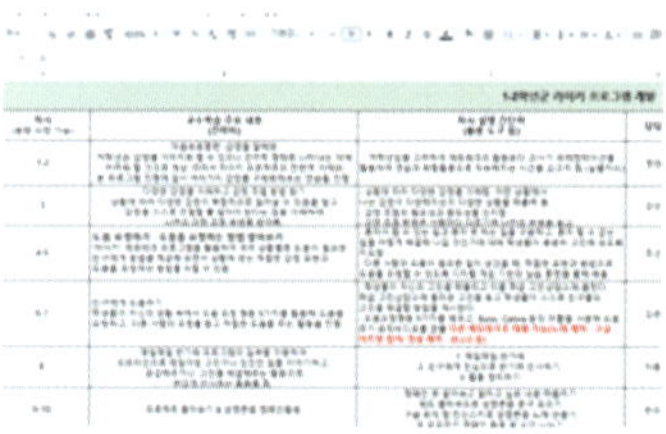

수업 나눔 1차_에듀플러스위크 부스 수업 나눔(8월)

7

2-3차 비대면 모임_시범 적용 및 결과 피드백 (9월)

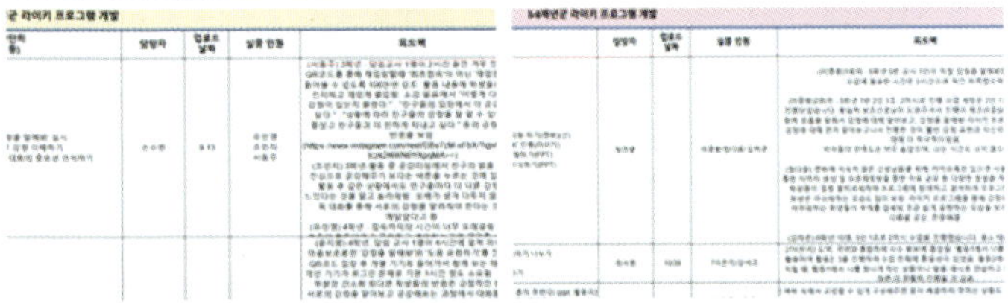

수업 나눔 2차_지역 공개수업 (9월)

2차 대면 모임_교원 연수 세미나 및 수업 나눔(3차) 워크숍 (10월)

수업 나눔 4차_지역아동센터 방과후 교육나눔 봉사활동 (11월)

8

수업 나눔 5차_온라인 수업 나눔 릴레이 (11월)

3차 대면 모임_연구 주제 성찰 및 토론회 (12월)

3차 대면 모임_결과 공유 (12월)

9

회원별 활동 내용

연번	성명	소속	활동내용
1	박준호	반송초등학교	연구회 총괄 및 대표 교사, 계획서 작성
2	박태호	새솔초등학교	연구회 주도 및 운영, 계획서·보고서 작성
3	안예슬	지석초등학교	저학년 개발 팀장, 주제 연구 및 개발, 계획서 작성
4	허시영	기안초등학교	저학년 개발 팀장, 주제 연구 및 개발, 계획서 작성
5	김상현	새솔초등학교	고학년 개발 팀장, 주제 연구 및 개발, 계획서 작성
6	유민영	금북초등학교	고학년 개발 팀장, 주제 연구 및 개발
7	박석준	성암초등학교	저학년 실증 팀장
8	고원준	운천초등학교	중학년 실증 팀장, 프로그램 일반화 및 실증
9	김윤수	세미초등학교	고학년 실증 팀장, 프로그램 일반화 및 실증
10	최서원	도곡초등학교	주제 연구 및 개발, 연구활동비 집행·정산
11	이종환	배곧라온초등학교	주제 연구 및 개발, 프로그램 일반화 및 실증
12	김은하	호계초등학교	주제 연구 및 개발, 프로그램 일반화 및 실증
13	강수진	새롬초등학교	주제 연구 및 개발, 프로그램 일반화 및 실증
14	정찬웅	부천동초등학교	주제 연구 및 개발, 프로그램 일반화 및 실증
15	조선일	수현초등학교	주제 연구 및 개발, 프로그램 일반화 및 실증
16	손수현	구평초등학교	주제 연구 및 개발
17	은혜진	우유초등학교	주제 연구 및 개발
18	이은지	금당초등학교	주제 연구 및 개발
19	박재영	은솔초등학교	주제 연구 및 개발
20	이은희	시화초등학교	주제 연구 및 개발
21	최진	당서초등학교	주제 연구 및 개발
22	강석조	인천운서초등학교	프로그램 일반화 및 실증
23	김민규	중동초등학교	프로그램 일반화 및 실증
24	김은영	가림초등학교	프로그램 일반화 및 실증
25	김지영	서울전농초등학교	프로그램 일반화 및 실증
26	김하은	남면초등학교	프로그램 일반화 및 실증
27	서동주	마석초등학교	프로그램 일반화 및 실증
28	신민경	운천초등학교	프로그램 일반화 및 실증
29	안영광	천안희망초등학교	프로그램 일반화 및 실증
30	윤승희	안산청석초등학교	프로그램 일반화 및 실증

연번	성명	소속	활동내용
31	윤지원	효덕초등학교	프로그램 일반화 및 실증
32	이은지	서울상신초	프로그램 일반화 및 실증
33	이지원	서울연촌초등학교	프로그램 일반화 및 실증
34	정다윤	사천초등학교	프로그램 일반화 및 실증
35	조민지	다산새봄초등학교	프로그램 일반화 및 실증
36	이정임	영일중학교	프로그램 검토 및 보완점 제안
37	이철규	효동초등학교	프로그램 검토 및 보완점 제안
38	정상윤	수지초등학교	프로그램 검토 및 보완점 제안
39	정재엽	오산 고현초등학교	프로그램 검토 및 보완점 제안
40	조기성	계성초등학교	프로그램 검토 및 보완점 제안
41	유정교	영일중학교	프로그램 검토 및 보완점 제안
42	심현철	효동초등학교	프로그램 검토 및 보완점 제안
43	김나경	군서미래국제학교	행정 지원 및 문서 정리
44	김수훈	연동초등학교	행정 지원 및 문서 정리

3. 연구의 성과 및 연구결과 활용방안

연구의 성과

- **사회정서학습(SEL)의 에듀테크 활용 교과융합 프로그램 개발 및 검증**

기존 교육현장에서 쉽게 찾아보기 어려운 사회정서학습(SEL) 교육 프로그램을 교과 융합 및 에듀테크를 활용하여 개발하고, 학년군별로 구성된 10차시 분량의 교육 자료(슬라이드, 교수학습과정안, 활동지)를 현장에서 바로 활용할 수 있도록 제작함. 해당 과정에서 사회정서학습의 핵심 요소를 반영하였으며 학생들이 다양한 교과와 연계된 학습을 통해 정서적 성장과 학습 목표를 동시에 달성할 수 있도록 프로그램을 구성함.

실제 교육 현장에서의 실증 과정을 통해 개발된 자료의 실효성과 적용 가능성을 검증하였으며, 이를 바탕으로 학생들의 정서적 성장과 학습 효과를 높일 수 있는 맞춤형 교육 모델을 제시함으로써 사회정서학습의 교육적 가치를 현장에 자연스럽게 확산하는 데 기여함.

- **생명존중 가치의 확산을 통한 마음이 건강한 학교문화 조성**

생명존중 문화를 전파하는 라이키를 기반으로 교과 및 다양한 에듀테크를 융합한 프로그램을 운영하여 학생 개개인의 보호요인을 강화하고 학교 내 생명존중 문화를 확산함.

프로그램의 시범 적용과 운영을 통해 학생들이 자신에 대한 이해를 높이고, 타인에 대한 공감 능력과 정서 관리 기술을 효과적으로 발전시킴.

11

- **프로그램의 지역별 협력 연구 확대**

공개수업, 교원 연수 세미나, 워크숍, 박람회, 교육 봉사 등 다양한 형태의 수업 나눔 활동을 통해 지역 교원들로부터 수업 적용 및 활용에 대한 문의가 활발히 이루어졌으며, 이를 바탕으로 지역별 거점을 중심으로 프로그램의 협력 연구를 활성화하였음.

협력 연구를 통해 수업 설계 전문성을 신장하고 해당 프로그램의 적용 및 발전 가능성을 높이는 다양한 사례를 공유하며 연구회 이후에도 지속 가능한 교육 네트워크를 구축함.

연구결과 활용방안

- **사회정서학습(SEL)의 교육 정책 및 모델 발전 기여**

연구 성과를 바탕으로 사회정서학습을 교육 정책에 반영할 수 있는 제안을 교육부와 시도교육청에 전달하며, 생명존중 가치 확산을 포함한 정서 지원 정책 개발에 기여함.

교과 융합 및 라이키와 다양한 에듀테크가 결합된 사회정서학습 모델을 활용하여 미래 교육의 방향성을 제시하고, 다가올 AI 디지털 교과서등과 연계한 SEL 모델을 체계적으로 발전시킴.

- **교과 융합형 사회정서학습(SEL) 프로그램의 전국적 확산**

개발된 학년군별 10차시 분량의 사회정서학습 교과 융합 프로그램과 에듀테크 자료를 발전시켜 수업 자료집으로 제작하고, 이를 전국 단위로 배포함.

교육부에서 추진하는 사회정서교육 선도교사단 활동과 연계하여 프로그램을 전국적으로 확산하고, 다양한 교육 현장에 적용할 수 있도록 지원함.

- **교사 역량 강화를 위한 연수 프로그램 개발 및 운영**

연구 성과를 활용하여 교사 대상 연수 프로그램을 개발하고, 사회정서학습 및 에듀테크 활용 능력을 증진할 수 있도록 전국적으로 확대 운영함.

교사연수와 워크숍을 통해 사회정서학습의 효과적인 수업 적용 방법을 공유하고 교원들의 수업 설계 전문성을 지속적으로 신장시킴.

- **지속 가능한 교사 연구회 운영 및 협력 네트워크 강화**

공개수업, 교원 연수 세미나, 워크숍, 박람회, 교육 봉사 등 다양한 활동을 지속적으로 추진하여 지역별 교사 연구회의 활동을 지원함.

선도적인 사회정서학습 사례를 발굴하고, 이를 정기적인 공유 및 확산의 장으로 활용하여 교사 간 협력 문화를 조성함.

학년군별 일반화 제작 자료

교수학습과정안 (5-6학년)

본 과정안은 초등학교 5~6학년을 대상으로 하여 구성한 10차시 프로젝트 수업입니다.

1-2차시 수업 한눈에 보기

제작 : 부천동초등학교 정찬웅

<table>
<tr><td>프로그램 주제</td><td colspan="3">마음이 건강한 학교 만들기</td></tr>
<tr><td>대상</td><td>초등학교 5~6학년</td><td>차시</td><td>1-2/10</td></tr>
<tr><td>관련 교과</td><td colspan="3">국어, 도덕, 창의적 체험활동</td></tr>
<tr><td>차시 주제</td><td colspan="3">마음 보호 훈련: 감정을 말해봐!</td></tr>
<tr><td>학습 목표</td><td colspan="3">마음 보호 훈련을 통해 나의 기분이나 생각 나누기</td></tr>
<tr><td>수업 도구</td><td colspan="3">라이키 에듀테크 프로그램, 디지털 기기</td></tr>
<tr><td>수업 의도</td><td colspan="3">• 본 수업은 전체 프로젝트의 1~2차시로서, 학생들이 이 프로젝트에 대해 이해하고 감정 단어, 표정, 행동간의 연관성 이해에 주안점을 두기로 하였습니다. 따라서 감정 카드, 행동 카드 등의 여러 가지 방식의 표현과 형태를 '라이키(Likey)' 에듀테크 프로그램을 활용하여 자신의 감정을 이해하고 표현하는 연습, 나아가 상대방의 감정을 이해하는 데에 초점을 두고 있습니다.
• 1-2차시는 주로 라이키 프로그램을 활용해 8가지 감정 카드로 나의 감정을 인식하고, 구체적인 시나리오 상황에서 감정을 표현해보며 친구들과 감정을 공유합니다. 결국 디지털 게임 기반의 실습 훈련을 진행하면서 고학년 학생들이 감정에 대해 직관적으로 이해 및 활용하도록 했습니다. 이는 감정에 대한 자연스러운 학습 참여를 유도함으로서 사회 정서를 학습하고 교류하는 첫 발걸음을 안내하는 효과를 가질 것입니다.</td></tr>
</table>

교수학습 과정안

<table>
<tr><td>단계</td><td>교수·학습활동</td><td>시간(분)</td><td>자료·유의점</td></tr>
<tr><td>도입</td><td>● 영상 'TEAM'을 보고 서로 감정에 대해 이야기 나누기
- 친숙한 상황을 보고 영상 속 감정을 맞춰보기
- 나에게 존재하는 감정은 무엇이 있는지 나누기
- 영상 속 비슷한 경험이 있는지 나누기
● 학습 목표
나의 감정이나 생각을 나누어 봅시다.</td><td></td><td>PPT 자료
감정이 어느 한 지점에 머무르는 것이 아니라 계속 변화하거나 강해지기도 하는 변동성을 직관적으로 이해하도록 한다.</td></tr>
</table>

124

단계	교수·학습활동	시간(분)	자료·유의점
전개	**●마음보호 훈련 이해하기** ◦감정의 종류와 가치에 대해 이야기하기 ◦마음보호 훈련 알아보기 **●서툴렀던 나의 경험에 대해 나누기** ◦감정에 관련한 경험을 메모지에 적기 - 서툴렀던 감정표현으로 있었던 오해나 경험찾기 - 경험을 활동지에 적어서 친구들과 확인하기 ◦AI 이미지 생성기를 이미지 만들기 - 추천을 받은 학생의 그림을 시각화하기 ◦친구들 앞에서 발표하기 - 시각화된 이미지를 공유하며 설명하기		PPT 자료 도입에서 보았던 영상이나, 함께 이야기했던 감정을 활용한다. 감정에 관한 경험을 나눠보며 학생들이 감정변화에 대한 감수성과 몰입도를 최대한 끌어올린다.
	●감정 말하기 ◦감정 카드 종류 확인하고 연습하기 - 감정 단어 알아보기 - 표정 카드로 감정 알아보기 - 행동 카드로 감정 알아보기 ◦태블릿 준비하기 - QR코드를 통해 우리반 수업에 접속하기 - 모둠 태블릿 접속 - 감정 단어 알아보기 ◦라이키 프로그램 실행하기 ◦활동 돌아보기 - 활동을 하며 느낀 점 이야기하기 - 서로 기분이 다를 수 있는 이유 이야기하기 - 친구의 기분을 살피고 배려할 때 필요한 태도 이야기하기		감정 단어 표정 카드 행동 카드 태블릿 프로그램 사전 셋업 및 작동 확인
정리	**●배운 내용 정리하기** - 새롭게 알게된 내용 이야기하기 - 활동을 하며 느낀 점 이야기하기 - 활동을 하며 느낀 점 알아보기		

☑ 일반화 자료 (수업 활용 PPT)

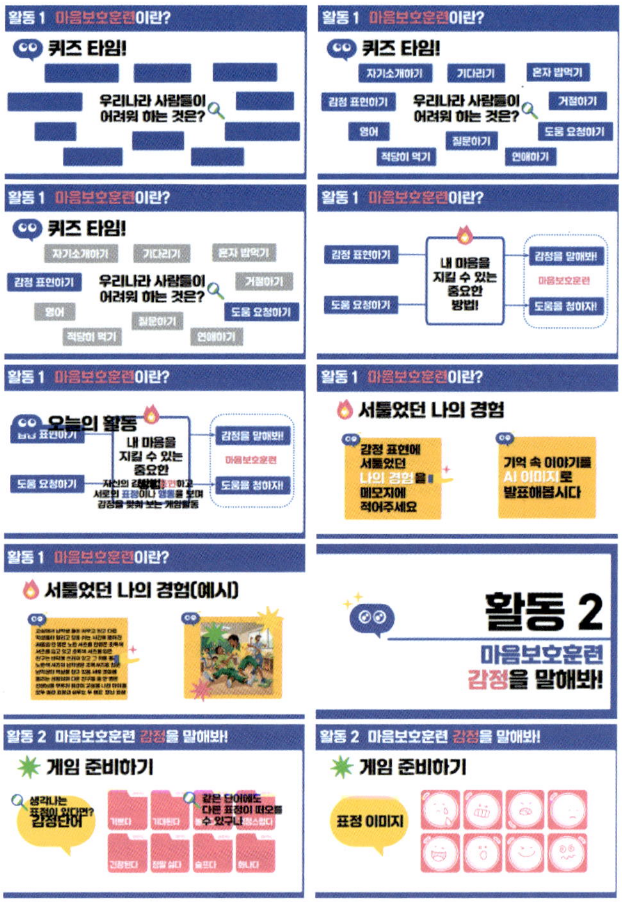
활동 1 마음보호훈련이란?
퀴즈 타임!
우리나라 사람들이 어려워 하는 것은?
활동 1 마음보호훈련이란?
퀴즈 타임!
자기소개하기
기다리기
혼자 밥먹기
감정 표현하기
우리나라 사람들이 어려워 하는 것은?
거절하기
영어
질문하기
도움 요청하기
적당히 먹기
연애하기
활동 1 마음보호훈련이란?
퀴즈 타임!
자기소개하기
기다리기
혼자 밥먹기
감정 표현하기
우리나라 사람들이 어려워 하는 것은?
거절하기
영어
질문하기
도움 요청하기
적당히 먹기
연애하기
활동 1 마음보호훈련이란?
감정 표현하기
내 마음을 지킬 수 있는 중요한 방법!
감정을 말해봐!
마음보호훈련
도움 요청하기
도움을 청하자!
활동 1 마음보호훈련이란?
오늘의 활동
내 마음을 지킬 수 있는 중요한 방법!
감정을 말해봐!
마음보호훈련
도움 요청하기
도움을 청하자!
활동 1 마음보호훈련이란?
서툴었던 나의 경험
감정 표현에 서툴었던 나의 경험을 메모지에 적어주세요
기억 속 이야기를 AI 이미지로 발표해봅시다
활동 1 마음보호훈련이란?
서툴었던 나의 경험(예시)
활동 2
마음보호훈련
감정을 말해봐!
활동 2 마음보호훈련 감정을 말해봐!
게임 준비하기
같은 단어에도 다른 표정이 떠오를 수 있구나
기쁘다
기대된다
긴장된다
짜증 난다
슬프다
화난다
활동 2 마음보호훈련 감정을 말해봐!
게임 준비하기
표정 이미지

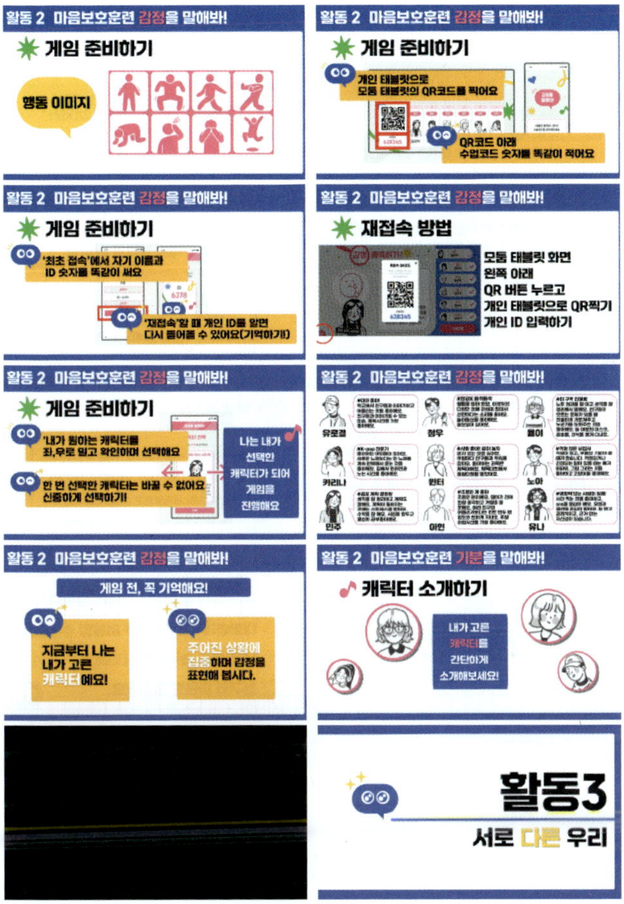
활동 2 마음보호훈련 감정을 말해봐!
게임 준비하기
행동 이미지
활동 2 마음보호훈련 감정을 말해봐!
게임 준비하기
개인 태블릿으로
모둠 태블릿의 QR코드를 찍어요
QR코드 아래
수업코드 숫자를 똑같이 적어요
활동 2 마음보호훈련 감정을 말해봐!
게임 준비하기
'최초 접속'에서 자기 이름과
ID 숫자를 똑같이 써요
'재접속'할 때 개인 ID를 알면
다시 들어올 수 있어요(기억하기!)
활동 2 마음보호훈련 감정을 말해봐!
재접속 방법
모둠 태블릿 화면
왼쪽 아래
QR 버튼 누르고
개인 태블릿으로 QR찍기
개인 ID 입력하기
활동 2 마음보호훈련 감정을 말해봐!
게임 준비하기
'내가 원하는 캐릭터를
좌,우로 밀고 확인하며 선택해요
한 번 선택한 캐릭터는 바꿀 수 없어요
신중하게 선택하기!
나는 내가
선택한
캐릭터가 되어
게임을
진행해요
활동 2 마음보호훈련 감정을 말해봐!
유로걸
청우
몰이
카리나
윈터
노아
민주
아린
유나
활동 2 마음보호훈련 감정을 말해봐!
게임 전, 꼭 기억해요!
지금부터 나는
내가 고른
캐릭터예요!
주어진 상황에
집중하며 감정을
표현해 봅시다.
활동 2 마음보호훈련 기분을 말해봐!
캐릭터 소개하기
내가 고른
캐릭터를
간단하게
소개해보세요!
활동3
서로 다른 우리

128

활동 3 서로 다른 우리
게임 돌아보기
미술 시간에 그림을 그렸습니다.
선생님께서 내 그림을 가져가서
아이들 모두에게 보여주었습니다.
위 상황 속 '나'의 마음은 어떤가요?
활동 3 서로 다른 우리
게임 돌아보기
같은 상황에서도 우리가 느끼는
감정이나 이유는 다를 수 있어요!
기뻐요
놀랐어요
걱정스러워요
활동 3 서로 다른 우리
서로 다른 생각과 감정을 존중하기
위해서 무엇이 필요할까요?
대화
활동 3 서로 다른 우리
게임 돌아보기
친구가 선택한 표정과 감정을
맞추지 못했을 때를 떠올려볼까요?
왜 이런 표정을 선택했을까?
왜 이런 감정이 들었을까?
내가 이해하기 힘든 선택이 있지는 않았나요?
활동 3 서로 다른 우리
게임 돌아보기
공감 타임
하지만,
친구가 그렇게 선택한
이유를 설명해줬을 때
우리는 아~ 하고
공감할 수 있어요!
활동 3 서로 다른 우리
약속해요!
대화하기 전까지 사람들은 나의 감정을 잘 모릅니다.
나의 감정이나 생각을 솔직하게 이야기하겠습니다.
나와 다른 친구의 생각을 듣고 존중하겠습니다.
배운 내용 정리하기
배운 내용 정리하기
1 우리 모두 생각이나 감정이 달라요.
2 대화하며 다른 사람을 이해할 수 있어요.
3 내 마음을 솔직하게 표현해요.
4 친구의 마음도 존중해요.
다음 시간에 만나요

129

☑ 일반화 자료 (캠페인 활동지)

감정을 말해봐! 활동지

학년 반
이름:

✱ 감정이 서툴러서 곤란했거나 오해가 생겼던 경험이 있나요? 아래의 메모지에 자유롭게 적어보고 AI이미지 생성기가 알아들을 수 있게 정리해봅시다.

✱ 아래의 상황에서 '나'의 마음은 어떤가요? 상황 속 내 마음과 어울리는 감정카드를 고르고 그 감정이 드는 이유를 적어보세요.

미술 시간에 그림을 그렸습니다.
선생님께서 내 그림을 가져가서
아이들 모두에게 보여주었습니다.

감정을 말해봐! 활동지

학년	반
이름:	

✳ 서로 다른 생각과 감정을 존중하기 위해서 무엇이 필요할까요?
그렇게 생각한 이유도 함께 적어봅시다.

____

____

____

✳ 함께 읽은 다짐을 적어보며 약속해요!

- □ __________ 사람들은 __________ 잘 모릅니다.
- □ 나의 감정이나 생각을 __________ 하겠습니다.
- □ 나와 다른 친구의 생각을 __________ 하겠습니다.

✳ '감정을 말해봐!' 게임을 진행하고 나서 소감을 적어봅시다.

____

____

____

☑ 프로그램 실증(운영 사례 나눔)

배곧라온초등학교 이종환

차시명	1-2차시	대상학년	5-6학년
수업 후기	• 1회차에서는 교사 1인이 진행하여 약간의 시간 부족이 있었지만, 학생들이 감정에 대해 흥미를 가지고 참여하였습니다. • 2회차에서는 2인 1조로 진행하며 보조 교사와 사서 선생님의 지원을 받아 수업이 매끄럽게 진행되었고, 학생들이 감정 표현과 자신의 생각을 이야기하는 데 더 적극적이었습니다. • 감정에 대해 사전 학습 후 활동을 진행하면 학생들의 몰입도와 만족도를 더욱 높일 수 있으며, 추가 시간을 확보하여 진행하면 효과적일 것입니다.		
수업 활용 모습	  		

사천초등학교 정다윤

차시명	1-2차시	대상학년	5-6학년
수업 후기	• 라이키 프로그램을 통해 감정을 표현하기 어려워하던 학생들이 부캐를 활용해 보다 쉽게 자신의 감정을 표현하고, 서로의 감정 차이를 공감하며 존중하는 태도를 배웠습니다. • 프로그램에 참여한 학생들이 높은 흥미를 보였으며, 결석한 학생들이 아쉬움을 표현할 만큼 참여 만족도가 높았습니다. • 캔바 사용에 익숙하지 않은 교사들을 위해 'ASKUP'을 활용한 이미지 생성 및 오픈채팅방을 통한 자료 공유 방법을 안내하면 활용도가 더욱 높아질 것입니다.		
수업 활용 모습	  		

프로그램 실증(운영 사례 나눔)

남면초등학교 김하은

차시명	1-2차시	대상학년	5-6학년
수업 후기	• 6학년 학생들이 태블릿 사용에 익숙해 게임 참여와 중간 문제 발생 시에도 원활히 대처하며 즐겁게 수업에 참여하였습니다. • 다양한 시나리오를 통해 자신의 경험을 나누고 서로 공감하며 긍정적인 학습 분위기를 형성하였습니다. • 모둠 활동 시 일부러 친구가 못 맞히도록 방해하는 행동을 예방하기 위해, 사전에 공감과 존중의 중요성을 강조하는 지도를 추가하면 수업의 효과를 더욱 높일 수 있을 것입니다.		
수업 활용 모습	  		

5) 에듀테크 활용 사회정서학습의 미래

지금까지 살펴본 에듀테크 활용 사회정서학습, 특히 삼성금융네트웍스의 라이키 프로젝트를 중심으로 한 다양한 사례와 연구 결과를 통해, 디지털 전환 시대의 사회정서학습의 방향성과 과제를 정리해볼 수 있다.

디지털 전환 시대는 새로운 도전뿐만 아니라 사회정서학습의 혁신적 접근을 위한 기회도 함께 제공하고 있다. 에듀테크를 활용한 사회정서학습은 학생들의 디지털 역량과 사회정서역량을 동시에 발달시킬 수 있는 통합적 접근으로, 미래 교육의 중요한 축이 될 것이다.

사회정서학습을 통해 길러지는 역량들은 단순히 기술적 능력을 넘어, 디지털 환경에서 자신과 타인의 감정을 이해하고, 책임감 있게 행동하며, 건강한 관계를 형성하는 능력과 긴밀하게 연결되어 있기 때문이다.

삼성금융네트웍스의 라이키 프로젝트와 라임 앱은 기업의 사회적 책임과 에듀테크의 혁신적 활용이 만나, 청소년의 정신건강과 사회정서역량 강화에 기여하는 모범적 사례라고 할 수 있다. 특히 또래 주도형 접근, 게임화 전략, 온·오프라인 연계, 데이터 기반 맞춤형 지원 등의 특징은 디지털 네이티브 세대에 적합한 사회정서교육의 방향성을 제시한다.

몽당분필에서도 참여한 교육부 전국단위교육연구회의 활동은 이러한 혁신적 프로그램이 다양한 학교 현장에서 효과적으로 실행되고 확산될 수 있는 교사 주도적 접근의 중요성을 보여준다. 교사들의 전문성과 열정, 협력적 네트워크는 프로그램의 지속가능성과 효과성을 높이는 핵심 요소이다.

향후 에듀테크 활용 사회정서성장교육의 발전을 위해서는 정책적 일관성과 지원을 아끼지 않아야 한다. 사회정서교육을 단기적 프로젝트가 아닌, 교육 체계의 핵심적 요소로 인식하고, 일관된 정책적 지원과 자원 배분이 필요하다. 특히 에듀테크 인프라 구축, 교사 연수, 평가 체계 개발 등에 대한 체계적 지원이 중요하다. 또한 학교-가정-지역사회 협력 강화해야 한다.

사회정서성장은 학교에서만 이루어질 수 없으며, 가정과 지역사회와의 유기적 협력이 필수적이다. 특히 온라인 플랫폼을 활용한 소통과 협력 체계를 구축하여, 학생을 둘러싼 생태계 전체가 일관된 방향으로 지원하는 체계가 필요하다. 마지막으로 사회정서학습 역시 디지털 대전환시대를 맞아, 증거 기반 접근을 강화해야 한다. 대한민국 청소년 자살율 1위라는 불명예를 해결하는 데 많은 노력이 있겠지만, 교육으로 사회문제를 해결하는 선에서 삼성의 '라임 앱'과 '라이키 프로젝트'는 온라인과 오프라인으로 전방위적인 청소년 정신건강 지원 교육사업이다. 이 사회 문제를 해결하는 데 학교가 허브의 역할을 할 수 밖에 없으며, 학교 교직원들의 인식 재고와 적극적인 실천을 기대한다.

참/고/문/헌

교육부, 디미교연 몽당분필(2024). 사회정서성장을 지원하는 에듀테크 활용 교과 융합 프로그램 자료집

삼성 라임앱과 삼성 라이키. https://belikey.co.kr
https://www.lifeline.or.kr/business/lime.php

클래시파이(Classify) 학생 심리 검사 기반 학급 관리 시스템. https://classify.co.kr/

한국교육학술정보원(2025). "멀티모달 AI를 활용한 사회정서학습 적용 방안".

"해외에서 AI 예수님 사례소개"(2024.11.30.) ETNEWS

AI디지털교과서on. www.aidt.or.kr

AskEdTech. www.askedtech.com, AI마음일기, 우리반 관계읽기

Microsoft Reflect. https://support.microsoft.com/

Chapter 4

교사 자발성, 커뮤니티(PLC) 중심 생태계 구축의 길을 묻다

김 진 관

1 왜 교사 커뮤니티인가?

1) 교육 혁신의 마지막 퍼즐, 교사 커뮤니티

우리는 지금 디지털 대전환이라는 거대한 문명사적 파도 위에 서 있다. 인공지능(AI)은 더이상 먼 미래의 공상과학 소설 속 이야기가 아닌, 우리 교육 현장의 문턱을 넘어 교실 깊숙이 스며드는 생생한 현실이 되었다. 이는 단순히 새로운 기술 도구를 학교 창고에 쌓아두거나 교실 선반에 올려놓는 차원의 문제가 아니다. 우리가 무엇을 가르치고, 어떻게 배우며, 어떤 미래를 우리 아이들과 함께 꿈꾸고 만들어갈 것인가에 대한 근본적인 성찰과 용기 있는 혁신을 요구하는 시대적 소명이라고도 할 수 있다. 이 거대한 변화의 소용돌이 속, 교육이라는 가치로운 여정의 최전선에서 묵묵히 아이들의 성장을 위해 땀 흘리며 길을 밝히는 존재, 바로 '교사'가 있다. 교사는 AI·디지털 기술의 수동적인 소비자가 아니라, AI·디지털 시대를 살아갈 다음 세대의 안내자로서 교육의 방향키를 잡고, 교실이라는 작은 우주 안에서 살아 숨쉬는 변화를 창조하는 교육 혁신의 진정한 심장이라 할 수 있다. 최근 생성형 AI의 등장과 경이로운 발전 속도는 교육 현장에 전에 없던 가능성의 문을 활짝 열어젖히는 동시에, '교육의 본질은 무엇인가?', '기술은 어떻게 인간적인 성장을 따뜻하게 도울 수 있는가?'와 같은 본질적이고도 묵직한 질문을 교육자 모두에게 던지고 있다.

이러한 시대적 요청과 깊은 성찰의 목소리들 속에서, 교사들이 자발적으로 서로의 어깨에 기대어 배우고, 뜨거운 열정으로 자신의 교육 실천을 아낌없이 나누며, 함께 벽을 넘어서는 전문적 학습 공동체(Professional Learning Community, PLC)가 있다. 달리 표현하여 교사 커뮤니티는 디지털 기반 교육 혁신이라는 거대한 그림을 완성하는 마지막 퍼즐 조각이자, 가장 강력하고 지속 가능한 동력이다. 과거의 하향식 연수나 일방적인 정책 전달 방식만으로는 찰나처럼 변화하는 기술의 속도와 교실 현장의 다채로운 요구, 그리고 교사 개개인의 고유한 고민과 성장의 열망을 온전히 담아내기 어렵다는 것을 우리는 아프게 경험해왔다. 진정한 교육 혁신은 위로부터의 지시나 통제가 아닌, 교사의 내면에서부터 샘솟는 자발적인 열정과 동료 교사들과의 진솔한 교감, 그리고 교실 속 문제를 함께 해결해나가려는 눈물과 웃음, 때로는 좌절과 극복의 과정 속에서 비로소 움트고 단단하게 만개할 수 있다.

본 장에서는 바로 이 교사 자발성 기반 커뮤니티 중심의 AI · 디지털 교육 생태계가 어떻게 정책과 교실 사이의 단절된 길을 잇고, 나아가 우리 교육 현장에 살아있는 문화와 풍토로 깊숙이 뿌리내릴 수 있는지, 교육자의 시선으로 함께 탐색하고자 한다. 특히, 필자가 속해있는 전문적 학습 공동체인 대전의 'AI 티처스쿨'과 전국단위 수업-평가 혁신 연구회인 'T.R.I.P.O.D'과 같은 교사 커뮤니티의 생생한 현장 사례와 진솔한 고민들을 씨줄과 날줄 삼아, 이들 공동체가 어떻게 자발적으로 탄생하고 성장하며, 저마다 추구하고 발현하기를 원하는 가치를 교실 안팎에서 어떻게 실현해나가고 있는지 살펴볼 것이다. 또한, 교사들이 전문적 학습 공동체라는 안전하고 따뜻한 둥지 안에서 어떻게 새로운 도전을 마주하여 용기를 얻고 전문성의 날개를 달 수 있는지, 나아가 전문적 학습 공동체가 어떻게 교육 정책과 현장을 잇는 든든한 가교 역할을 할 수 있는지, 그 실질적인 지혜와 미래를 향한 나침반을 함께 모색하고자 한다. 이를 통해 교사 커뮤니티가 교육 혁신의 심장으로 힘차게 뛰는 미래를 위한 정책적 혜안과 실천적 용기를 북돋는 데 기여하고자 한다.

디지털 기반 교육 혁신이라는 거대한 담론의 숲으로 들어가기에 앞서, 그 숲을 이루는 핵심적인 두 기둥, '전문적 학습 공동체(PLC)'와 'AI · 디지털 교육 생태계'의 의미를 교사의 생생한 실천의 맥락 속에서 깊이 있게 이해하는 과정이 필요하다. 이는 단순한 개념 정의를 넘어, 우리가 나아가야 할 교육 혁신의 방향과 놓치지 말아야 할 본질적인 가치를 밝혀주는 소중한 등대가 될 것이기 때문이다.

2) 자발성으로 피어나 동료애로 자라다

전문적 학습 공동체(Professional Learning Community, PLC), 즉 우리가 더 친근하게 교사 커뮤니티라 부르는 모임은 단순히 교사들이 정기적으로 모이는 형식적인 집단을 의미하지 않는다. 이는 교육 개선과 학생 학습 증진이라는 공동의 목표 아래, 교사들이 자발적으로 모여 지속적으로 배우고, 자신의 교육 실천을 성찰하며, 동료들과 깊이 있는 협력을 수행하는 전문가 공동체이다. 이는 때로 의무감 속에서 형식적으로 운영되어 실질적인 성장에 기여하지 못했던 과거의 연수 방식과는 그 결이 근본적으로 다르다. 전문적 학습 공동체는 단순한 프로그램이나 제도가 아니라, 교사들이 함께 성장하는 문화이자 실천 양식이다. AI·디지털 시대의 불확실성 속에서, 전문적 학습 공동체는 교사들이 변화에 적응하고 혁신을 주도하는 데 필요한 안전 기지(secure base) 역할을 수행한다.

① 자발성, 커뮤니티의 핵심

교사 커뮤니티의 가장 중요한 동력원은 다름 아닌 '교사의 자발성'이다. 이는 단순한 특징을 넘어, 커뮤니티가 살아 움직이고 지속될 수 있게 하는 근본적인 에너지원이다. 과거 외부적 강제나 보상 시스템에 의존했던 수많은 교사 전문성 개발 프로그램들이 왜 지속되지 못했는지를 돌이켜보면, 자발성의 가치는 더욱 명확해진다. 지식과 학위, 누적된 기회와 경험을 통해 우월적 헤게모니를 만드는 데 익숙해진 기성 문화에 대한 거부감에서 출발하여, 투명하고 공개적인 '오픈소스 문화'를 지향하는 자발적 동기는 커뮤니티 탄생의 중요한 씨앗이 된다. 위계적인 구조나 외부 평가에 대한 부담 없이, 순수하게 배우고 나누고자 하는 내적 동기는 교사 커뮤니티의 충분한 출발점이 될 수 있다.

외부의 지시나 보상이 아닌, 내면의 성찰과 성장을 향한 자발적 참여는 교사들에게 주인의식을 심어주고, 동료들과의 수평적인 관계 속에서 끊임없이 배우고 토론하며 함께 성장하게 만드는 원동력이 된다. 특히 교육과 AI·디지털 도구의 통합과 같이 복잡하고 지속적인 노력이 필요한 과제를 다룰 때, '새로운 AI 코스웨어의 장단점을 분석하고 우리 학교 학생들에게 맞는 활용 방안을 함께 연구해보자'와 같은 내재적 동기를 존중하고 북돋는 분위기는 커뮤니티 성공의 핵심이다. 재정적 지원이 떨어져도 지속할 수 있는 자발성과 그릿(Grit)이 필요하며, 재정이라는 외적 보상이 지속적 문화 풍토 조성의 연료인 자발성과 기여, 만족감이 위치할 공간을 허하지 않을 수도 있다는 점을 기억할 필요가 있다. 자발성은 단순한 참여를 넘어, 커뮤니티에 대한 헌신, 즉'내가 아니라 남이 성장하여 빛날 수 있도록 자발적으로 발판이 되어 주는 것'으로 이어지고, 이것이 종국에는 나의 성장으로 귀결되는 선순환을 이루며, 지속 가능한 공동체 성장의 밑거름이 된다. 이는 정책 입안자들에게 중요한 시사점을 준다. 자발성을 '지원'하는 것과 '관리'하려는 것 사이의 미묘한 경계를 인식하고, 정책이 오히려 자발성의 불꽃을 꺼뜨리는 역설을 경계해야 할 필요가 있음을 알리는 것이다. 진정한 지원과 관리는 자율성을 보장하고 내재적 동기를 촉진하는 환경을 조성하는 데 초점을 맞추는 방향성을 갖는다.

그림 4-1 자발성을 지원하고 관리하는 것 사이의 균형

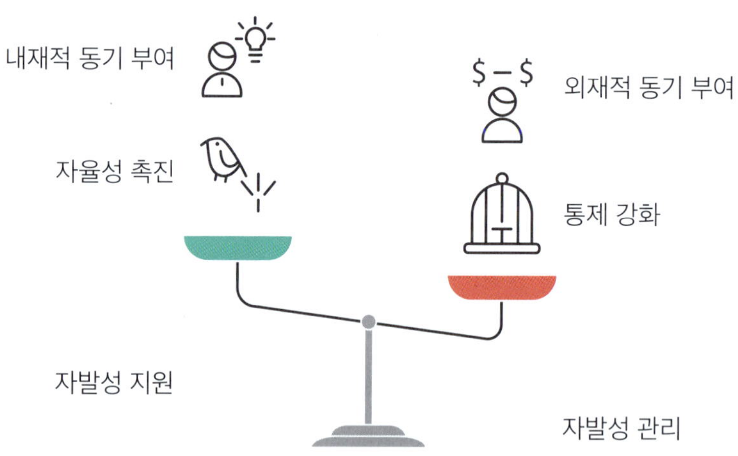

② 살아 숨 쉬는 교사 커뮤니티의 구체적인 특징들

모든 공동체가 이상적인 특징들을 항상 완벽하게 구현하는 것은 아니며, 현실에서는 다양한 어려움과 한계에 부딪히기도 한다. 그러나 살아 숨 쉬는 교사 커뮤니티는 다음과 같은 구체적인 특징들을 통해 그 모습을 드러낸다.

첫째, 함께 배우고 성장하는 학습 지향성이다. 교사 커뮤니티는 교사 자신과 학생 모두의 배움과 성장을 최우선 가치로 삼는다. 이는 단순한 친목 도모나 행정 전달 모임과는 구별되는 핵심 정체성이다. 예를 들어 'AI 기반 피드백 도구를 활용하여 학생 작문 능력 향상시키기'와 같은 공동의 학습 목표를 향해 나아갈 때, 개인의 전문성이 심화되고 집단적 효능감이 증진된다. 특히 AI·디지털 교육과 같은 새로운 영역에서는 '모름'을 인정하고 함께 배워나가는 자세가 중요하다. 물론 때로는 학습 목표가 불분명해지거나, 특정 주제에 대한 관심도 차이로 인해 일부 구성원의 참여가 저조해지는 현상이 나타나기도 한다. 또한, 성과 중심이나 외부활동 기회에 따른 외적 보상(돈, 직함 등)을 중시하는 분위기가 형성될 경우, 학습 과정 자체의 즐거움이나 깊이 있는 탐구가 뒷전으로 밀릴 수도 있다. 그러므로 학습의 즐거움과 의미를 유지하는 공동체 활동이 결국 개인뿐 아니라 모두의 성장과 만족으로도 귀결된다는 것을 인식하게 하는 것이 중요하다.

둘째, 신뢰 기반의 동료성이다. 이를 기반으로 수평적인 관계 속에서 서로의 전문 지식과 경험을 세미나, 워크숍을 통해 아낌없이 나누고, 수업 자료를 함께 만들며, 때로는 자신의 교실 문을 열고 동료의 성장을 돕는 수업 공개나 코칭으로까지 이어지기도 한다. 이러한 동료성은 단순한 업무 관련 도움과 협조를 넘어 정서적 지지와 소속감을 제공하며, 교사들이 새로운 시도에 대한 두려움을 극복하고 실패로부터 배우며 성장할 수 있는 심리적 안전

지대(psychological safety net)를 만들어 준다. 앎의 위치에서 모름을 하찮거나 성가시게 여기지 않고, 다 같이 모름의 자리에서 앎의 의미를 함께 만들어나 갈 수 있는 문화, 그리고 서로를 수단으로 대하지 않고 목적으로 대하는 가치 철학과 태도는 이러한 안전지대의 필수 조건이다. 이러한 관계 속에서 교사들은 기꺼이 자신의 취약성을 드러내고 진정한 협력을 경험할 수 있다. 물론 인간관계의 복잡성 속에서 의견 충돌이나 미묘한 갈등이 발생하기도 하며, 깊은 신뢰 관계를 구축하는 데는 상당한 시간과 노력이 필요하기도 하다. 모든 구성원이 동등하게 기여하고 인정받는 문화를 만드는 것은 지속적인 과제이며, 때로는 소극적인 참여자나 무임승차 문제가 발생할 수도 있다. 그러므로 공동체 내 권력 관계나 친소 관계가 협력적 분위기를 저해하지 않도록 경계해야 한다.

셋째, 실천하고 성찰하는 탐구이다. 구성원들은 단순히 지식을 습득하는 것을 넘어, 자신의 교육 실천을 비판적으로 돌아보고, 동료 교사들과의 진솔한 대화(예 수업 영상 함께 보기, 학생 결과물 분석 워크숍)를 통해 개선점을 찾아 나간다. 학생들의 학습 결과물을 함께 분석하고, 새로운 전략의 효과를 함께 검증하며 실천적 지혜(practical wisdom)를 쌓아간다. 이론과 현장 사이의 간극을 메우는 것은 바로 이 끊임없는 실천과 성찰의 순환이다. '일단 해보자'는 실험 정신과 그 결과를 함께 분석하고 배우는 문화가 중요하다 할 수 있다. 물론 바쁜 학교 일정 속에서 꾸준히 실천하고 성찰할 시간을 확보하는 것은 현실적으로 매우 어렵다. 또한, 성찰의 깊이가 피상적인 수준에 머무르거나, 실천보다는 이론적인 논의에만 치우칠 위험도 존재한다. 그러므로 성찰이 형식적인 반성문 쓰기가 되지 않도록, 진솔하고 깊이 있는 대화에까지 이르고자 하는 노력이 모두에게 필요하다.

넷째, 가치와 비전의 공유이다. 대전의 AI 티처스쿨이 추구하는 '연구, 기여, 연결, 순환, 성장'과 전국단위 수업-평가 혁신 연구회인 'T.R.I.P.O.D'이 추구하는 'Teaching(수업), Research(연구), Innovation(혁신), Practice(실천), Outreach(확장), Data-driven(데이터 기반)'과 같이 공동체가 지향하는 핵심 가치와 비전을 공유하며 활동의 방향성을 함께 설정하고 나아간다. 이러한 공유된 가치는 외적 보상이 없어도 관심 있는 소재가 있으면 사람들을 모이게 하고, 그 모인 사람들을 든든히 연결시키고, 붙잡아 두는 것이며, 커뮤니티의 정체성과 응집력의 원천이 된다. 가치는 공동체의 의사결정(예 어떤 연구 과제를 우선적으로 수행할 것인가?)과 활동의 기준이 되며, 어려움 속에서도 방향을 잃지 않게 만든다. 물론 공동체 초기에는 가치와 비전에 대한 합의가 명확하지 않을 수 있고, 시간이 지남에 따라 구성원 간의 해석 차이가 발생하거나 활동 방향이 모호해질 수도 있다. 가치를 지속적으로 재확인하고 내재화하려는 노력이 필요하며, 때로는 가치 충돌로 인한 내부 갈등이 발생할 수도 있음을 염두에 두어야 한다. 그러므로 가치가 구호에 그치지 않고 실제 활동으로 이어지도록 하는 것이 중요하다.

다섯째, 자율성과 주도성이다. 학습 주제 선정(예 다음 달 스터디 주제 선정), 활동 방식 설정(예 온라인 밋업과 오프라인 워크숍 병행), 공동체 운영 규칙 제정 등 핵심적인 부분을 외부의 통제보다는 구성원들이 자율적으로 결정하고 주도해나가는 것이 중요하다. 자발성과 주도성이 특징인 커뮤니티에서 주도성 없이 강제로 움직이게 하는 것만큼 장기적으로 리스크(risk)가 큰 것은 없다. 이러한 자율성은 교사들에게 주인의식을 부여하고 도전과 실험을 가능하게 한다. 정책 지원 시에도 이러한 자율성을 최대한 존중하는 접근이 필요하다. 때론 모든 구성원이 적극적으로 주도성을 발휘하기는 어려울 수 있으며, 특정 리더에게 과도하게 의존하거나 참여가 소극적인 분위기가 형성될 수도 있다. 이를 위해 리더십 분산과 참여 독려 방안 마련이 중요하며, 자율성이 방만함으로 이어지지 않도록 운영진을 선정·운영하고, 커뮤니티 내 최소한의 구조와 책임감을 갖추는 것도 필요하다. 이를 위해 공동체 운영의 투명성을 확보하는 노력도 중요한 요소이다.

여섯째, 지속 가능한 지원이다. 효과적인 커뮤니티 운영을 위해서는 협력적 연구와 실천을 위한 시간 확보(예 학교 일정 조정, 업무 경감), 필요한 자원(예 AI·디지털 도구 구독 비용 지원, 최신 연구 자료 접근권) 접근, 학교 및 교육청 차원의 지지와 성과 인정(예 공동체 활동 격려, 성과 공유회)이 필요하다. 여기서 지원은 통제가 아닌 '촉진'의 형태여야 하며, 공동체의 자율성을 침해하지 않는 섬세함이 요구된다. 단순히 예산을 지원하는 것을 넘어, 교사들이 공동체 활동에

그림 4-2 살아있는 교사 커뮤니티의 핵심 특징

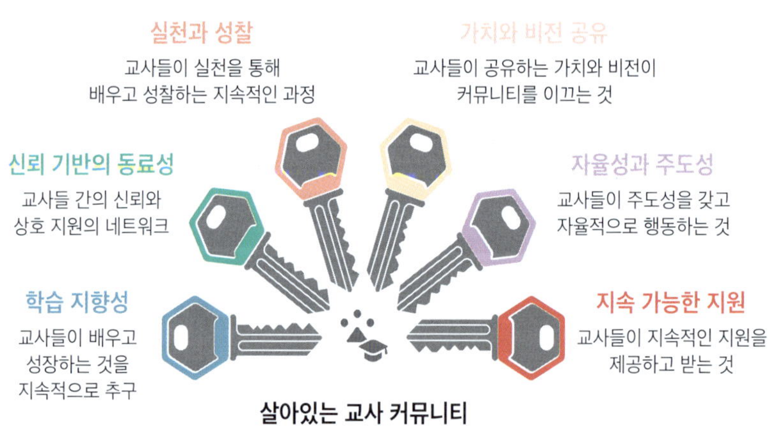

참여할 수 있는 시간과 여건을 마련해주고, 그 활동의 가치를 인정해주는 문화 조성과 지원이 무엇보다 중요하다. 물론 외부 지원은 불안정하고 일시적일 수 있으며, 지원 조건이 공동체의 자율성을 제약하는 경우도 많다. 공동체 스스로 지속가능성을 확보하기 위한 방안(예 회비 운영, 재능 기부 활성화, 외부 프로젝트 수주 등)을 모색하는 것도 필요하지만, 외부 지원에 대한 지나친 의존은 경계해야 할 필요도 있다. 지원이 끊겼을 때도 공동체가 유지될 수 있는 내적 동력과 구조를 갖추는 것이 무엇보다 중요하다.

3) AI·디지털 교육 생태계: 기술, 사람, 정책의 얽힘과 상호작용

이제 시선을 돌려 교사 커뮤니티가 활동하는 더 넓은 환경, 즉 AI·디지털 교육 생태계를 살펴보겠다. 이는 단순히 AI 도구나 스마트 기기 같은 기술적 요소들의 집합이 아니라 기술(AI·디지털 도구, AI 코스웨어, 스마트 기기 등), 데이터 인프라, 교육과정 및 교수법, 그리고 이 모든 것을 움직이는 사람(학생, 교사, 학부모, 행정가, 개발자 등)들이 복잡하게 상호작용하며, 이를 뒷받침하는 정책과 제도가 유기적으로 연결된 살아있는 유기체(living organism)이자 복합적인 시스템(complex system)이다. 이 생태계의 건강성은 각 요소의 기능뿐 아니라 요소들 간의 상호작용 방식과 관계의 질에 달려 있다. 그리고 이 생태계의 가장 중요한 핵심은 교실 현장에서 AI·디지털 기술을 활용하여 학생들의 깊이 있는 학습과 성장을 지원하려는 교사들의 고군분투와 실천에서 비롯된다. 생태계는 고정된 것이 아니라 끊임없이 변화하고 진화하며, 각 주체들의 상호작용 속에서 새로운 질서와 가능성이 창출된다.

① 교실 적용을 위한 핵심 생태계 요소

교사의 관점에서 AI · 디지털 교육 생태계를 구성하는 핵심 요소들을 살펴보면 다음과 같다. 각 요소는 가능성과 동시에 해결해야 할 과제를 안고 있다. 교사 커뮤니티(PLC)는 이러한 각 요소들의 문제점을 인식하고 개선하며, 긍정적인 역할을 증진시키는 데 중요한 역할을 할 수 있다.

먼저, AI · 디지털 도구와 코스웨어이다. AI · 디지털 도구와 코스웨어는 맞춤형 개별화 학습의 측면에서 가능성과 도전의 양면을 갖고 있다. 즉, 다양한 AI · 디지털 도구와 코스웨어는 학생 데이터 기반 맞춤형 학습 경로 제공, AI 튜터 기능, 교사 지원 기능 등을 통해 교실 수업의 변화를 가져올 핵심 도구이다. 하지만 교사들에게 이는 단순한 도구를 넘어, 교육과정 재구성 능력, AI 리터러시, 데이터 해석 능력, 윤리적 판단력 등 새로운 역량을 요구하는 도전이기도 하다. 교사들은 이러한 도구를 비판적으로 이해하고, 자신의 교육 철학(예 학생 주도성 강조)과 학생들의 실제 필요(예 특정 개념 이해의 어려움)에 맞게 활용하고 때로는 재창조하는 주체적 역할을 수행해야 한다. 특정 도구의 기능에 매몰되기보다, 다양한 도구들을 교육 목표 달성을 위한 팔레트(palette)처럼 활용하는 안목이 필요하다.

물론 AI · 디지털 도구가 모든 학습 문제를 해결해 줄 것이라는 기술 만능주의적 환상도 경계해야 한다. 도구의 효과는 교육적 맥락과 교사의 활용 방식에 따라 크게 달라지며, 때로는 기술적 오류나 예상치 못한 부작용(예 특정 도구 사용법 익히기에만 집중)이 발생할 수도 있다. 교사 커뮤니티는 다양한 AI · 디지털 도구 정보를 공유하고, 실제 사용 경험과 효과를 공유하며, 특정 도구의 장단점을 집단적으로 검증할 수 있다. 또한, 도구 활용 워크숍이나 공동 수업 연구를 통해 교사들의 도구 활용 역량을 높이고, 교육 목표에 맞는 효과적인 활용 전략을 함께 개발하여 기술의 피상적 활용을 넘어설 수 있도록 도울 수 있다.

둘째, 스마트 교실 환경이다. 전자칠판, 태블릿 PC, 안정적인 무선 네트워크 등은 AI·디지털 기반 교육을 위한 필수적인 인프라이다. 하지만 중요한 것은 '이러한 하드웨어를 어떻게 교육적으로 의미 있는 학습 도구 및 공간으로 전환시키는가?'이다. 예를 들어, 태블릿 PC를 단순히 정보 검색 도구로 사용하는 것을 넘어, 학생들이 AI·디지털 도구를 활용하여 협력적으로 콘텐츠를 만들거나(예 AI 이미지 생성 도구로 함께 이야기 삽화 만들기), 데이터를 시각화하는(예 AI 기반 데이터 분석 도구로 설문 결과 분석) 활동을 촉진하는 방향으로 활용될 때 비로소 가치를 발할 수 있다. 인프라 구축만큼이나 중요한 것은 이를 활용한 교수법의 변화와 이를 위한 교사의 역할 재정립이다.

물론 고가의 장비 도입이 반드시 교육의 질 향상으로 이어지는 것은 아니며, 기술 접근성의 격차가 교육 불평등을 심화시킬 수도 있다. 또한, 기기 관리 및 유지보수의 어려움도 현장의 부담으로 작용하며, 기술 문제 발생 시 수업 진행에 차질을 빚을 수도 있다. 교사 커뮤니티는 스마트 기기 및 인프라 활용에 대한 노하우와 문제 해결 방법을 공유하고, 효과적인 수업 사례 기반 모델을 공동으로 개발하여 확산시킴으로써 인프라의 교육적 활용도를 높일 수 있다. 또한, 학교나 교육청에 현장의 필요에 맞는 인프라 개선 요구를 공동으로 제기하여 환경 개선에 보다 적극적으로 기여할 수 있다.

셋째, 데이터 기반 맞춤형 학습 지원이다. AI·디지털 도구는 학생 개개인의 학습 데이터를 분석하여 맞춤형 피드백과 학습 경로를 제공할 잠재력을 가진다. 그러나 데이터는 그 자체로 교육적 의미를 갖지 않는다. 교사는 이 데이터를 기계적인 처방전(예 틀린 문제에 따른 유사 문제 5개 추가로 추천)이 아닌,

학생 개개인을 더 깊이 이해하기 위한 단서로 활용해야 한다. 예를 들어, 특정 유형의 오답 패턴을 보이는 학생에게는 해당 개념에 대한 추가 설명을 제공하거나, 학습 속도가 빠른 학생에게는 심화 탐구 과제를 제시하는 등 데이터 분석 결과를 바탕으로 학생과의 인간적인 상호작용과 개별 지원을 심화하고, 정서적 교감을 나누는 데 더 많은 시간과 에너지를 투여할 때, AI는 진정으로 '맞춤형' 교육을 지원할 수 있다. 데이터는 교사의 전문적 판단을 대체하는 것이 아니라 보조하고 강화하는 역할을 해야 한다는 점은 아무리 강조해도 지나침이 없다.

물론 데이터 분석 결과가 학생을 특정 틀에 가두거나 낙인찍는 효과를 낳을 수 있으며, 측정 가능한 인지적 영역 외에 정의적, 사회적 영역의 성장을 간과할 위험이 있음을 인식해야 한다. 데이터 해석 능력 부족은 잘못된 교육적 판단으로 이어질 수도 있으며, AI가 제공하는 '맞춤형'이 실제로는 획일적인 패턴에 기반할 수도 있다는 비판적 검토가 필요하다. 교사 커뮤니티는 학습 데이터 분석 및 활용 사례를 공유하고, 데이터를 교육적으로 해석하는 능력을 함께 키울 수 있다. 학생 데이터를 함께 분석하며 다양한 관점에서 해석(예 "이 데이터는 학습 부진보다는 특정 선수학습 요소 결핍을 의미할 수도 있어요")하고, 이를 바탕으로 한 개별화 지도 전략을 공동으로 모색하여 데이터 기반 교육의 질을 높일 수 있다.

넷째, 살아있는 데이터 인프라와 거버넌스이다. 방대한 학습 데이터를 효과적으로 수집, 분석, 관리하고 윤리적으로 활용하기 위한 기술적 체계가 필요하다. 그러나 현장에서 더욱 중요한 것은 이 데이터를 교사가 쉽게 접근하고 이해하며(예 복잡한 통계 대신 시각화된 대시보드 제공), 학생 및 학부모와 투명하게 소통하는 '과정'이다. 데이터 프라이버시와 보안은 기술적 문제 이전에 교육 공동체 구성원 간의 '신뢰'의 문제이다. 예를 들어, 데이터 수집 전에 학생과 학부모에게 어떤 데이터가 왜 수집되고 어떻게 활용되는지 명확히 설명하고 동의를 구하는 절차가 필수적이다. 데이터 활용에 대한 명확한 원칙과 규정, 그리고 투명한 소통 없이는 생태계의 지속가능성을 담보하기 어렵다. 데이터 활용의 윤리적 기준과 책임 소재에 대한 교육적 합의가 필요한 이유이다.

물론 데이터 유출이나 오용의 위험은 항상 존재하며, 알고리즘의 편향성이 데이터 분석 결과에 영향을 미쳐 특정 집단에게 불리하게 작용할 수도 있다. 또한, 데이터 기반 의사결정이 과도해질 경우, 교사의 교육적 자율성이 침해될 수 있다는 우려도 제기된다. 교사 커뮤니티는 데이터 활용에 대한 현장의 우려와 의견을 수렴하여 정책 당국이나 기술 개발사에 전달하는 창구 역할을 할 수 있다. 또한, 데이터 활용의 윤리적 원칙과 가이드라인을 공동으로 학습하고, 학교 현장의 언어로 구체적인 방안(예 "학생 데이터 활용 동의서 양식, 이렇게 만들면 어떨까요?")을 논의하여 데이터 거버넌스 구축에 기여할 수 있다.

다섯째, 디지털 리터러시와 AI 윤리이다. 교사와 학생 모두 디지털 도구를 효과적으로 활용하고, AI의 원리(예 데이터 기반 학습)와 한계(예 할루시네이션 현상, 편향성)를 이해하며, 정보를 비판적으로 평가하고(예 AI가 생성한 정보의 사실 여부 교차 확인) 책임감 있게 사용하는 능력과 태도가 필수적이다. 이는 단순한 기술 활용 교육(예 "이 버튼 누르면 이렇게 돼요")을 넘어, AI·디지털 시대의 시민으로서 갖춰야 할 '기본 소양(foundational literacy)'이자 '비판적 디지털 시민성(critical digital citizenship)'이다. 교사 커뮤니티는 AI·디지털 윤리 관련 북스터디 진행을 통해 이러한 디지털 리터러시와 윤리적 감수성을 함께 함양하고, 학생의 AI 활용 과제물 평가 기준 설정과 같은 딜레마 상황에 대한 집단적 혜안을 모으는 중요한 장이 될 수 있다. AI · 디지털 윤리는 단순히 '하지 말아야 할 것'을 배우는 것이 아니라, '어떻게 책임감 있게 사용할 것인가'를 고민하는 과정이기 때문이다.

물론 AI · 디지털 윤리에 대한 논의가 아직 충분히 성숙되지 않았고, 학교 현장에서 이를 체계적으로 교육하기 위한 자료와 전문성이 부족한 실정이다. 또한, 윤리적 기준은 사회 문화적 맥락에 따라 달라질 수 있어 획일적인 접근이 어려울 수 있다. 교사 커뮤니티는 AI 리터러시 및 윤리 교육을 위한 수업 자료를 공동으로 개발하고(예 "AI 편향성 문제를 다루는 토론 수업 자료 함께 만들어요"), 우수 교육사례를 공유하며, 관련 전문가 초청 연수 등을 통해 교사들의 전문성을 높일 수 있다. 또한, 학생들이 겪을 수 있는 윤리적 문제 상황(예 딥페이크 악용)에 대한 대처 방안을 함께 논의하고 준비하여 학교 현장의 윤리 교육 역량을 강화할 수 있다.

여섯째, 교사 역할의 재정의와 성장이다. AI는 지식 전달이나 반복적인 업무(예 단순 채점, 자료 검색)를 보조하며 교사의 역할을 변화시킨다. 교사는 단순 지식 전달자를 넘어 학습 촉진자(예 학생의 질문을 유도하고 탐구를 지원), 멘토(예 학생의 진로 및 학습 고민 상담), 학습 경험 설계자(예 AI · 디지털 도구를 활용한 흥미로운 프로젝트 기획), 데이터 기반 상담가(예 학습 데이터를 바탕으로 학생 및 학부모 상담), 윤리적 안내자(예 AI 활용의 책임감 교육)로서의 역할에 더 집중하게 된다. 중요한 것은 이러한 변화를 위협이나 부담이 아닌 성장의 기회로 인식하고, 동료들과 함께 새로운 역할을 탐색하고 필요한 역량을 키워나가는 것이다. 교사 커뮤니티는 이러한 역할 전환 과정에서 교사들이 겪는 불안감을 해소하고(예 'AI 때문에 내 역할이 줄어드는 것 아닐까?' 하는 고민 나누기), 새로운 정체성을 함께 만들어가는(예 AI · 디지털 시대의 교사 전문성 워크숍 개최) 중요한 정서적 지지 기반이자 학습의 장이 된다. AI 시대 교사의 전문성은 기술 활용 능력뿐 아니라, 인간적인 상호작용과 교육 본질에 대한 성찰 능력의 측면에서 더욱 중요해질 것이다.

물론 모든 교사가 이러한 역할 변화를 긍정적으로 받아들이고, 이에 쉽게 적응하는 것은 아니다. 변화에 대한 저항감이나 피로감이 존재할 수 있으며, 새로운 역할을 수행하기 위한 충분한 시간과 지원이 부족할 수 있다. 또한, 역할 변화에 대한 사회적 합의나 인정이 부족할 경우 교사들의 혼란과 부담이 가중될 수 있다. 교사 커뮤니티는 변화하는 교사 역할에 대한 논의의 장을 제공하고, 새로운 역할 수행에 필요한 역량 강화 워크숍이나 스터디 그룹을 운영하여 교사들의 성장을 지원할 수 있다. 동료 교사들의 성공 및 실패 사례 공유를 통해 서로에게 배우고 격려하며, 역할 전환 과정에서의 정서적 지지를 제공하는 중요한 역할을 한다. 이를 통해 교사들은 변화에 대한 불안감을 극복하고 새로운 역할을 자신감 있게 수행할 수 있다.

일곱째, 정책과 현장을 잇는 유기적인 연결망으로서의 커뮤니티이다. AI · 디지털 교육 생태계는 교실(AI · 디지털 도구 활용)-학교(인프라, 문화)-지역사회/국가(정책, 지원, 교사 커뮤니티)가 긴밀하게 연결되어 상호 영향을 주고받는 다층적 구조이다. 국가 정책(예 특정 AI · 디지털 플랫폼 도입 권장)이 현장에 성공적으로 안착하기 위해서는 학교의 인프라 구축 노력과 더불어, 교사들의 자발적인 실천(예 해당 플랫폼 활용 수업 사례 개발)과 이를 뒷받침하는 교사 커뮤니티의 역할(예 플랫폼 활용 노하우 공유, 문제점 및 개선 요구사항 피드백 전달)이 필수적이다. 교사 커뮤니티는 정책의 의도를 현장의 언어로 번역하고, 현장의 목소리를 정책에 전달하며, 혁신 사례를 확산시키는 '살아있는 연결고리(living linkage)'역할을 수행한다. 어느 한 부분의 병목 현상(예 교사 연수 품질 저하 및 형식화)이나 단절(예 현장 의견 미반영)은 전체 생태계의 활력을 저해하게 된다. 따라서 정책 입안자와 현장 교사 커뮤니티 간의 지속적이고 진솔한 소통과 협력이 생태계 발전의 핵심이다.

안타깝게도 정책과 현장 간의 소통 채널이 부족하거나 형식적일 수 있으며, 교사 커뮤니티의 목소리가 정책 결정 과정에 실질적으로 반영되지 못하는 경우도 많다. 때로는 정책의 방향과 현장의 요구가 충돌하여 갈등이 발생하기도 한다. 교사 커뮤니티는 현장의 목소리를 조직화하여 정책 결정 과정에 효과적으로 전달하는 '정책 제안자'로서의 역할을 수행할 수 있다. 또한, 새로운 정책이나 기술 도입 시, 현장 교사들의 수용성을 높이고 연착륙을 돕는 테스트 그룹(test group)으로서 완충지대 역할을 할 수 있으며, 우수 실천 사례를 발굴하고 확산하는 네트워크 허브(network hub)가 되어 생태계 전체의 혁신을 촉진할 수 있다.

그림 4-3 AI·디지털 교육 생태계를 구성하는 핵심 요소

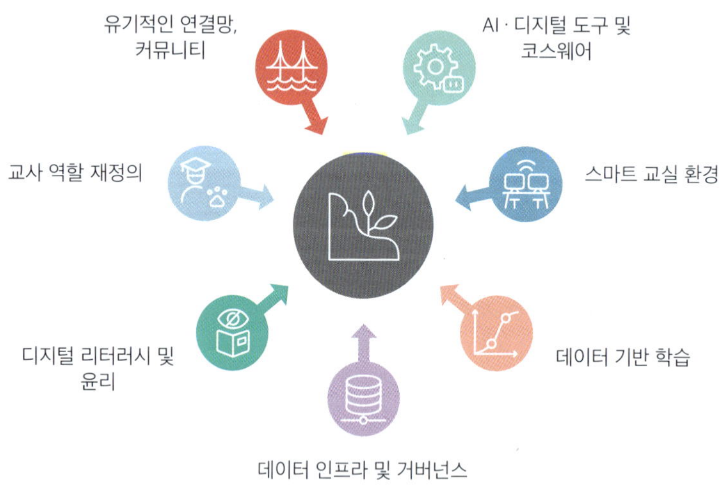

이처럼 AI·디지털 교육 생태계를 구성하는 핵심 요소들은 교사 커뮤니티와 서로 분리될 수 없는 관계이다. 건강한 생태계는 교사 커뮤니티의 활발한 활동을 촉진하고, 활력 넘치는 교사 커뮤니티는 다시 생태계 전체를 건강하게 만드는 선순환 구조를 이룬다. 이제 이러한 상호작용이 실제 국내 교육 현장에서 어떻게 나타나고 있는지 구체적인 사례를 통해 살펴보자.

2 현장의 목소리: 국내 교사 커뮤니티 사례

앞서 정의한 전문적 학습공동체(PLC)와 AI·디지털 교육 생태계의 개념을 바탕으로, 이제 국내 교육 현장에서 이들이 어떻게 구체적인 모습으로 나타나고 있는지 살펴보고자 한다. 특히 교사들의 자발적인 열정과 실천이 정책적 지원과 만나 시너지를 창출하는 현장은 우리에게 많은 영감을 준다. 그 일례로, 대전광역시의 AI·디지털 교육 생태계와 전국단위의 수업-혁신 연구회 활동은 '교사 자발성 기반 커뮤니티 중심 생태계'가 어떻게 현실에서 뿌리내리고 성장할 수 있는지를 보여주는 생생한 증거이다. 물론 이러한 사례들이 모든 교사 커뮤니티의 이상적인 모습을 대변하는 것은 아니며, 실천단에서 성공적인 측면과 함께 운영상의 어려움이나 한계점도 존재할 수 있음을 함께 염두에 두어야 한다.

1) AI 티처스쿨: 오픈소스 정신의 힘

① 자발적 탄생과 성장: 필요와 문제의식에서 움튼 씨앗

AI 티처스쿨은 2022년 대전교육정보원의 교사학습공동체에서 시작하여,

현재는 매해 추산 100여 명이 넘는 대전 지역 초·중·고 교사들이 참여하는 자생적인 커뮤니티로 성장했다. 이 공동체의 시작에는 특정 외부 기관의 지시나 강제가 없었다. AI·디지털 교육에 대한 교사들의 순수한 관심과 현장의 필요, 그리고 지식과 학위, 누적된 기회와 경험을 통해 우월적 헤게모니를 만드는 데 익숙해진 기성 문화에 대한 거부감과 같은 문제의식이 중요한 동력이 되었다. 이는 전형적인 하향식 접근이 아닌, 현장의 필요와 교사들의 자발적 의지가 결합된 상향식(bottom-up) 에너지의 발현이다.

② 핵심 가치와 운영 방식: 공동체의 철학과 작동 원리

이 커뮤니티는 '연구, 기여, 연결, 순환, 성장'이라는 5가지 핵심 가치를 나침반 삼아 활동하고 있다. 이는 단순히 ▲ 연구(Research)를 통해 지식을 습득하는 것을 넘어, ▲ 서로에게 기여하고(Contribution), ▲ 사람과 정보를 연결하며(Connection), ▲ 지식과 경험이 막힘없이 순환하고(Circulation), ▲ 이를 통해 개인과 공동체가 함께 성장(Growth)하는 것을 목표로 한다. 이러한 가치는 공동체의 모든 활동에 스며들어 있다.

운영 방식 역시 이러한 가치를 반영하여, 오픈소스 정신에 기반한 자발적인 자료 공유와 나눔을 강조한다. 카카오톡 오픈채팅방은 실시간 정보 교류와 즉각적인 질의응답, 소통의 장이 되고, 공유된 자료들을 체계적으로 아카이빙하고 누구나 접근 가능하도록 하는 저장소 역할을 한다. 이는 정보의 투명한 공개와 접근성을 높여 지식의 민주화를 실현하려는 노력이며, 커뮤니티 활성화의 중요한 기반이 된다.

그림 4-4 AI 티처스쿨의 미션과 핵심 가치

출처: AI티처스쿨(2025). AI티처스쿨의 미션과 핵심가치.

③ 현장 중심의 실천적 활동: 교실과 가장 가까운 곳에서

AI 티처스쿨의 활동은 아래와 같이 추상적인 이론보다는 교실 현장에서 바로 적용 가능한 실질적인 내용에 집중한다. 이는 참여 교사들의 즉각적인 필요를 충족시키고 활동의 효능감을 높이는 중요한 요인이다.

먼저, 교육자료 개발 및 공유이다. '교육자를 위한 생성 AI 툴 라이브러리(2023)', 'BIC(빙 이미지 크리에이터)로 그림 그리기(2023)', '교육자를 위한 프롬프트 엔지니어링 핸드북(2023)', '2025 교육자를 위한 디지털 AI 도구 라이브러리' 등 교사들이 직접 제작하고 검증한 자료들을 개발하고, 이를 커뮤니티 내외에 적극적으로 공유한다. 이는 개별 교사의 노력을 넘어 집단 지성을 통해 교육 콘텐츠를 풍부하게 만들고, 다른 교사들의 시행착오를 줄여주는 귀중한 공공재 생산 활동이다.

둘째, 다양한 온·오프라인 세미나 및 네트워킹이다. '다양한 AI 챗봇 서비스 사용 후기 썰', '프롬프트 엔지니어링 기초 및 사례 나눔', '생성형 AI 챗봇 만들기 워크숍', '캔바를 활용한 AI 수업 꿀팁', '깊이 있는 학습을 위한 AI·디지털 도구 활용 수업 성찰' 등 최신 AI·디지털 기술 동향과 교육적 활용 방안을 함께 배우고 토론하는 자리를 정기적으로 마련한다. 이러한 활동은 교사들의 AI 리터러시를 높이고, 동료들과의 사회적 연결과 정서적 지지를 강화하며, 새로운 아이디어를 얻고 협력의 기회를 모색하는 장이 된다. 연말에는 'AI 티처스쿨 어워즈'를 개최하여 한 해 동안의 AI·디지털 수업 실천 사례를 공유하고 서로 격려하며 집단적 성장을 축하하는 자리를 갖기도 하였다.

셋째, 마이크로 분과 활동이다. 'AI · 디지털교과서 활용 수업 분과', 'AI 융합 수업 분과', 'AI 이해 및 개발 분과' 등 마이크로 분과 활동을 통해 보다 심층적인 연구와 자료 개발을 추진하였다. 물론 바쁜 일정과 부족한 시간들로 인해 운영상 어려움이 있었지만 이러한 활동은 교사들의 다양한 관심사와 전문성을 반영하고, 보다 체계적인 협력 연구를 가능하게 하여 커뮤니티 활동의 깊이를 더해줄 수 있다.

④ 성과와 영향: 풀뿌리 문화의 확산

AI 티처스쿨은 대전 지역 내 AI 교육 관련 오픈소스 커뮤니티 문화를 조성하고 확산하는 데 크게 기여하고 있다. 교사들의 자발적인 참여와 기여를 통해 만들어진 자료와 실천 사례들은 다른 교사들에게 영감을 주고, AI · 디지털 교육의 저변을 넓히는 중요한 역할을 하고 있다. 이는 특정 정책이나 프로그램의 성과를 넘어, 교사들 스스로 만들어가는 '학습 문화'의 힘을 보여준다.

하지만 자생적 커뮤니티로서 안정적인 운영 자원 확보의 어려움, 모든 구성원의 적극적인 참여 유도, 활동 성과의 체계적인 관리 및 확산 등은 풀어야 할 과제로 남아있다. 또한, 커뮤니티 규모가 커짐에 따라 초기 자발성과 수평적 문화가 희석될 수 있다는 점도 경계해야 할 부분이다.

2) T.R.I.P.O.D: 지역을 넘어선 실천적 지성 네트워크

T.R.I.P.O.D 연구회는 디지털 전환 시대에 효과적인 수업·평가 방법론을 모색하고, 디지털과 아날로그 수업의 장점을 결합한 '실현 가능한 수업·평가 모델'을 개발·확산하기 위해 전국 단위의 초·중등 교사들이 모인 연구회이다. 이는 지역적 한계를 넘어 다양한 현장 사례를 공유하고 공동 연구를 수행하며, 개별 교사들의 실천을 전국적인 담론과 연결하는 중요한 플랫폼 역할을 하고 있으며, 그 노력을 인정받아 2024년 전국 단위 우수연구회(교육부/EBS)중 하나로 선정되기도 하였다.

① 핵심 가치와 연구 주제: 혁신을 위한 나침반

'Teaching(수업), Research(연구), Innovation(혁신), Practice(실천), Outreach(확장), Data-driven(데이터 기반)'이라는 6가지 가치를 바탕으로, '디지털·AI 기반 교수·학습과 증거 기반 평가 실천을 통한 2022 개정 교육과정의 수업·평가 혁신 방안'을 주요 연구 주제로 삼고 있다. 이는 에듀테크 활용, AI 융합, 개념 기반 탐구학습 등 교육 혁신의 핵심 영역들을 포괄하며, 이론과 실천, 데이터 기반 접근을 통합하려는 의지를 담고 있다.

그림 4-5 T.R.I.P.O.D의 미션과 핵심가치

출처: T.R.I.P.O.D(2025). T.R.I.P.O.D의 미션과 핵심가치.

② 분과 중심의 심층 연구 및 실천: 전문성과 협력의 심화

연구회 내에 '에듀테크 기반 교·수·평·기 설계 분과', 'AI 융합(맞춤형 AI 개발 및 적용) 분과', '개념 기반 탐구학습(CBCI) 연구 분과' 등 전문화된 분과를 구성하여 심층적인 연구와 자료 개발을 진행하였다. 각 분과는 온라인 세미나, 수업 사례 공유, AI 수업·평가 도구 개발(예 트라이팟 개발 도구 키트, 개념 기반 탐구 수업 템플릿 생성기, 멀티모달 교육 피드백 챗봇) 등 활발한 활동을 펼쳤다. 이러한 분과 활동은 참여 교사들의 전문성을 심화시키는 동시에, 공동의 목표를 향한 협력 연구를 촉진한다.

③ 다양한 협력과 교류: 경계를 넓히는 활동

정기적인 온·오프라인 밋업(Meet-up)을 통해 회원 간 네트워킹과 학습과 학 특강, 수업·평가 해커톤 등을 진행했으며, 타 전국 단위 연구회와의 합동 워크숍, 한국마이크로소프트 방문, 회원의 유네스코 디지털 러닝 위크 사례 발표 및 영국 킹스턴 대학교 CPD 과정 수료와 현지 교류 수업 등 외부와의 적극적인 교류를 통해 시야를 넓히고 성과를 확산하였다. 또한, 교육부와 KERIS의 AI·디지털 도구 활용 수업 설계 사업에 참여하여 정책 연계 수업 사례를 온라인에 공유함으로써, 현장 실천과 국가 정책 사이의 다리 역할을 수행하였다. 이러한 외부와의 연결은 연구회에 새로운 자극과 기회를 제공하고, 활동의 영향력을 확대하는 데 기여한다.

④ 성과 공유 및 확산: 지식과 경험 나눔의 실천

연구회 웹페이지 운영, 온라인 수업 나눔 릴레이(교수·학습 과정안, 학습지, 영상 등 공유), 수업 사례 포스터 어워드 개최 등을 통해 연구 성과를 적극적으로 공유하고 일반화하려는 노력을 기울였다. 이는 교사 개개인의 성장을 넘어, 연구회의 집단적 지성을 교육계 전체와 나누려는 공유와 확산의 정신을 보여준다. 전국 단위 연구회로서, 지역적 편차 없이 모든 회원들의 참여를 독려하고 소통을 활성화하는 것, 그리고 연구 성과가 실제 학교 현장에 미치는 영향을 측정하고 확산 전략을 지속적으로 개선하는 것은 중요한 과제이다. 전국 단위 연구회의 특성상 온라인 중심 활동의 한계를 극복하고 회원 간 유대감을 강화하기 위한 노력도 필요하다.

3) 정책과 현장의 만남: 대전 사례 중심으로

교사 커뮤니티는 고립된 섬이 아니다. 특히 AI·디지털 교육과 같이 급변하는 분야에서는 외부 환경과의 상호작용, 즉 정책적 지원 및 제도적 연계가 공동체의 지속가능성과 영향력 확대에 중요한 역할을 할 수 있다. 대전 사례는 이러한 상호작용의 긍정적인 측면을 보여준다.

대전광역시교육청은 AI·디지털 도구 도입 계획 발표, IB 교사 연구회 지원, 전문적 학습 공동체 운영 지원 등 교사들의 전문성 신장과 자발적인 혁신 노력을 지원하기 위한 다양한 정책을 추진하고 있다. 이는 AI 티처스쿨과 같은 자생적 커뮤니티 활동에 공식적인 근거와 정당성을 부여하고 활동 방향에 대한 참고 점을 제시하며, 활동에 필요한 자원(예 예산, 연수 기회, 컨설팅)을 연결해주는 역할을 한다. 중요한 것은 이러한 지원이 일방적인 지시나 통제가 아니라, 현장의 자율성을 존중하며 '가능하게 하는 조건(enabling condition)'을 만들어주는 데 초점을 맞추고 있다는 점이다. 예를 들어, 교육청 주관 연수에 커뮤니티 회원을 강사로 초빙하거나, 커뮤니티의 우수 사례를 정책 보고서에 반영하는 등의 협력이 이루어질 수 있다. 물론, 정책 지원이 항상 현장의 필요와 정확히 일치하는 것은 아니며, 때로는 행정적인 부담을 수반할 수도 있다. 또한, 교육청의 정책 방향이 바뀔 경우 지원의 지속성이 불투명해질 수 있다는 우려도 존재한다. 따라서 정책과 현장 간의 지속적인 소통과 조율을 통해 상호 신뢰를 구축하고, 공동체가 정책 변화에 유연하게 대응할 수 있는 역량을 키우는 것이 중요하다.

대전광역시교육청과 충남대학교 교육대학원이 협력하여 운영하는 현직 교사 대상 AI 융합 교육 전문가 양성 석사과정은 제도적 지원이 교사 전문성 심화로 이어지는 구체적인 사례이다. 이러한 대학 연계 프로그램은 교사들에게 AI·디지털 관련 심도 있는 이론 지식과 연구 역량을 함양할 기회를 제공한다. 이는 다시 AI 티처스쿨과 같은 교사 커뮤니티 활동을 풍부하게 만드는 자양분이 될 수 있다. 석사과정 이수 교사들이 커뮤니티 내에서 리더십을 발휘하거나, 연구 결과를 공유하고, 동료 교사들의 멘토 역할을 수행함으로써 공동체 전체의 전문성 향상에 기여하는 선순환 구조를 만들 수 있다. 다만, 이러한 심화 과정이 소수 교사에게만 기회가 집중되는 방식으로 운영될 경우, 다른 교사들과의 위화감을 조성하거나, 습득한 전문성이 현장에 효과적으로 확산되지 못할 수도 있다. 따라서 과정 이수 교사들이 커뮤니티 활동에 적극적으로 참여하고 기여할 수 있도록 유도하는 방안 마련이 중요하며, 대학 연계 프로그램의 성과가 교사 커뮤니티 전체로 확산될 수 있는 메커니즘을 고민해야 한다.

이처럼 대전 사례는 교사들의 자발적인 노력과 교육청의 정책적 지원, 그리고 대학과의 연계를 통한 전문성 심화가 어떻게 상호작용하며 시너지를 창출할 수 있는지를 보여준다. 이는 AI·디지털 교육 생태계 구축에 있어 다양한 주체 간의 협력과 연계의 중요성을 강조하며, 정책이 현장의 자발성을 억누르지 않고 오히려 촉진하는 바람직한 관계 설정의 가능성을 제시한다.

4) 연결자들의 힘: 경계 확장자의 역할과 중요성

교사 커뮤니티의 가치를 일찌감치 인식하고, 단순한 참여자를 넘어 '경계 확장자(boundary spanner)' 또는 '커뮤니티 위버(community weaver)'로서 씨앗 역할을 수행할 수 있는 존재가 필요하다. 필자는 그간 학교에서의 역할에 충실하면서도 지역 기반의 자생적 커뮤니티인 AI 티처스쿨의 대표교사와 T.R.I.P.O.D 연구회 회장으로 활동하며 AI·디지털 관련 연구와 저술 활동, 강의 등을 통해 지식과 경험을 나누려 노력하였다. 그러나 이러한 활동에 일정한 열정과 에너지를 '지속적으로' 유지하는 것이 쉬운 일은 아니다. 그러나 이러한 활동들이 공식 정책, 현장 교사들의 실천, 학술 연구 사이의 간극을 메우고(bridging), 다양한 주체들을 연결하며(connecting), 생태계 전체의 활력을 불어넣는 촉매제(catalyst) 역할을 한다 믿고 있다. 필자가 평소 강조하는 'Find an Authority, Be an Authority'의 문구처럼, 스스로 전문가가 되어 기여하는 동시에 다른 전문가들과 연결되는 네트워크 구축의 중요성을 몸소 보이는 경계 확장자의 존재는 커뮤니티의 성장과 생태계 활성화에 필수적인 요소이다. 물론 특정 인물에게 과도하게 역할이 집중될 경우, 해당 인물의 부재 시 커뮤니티 운영에 어려움이 생길 수 있으며, 다양한 리더십이 성장할 기회를 저해할 수도 있다. 또한, 경계 확장자의 개인적인 네트워크나 관심사에 따라 정보나 기회가 편중될 가능성도 있다. 그러므로 경계 확장자의 역할을 인정하고 지원하는 동시에, 공동체 내에서 다양한 리더십을 발굴하고 육성하며, 정보 공유의 투명성을 확보하려는 노력이 필요하다.

5) 현실적인 AI·디지털 교육 확산을 위한 사시점

대전 사례와 T.R.I.P.O.D 연구회 사례는 우리 현실 맥락에서의 AI·디지털 교육 확산을 위한 중요한 시사점을 제공해준다.

첫째, 상향식과 하향식의 만남인 혼합형 성장 모델(Hybrid Growth Model)이다. 이들 사례는 교사들의 자발적인 움직임(상향식)과 제도적 지원(교육청, 교육부, 대학 연계 등의 하향식)이 상호 보완적으로 작용하며 시너지를 창출하는 혼합형 성장 모델의 가능성을 뚜렷하게 보여준다. 순수한 상향식 접근은 자원 부족이나 지속가능성의 문제에 부딪힐 수 있고, 순수한 하향식 접근은 현장의 자발성을 위축시키거나 현실과 동떨어진 정책으로 이어질 수 있다. 반면, 이들 사례처럼 현장의 필요와 아이디어가 정책과 프로그램에 반영되고, 정책적 지원이 다시 현장의 자발적 활동을 촉진하는 선순환 구조가 형성될 때, 혁신은 더욱 강력하고 지속 가능해질 수 있다. 상향식과 하향식의 적절한 접점 어딘가에 영점이 조절된 지역 기반과 전국단위 커뮤니티의 존재가 촘촘한 그물망과 같은 네트워크로써 필요한 이유이다. 이는 정책 입안자들로 하여금 현장의 자발성을 존중하면서도 효과적으로 지원할 수 있는 균형점을 찾도록 해준다.

둘째, 교실에서 가치를 증명할 수 있는 현장 중심의 실용성(Practicality)이다. 생성형 AI 툴 라이브러리, 디지털 AI 도구 라이브러리, 구체적인 수업 지도안, 개념 기반 탐구 수업 설계 템플릿 생성기, 멀티모달 교육 피드백 챗봇, AI·디지털 도구 활용 수업 사례 등 교사들이 당장 교실에서 활용할 수 있는 구체적이고 실질적인 결과물 개발에 집중한다. 이는 교사들의 즉각적인 필요를 충족시키고 참여 동기를 높이며, 커뮤니티 활동의 가치를 체감하게 만드는 중요한 요인이다. 추상적인 담론보다는 손에 잡히는 결과물을 통해 혁신의 가능성을 보여주는 것이 효과적일 수 있다.

셋째, 공유와 확산의 동력인 오픈소스 문화이다. 이러한 실용적인 결과물들을 오픈채팅방, 웹사이트, 세미나 등을 통해 적극적으로 공유하는 오픈소스 문화는 지식 확산과 커뮤니티 활성화의 핵심 동력으로 작용한다. 이는 지식을 독점하려는 문화를 거부하고, 집단 지성을 통해 함께 성장하려는 커뮤니티의 철학을 반영한다. 이러한 문화는 정보의 빠른 순환을 가능하게 하고, 더 많은 교사들이 혁신에 참여하도록 유도하는 효과가 있다. 그러나 이러한 모델들이 가진 잠재적인 어려움, 예를 들어 지속적인 동력 유지의 어려움, 참여 교사 간의 역량 차이, 외부 지원의 변동성, 그리고 개발된 자료의 질 관리 문제 등도 간과해서는 안 된다. 성공적인 모델을 지속하고 확산시키기 위해서는 이러한 과제들에 대한 성찰과 해결 노력이 동반되어야 한다.

그림 4-6 우리 현실 맥락에서의 AI·디지털 교육 확산을 위한 시사점

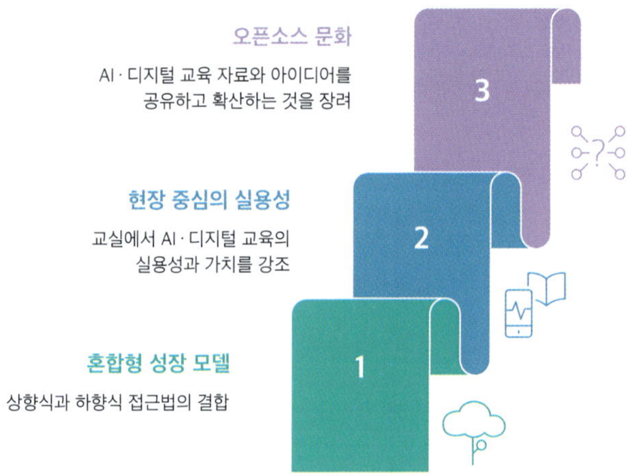

이러한 국내의 사례들은 교사 커뮤니티가 AI·디지털 교육 혁신을 위한 중요한 동력이 될 수 있음을 보여준다. 하지만 이것이 국내에 국한된 현상인지, 아니면 국제적으로도 유사한 흐름이 있는지 살펴볼 필요가 있다. 다음에서는 시야를 넓혀 국제적인 동향과 사례를 탐구하며 우리 교육에 주는 시사점을 모색해 보고자 한다.

3 AI·디지털 교육과 교사 커뮤니티의 글로벌 동향

AI·디지털 교육 혁신은 우리나라만의 과제가 아니다. 전 세계적으로 교육 분야에서 생성형 AI의 영향력이 커지면서, 교사 전문성 개발(Professional Learning, PL)의 패러다임도 변화하고 있다. 단순히 AI·디지털 기술 자체를 이해하는 것을 넘어, AI·디지털 기술을 활용하여 교사의 학습과 성장을 지원하는 방식의 중요성도 함께 부각되고 있다. 국내 사례에서 확인된 교사 커뮤니티의 역할과 AI·디지털 교육 생태계의 중요성이 국제적인 맥락에서는 어떻게 논의되고 있는지 살펴보는 것은 우리나라 교육의 현 위치를 파악하고 미래 방향을 설정하는 데 중요한 준거점을 제공한다.

1) 기술의 활용, 그 너머의 역량

국제적으로 교사에게 요구되는 AI·디지털 역량은 단순히 기술적 도구를 다루는 능력을 넘어선다. 여러 국제기구와 연구에서 공통적으로 강조하는 역량은 다음과 같다.

- AI 리터러시: AI의 기본 원리, 가능성, 한계(예 편향성, 할루시네이션)를 이해하고, 관련 용어와 개념을 파악하는 능력
- 교육적 통합 능력: AI 도구를 교육과정 목표 및 학생의 필요와 연계하여 비판적이고 효과적으로 수업에 통합하는 능력. 기술 활용을 넘어 교육과정 설계 및 교수법 혁신 역량을 포함
- 윤리적·사회적 성찰 능력: AI 활용에 따른 윤리적 딜레마(예 데이터 프라이버시, 공정성, 저작권)를 인식하고, 사회적 함의를 비판적으로 성찰하며

책임감 있게 AI를 활용하는 능력과 태도

- 데이터 리터러시: AI가 생성하는 학습 데이터를 교육적으로 해석하고, 학생 이해 및 맞춤형 지원을 위해 활용하는 능력
- 협업 및 소통 능력: 동료 교사, 학생, 학부모, 기술 전문가 등 다양한 주체와 AI 활용에 대해 소통하고 협력하는 능력
- 평생 학습자로서의 태도: 끊임없이 변화하는 기술 환경에 적응하고 새로운 지식과 기술을 지속적으로 학습하려는 태도와 의지

그림 4-7 국제적 맥락에서 교사에게 요구되는 AI·디지털 역량

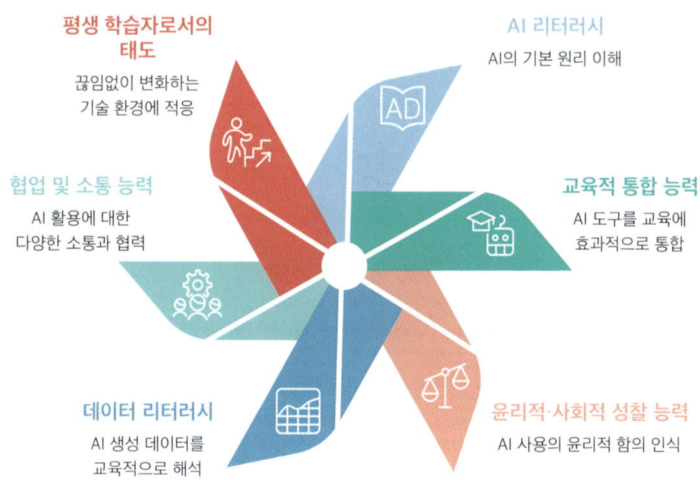

특히 국제적인 논의에서 강조되는 것은 교사의 '주체성(agency)'이다. 즉, 주어진 기술을 수동적으로 받아들이는 것이 아니라, 자신의 교육 철학과 학생들의 실제 필요에 맞춰 AI·디지털 도구를 능동적으로 선택, 실행, 평가하고 성찰하는 능력이 핵심이다. AI는 교사의 수업 관찰, 의사결정, 학생 맞춤

형 교수(adaptive teaching)를 돕는 강력한 도구가 될 수 있지만, 그 효과는 궁극적으로 교사의 주체적인 판단과 교육적 통찰에 달려있다. AI·디지털 도구는 교사를 대체하는 것이 아니라, 교사의 전문성을 증강(augment) 시키는 방향으로 나아가야 한다. 물론 이러한 다양한 역량 요구는 교사들에게 상당한 부담으로 작용할 수 있으며, 모든 교사가 이러한 역량을 갖추도록 요구하는 것은 현실적인 어려움이 따르기도 한다. 그러므로 특정 역량 프레임워크가 교사 전문성을 획일적으로 규정하려는 시도로 이어질 수 있다는 비판적 검토도 필요하다.

2) 협력과 공동 창조 모델

AI·디지털 교육의 성공적인 안착을 위해 다양한 주체(교사, 연구자, 개발자, 정책 입안자) 간의 긴밀한 협력이 국제적으로 강조되고 있다. 과거 기술 중심의 하향식 도입 방식이 현장의 외면을 받거나 부작용을 낳았던 경험에 대한 반성으로, 사용자 중심의 참여적 접근이 중요하게 부각되고 있다.

특히 AI·디지털 도구 설계 및 개발 단계부터 교사들을 적극적으로 참여시켜 현장의 목소리와 교육적 요구를 반영해야 한다는 '공동 창조(co-creation)' 또는 '참여적 설계(participatory design)' 모델이 주목받고 있다. 이는 도구 개발자와 교육자 간의 간극을 좁히고, 실제 교실 상황에 더 적합하고 유용한 AI·디지털 도구를 만드는 데 기여할 수 있다. 이러한 협력적 접근은 다양한 형태의 이니셔티브와 공동체 모델을 통해 나타나고 있다.

- **교사 중심 학습 공동체**: Safe AI in Schools Professional Learning Community(AI의 안전하고 윤리적인 학교 적용을 위한 글로벌 네트워크), Global

Professional Learning Community(미국 교원양성기관협의회(AACTE) 주도, 교원 양성 과정에서의 AI 통합 지원) 등은 교사들이 AI·디지털 관련 지식과 경험을 공유하고 함께 학습하는 플랫폼 역할을 한다.

- **다자간 협력 이니셔티브**: TeachAI 이니셔티브(미국 중심, 교육자, 정책 입안자, 기술 기업 등이 참여하여 AI 교육 정책 아이디어 제안 및 가이드라인 개발) 등은 다양한 이해관계자들이 모여 AI 교육의 방향을 함께 모색하는 모델이다.
- **학교 기반 연구 단위**: 중국의 교연조(教研組, TRGs: Teacher Research Groups)는 오랜 전통을 가진 학교 기반 교사 연구 단위로, 최근 AI·디지털 교육과 같은 새로운 주제에 대한 교사들의 공동 연구와 실천을 지원하는 플랫폼으로 활용될 가능성을 보여준다.

이러한 다양한 모델들은 AI라는 복잡하고 빠르게 변화하는 기술을 교육에 성공적으로 통합하기 위해서는 교사 개인의 역량 강화 노력과 더불어, 동료들과 함께 배우고, 다른 전문가들과 협력하는 '공동체적 접근'이 필수적임을 보여준다. 한편으로는 공동 창조나 참여적 설계가 이상적이지만, 실제 구현 과정에서는 이해관계자 간의 입장 차이, 시간 및 자원 제약, 참여 방식의 형식화 등 여러 어려움에 직면할 수도 있다. 그러므로 진정한 협력을 위해서는 상호 존중과 신뢰를 바탕으로 한 지속적인 소통과 노력이 필요하다.

3) 국제 사회의 AI·디지털 교육 정책 방향

유네스코(UNESCO), OECD 등 국제기구들은 각국 정부와 교육 당국에 AI·디지털 교육과 관련된 정책적 노력을 강화할 것을 권고하고 있다. 공통적으로 제시되는 권고 사항들은 AI·디지털 기술의 교육적 잠재력을 최대한 활용하는 동시에, 발생 가능한 위험을 최소화하고 윤리적 원칙을 준수하려는 노력을 반영한다.

- **국가 차원의 전략 및 전담 조직**: AI 교육에 대한 국가적 비전과 전략을 수립하고, 이를 추진할 전담 조직을 구성할 것을 권고한다.
- **교육과정 내 AI 통합**: AI 리터러시 및 윤리 교육을 정규 교육과정에 포함하고, 관련 교과 내용을 개발 및 보급할 것을 권고한다.
- **안전하고 책임감 있는 사용 가이드라인**: 학생과 교사가 AI를 안전하고 윤리적이며 효과적으로 사용할 수 있도록 명확한 가이드라인과 행동 규범을 마련할 것을 권고한다.
- **교사 전문성 개발 지원 강화**: AI 시대를 대비하기 위한 체계적이고 지속적인 교사 연수 프로그램을 개발하고, 교사 학습 공동체 활동을 지원할 것을 권고한다. 특히, 예비교사 양성 과정부터 AI·디지털 교육 관련 내용을 포함하는 것이 중요하다.
- **데이터 거버넌스 및 법규 마련**: 교육 데이터의 수집, 활용, 공유에 대한 명확한 법적·제도적 기반을 마련하고, 데이터 프라이버시 및 보안을 강화할 것을 권고한다.
- **공평한 접근성 보장**: 모든 학생과 교사가 AI 기술 및 관련 교육 기회에 동등하게 접근할 수 있도록 디지털 격차를 해소하기 위한 노력을 기할 것을 권고한다.
- **연구 개발 투자**: AI의 교육적 효과, 윤리적 문제, 장기적 영향 등에 대한 지속적인 연구 개발 투자를 권고한다.

이러한 국제기구의 권고는 중요한 방향성을 제시하지만, 각국의 교육 시스템, 문화적 배경, 재정 상황 등이 다르므로 이를 그대로 적용하기는 어렵다. 정책 우선순위에 대한 사회적 합의 과정이 필요하며, 정책 실행 과정에서의 현실적인 어려움을 충분히 고려해야 한다. 또한, 국제적인 논의가 특정 국가나 문화권의 시각을 중심으로 이루어질 수 있다는 점도 비판적으로 검토할 필요가 있다.

4) AI·디지털 교육 확산의 공통 장애물

AI·디지털 교육의 확산 과정에서 여러 국가들이 공통적으로 직면하는 어려움과 도전 과제들이 있다. 이는 기술적 문제뿐만 아니라 사회적, 윤리적, 제도적 차원의 복합적인 문제들이다.

- **윤리적 딜레마**: 데이터 프라이버시 침해 우려, 알고리즘의 편향성으로 인한 차별 가능성(예 특정 배경 학생에게 불리한 학습 경로 추천), AI 생성 콘텐츠의 저작권 및 진위 문제(예 학생 과제 표절), 평가의 공정성 문제(예 AI 활용 능력에 따른 격차) 등 해결해야 할 윤리적 딜레마가 산적해 있다. 특히 윤리 및 신뢰 구축 문제가 기술적 문제만큼이나 중요한 장애물로 인식된다는 점은 주목할 만하다.
- **법규 및 제도 미비**: 빠르게 발전하는 AI 기술을 뒷받침할 법규와 제도가 미비하여 불확실성을 야기하고 책임 소재(예 AI 오류로 인한 학습 피해)를 불분명하게 만들 수 있다.
- **비용 및 인프라**: AI 시스템 도입 및 유지 보수에 필요한 초기 비용 부담, 안정적인 네트워크 환경 및 충분한 스마트 기기 보급 등 인프라 구축의

어려움이 있으며, 이는 특히 재정적으로 취약한 학교나 지역에서 더 큰 장벽이 된다.

- **디지털 격차**: 학생 및 교사의 AI 기술 접근성 및 활용 능력 차이, 지역 및 학교 간 인프라 격차는 교육 불평등을 심화시킬 수 있다. 이는 단순히 기기 보급의 문제를 넘어, 디지털 리터러시 교육의 격차까지 포함하는 문제이다.
- **교사의 시간 부족 및 업무 부담 가중**: 새로운 기술 학습, 수업 준비, 데이터 관리 등에 추가적인 시간이 소요되어 교사의 업무 부담이 가중될 수 있다. 이는 교사의 소진으로 이어져 혁신 동력을 약화시킬 수 있다.
- **실질적인 연수 부족**: 피상적인 도구 활용법 연수를 넘어, AI를 교육적으로 깊이 있게 통합하고 활용하는 방법(예 교육과정 재구성, AI 기반 평가 설계)을 다루는 실질적이고 지속적인 연수가 부족하다.
- **기술 의존성 심화 및 교육 본질 왜곡 우려**: AI 기술에 대한 과도한 의존이 학생들의 자기 주도 학습 능력이나 비판적 사고력을 저해할 수 있으며(예 AI에게 답을 구하는 데 익숙해짐), 기술 활용 자체가 목적이 되어 교육의 본질적인 가치(예 깊이 있는 이해, 창의적 탐구, 인간적 상호작용)가 훼손될 수 있다는 우려가 제기된다.

이러한 도전 과제들은 국제적으로도 AI·디지털 교육 정책 수립 및 실행 과정에서 기술 개발과 함께 사회적, 윤리적, 교육적 측면에 대한 깊은 고민과 선제적인 대응이 필수적임을 시사한다. 단순히 기술을 도입하는 것을 넘어, 이러한 복잡한 문제들을 어떻게 해결해 나갈 것인가에 대한 공동체적 논의와 합의가 필요하다.

그림 4-8 AI·디지털 교육 확산의 공통 장애물

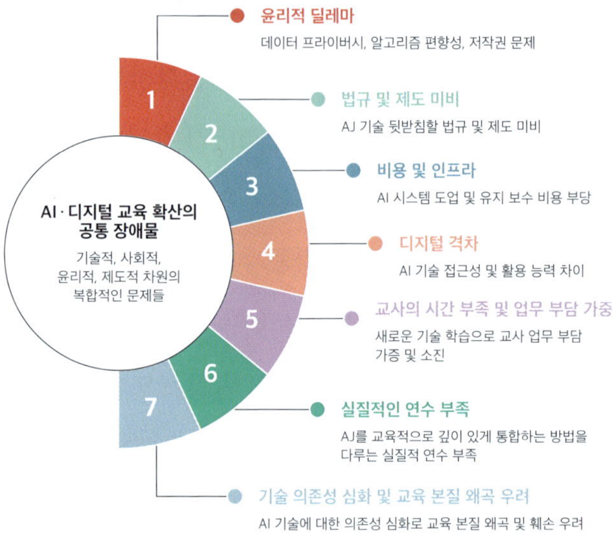

5) 글로벌 트렌드 읽기: 개인화와 협력의 조화

국제적인 논의는 AI·디지털 기술이 교사 개인 맞춤형 전문성 개발 기회를 제공할 수 있다는 잠재력을 인정하면서도, 동시에 교사들 간의 협력적 학습 환경의 중요성을 더욱 강력하게 역설한다. 이는 AI·디지털 기술의 개인화 기능과 전문적 학습 공동체의 사회적 학습 구조가 서로 상충하는 것이 아니라, 상호 보완적으로 작용할 수 있음을 보여준다.

AI·디지털 기술은 교사들에게 맞춤형 학습 자료를 추천하거나, 동료 교사의 우수 수업 사례를 연결해주는 등 개인의 전문성 개발을 효율적으로 지원할 수 있다. 동시에, 전문적 학습 공동체는 교사들이 AI·디지털 활용 경험을 공유하고, 함께 문제를 해결하며, 서로에게 정서적 지지를 제공하는 사회적 학습의 장을 제공한다. 따라서 미래 교사 전문성 개발의 방향은 AI·디지털 도구의 개인화된 지원과 전문적 학습 공동체의 협력적 학습 구조를 어떻게 조화롭게 통합할 것인가에 달려있다. AI·디지털 도구가 동료 간의 학습과 지원을 대체하는 것이 아니라, 이를 더욱 풍부하게 하고 효율성을 높이는 기술 증강 협력(Technology-Augmented Collaboration)의 방향으로 활용될 때, 진정한 시너지를 창출할 수 있을 것이다. 교사 커뮤니티는 이러한 기술 증강 협력의 핵심적인 플랫폼이 될 수 있다.

국제적인 동향을 통해 우리는 AI·디지털 교육에 대한 접근 방식, 교사에게 요구되는 역량, 정책적 지원 방향 등에서 공통점과 차이점을 발견할 수 있다. 특히 교사의 주체성과 협력적 학습 환경의 중요성, 그리고 윤리적 문제에 대한 선제적인 대응의 필요성은 국내외적으로 공통된 강조점임을 확인했다. 이러한 국제적 맥락을 이해하는 것은 국내 사례를 더욱 깊이 있게 분석하고, 우리나라의 상황에 맞는 발전 전략을 모색하는 데 필수적이다.

4 교사 커뮤니티 중심의 AI·디지털교육 확산 방향

앞서 살펴본 국내외 교사 주도 전문적 학습 공동체 사례와 관련 정책 동향을 비교 분석하는 것은 우리나라의 맥락에 맞는 효과적인 AI·디지털 교육 확산 전략을 모색하는 데 중요한 통찰을 제공한다. 단순히 외국의 사례를 모방하는 것을 넘어, 우리의 강점과 약점, 고유한 문화적 토양을 고려한 발전 방향을 설정할 필요가 있다.

1) 공동체의 지속 동력: 자율성과 시스템 지원의 균형

국내외 성공적인 교사 학습 공동체는 공통적으로 교사의 자발성과 주도성, 동료 간의 깊은 신뢰와 심리적 안정감, 실제 교육 현장의 필요를 충족시키는 실용적인 활동, 공유된 비전, 그리고 과도한 통제 없이 지원하는 리더십 및 정책 환경에 크게 의존한다. 이는 공동체의 지속가능성이 내적 동력과 외적 지원 시스템의 조화 속에서 확보됨을 보여준다.

우리나라는 과거부터 이어져 온 자생적인 교사 운동의 경험이 교사 학습 공동체 발달의 중요한 토양이 되고 있다. 이는 공동체 형성의 초기 동력과 운영 방식에 여전히 영향을 미치기도 한다. 예를 들어, 기성 문화에 대한 거부감이나 오픈소스 지향성은 이러한 맥락과도 연결될 수 있다. 최근 정부 정책 역시 이러한 자발적 모임의 가치를 인식하고 이를 지원하려는 방향(예 교육부 '자율적 수업 혁신 지원 방안', '전국단위 수업·평가 연구회' 지원 등)으로 나아가고 있다. AI 티처스쿨과 같은 지역 기반 커뮤니티와 T.R.I.P.O.D 과 같은 전국 단위의 연구회가 공존하며 활동하는 모습이 그 예이다. 그러나 이러한 자생적 움직임이 때로는 정책적 지원과 연계되는 과정에서 갈등을 겪거나(예 지원 사업의 성과 요구와 공동체 자율성 간의 충돌), 지원의 지속성에 대한 불안감을 가질 수 있다는 점도 고려해야 한다. 또한, 오랜 교직 문화 속에서 형성된 위계나 경쟁 문화가 수평적 협력을 저해하는 요인으로 작용할 가능성도 배제할 수 없다. 이는 우리나라 특유의 교육열과 교사들의 높은 전문성 추구 경향, 그리고 중앙집권적인 교육 정책 시스템의 영향이 복합적으로 작용한 결과로 해석될 수 있다.

이제 눈을 국외로 돌려보자. 특히 일부 국가에서는 PLC나 TRG와 같은 협력적 구조를 학교 시스템 내에 공식적으로 포함시키고, 이를 학교 개선 계획 및 교사 평가 시스템과 연계하려는 노력이 상대적으로 더 두드러진다. 예를 들어, 일부 미국 학군에서는 PLC 활동 시간을 교사의 공식 근무 시간으로 인정하고, 공동체 활동 결과를 학교 평가에 반영하기도 한다. 이는 공동체 활동의 지속성을 확보하고 학교 전체의 변화를 이끌어내는 데 장점이 있다. 물론 이러한 제도화는 자칫 보고서 작성 위주의 형식적인 운영으로 이어지거나, 교사의 자율성을 제약하여 공동체의 본질적인 목적인 자발적 학습과 성장을 저해할 위험도 내포한다. 이러한 차이는 각국의 교사 전문성 개발에 대한 철학, 학교 운영의 자율성 정도, 교원 단체의 영향력 등 다양한 제도적, 문화적 요인의 다름에서 기인할 수 있다. 즉, 시스템적 지원과 공동체의 자율성 사이의 균형점을 찾는 것이 국제적으로도 중요한 과제라 할 수 있다.

그림 4-9 공동체의 지속 동력: 자율성과 시스템 지원의 균형

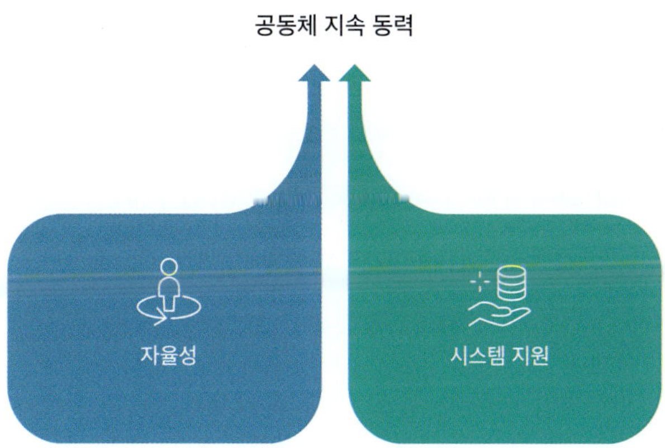

2) 상향식과 하향식의 상호보완과 시너지

국내외 모두 가장 효과적인 모델은 상향식 교사 주도 활동과 하향식 정책 지원이 서로를 보완하며 상호보완적 관계(Symbiotic Relationship)의 시너지를 내는 방식이다. 정책은 재정 지원, 플랫폼 제공, 연수 기회 확대 등 교사들의 자발적인 혁신 활동을 위한 '가능하게 하는 조건(enabling conditions)'을 마련해 주고, 교사들은 이러한 지원을 활용하여 현장 중심의 실질적인 변화를 이끌어 내는 방식이다. 이는 과거의 실패했던 순수 하향식 접근이나 자원 부족에 시달릴 수 있는 순수 상향식 접근의 한계를 극복하는 가장 현실적인 대안이다.

그러나 이상적인 상호보완 관계와 달리, 현실에서는 정책 목표(예 특정 AI·디지털 도구 및 플랫폼 보급률 향상)와 현장의 필요(예 다양한 도구 탐색 및 교육과정 연계 연구) 사이의 괴리, 지원 방식의 경직성(예 예산 사용 항목 제한), 정책 집행 과정에서의 행정적 부담 증가(예 과도한 결과 보고 요구), 지원에 따른 자율성 침해 우려 등 다양한 긴장과 갈등이 발생할 수 있다. 예를 들어, 정책 지원은 특정 성과 지표 달성을 요구하는 경우가 많은데, 이는 공동체의 자발적인 탐구 활동이나 장기적인 성장을 저해할 수 있다. 또한, '함께 학교'와 같은 플랫폼이 의도와 달리 교사들에게 자료 공유 및 확산에 있어 또 다른 업무 부담으로 작용할 수도 있다. 이러한 긴장은 필연적인 것일 수 있으며, 중요한 것은 이를 어떻게 관리하고 조정해 나가는가이다. 따라서 정책 입안자와 공동체 구성원 간의 지속적인 소통과 상호 이해 노력을 통해 이러한 긴장을 관리하고, 소통 채널을 구축 · 유지하는 것이 중요하다. 앞서 말한 상향식과 하향식의 적절한 접점 어딘가에 영점이 조절된 상태를 유지하기 위한 지속적인 노력이 필요하다.

우리나라 교육부의 '자율적 수업 혁신 지원 방안'은 교사 연구회 및 전문적 학습 공동체 재정 지원 확대, '함께 학교' 및 '수업의 숲' 플랫폼 운영, AIEDAP과 같은 교사 연수 프로그램 제공, 우수 교사 포상(수업 혁신 교사 100인) 등을 통해 상향식 활동과 하향식 지원의 연계를 시도하고 있다. 대전 사례에서 보듯, 교육청의 지원과 대학 연계 프로그램이 AI 티처스쿨과 같은 자생적 커뮤니티 활동과 시너지를 내는 모습 또한 이상적이라 할 수 있을 것이다. 전국단위 수업-평가 혁신 연구회 또한 교육부와 EBS의 공동 지원을 받아 전국 단위 활동을 펼치며 정책과 현장을 잇는 역할을 수행하였다.

그러나 아직은 전반적으로 플랫폼 활용이나 지원 사업의 효과가 현장에 충분히 체감되지 못하거나, 지원 방식이 경직되어 있다는 비판도 존재한다. 지원 사업의 지속성 확보, 행정 절차 간소화, 현장 의견 수렴 강화 등이 개선 과제로 남아있다. 이를 해결하기 위해서는 일방적인 지원보다 공동체의 자율성을 존중하며 필요한 자원과 정보를 연결해주고, 활동 과정과 성과를 인정해주는 방식이 더 효과적일 수 있다.

국외에서는 정책 결정 과정 자체에 교사를 포함한 다양한 이해관계자들의 참여를 강조하는 '공동 창조(co-creation)' 모델이 부상하고 있다. 이는 정책의 현장 적합성을 높이고 교사들의 주인의식을 고취하는 데 효과적이다. 예를 들어, 핀란드에서는 교육 정책 수립 시 교사 노조 및 현장 교사들의 의견을 적극적으로 수렴하는 것으로 알려져 있다. 또한, 정부 차원에서 AI 교육 가이드라인 수립, 교사 연수 지원, 관련 연구개발 투자를 통해 방향성을 제시하고 환경을 조성하는 데 중점을 두는 경향이 있다. 우리나라에서도 정책 수립 및 플랫폼 운영 과정에 교사 커뮤니티의 참여를 보다 실질적으로 보장하는 방안(예 정책 자문단 운영, 플랫폼 기능 개선 워크숍 개최)을 다각도로 모색할 필요가 있다. 공동 창조 모델을 우리나라 상황에 효과적으로 적용하기 위해서는 형식적인 위원회 구성보다는, 실제 현장 교사 커뮤니티와의 실질적인 협력 채널을 구축·지속하는 것이 무엇보다 중요하다.

그림 4-10 교육 혁신의 선순환 흐름

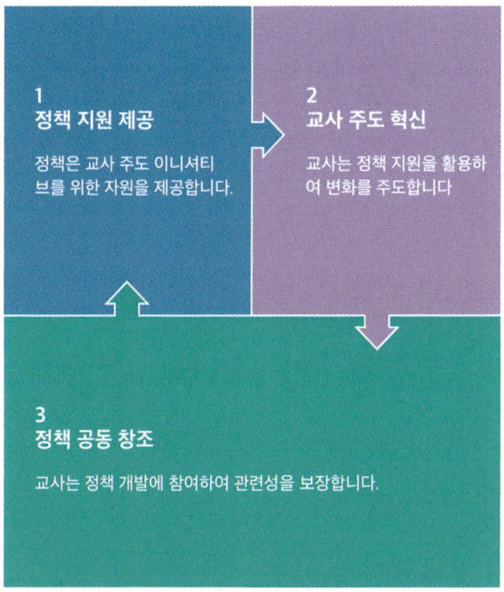

3) 국내외의 기술 동향과 교육적 효과 비교

① 활용 기술 및 플랫폼 비교: 한국은 정책 연계 도구에 관심 높음

국내외 모두 생성형 AI(이미지·텍스트 생성, 챗봇) 활용에 대한 관심이 높다. 이는 교실 현장에서 즉각적으로 활용 가능하고(예 수업 자료 제작 보조, 학생 아이디어 발상 지원), 교사와 학생 모두에게 흥미를 유발하기 때문으로 보인다.

국내에서는 정부 정책과 연계된 AI·디지털 도구 및 관련 코스웨어 활용 연구에 대한 논의가 상대적으로 더 활발하다. 이는 국가 정책 목표가 현장 교사들의 AI 디지털 도구 탐색 및 활용 방향에 영향을 미치고 있음을 보여준다. 또한, AI 티처스쿨과 T.R.I.P.O.D 연구회에서 개발한 '개념 기반 탐구 수업 설계 템플릿 생성기'나 '멀티모달 교육 피드백 챗봇', 'AI 수업-평가 도구 모음'처럼, 교사들이 직접 교육적 필요(예 특정 교수법 지원, 평가 효율화)에 의해 맞춤형 도구를 개발하려는 시도도 주목할 만하다. 이는 교사들이 단순한 기술 소비자를 넘어 교육 기술 개발의 주체로 나아갈 수 있는 가능성을 보여주기 때문이다. 반면, 국제적인 논의는 교사 전문성 개발 자체를 위한 AI 활용(예 AI 기반 수업 분석 및 코칭)이나 AI 리터러시 및 윤리에 대한 근본적인 논의 등 보다 광범위한 주제를 포함하는 경향이 있다.

② 효능감 증진과 고립감 해소: 그러나 부담과 한계도 명확

AI 티처스쿨과 T.R.I.P.O.D 연구회의 결과 보고서(2024)에 따르면 커뮤니티에 속한 교사들은 전문적 학습 공동체 활동과 AI·디지털 도구 활용을 통해 ▲ 교사 효능감 증진 및 전문성 향상(예 "새로운 기술을 수업에 적용해 볼 용기가 생겼어요", "동료들과 함께 배우니 AI·디지털 도구가 더 이상 어렵게 느껴지지 않아요") ▲ 고립감 해소 및 정서적 지지 확보(예 "나만 힘든 게 아니라서 위로받았어요", "힘든 점을 터놓고 이야기할 동료가 생겼어요") ▲ 수업 방식 혁신 및 개선 아이디어 획득(예 "다른 선생님의 AI·디지털 도구 활용 사례를 보고 내 수업에 적용할 아이디어를 얻었어요") ▲ 학생들의 학습 동기 및 참여 증진(예 "AI 챗봇과 대화하는 활동에 학생들이 매우 흥미를 보여요") ▲ 개인 맞춤형 학습 지원 가능성 확인(예 "AI 분석 결과를 보니 학생별 강점과 약점을 파악하는 데 도움이 돼요") ▲ 미래 사회 대비 역량(예 AI·디지털 도구를 활용한 정보 탐색 및 문제 해결 능력, 비판적 사고력) 함양 지원 등의 긍정적인 효과를 경험하였다.

그러나 동시에 새로운 기술 학습과 활용에 대한 업무 부담 증가와 시간 부족(예 "AI·디지털 도구 익히고 수업 준비하는 데 시간이 너무 많이 들어요", "공동체 활동에 참여하고 싶지만 시간이 부족해요")을 호소하는 목소리도 높다. 또한, AI·디지털 도구의 실제 교육적 효과에 대한 객관적인 검증 부족, 기술 오류나 부정확한 정보(할루시네이션) 문제, 학생들의 기술 의존성 심화 등 명확한 한계점과 부작용에 대한 우려도 존재한다. 이러한 긍정적 효과와 부정적 부담, 그리고 기술적 한계 사이의 균형을 어떻게 맞출 것인가가 중요한 과제이다.

이에 효과를 극대화하고 부담과 위험을 줄이기 위한 전략이 필요하다. 예를 들어, 공동체 내에서의 효율적인 정보 공유, 공동 자료 개발, 역할 분담뿐 아니라, AI·디지털 도구의 한계를 명확히 인지하고 비판적으로 활용하는 역량 함양이 필수적이다. AI·디지털 도구가 만능 해결책이 아님을 인식하고, 교육 목표 달성을 위한 최적의 활용 지점을 찾는 노력이 중요하다.

4) 성과와 그림자: 현장의 어려움과 과제

① 주요 성과

성공적인 교사 커뮤니티 구축 및 활성화를 통해 교실에서 바로 활용 가능한 실용적인 자료 및 수업 모델 개발·공유, 포럼·워크숍·온라인 플랫폼 등을 통한 우수 실천 사례 확산, 교사 연수 및 컨설팅 제공, 교육 정책 및 학교 현장 변화에의 기여가 가능하며, 이러한 활동을 통해 실질적인 교육 혁신의 동력이 될 수 있음을 AI 티처스쿨과 T.R.I.P.O.D 의 사례를 통해 몸소 확인할 수 있었다.

② 현장 체감의 어려움

그럼에도 불구하고, 현장이 느끼는 어려움이 여전히 존재한다. AI·디지털 기술 도입 및 활용에 따른 교사의 업무 부담 증가와 시간 부족이 가장 큰 어려움으로 지적된다. 또한, 모든 학생에게 공평한 학습 기회 및 환경 제공의 어려움(디지털 격차, 예 "집에 스마트 기기가 없는 학생은 어떻게 하죠?"), 데이터 프라이버시 및 알고리즘 편향성 등 윤리적 문제에 대한 우려(예 "학생 데이터를 이렇게 활용해도 괜찮을까?", "AI가 특정 학생에게 불리한 피드백을 주진 않을까?"), 교사 간 디지털 역량 및 AI 기술 수용도 차이(예 "저는 아직 이런 기술이 낯설고 어려워요"), 학교 내 불안정한 네트워크 환경이나 기기 부족 등 인프라 문제, 공동체 활동의 지속적인 동력 유지의 어려움(예 "처음에는 열심히 참여했는데 점점 바빠져서 소홀해져요", "구성원 간 소통이 잘 안돼요", "활동 예산이 부족해요"), 커뮤니티 내 갈등 및 의견 불일치, 특정 리더에게 과도하게 의존하는 문제, AI·디지털 기술의 피상적 활용(예 "신기해서 써보긴 했는데, 교육적으로 어떤 의미가 있는지 잘 모르겠어요")에 그칠 위험성 등이 주요 어려움으로 나타나고 있다. 이러한 어려움들은 AI·디지털 교육 확산을 위해 반드시 해결해야 할 과제이고, 정책과 현장의 노력이 함께 요구되는 부분이다. 이러한 어려움들은 단지 기술 도입의 초기 문제일 수도 있지만, 교직 문화나 학교 시스템의 구조적인 문제와 얽혀 있을 가능성도 높다. 따라서 단기적인 해결책뿐 아니라, 장기적인 관점에서 구조적인 개선 노력이 필요하다. 긍정적인 성과만을 부각하기보다, 이러한 현실적인 어려움을 솔직하게 인정하고 해결 방안을 모색하는 것이 중요하다.

5) 자율성 유지와 정책 활용의 균형 전략

교사 주도 학습 공동체가 자율성을 잃지 않으면서 정책 지원을 효과적으로 활용하여 AI·디지털 교육을 확산하고 발전시키기 위해서는 섬세한 균형 전략이 필요하다. 핵심은 정책 지원이 공동체의 자발성과 내재적 동기를 훼손하지 않도록 하는 것이다.

① 하이브리드 모델의 현명한 활용

대전의 사례처럼, 자생적 커뮤니티 활동과 제도적 지원 프로그램(대학 연계 연수, 교육청 프로젝트 등)이 서로 연계되고 시너지를 창출하는 모델을 지향하는 것을 권장한다. 지원 사업의 목표와 공동체의 목표가 일치하는지, 지원 조건이 공동체의 자율성을 과도하게 침해하지 않는지 신중하게 검토해야 한다. 공동체 스스로 지원 사업을 선택하고 활용하는 주체가 되어야 한다. 예를 들어, 정책 사업 참여 여부를 공동체 내부 논의를 통해 결정하고, 사업 계획 수립 시 공동체의 의견을 적극 반영하는 방식이다. 지원 사업 참여가 오히려 공동체 본연의 활동을 위축시키지는 않는지 지속적으로 점검해야 한다.

② 유연한 정책 설계 요구

정책 입안자는 지원 사업 설계 시 지나치게 규범적인 요구 사항(예 특정 플랫폼 의무 사용, 획일적인 결과 보고 양식)보다는 명확하면서도 유연한 가이드라인을 제공하여 공동체가 자율적으로 활동 방향과 내용을 결정할 여지를 최대한 보장해야 한다. 성과 지표 역시 정량적인 결과(예 참여 교사 수, 개발 자료 수) 뿐 아니라, 공동체의 성장 과정, 협력 문화 형성, 교사의 실천 변화와 같은 질적인 측면을 균형 있게 고려해야 한다. 예산 집행의 자율성을 높이고 행정 절차를 간소화하는 노력도 필요하다. '지원하되 간섭하지 않는' 원칙이 중요한 것이다.

③ 교사 참여 기반 정책 및 플랫폼 설계

정책의 실효성을 높이고 교사들의 정책 수용도를 높이기 위해 정책 수립 및 '함께 학교'와 같은 지원 플랫폼 설계·운영 과정에 현장 교사들의 목소리를 실질적으로 반영하고 참여를 보장하는 것이 필요하다. 이는 국제적인 '공동 창조' 흐름과도 일치한다. 예를 들어, 플랫폼 기능 개선을 위한 정기적인 사용자(교사) 워크숍 개최, 정책 자문단에 교사 커뮤니티 대표 참여 보장 등의 방안을 고려할 수 있다. 단순한 의견 수렴을 넘어, 공동 설계 및 운영 파트너로서 교사 커뮤니티의 역할을 인정하는 것이 필요하다. 플랫폼이 교사들에게 실질적인 도움이 되는 방향으로 발전할 수 있도록 지속적인 피드백과 개선이 이루어질 수 있도록 구조와 시스템을 만들어가는 것이 무엇보다 중요하다.

④ 전략적인 목표 정렬

학습 공동체는 자체적인 핵심 목표와 정체성을 유지하면서도, 일부 활동이나 연구 주제를 현재의 교육 정책 방향(예 AI·디지털 도구 활용 연구, 2022 개정 교육과정 기반 수업·평가 혁신)과 전략적으로 연계하여 외부 지원 확보의 정당성을 높이고 정책적 영향력을 확대할 수 있다. 이는 타협이 아닌 '전략적 선택'이어야 하며, 공동체의 핵심 가치와 활동 방향이 훼손되지 않도록 주의해야 한다. 예를 들어, 공동체의 자발적인 연구 주제 중 일부를 정책 과제와 연결하여 연구 보고서를 발간하거나 정책 제안 활동을 펼칠 수 있다. 이 과정에서 공동체 내부의 충분한 합의가 중요하며, 이러한 합의 없이 맹목적으로 정책 연계가 공동체의 주된 목적이 되는 것을 지양해야 한다.

⑤ 투명한 소통 및 피드백 채널 구축

정책 지원 기관과 학습 공동체 간의 지속적이고 투명한 소통 채널을 유지하여 상호 이해를 높이고, 정책이나 지원 방식에 대한 현장의 피드백이 실질적으로 반영될 수 있도록 해야 한다. 일방적인 전달이나 형식적인 협의가 아닌, 진솔하고 건설적인 대화가 가능한 관계 구축이 중요하다. 정기적인 간담회나 온라인 소통 채널 운영 등을 통해 현장의 어려움과 제안 사항을 경청하고 피드백하는 노력이 필요하다. 정책 담당자와 공동체 리더 간의 신뢰 관계 형성이 핵심이며, 서로의 입장을 이해하려는 노력이 동반되어야 한다.

⑥ 가치 중심 운영으로 내적 동력 강화

경제적 보상이나 외적 요인보다는 AI 티처스쿨 사례와 같이 '연구, 기여, 연결, 순환, 성장'과 같은 공유된 가치를 중심으로 공동체를 운영하는 것이 자율성과 지속가능성을 유지하는 데 중요하다. 가치에 기반한 활동은 외부 지원의 변동에도 흔들리지 않는 내적 동력을 제공하며, 구성원들에게 활동의 의미와 보람을 느끼게 한다. 그러므로 공동체의 핵심가치를 정기적으로 확인하고 활동에 반영하려는 노력이 필요함은 아무리 강조해도 지나침이 없다. 가치 공유는 공동체의 정체성을 확립하고 외부 압력에 흔들리지 않는 구심점 역할을 하는 것을 명확히 인식하고, 외부 지원을 받더라도 공동체의 핵심 가치를 잃지 않도록 경계해야 한다.

이제까지 우리는 교사 커뮤니티 중심의 AI·디지털 교육 확산을 위한 다양한 전략을 확인할 수 있었다. 특히, 자발성과 정책 지원의 조화, 현장 중심의 실용성 강조, 오픈소스 문화의 중요성 등은 공통적으로 발견되는 성공 요인이었다. 그러나 동시에 각국의 교육 시스템과 문화적 맥락에 따라 구체적인 운영 방식과 당면 과제에는 차이가 있음을 알 수 있었다. 이러한 비교 분석 결과를 바탕으로, 다음에서는 전문적 학습 공동체가 활용할 수 있는 자원과 기회, 그리고 개선 과제를 점검해 보고자 한다.

5 효과적인 자원 활용 전략과 학교 문화

교사들과 학습 공동체는 다양한 자원을 활용하여 역량을 강화하고 활동을 풍부하게 만들 수 있다. 하지만 정보의 홍수 속에서 효과적인 자원 활용 전략이 필요하다.

1) 효과적인 자원 활용 전략

'함께 학교' 및 '수업의 숲'(자료 공유, 소통, 정보 획득), '에듀넷 · 티-클리어'(교수학습 자료), '맞춤배움길'(평생학습) 등 온라인 플랫폼은 정보 접근성과 교류의 기회를 제공한다. 물론 너무 많은 플랫폼은 오히려 교사들에게 피로감을 줄 수 있다. 각 플랫폼의 특성을 이해하고 공동체 활동 목적에 맞게 선택적으로 활용하는 것이 중요하다.

교육부 AIEDAP 프로그램, 대학 연계 과정(예 대학 연계 AI 융합교육 석사과정), 시·도교육청 연수, 민간 연수 등은 전문성 신장의 중요한 기회이다. 일회성 연수를 넘어, 실습과 현장 적용, 동료와의 협력을 강조하는 심층적이고 지속적인 연수가 필요하다. 물론 연수 간의 질 편차가 크고, 현장과 동떨어진 내용이나 단순 기능 전달 위주의 연수도 많을 수 있다. 교사 스스로 연수 내용을 비판적으로 평가하고, 공동체 내에서 진정 교사들에게 필요한 연수 내용은 무엇인지를 파악하고, 이를 보완하여 학습 공동체 자체 워크숍 및 세미나에 반영하려는 노력도 환영할 만하다.

교육부 교사 연구회 지원 사업, 시도교육청 및 교육지원청 지원 사업 등은 공동체 운영의 기반을 마련하는 데 도움을 줄 수 있다. 사업 담당자의 입장에서는 지원 정보에 대한 접근성을 높이고 신청 절차를 간소화할 필요가 있다. 학습 공동체 입장에서는 재정 지원 확보가 공동체 활동의 주된 목적이 되어서는 안 되며, 지원금 사용의 투명성과 책임성을 확보하는 것이 중요하다. 아울러 지원의 지속성이 불확실하다는 점은 공동체 운영의 어려움으로 작용할 수도 있다는 점을 염두에 두어야 한다.

학술 데이터베이스(RISS 등), KEDI 및 KERIS 발간 연구 보고서 및 자료는 최신 동향 파악과 연구 활동에 유용하다. 연구 결과를 현장 교사들이 쉽게 이해하고 활용할 수 있도록 가공하여 제공하는 노력이 필요하다. 물론 연구 결과가 실제 현장의 문제 해결에 직접적으로 도움이 되지 않는 경우도 많다. 공동체 내에서 연구 결과를 비판적으로 검토하고 현장 적용 가능성을 함께 논의하는 과정이 필요하다. 이를 위해 연구자와 현장 교사 간의 소통과 협력이 강화되어야 한다.

무엇보다 AI 티처스쿨, T.R.I.P.O.D 과 같은 교사 커뮤니티 자체가 가장 중요한 자원이다. 동료 교사들의 경험, 노하우, 개발 자료, 정서적 지지 등은 공식적인 지원 못지 않게, 혹은 그 이상으로 중요하다. 커뮤니티 내에서의 활발한 교류와 협력은 어떤 외부 자원보다 강력한 성장 동력이 될 수 있다. 물론 커뮤니티 내에서도 정보나 기회가 편중되거나, 소통 부족으로 인해 자원이 효과적으로 활용되지 못할 수 있다. 투명한 정보 공유와 적극적인 참여 문화 조성이 중요하며, 공동체 운영의 어려움(갈등, 리더십 문제 등)을 극복하기 위한 내부적인 노력도 필요하다.

2) 근본적인 토양: 학교 문화

최근 관련 연구들은 전문적 학습 공동체의 특성, 운영 방식, 효과성 분석, AI·디지털 기술의 교육적 적용 및 효과 분석(특히 학생의 학습 경험, 교사의 역할 변화, 윤리적 쟁점 등), AI·디지털 기술 활용을 위한 교사 핵심 역량 정의, 관련 정책의 현장 수용 및 실행 과정 분석 등에 집중되고 있다. 특히, AI·디지털 기술 자체에 대한 연구를 넘어 AI·디지털 도구가 교사의 전문성 개발과 학생 학습에 미치는 영향에 대한 실증적 연구와 윤리적·사회적 함의에 대한 심층적인 논의가 활발해지고 있다. 또한, 교사 학습 공동체가 AI 디지털 시대에 어떻게 변화하고 적응해야 하는지에 대한 연구도 중요한 주제로 부상하고 있다.

현재 우리나라의 AI·디지털 교육 지원 환경은 다양한 정책, 플랫폼, 기관, 재정 지원 프로그램이 존재하여 풍부한 자원을 제공한다. 그러나 이러한 자원의 다양성은 동시에 교사들에게 탐색과 선택의 어려움(Navigation Challenge)을 야기할 수 있다. 수많은 정보와 기회 속에서 자신과 소속 공동체에 가장 적합한 자원을 찾고, 이를 효과적으로 연계하여 활용하는 것은 상당한 노력과 정보 탐색 능력을 요구한다. '함께 학교'와 같은 통합 플랫폼이 이러한 문제를 완화하려는 목표를 가지고 있지만, 다양한 지원 주체 간의 실질적인 연계와 명확한 정보 제공 체계 구축이 여전히 중요한 과제로 남아 있다. 교사들이 혼란 없이 필요한 지원을 적시에 받을 수 있도록 '원스톱 정보 제공 시스템'이나 '맞춤형 자원 추천 서비스' 등이 필요하며, 각 지원 사업 간의 연계성을 강화하는 노력이 시급하다. 이에 발 맞추어 공동체 차원에서도 정보를 선별하고 공유하는 큐레이션 역할이 중요해진다. 자원 접근성이 모든 교사에게 공평하게 보장될 수 있도록 하는 큐레이션이 필요한 것이다.

현재 정책들은 주로 교사 개인이나 학습 공동체에 대한 직접적인 자원(재정, 연수, 플랫폼 등) 제공에 초점을 맞추는 경향이 있다. 하지만 학습 공동체의 성공적인 운영과 AI·디지털 기술이 학교 현장에 뿌리내리기 위해서는 지원적인 학교 문화가 필수적이다. 동료 간의 신뢰, 협업을 위한 시간과 공간 확보, 학교 관리자의 지지와 격려, 실패를 용인하는 분위기 등은 외부 지원만으로는 해결되기 어려운 교직 내부의 조건이다. 아무리 좋은 정책과 자원이 제공되어도, 학교와 교직의 문화가 뒷받침되지 않으면 교사들은 혁신적인 시도를 하기 어렵고 공동체 활동에 적극적으로 참여하기 어렵다. 따라서 향후 정책은 교사들에 대한 직접 지원과 더불어, 학교 관리자의 리더십 개발 지원(예 PLC 지원 역량 강화 연수), 협력적 학교 문화 조성을 위한 인센티브 제공, 교사의 공동 연구 및 협업 시간 확보 방안 마련 등 학교 단위의 변화를 촉진하는 방안을 보다 적극적으로 모색해야 한다. 자원 제공과 함께 이를 효과적으로 활용할 수 있는 학교 내 문화적 토양을 마련하는 것이 정책 효과를 극대화하고 AI·디지털 교육 혁신을 지속 가능하게 만드는 핵심 열쇠라는 사실을 기억할 필요가 있다.

그림 4-11 AI·디지털 교육 혁신을 지속 가능하게 만드는 핵심 열쇠

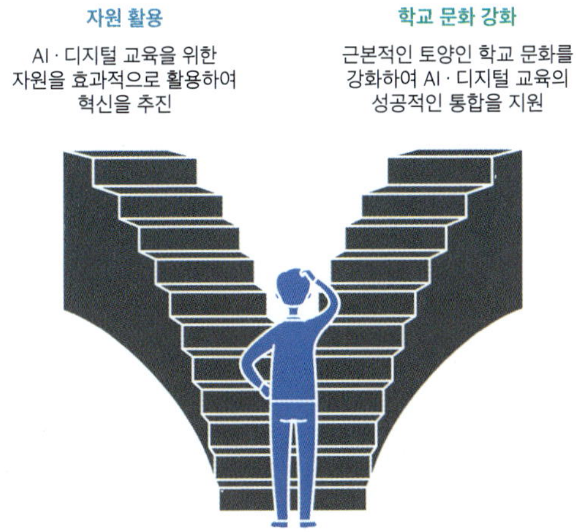

학교 단위의 변화를 위해서는 장기적인 안목과 지속적인 노력이 필요하며, 학교 구성원 전체의 참여와 합의가 중요하므로 조심스럽게 인내심을 갖고 접근하는 것이 중요하다.

지금까지 살펴본 정책 환경과 지원 시스템, 연구 동향은 교사 커뮤니티가 AI·디지털 교육 혁신을 추진하는 데 있어 중요한 자원이자 기회가 될 수 있음을 보여준다. 하지만 동시에 정보의 홍수 속에서 필요한 자원을 찾고 활용하는 어려움, 그리고 학교 문화라는 근본적인 토양의 중요성이 간과되고 있다는 과제도 안고 있다. 이러한 현실적인 조건들을 고려하여, 다음에서는 현장에서 직접 부딪히며 얻은 실질적인 공동체 운영 노하우와 전략들을 공유하고자 한다.

6 교사 커뮤니티 운영 실전 노하우

1) 첫걸음 떼기: 관심으로 시작해 신뢰로운 관계 맺기

① 관심 기반 동료 찾기: '함께'의 씨앗 뿌리기

AI·디지털 교육 도입, AI·디지털 도구 활용, 관련 수업 개발, 수업·평가 혁신 등 공동의 관심사나 함께 해결하고 싶은 문제를 가진 동료 교사들을 찾 는 것에서 시작한다. 거창한 계획보다는 소규모의 비공식적인 모임, 이른바'수업 수다'단계에서 부담 없이 아이디어를 교환하고 서로의 고민을 나 누는 것이 좋다. 온라인 플랫폼(예 교사 커뮤니티 게시판, SNS 그룹)이나 기존 교과 연구회, 동학년 모임 등을 활용하여 관심 있는 동료를 탐색하고, "AI·디지털 도구, 이런 거 써봤는데 어때요?"와 같은 가벼운 질문으로 대화를 시작해볼 수 있다. 중요한 것은 완벽하게 준비된 관계가 아니라 느슨한 결합을 지향하며 일단 함께 시작하는 용기일 것이다.

② 공동의 목표와 가치 설정: 작고 구체적으로 함께 그리기

모임이 구체화되면, 공동체가 추구할 명확하고 달성 가능한 목표와 가치를 함께 설정하는 것이 중요하다. 이는 단순한 구호가 아니라, 활동의 방향성을 제시하고 구성원들의 참여를 독려하며 공동체의 정체성을 형성하는 나침반 역할을 한다. 목표는 처음부터 거창하기보다 '한 학기 동안 특정 AI·디지털 도구를 활용한 수업 사례 1개씩 공유하기', '관련 자료 함께 읽고 토론하기' 등 작고 구체적이며 실현 가능한 것부터 시작하는 것이 좋다.

③ 신뢰와 안전의 문화 구축: 마음껏 실패하고 배우는 공간 만들기

공동체 초기 단계부터 가장 중요한 것은 구성원 간의 신뢰와 심리적 안정감을 형성하는 것이다. 이는 저절로 만들어지는 것이 아니라 의식적인 노력이 필요하다. 자유롭게 의견을 개진하고(예 "이런 질문 해도 될까요?"라는 망설임 없이 질문할 수 있는 분위기), 성공 경험뿐 아니라 실패 경 험도 솔직하게 공유하며("이렇게 해봤는데 잘 안됐어요. 혹시 다른 방법 없 을까요?"), 서로에게 비난이나 평가가 아닌 건설적인 피드백을 주고받을 수 있는 문화를 만드는 데 힘써야 한다. 모임 규칙을 함께 정하거나, 실패 공유회 같은 활동을 통해 서로의 취약성을 드러내고 지지하는 경험을 쌓는 것 이 도움이 될 수 있다. 작은 성공 경험(예 자료 개발 공유, 소규모 세미 나 개최)을 함께 축하하고 서로를 격려하는 분위기도 큰 도움이 된다.

그림 4-12 교사 커뮤니티 첫걸음 떼기 3단계

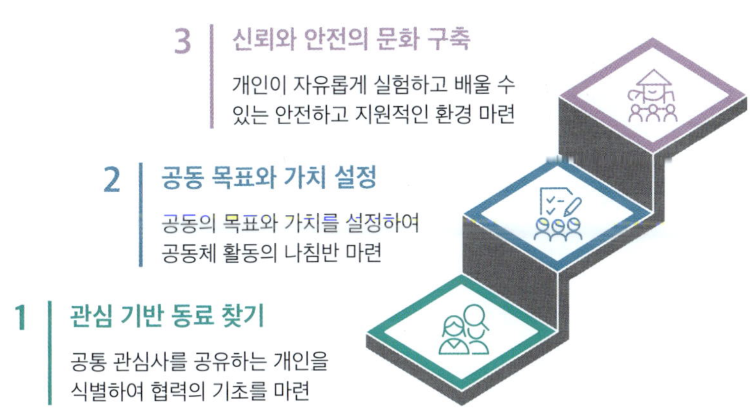

2) 효과적인 공동체 운영 전략으로 함께 성장하기

공동체가 지속적으로 성장하고 활력을 유지하기 위해서는 효과적인 운영 방식이 필요하다. 형식적인 틀에 얽매이기보다, 공동체의 목표와 구성원의 특성에 맞는 방식을 찾아가는 것이 중요하다.

① 다양한 방식으로 연결의 끈 놓지 않기

정기적인 모임(온라인 또는 오프라인 밋업)과 꾸준한 소통 채널(예 AI 티처스쿨의 카카오톡 오픈채팅방, T.R.I.P.O.D 웹페이지) 운영을 통해 공동체의 활동 동력을 유지할 필요가 있다. 정보 공유의 속도와 접근성을 높이는 것이 중요하며, 비동기적 소통(댓글, 게시판, 공유 문서 활용)과 동기적 소통(화상 회의, 채팅, 정기 모임 등)을 목적과 상황에 맞게 적절히 활용하는 것이 좋다. 모든 구성원이 항상 참여하기는 어려우므로, 다양한 참여 방식을 열어두는 것이 중요하다. 온라인 소통은 편리하지만 깊이 있는 논의나 관계 형성에 한계가 있을 수 있고, 오프라인 모임은 시간과 장소의 제약이 따른다. 온·오프라인 활동의 장점을 살리고 단점을 보완하는 균형 잡힌 운영이 필요하다.

② 계획과 즉흥의 균형 맞추기

공동체 운영에 있어 계획된 활동(예 특정 AI 도구 탐구 워크숍, 공동 수업안 개발, 마이크로 분과 운영)과 자율적인 탐색 사이의 균형을 찾는 것이 중요하다. 명확한 목표와 구조는 활동의 방향성을 제시하지만, 지나치게 경직된 운영 방식은 커뮤니티의 핵심인 자생성과 자율성을 저해할 수 있다. 구성원들이 현장에서 부딪히는 즉각적인 문제나 성공 사례를 자유롭게 논의하고 해결책을 모색할 수 있는 유연한 공간(예 오픈채팅방에서의 즉석 토론, 비정기적 번개 모임, '무엇이든 물어보세요' 세션)을 마련하는 것이 좋다. 공동체의 상황과 필요에 맞게 운영 방식을 조절하는 지혜가 필요하다. T.R.I.P.O.D 연구회처럼 분과 활동을 통해 전문성을 심화하는 구조를 갖추되, 전체적인 소통과 교류도 활발히 이루어지도록 설계하는 것이 효과적일 수 있다. 물론 지나친 유연성은 활동의 방향성을 잃게 하거나 참여 동기를 약화시킬 수 있다. 최소한의 운영 규칙과 역할 분담을 통해 구조적 안정성을 확보하는 것이 중요함을 염두에 둔다.

③ 교실 속 변화 만들기, 작게 시작하기

추상적인 논의보다는 실제 교실 적용에 초점을 맞춘 활동을 중심으로 운영한다. AI·디지털 도구를 직접 사용해 보고(예 AI 코스웨어 활용), 수업 자료나 활동(예 개념 기반 탐구 수업 설계)을 공동으로 설계하며, AI 플랫폼에서 얻은 학생 데이터를 함께 분석하고, 실제 활용 과정에서의 노하우나 문제 해결 방법(예 프롬프트 엔지니어링)을 공유하는 등 실천적인 활동이 구성원들의 참여와 성장을 이끈다. 만들어 보고, 적용해 보고, 나누는 과정 자체가 가장 강력한 학습 경험이 된다. 처음부터 거창한 프로젝트보다는 '이번 주에 이 도구 써보고 후기 나누기'와 같이 작고 구체적인 실천 목표를 설정하는 것이 부담을 줄이고 지속성을 높일 수 있다. 물론 실천에만 집중하다 보면 이론적 기반이나 교육적 성찰이 부족해질 수 있다. 실천과 성찰, 이론 학습이 균형을 이루도록 활동을 설계하는 것이 중요함을 염두에 두어야겠다.

④ 성찰적 대화를 통해 경험에 의미 부여하기

AI·디지털 도구 활용 경험, 교육적 효과, 윤리적 고려 사항, 학생들의 학습 변화 등에 대해 깊이 있는 성찰적 대화를 나누는 시간을 정기적으로 갖는다. 이는 단순한 기술 활용 후기 공유를 넘어, 경험에 의미를 부여하고 교육적 통찰을 얻으며 실천을 개선하는 데 필수적이다. "이 활동을 통해 학생들의 어떤 역량이 길러졌을까?", "예상치 못한 어려움은 무엇이었고, 어떻게 극복했는가?", "이 디지털 기술을 사용할 때 어떤 윤리적 고민이 있었는가?"와 같은 구체적인 성찰 질문을 활용하거나, 동료 간 수업 관찰 및 피드백, 공동 저널 쓰기 등의 방법을 통해 성찰을 심화할 수 있다. 때로는 성찰적 대화가 비판이나 평가의 장이 되지 않도록 주의해야 하며, 반드시 서로의 경험을 존중하고 지지하는 분위기 속에서 이루어져야 한다. 성찰의 결과가 실제 수업 개선으로 이어지도록 구체적인 실행 계획을 함께 세우는 것도 중요하다.

그림 4-13 효과적인 전문적 학습 공동체 운영 전략

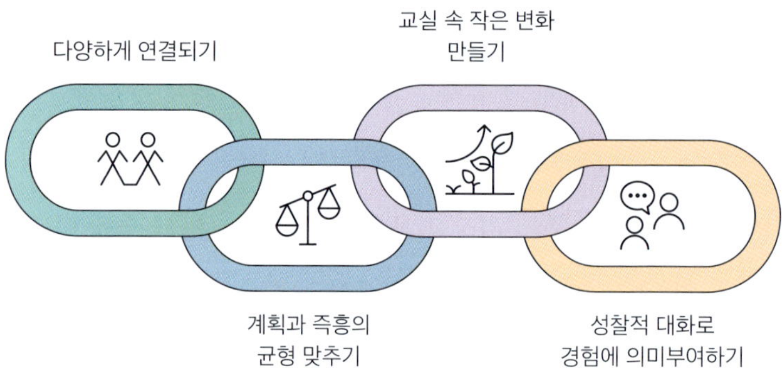

3) AI·디지털 기술, 교육적으로 활용하기

AI·디지털 도구를 단순히 사용하는 것을 넘어, 교육적으로 의미 있게 통합하기 위한 전략이 필요하다. 전문적 학습 공동체에서 AI·디지털 도구를 교육적으로 활용하고자 논의할 때는 화려한 기술에 현혹되지 않고 교육 본질에 집중하여 연구, 성찰하는 것이 중요하다.

① '왜' 사용하는가? 답을 찾고 시작하기

새로운 AI·디지털 도구를 무조건 도입하기보다는, 먼저 달성하고자 하는 교육 목표(예 2022 개정 교육과정의 역량 함양, 특정 교과 내용의 깊이 있는 이해)나 해결하고 싶은 학생들의 학습 문제를 명확히 하고, 이를 가장 잘 지원할 수 있는 AI·디지털 도구를 탐색하고 선택하는 접근 방식이 필요하다. "이 기술이 우리 학생들의 '이것'을 배우는 데 정말 도움이 될까?"라는 질문을 끊임없이 던져야 한다. 기술은 목적이 아니라 수단이어야 하며, 교육 목표와의 정렬(alignment)이 가장 중요하다. 교육 목표 달성에 도움이 되지 않는다면, 아무리 최신 기술이라도 과감히 사용하지 않을 수 있는 판단력이 필요하다.

② 함께 배우고 익히며 비판적 안목 기르기

공동체 구성원들이 함께 다양한 AI·디지털 도구의 기능, 장단점, 활용 사례, 그리고 잠재적인 윤리적 문제점 등을 학습하고 토론한다. 혼자서는 방대한 정보를 따라가기 어렵지만, 함께 배우면 부담을 덜고 시야를 넓힐 수 있다. 단순히 도구 사용법을 익히는 것을 넘어, 각 도구의 교육적 가능성과 한계를 비판적으로 평가하는 안목을 함께 길러야 한다. 새로운 기술에 대한 학습 부담이 클 수 있으므로, 모든 구성원이 동일한 수준의 리터러시를 갖추도록 강요하기보다는, 각자의 관심사와 수준에 맞는 학습 기회를 제공하고 서로 도움을 주고받는 문화를 만드는 것이 중요하다.

③ 실패를 두려워하지 않고 꾸준히 시도하기

처음부터 완벽한 적용을 기대하기보다, 교실에서 작은 규모로 AI·디지털 도구를 시범 적용해보고(small experiments), 그 과정에서의 경험(성공과 실패)을 공동체 내에서 공유하며 함께 개선 방안을 찾아가는 반복적인 접근 방식(iterative approach)이 효과적이다. "이번 수업에서는 이 기능만 한번 써보자"와 같이 작게 시작하여 점진적으로 확대해 나가는 것이 좋다. 실패는 배움의 과정이며, 공동체는 이러한 실험과 실패를 격려하고 지지하는 안전망 역할을 해야 한다. 실패 사례 공유는 성공 사례 공유만큼이나 중요하며, 이를 통해 집단적인 학습이 일어난다. 물론 작은 실험이라도 수업 준비에 추가적인 노력이 필요하며, 예상치 못한 기술적 문제나 학생들의 부정적인 반응이 나타날 수도 있다. 이러한 어려움을 예상하고 대비하며, 동료들의 지지 속에서 꾸준히 시도하는 용기가 필요하다.

그림 4-14 AI·디지털 기술의 교육적 활용 논의하기

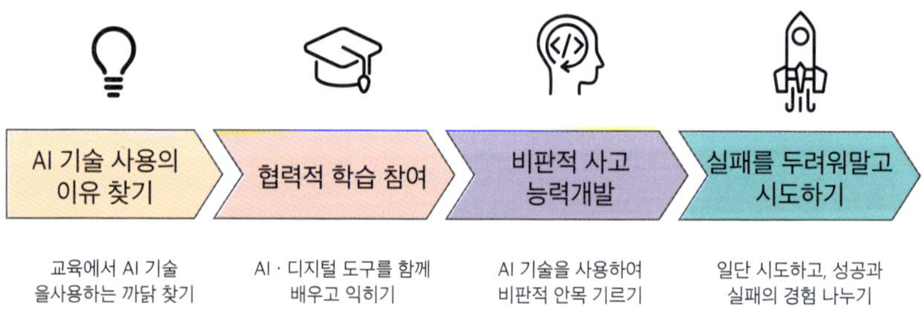

4) 정책 네트워킹 전략으로 외부 자원 활용하기

교사 학습 공동체가 지속적으로 성장하고 영향력을 확대하기 위해서는 외부 자원과 정책을 효과적으로 활용하는 전략이 필요하다. 지원에 의존하기보다, 주체적으로 자원을 활용하고 정책 과정에 참여하는 자세가 중요하다.

① 기회를 찾아 나서고 목소리 내기

정부 부처, 교육청, 유관 기관(KERIS, KEDI, KOFAC 등)에서 제공하는 다양한 지원 사업, 연수 프로그램, 플랫폼 자원 등에 대해 교사와 학습 공동체가 수동적으로 기다리는 것이 아니라 적극적으로 정보를 탐색하고 참여하는 자세가 필요하다. 관련 웹사이트를 주기적으로 확인하고, 공모 사업에 지원하며, '함께 학교'와 같은 플랫폼을 적극 활용하여 필요한 정보를 얻고 다른 교사들과 교류할 수 있다. 더 나아가, 정책 형성 과정이나 플랫폼 개선에 대한 교사들의 의견을 적극적으로 개진하여 현장의 목소리가 반영되도록 노력할 수 있다.

② 공유와 확산의 허브, 플랫폼 적극 활용하기

'함께 학교' 플랫폼은 정보 획득, 자료 공유, 전문가 상담, 연구회 활동 지원 등 다양한 기능을 제공하므로, 공동체 활동의 허브로 적극 활용할 수 있다. 특히 '수업의 숲'에 공동체에서 개발한 우수 자료를 공유하여 확산하고, 인센티브를 확보하는 기회로 삼을 수 있다. 플랫폼의 기능을 숙지 하고 공동체 활동과 연계하여 활용도를 높이는 것이 중요하다. 또한, 플랫폼을 통해 다른 지역, 다른 학교급 교사들과 교류하며 연결의 고리를 만들고, 시야를 넓힐 수 있다.

③ 지원 사업 신청 시 공동체 역량 강조하기

연구회 지원 사업 등에 신청할 때는 공동체의 목표, 활동 계획, 기대 효과 등을 명확히 제시하고, 특히 AI·디지털 교육과 관련된 전문성, 협력적 연구 역량, 현장 적용 및 확산 계획 등을 구체적으로 부각하여 설득력을 높인다. 공동체의 가치와 비전, 그리고 실행 역량을 효과적으로 전달하는 것이 중요 하다. 단순히 예산을 요청하는 것을 넘어, 공동체의 활동이 교육 현장에 어떤 긍정적인 변화를 가져올 수 있는지 구체적인 근거와 함께 제시하는 것이 좋다.

④ 정책 방향과의 연계 모색하기

공동체의 자율성을 유지하면서도, 일부 활동 목표나 연구 주제를 현재 교육 정책의 주요 방향(예 AI·디지털 도구 활용 연구, 2022 개정 교육과정 기반 수업·평가 혁신)과 전략적으로 연계함으로써 외부 지원 확보 가능성을 높이고 정책적 영향력을 키울 수 있다. 다만, 정책 연계가 공동체의 본질적인 목표나 자발성을 침해하지 않도록 신중한 접근이 필요하다. 공동체의 정체성을 지키면서 정책을 '활용'하는 지혜가 요구된다. 정책 목표 달성에 기여하는 활동을 통해 지원의 정당성을 확보하되, 공동체 고유의 색깔과 자율성을 잃지 않도록 경계해야 한다.

⑤ 경계를 넘어 연결하고 함께 성장하기

타 학습 공동체, 대학, 연구 기관, 관련 기업, 타 지역 연구회와 연대 세미나 및 워크숍 개최 등 외부와의 네트워킹을 통해 정보 교류의 폭을 넓히고 협력 기회를 모색한다. 예를 들어, AI 티처스쿨은 우리나라 최대 AI 커뮤니티인 AI 프렌즈와 MOU를 체결하여 지역사회, 연구기관, 관련 산업계와 개방적인 협력 체계를 구축하였고, T.R.I.P.O.D은 또 다른 전국단위 수업-평가 혁신 연구회와 합동 워크숍을 개최하기도 하였다. 이는 공동체의 외연을 확장하고 새로운 아이디어와 자원을 확보하며, 고립감을 해소하는 데 도움이 된다. 한편 외부 협력 과정에서 공동체의 정체성이 희석되거나, 특정 외부 기관의 영향력에 종속될 위험도 있다. 그러므로 이를 방지 하기 위해서는 협력의 목표와 방식을 명확히 하고, 공동체의 주체성을 유지하는 것이 중요하다.

그림 4-14 지속적인 성장과 영향력 확대 추구 전략

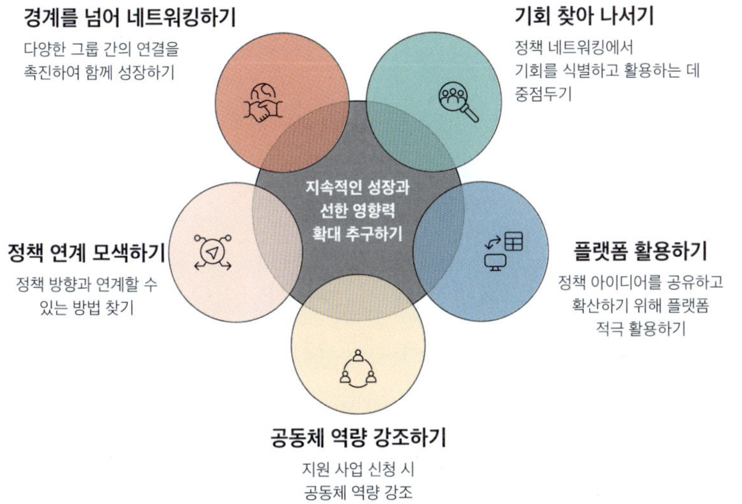

이상 언급한 노하우와 전략들은 AI 티처스쿨, T.R.I.P.O.D 등 실제 교사 커뮤니티 운영 경험에서 비롯된 것들이다. 이는 이론이나 정책만으로는 알 수 없는 현장의 구체적인 고민과 해결 과정을 담고 있다. 이러한 현장의 인사이트를 바탕으로, 다음에서 교사 자발성 기반 커뮤니티(PLC) 중심의 AI·디지털 교육 혁신을 위한 몇 가지 제언을 드리고자 한다.

7 교사의 자발성과 연결의 힘으로 미래 교육을 열다

AI·디지털 기술이라는 거대한 파도 앞에서, 교육의 미래는 기술 그 자체에 달려 있는 것이 아니라 그 기술을 교육적으로 활용하고 인간적인 가치를 지켜나갈 교사의 역량과 의지, 그리고 이를 뒷받침하는 공동체의 힘에 달려 있음을 본 장에서 다각도로 조명하였다. 교사 주도 전문적 학습 공동체는 단순히 AI·디지털 기술 활용법을 공유하는 모임을 넘어, 불확실한 변화 속에서 교사들이 서로에게 배우고 의지하며 전문성을 재정립하고, 교육의 본질을 함께 고민하며 실천하는 핵심적인 혁신 동력이다. 기술의 발전 속도가 빠르고 예측 불가능성이 클수록, 교사들이 서로에게 배우고 의지하며 함께 길을 찾아나가는 공동체의 역할은 더욱 중요해질 것이다.

지역 기반의 AI 티처스쿨과 전국 기반의 T.R.I.P.O.D 연구회 등의 생생한 전문적 학습 공동체 사례는 교사의 자발성이 어떻게 대전광역시교육청과 교육부의 정책적 지원과 만나 시너지를 창출하며, 추구하는 가치를 실제로 구현해나가는 공동체를 만들어가는지 보여준다. 오픈소스 정신에 기반한 공유 문화, 현장 중심의 실용적인 연구 활동, 그리고 동료 간의 느슨한 결합과 지지는 이러한 공동체의 지속가능성을 담보하는 중요한 요소임을 확인하였다. 국제적인 동향 역시 교사의 주체성, 윤리적 성찰, 그리고 다양한 이해관계자와의 협력적 접근의 중요성을 강조하며, 기술 중심이 아닌 인간 중심의 AI·디지털 교육으로 나아가야 함을 말해주고 있다.

그러나 AI·디지털 교육의 확산 과정에는 교사의 업무 부담 증가, 디지털 격차, 윤리적 딜레마, 기술의 피상적 활용 우려 등 넘어야 할 과제 또한 분명히 존재한다. 이러한 과제들은 교사 개인의 노력만으로는 해결하기 어렵기 때문에 시스템적 사고(systems thinking)를 기반으로 교사 커뮤니티, 학교, 정책 입안자, 기술 개발자 등 생태계 전반의 공동 노력을 통해 풀어가야 한다.

이에 본 장에서의 논의를 종합하여 교사 주도 전문적 학습 공동체를 통해 AI·디지털 교육이 성공적으로 확산되고 실질적인 교육 혁신으로 이어지기 위해, 다음과 같이 제안한다.

1) 전문적 학습 공동체의 자율성 보장 및 실질적 지원 강화

정책 지원은 공동체의 자발성과 자율성을 최우선으로 존중하는 방식으로 설계되어야 한다. 획일적인 기준이나 과도한 행정 부담보다는 재정 지원의 유연성을 높이고(예 활동 목적에 부합하는 범위 내에서 자율적 집행 허용), '함께 학교'와 같은 플랫폼 운영에 현장 교사들의 의견을 지속적으로 반영하며, 공동체가 스스로 목표를 설정하고 활동을 주도할 수 있도록 권한을 부여해야 한다. 재정적 지원이 떨어져도 지속할 수 있는 자발성과 그릿을 자체적으로 키울 수 있는 환경 조성을 다시 한번 강조한다.

공동체 지원 사업의 성과 평가 방식에 있어서는 정량적 지표(참여 인원, 자료 생산 건수 등)뿐 아니라, 공동체 문화 형성, 협력 과정, 구성원의 성장 경험 등 질적인 측면을 균형 있게 고려하는 것이 필요하다.

2) 실질적이고 지속적인 교사 역량 강화 지원

연수 내용의 측면에서는 변화하는 시대적 요구에 맞는 실질적이고 지속적인 연수 기회를 제공해야 한다. 단순한 도구 사용법 연수를 넘어, 교육 목표와 연계한 AI·디지털 활용 전략, 수업 설계 및 평가 방법, 윤리적 딜레마 대처 방안 등 심층적인 내용을 깊이감 있게 다루어야 한다.

연수 방식에 있어서는 일회성 연수를 넘어, 교사 학습 공동체 활동과 연계된 장기적이고 심층적인 전문성 개발 프로그램(예 공동 연구 프로젝트 지원, 워크숍 시리즈 운영)을 지원하고, '수업의 숲' 등을 통해 우수 연수 자료 및 현장 사례가 쉽게 접근되고·활용될 수 있도록 해야 한다. 전문적 학습 공동 체 간의 공식적, 비공식적 멘토링이나 협력, 네트워킹 프로그램 지원도 효과적일 수 있다.

3) 협력적 학교 문화 조성

교사 학습 공동체가 학교 내에서 실질적인 변화를 이끌기 위해서는 협력과 신뢰에 기반한 학교와 교직 문화가 필수적이다. 학교 관리자 대상 연수 강화(PLC 지원 리더십, 변화 관리 역량 함양), 협업 시간 확보 지원(예 정기적인 공동 연구 시간 보장, 교육청 차원에서의 과도한 행정 업무 경감), 학교 단위의 혁신 노력에 대한 인센티브 제공 등 학교 차원의 변화를 지원하는 정책적 노력이 반드시 우선적으로 병행되어야 한다. 무엇보다 교사들이 학교 내, 학교 밖에서 자발적으로 모여 협력하고 연구 할 수 있는 기반과 여건을 교육부와 교육청, 학교 차원에서 보장하는 것이 중요하다.

4) 데이터 거버넌스 및 윤리 기준의 명확화와 현장 안착

AI·디지털 교육 생태계의 근간이 되는 데이터의 안전하고 윤리적인 활용을 위한 명확한 법적·제도적 기반을 조속히 마련하고, 현장에서 쉽게 이해하고 적용할 수 있도록 구체적인 가이드라인을 조속히 제공할 필요가 있다. 이뿐 아니라, 데이터 프라이버시 보호, 알고리즘 투명성 및 공정성 확보 노력, AI·디지털 활용 윤리 교육 강화 등 신뢰 구축을 위한 노력이 필수적이며, 이러한 논의 과정에 교사, 학생, 학부모 등 교육 주체들의 참여를 보장해야 한다. 교사 커뮤니티는 이러한 윤리적 기준을 내면화하고 실천하는 데 중요한 역할을 할 수 있다.

5) AI·디지털 교육 생태계의 포용성 제고를 위한 노력 지속

그림 4-15 교사 주도 전문적 학습 공동체를 통한 AI·디지털 기반 교육 혁신 전략

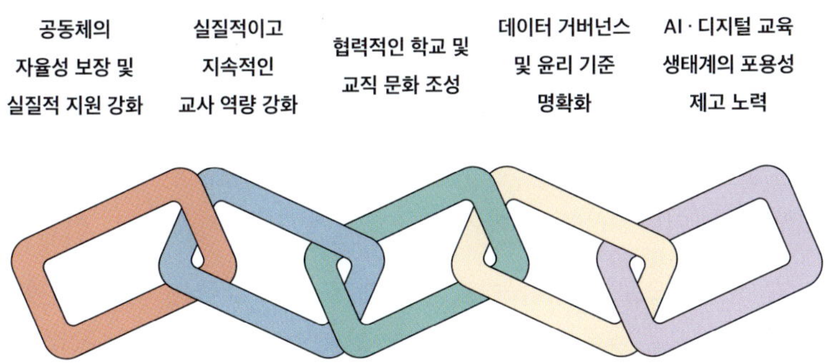

모든 학생과 교사가 AI·디지털 도구 및 관련 교육 기회에 동등하게 접근할 수 있도록 인프라 지원 강화(예 1인 1디바이스 정책 내실화, 안정적인 무선 인터넷 환경 구축), 디지털 기기 보급 확대, AI 교수·학습 플랫폼 접근성 개선 등 물리적·기술적 격차 해소 노력을 지속해야 한다. 또한, 취약 계층 학생, 디지털 활용 능력이 부족한 교사, 농산어촌 및 도서벽지 학교 등 소외 될 수 있는 집단에 대한 맞춤형 지원 프로그램(예 찾아가는 연수, 멘토링, 기기 대여) 운영 등 형평성과 포용성 제고를 위한 적극적인 정책적 노력이 필요하다.

8 마치며

AI·디지털 시대의 교육 혁신은 교사의 손에서 시작되고, 교사 커뮤니티의 연결되고 응집된 힘을 통해 완성된다 믿는다. 교사들의 자발적인 열정과 전문성을 신뢰하고, 이들이 동료들과 함께 배우고 성장하며 진실된 교육 혁신을 주도할 수 있도록 필요하고도 실질적인 지원 체계를 구축하는 것, 그리고 그 과정에서 '함께 성장'의 문화를 만들어가는 것이야말로 우리가 꿈꾸는 미래 교육으로 나아가는 가장 확실하고도 희망적인 길이라 생각한다.

전술했듯이 교사 커뮤니티는 단순한 모임이 아니라, 자발적으로 모여 지속적으로 배우고, 자신의 교육 실천을 성찰하며, 동료들과 깊이 있는 협력을 수행하는 전문가 공동체이다. 즉, 미래 교육을 함께 만들어가는 동반자인 동시에 '주체'인 셈이다. 교육 주체들의 목소리에 귀를 기울이고, 이들의 걸음을 정서적, 정책적으로 지지하는 것이 미래 교육을 밝히는 데 매우 필수적이다. 기하급수적으로 기술이 진보하는 시대에도 흔들림 없이 교육의 본질을 품고, 서로에게 빛이 되어주는 교육자들의 전문적 학습 공동체들이 앞으로 더욱 활발하고 내실 있는 움직임들로 일어나길 진심으로 바란다.

우리는 함께입니다.
그리고 함께라면, 미래의 교육도 분명 희망적입니다.

참/고/문/헌

교사학습공동체의 운영 원리. (2025). 행복한 교육. https://happyedu.moe.go.kr/hap-py/bbs/selectHappyArticleImg.do?nttId=4699&bbsId=BBSMSTR_000000000192

교육부. (2025). 함께 배우고 나누는 교사학습공동체. https://blog.naver.com/moe-blog/221993748014

김진관. (2024). AI티처스쿨, 디지털 기반 교육 혁신 교사 커뮤니티로 성장하기.

김진관. (2024). 대전의 특색있는 생성형 인공지능 교육 만들기. 『교육동향: 생성형 인공지능 교육 사례와 지속가능한 발전 방향』(34호). 대전교육정책연구소, 대전교육과학연구원.

김현섭. (2025). 교사학습공동체?! 김현섭의 교육 이야기. https://eduhope88.tistory.com/288

디지털 기반 교육혁신 방안. (2025). 교육부, 에듀넷. https://webst.edunet.net/AIDT/%EB%94%94%EC%A7%80%ED%84%B8%20%EA%B8%B0%EB%B0%98%20%EA%B5%90%EC%9C%A1%ED%98%81%EC%8B%A0%20%EB%B0%A9%EC%95%88.pdf

'배움의 연쇄'를 위한 교원학습공동체 활성화 방안. (2025). 서울교육 -웹진. http://webzine-serii.re.kr/%EB%B0%B0%EC%9B%80%EC%9D%98-%EC%97%B0%EC%87%84%EB%A5%BC-%EC%9C%84%ED%95%9C-%EA%B5%90%EC%9B%90%ED%95%99%EC%8A%B5%EA%B3%B5%EB%8F%99%EC%B2%B4-%ED%99%9C%EC%84%B1%ED%99%94-%EB%B0%A9%EC%95%88/

디지털교육지원센터 DXE 브리프, 2024년 1월호. 한국교육개발원.

서길원. (2025). 전문적 학습 공동체의 의미와 실제. https://blog.naver.com/

abin74/140160638218

아이뉴스24. (2025). 대전교육청, 올해 IB프로그램, AI 디지털교과서 도입 등 추진. https://www.inews24.com/view/1817980

우수 수업 콘텐츠를 한 곳에! 선생님들이 함께 만들어가는 '수업의 숲'. (2025). 네이버 블로그. https://blog.naver.com/moeblog/223631372525?viewType=pc

인공지능(AI) 시대 초·중·고 연계 주제 배움을 돕는 교사 연수 정책 개선 방안. (2025). 서울특별시교육청교육연구정보원. https://www.serii.re.kr/fus/file/down0010f.do?at- tach_file_id=4373&file_seq=1&alias_name=20201231023602115_1

전북교육포털. (2025). AIDT와 AI 기반 코스웨어 등을 활용한 교실혁명의 핵심가치 현장 적용 연구. https://www.jbedu.kr/board/download.jbedu?boardId=BBS_0000022&menuCd=DO M_000000504004001000&orderBy=REGISTER_DATE%20DESC&paging=ok&sta rtPage=1&dataSid=1667610&command=update&fileSid=108828

청주교육대학교 교육연구원. (2025). 학교 안 교사학습공동체에서 교사들은 무엇에 주목하는가? https://eri.cje.ac.kr/www/downloadBbsFile.do?atchmnflNo=1460

한국교육개발원. (2025). 교육시론 > 월간 교육정책포럼. https://edpolicy.kedi.re.kr/frt/boardView.do?nTbBoardSeq=&strCurMenuId=10102 &nTbCategorySeq=&pageIndex=1&pageCondition=10&nTbBoardArticle-Seq=842512&searchTopic=&searchObject=&searchCondition_W=6&searchKey word_W=

한국형 교사 학습공동체의 특성과 과제1. (2025). https://www.ejce.org/download/down- load_pdf?pid=jce-19-1-179

AI 티처스쿨. (2023). 2023년 디지털 기반 교육혁신 전문적 학습공동체 운영 결과보고서. 대전광역시교육청.

AI 티처스쿨. (2024). 2024년 디지털 기반 교육혁신 전문적 학습공동체 운영 결과보고서. 대전광역시교육청.

AI 티처스쿨. (2024). 교사가 이끄는 교실혁명을 위한 디지털 기반 교육혁신 교사학습공동체 결과 보고서. 대전광역시교육청.

AI프렌즈. (2021). 대전AI교육의 현황과 발전방향 (대전교육정보원 김진관 교사)

[Video]. YouTube. https://www.youtube.com/watch?v=jwAOvzTStFY

T.R.I.P.O.D 수업 혁신 연구회. (2024). 디지털·AI 기반 교수·학습과 증거 기반 평가 실천을 통한 2022 개정 교육과정의 수업·평가 혁신 방안 연구 결과보고서. 교육부/EBS.

wzine.kr. (2025). AI 교육 시대의 연결고리, 학교 디지털 인프라. https://wzi-ne.kr/dxe_brief/08/images/download.pdf

Zhang, Y., & Wang, X. (2022). Factors impacting the sustainable development of pro- fessional learning communities in interdisciplinary subjects in Chinese K-12 schools: A case study. Sustainability, 14(21), 13847. https://www.mdpi.com/2071-1050/14/21/13847

Part

02

교실 속 변화, AI와 함께하는 새로운 수업 이야기

Chapter 5

모든 학생을 위한 디지털 리터러시 교육

이혜림

1 디지털 소비자에서 디지털 생산자 교육으로

“선생님, 이건 AI로 만든 거예요!”

4학년 A학생이 내민 과제에는 간단한 이미지와 짧은 글이 있었다. 인공지능 이미지 생성기로 만든 그림에 본인의 생각을 덧붙인 창작물이었다. 감탄보다 먼저 떠오른 생각은 ‘이걸 그저 사용법만 알려주는 교육으로 감당할 수 있을까?’였다. 이제 학생들은 단순히 디지털을 사용하는 소비자가 아니다. 자신만의 콘텐츠를 만들고, 플랫폼에 업로드하며, 다른 사람들과 소통하고 반응을 이끌어낸다. 10년 전, 컴퓨터실에서 타자 연습을 하던 모습은 이제 교실 속 어디에서도 찾기 힘들다. 디지털은 일상이 되었고, 아이들은 디지털 안에서 ‘산다’.

1) 왜 지금은 '디지털 생산자 교육'인가?

얼마 전, 학교에서 태블릿을 활용한 수업을 한 후 한 학부모님으로부터 민원을 받은 적이 있다. 요지는 이렇다. "요즘 아이들 스마트폰 중독인데, 학교에서 태블릿까지 사용하면 자녀의 성장에 방해가 될 것 같다." 이와 같은 우려는 적지 않다. **스마트폰**과 **태블릿** 모두 디지털 기기이기에 이를 동일하게 받아들이고, 가정에서는 학교에서 이루어지는 태블릿 활용 수업에 대해 막연한 불안감을 가지는 것이다.

하지만 학교에서 사용하는 태블릿과 가정에서 사용하는 스마트폰은 겉모습은 비슷해 보여도 그 **용도와 교육적 의도는 근본적으로 다르다**. 스마트폰은 개인의 오락, 소셜 미디어 접속, 영상 시청 등의 일방향적 소비에 치우쳐 있는 경우가 많다. 아이들이 스마트폰으로 하는 활동의 상당수는 알고리즘에 의해 제공되는 콘텐츠를 수동적으로 접하는 것이다.

반면, 학교에서의 태블릿은 아이들이 **스스로 정보를 탐색하고, 협업하고, 창작하는 경험을 설계하기 위한 도구**다. 예를 들어, 국어 수업 시간에 학생들은 패들렛(Padlet)을 활용하여 독서 후 자신의 생각을 올리고 친구들의 글에 댓글을 달며 관점을 비교한다. 사회 시간에는 구글 폼(Google Form)으로 직접 설문을 만들어 조사 활동을 진행하고, 수집된 데이터를 구글 시트에 정리한 뒤 시각화하며 데이터 리터러시를 익힌다. 미술 시간에는 캔바(Canva)나 투닝(Tooning) 같은 어플로 디지털 포스터를 제작하고, 음악 시간에는 크롬뮤직랩(Chrome Music Lab)으로 리듬을 창작하기도 한다.

이러한 활동은 단순히 '잘 사용하는 것'을 넘어서서, 학생 스스로 **문제를 정의하고, 디지털 도구를 활용하여 자료를 수집하고, 아이디어를 시각적으로**

표현하고, 결과물을 발표하는 전 과정을 경험하게 한다. 태블릿은 이러한 경험을 가능하게 하는 교육적 허브이자, 디지털을 매개로 한 **학습자 중심 수업의 촉진자**가 된다. 결국 태블릿은 지식을 '소비'하는 기기가 아니라, 아이들이 지식을 직접 생산하고, 해석하고, 공유하는 학습의 플랫폼인 것이다.

그림 5-1 디지털 도구를 활용하여 모둠 활동을 하는 모습

지금까지의 디지털 교육은 주로 정보를 찾고, 주어진 콘텐츠를 활용하는 데에 초점을 맞추었다. 하지만 이제 아이들은 단순히 '사용자'가 아니라 '창작자', '발신자', '참여자'로서 디지털 공간을 살아간다. 유튜브 채널을 직접 운영하고, 마인크래프트로 나만의 세계를 만들며, 영상 편집 앱으로 일상을 기록하는 아이들이 점점 많아지고 있다.

이제 필요한 것은 디지털을 도구로 삼아 자신의 이야기를 담고, 사회와 소통하며, 변화를 이끌어낼 수 있는 '**생산자형 디지털 리터러시**'다. 이는 단순한 도구 활용을 넘어, 생각을 정리하고, 정보를 조직하며, 이를 바탕으로 새로운 의미를 만들어내는 창의적이고 비판적인 사고 능력을 포함한다. 무엇보다 중요한 것은 아이들이 디지털 속에서 '주체적인 존재'로 성장해 나가야 한다는 점이다.

2) 소비자형 디지털 사용의 문제점

한국은 디지털 인프라 세계 최상위권 국가다. OECD의 『2024 디지털 경제 전망 보고서』에 따르면, 한국은 5G 인프라 보급률, 기지국 밀도, 회선 수 등에서 29개국 중 최상위를 기록하며, 인프라 측면에서는 확고한 디지털 강국임을 입증했다.[1] 이러한 수치는 한국이 고품질 통신 인프라를 구축한 대표적인 국가임을 보여준다. 그러나 이러한 물리적 접근성과 국가 경쟁력에도 불구하고, 국민 개개인의 디지털 활용 역량, 특히 비판적 사고와 정보 활용 능력은 기대에 미치지 못하고 있다. **기술과 장비는 세계 최정상 수준**이지만, 그것을 **활용하는 방식은 여전히 수동적 소비**에 머물러 있는 것이 현실이다.

OECD의 국제학업성취도평가(PISA)와 국제성인역량조사(PIAAC)는 한국인의 디지털 활용 역량에 대한 현실을 드러낸다. PISA에 따르면, 한국 청소년의 읽기 점수는 OECD 평균(487점)을 상회하는 514점으로 높은 편이었다. 그러나 정보의 사실과 의견을 구별하는 능력(식별률 25.6%)은 OECD 평균(47.4%)보다 크게 낮아 37개국 중 최하위를 기록했다. 피싱메일 판별 능력에서도 한국은 멕시코, 브라질 등과 함께 최하위권에 속해, 디지털 문해력의 질적 수준이 기대에 미치지 못하고 있음을 보여준다.

1 OECD (2024), OECD Digital Economy Outlook 2024 (Volume 2): Strengthening Connectivity, Innovation and Trust, OECD Publishing, Paris, https://doi.org/10.1787/3adf705b-en

그림 5-2 정보의 사실과 의견을 식별하는 역량

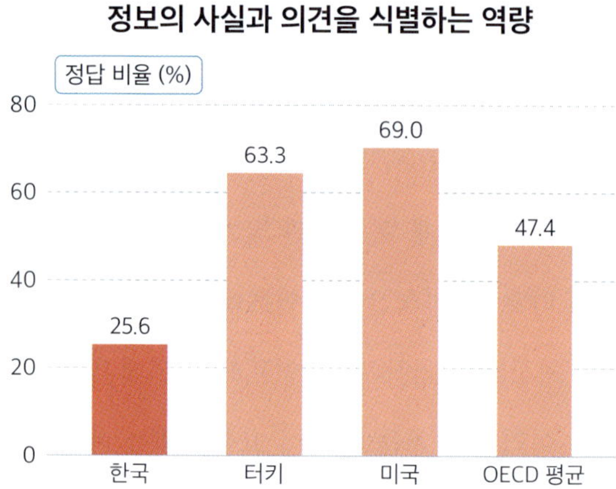

출처: OECD 국제 학업 성취도 평가(PISA)

또한, 국제성인역량조사(PIAAC)에서는 한국 내 세대 간 디지털 문해력 격차가 심각하게 드러났다. 16~24세 청년층의 문해력은 조사 대상국 중 상위권을 차지했지만, 55~65세 고연령층은 최하위권에 머물렀다. 이러한 세대 간 격차는 한국 사회의 디지털 리터러시 교육이 일관되지 않으며, 연령별 특성에 맞춘 교육이 충분히 이루어지지 않았다는 점을 반영한다. OECD의 국제성인역량조사(PIAAC, 2022)에서도 한국 성인의 디지털 문제 해결 능력 점수는 238점으로, OECD 평균인 251점에 미치지 못했다. 이처럼 기술은 앞서가지만, 실제 활용 방식은 여전히 '수동적 소비자형'에 머물러 있는 것이 우리 교육의 현실이다.

이러한 소비자형 디지털 사용은 학생들에게도 다양한 문제를 야기한다. 특히 무비판적 정보 수용, SNS 과몰입, 알고리즘 종속 등은 아이들의 비판적 사고력, 표현력, 자기 주도성을 저해한다.

그림 5-3 한국(빨간색 원) 청소년들의 정보 식별 능력이 다른 국가에 비해 떨어짐

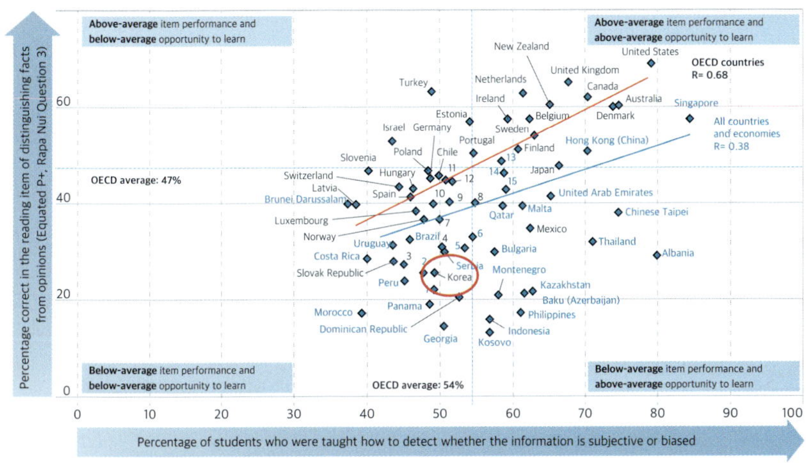

출처: OECD

학생들은 디지털 기기 속에서 수많은 정보를 접하고 있지만, 그중 무엇이 신뢰할 수 있는 정보인지 분별하는 데 어려움을 겪고 있다. 한국언론진흥재단이 실시한 「2022 10대 청소년 미디어 이용 조사」에 따르면, 초등 고학년(4~6학년)의 하루 평균 인터넷 사용 시간은 2019년 2시간 40분에서 2022년 5시간 40분으로 1.8배 증가했다.[2] 중·고등학생보다도 더 빠르게 온라인 환경에 깊숙이 들어가고 있는 것이다. 그러나 이 사용이 반드시 '질 높은 정보 활동'으로 이어지는 것은 아니다. 특히 숏폼 콘텐츠와 영상 위주의 플랫폼 사용이 급격히 증가하면서, 출처가 불분명하거나 왜곡된 정보를 여과 없이 수용하는 일이 많아졌다.

또한, SNS 과몰입 현상 또한 간과할 수 없는 문제다. 조사에 따르면, 청소년

2 한국언론진흥재단, 「2022 10대 청소년 미디어 이용 조사」.

의 81.6%가 인스타그램을, 46.1%가 페이스북을 사용하고 있었으며, 메신저 서비스도 인스타그램 다이렉트 메시지가 페이스북 메신저를 앞질렀다. 단순한 채팅을 넘어, 자신의 일상과 감정을 드러내고 타인의 반응을 확인하는 공간으로 SNS가 자리매김하고 있다. 이 과정에서 학생들은 자신을 꾸며서 보여주는 데에 익숙해지고, 타인의 삶과 끊임없이 비교하게 된다. '좋아요'의 수에 따라 자기 가치를 평가받는 것처럼 느끼는 학생들, 온라인과 오프라인의 정체성이 혼재된 상태에서 혼란을 겪는 모습은 교실 안에서도 심심치 않게 볼 수 있다.

그림 5-4 2022 10대 청소년 미디어 이용 조사

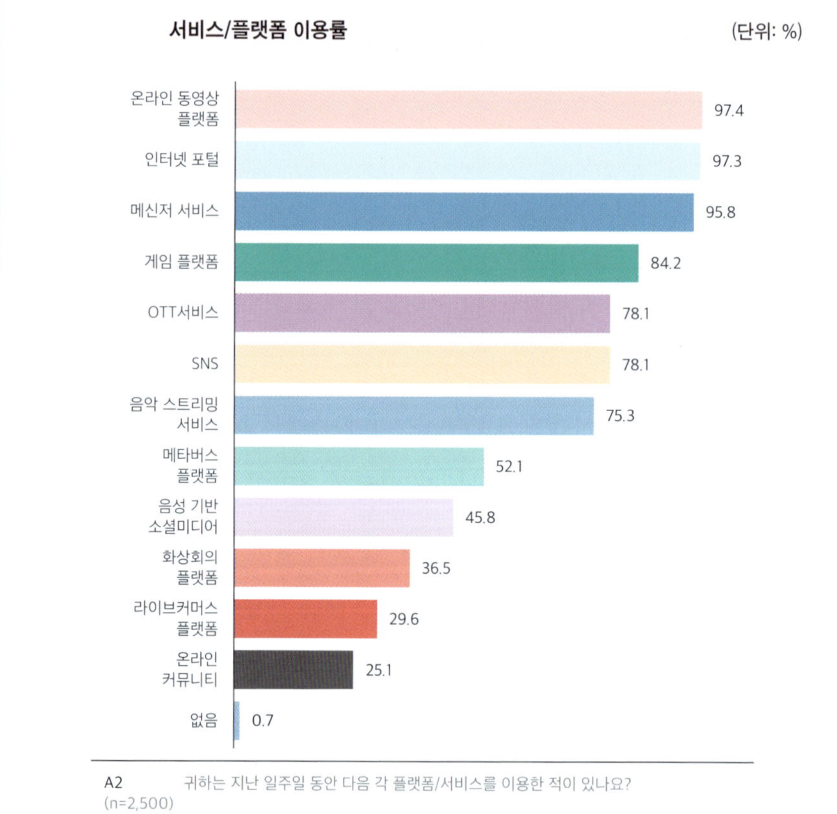

출처: 한국언론진흥재단

여기에 알고리즘 종속 문제가 더해진다. 유튜브, 틱톡, 인스타그램 등의 플랫폼은 사용자의 시청 습관과 반응을 바탕으로 콘텐츠를 추천하는데, 이는 점점 더 유사한 정보만을 접하게 만들고, 다양한 관점을 접할 기회를 차단한다. 일명 '필터 버블(Filter Bubble)' 현상이다. 이러한 정보 편향은 학생들이 스스로 생각하고 질문하기보다, 제시된 콘텐츠만을 빠르게 소비하는 방식으로 사고 구조를 고정시켜 버린다. 더 나아가, 자신이 보고 클릭한 기록은 고스란히 플랫폼의 광고 수익 모델에 이용되며, 아이들은 무의식적으로 '데이터 생산자이자 대상화된 사용자'로 전락하게 된다.

더 심각한 문제는 이 모든 과정이 학생들 스스로 자각하지 못한 채 일어난다는 점이다. 아이들은 스스로 자유롭게 정보를 선택하고 있다고 생각하지만, 실제로는 플랫폼이 제공한 경로 위에서 정해진 콘텐츠를 소비하는 데 그친다. 문제는 그들이 이 과정을 스스로 돌아볼 기회를 가지지 못하고 있다는 사실이다.

이제는 이러한 현실을 직시하고, 교육이 디지털 환경에서 아이들이 능동적인 주체로 살아갈 수 있는 방향으로 나아가야 한다. 아이들이 단지 빠르게 타이핑하고, 도구를 잘 활용하는 수준을 넘어서, 정보의 진위를 가리고, 데이터를 이해하며, 자신의 정체성을 주체적으로 구축하고, 알고리즘의 영향을 비판적으로 성찰할 수 있도록 가르쳐야 한다. 예를 들어, '추천 알고리즘 해부하기', '디지털에서 나를 설명하는 흔적 분석하기', '내 데이터는 어디로 가는가'와 같은 수업을 통해 학생들은 디지털 플랫폼의 구조와 작동 방식을 이해하고, 그 속에서 자기 주도적으로 선택하고 성장할 수 있는 역량을 키워야 한다.

지금 필요한 것은 단지 디지털 도구의 활용 능력이 아닌, 디지털 환경을 읽고 재구성하는 사고력이다. 교실 안에서 이러한 디지털 사고력을 기르는 교육이 자리 잡을 때, 비로소 우리는 아이들을 수동적 소비자에서 창의적 생산자로 이끌어낼 수 있을 것이다.

3) 디지털 리터러시, 단순한 사용법을 넘어서야 한다

디지털 리터러시는 더 이상 ICT 기기 조작 능력만을 의미하지 않는다. 정보의 진위를 판단하고, 자신의 생각을 논리적으로 표현하며, 타인의 권리를 존중하는 시민의식까지 포함하는 종합적 역량이다. 우리는 디지털 환경에서 비판적으로 사고하고, 윤리적으로 행동하며, 창의적으로 문제를 해결하는 아이들을 길러야 한다.

또한 자신의 의견을 정제된 언어로 디지털 공간에 표현하고, 타인의 견해를 존중하며 건전한 방식으로 반응하는 태도도 중요하다. 단순한 댓글 쓰기나 좋아요 누르기가 아니라, 어떻게 참여하고 어떤 흔적을 남길 것인지에 대한 디지털 시민으로서의 책임 의식을 길러야 한다. 디지털 공간은 물리적인 교실보다 훨씬 더 넓고, 빠르며, 영향력이 크기 때문이다.

이러한 리터러시는 국어 시간의 글쓰기 활동과 연결될 수 있고, 도덕 시간의 사이버폭력 예방과도 맞닿아 있다. 사회 시간에는 가짜뉴스를 판별하고, 수학 시간에는 데이터를 분석하여 비판적으로 해석하는 과정으로 이어진다. 즉, 디지털 리터러시는 모든 교과와 연결되는 '학습의 문해력'이자 '삶의 문해력'이라고 할 수 있다.

우리는 디지털 환경에서 단순히 잘 다루는 아이들이 아니라, 비판적으로 사고하고, 윤리적으로 행동하며, 창의적으로 문제를 해결할 줄 아는 주체적인 아이들을 길러야 한다.

그렇다면 '생산자형 디지털 리터러시'란 무엇일까?

이는 단지 디지털 도구를 활용하여 무언가를 만들어내는 기술적 능력을 넘어서, **디지털 환경 속에서 자신만의 의미와 메시지를 담아 창조하고, 이를 통해 사회와 적극적으로 연결되려는 태도와 사고방식**을 포함한다. 즉, 생산자형 디지털 리터러시는 다음과 같은 기능을 포함한다.

- **기획 능력**: 기획 능력은 문제 상황을 탐색하고 주제를 정의한 뒤, 해결을 위한 구체적인 단계와 계획을 설계하는 능력을 의미한다. 예를 들어, '학교 내 쓰레기 문제'를 주제로 삼았을 때, 학생들은 관찰, 설문, 자료 조사 등 다양한 방법으로 문제를 정의하고, 어떤 메시지를 전달할지, 어떤 형식으로 제작할지를 논의하며 학습을 설계할 수 있다.
- **창작 능력**: 다양한 디지털 도구를 활용해 콘텐츠를 제작할 수 있는 능력이다. 이는 다양한 디지털 도구(예 Canva, Scratch, Vllo, Google Slides 등)를 활용하여 영상, 포스터, 슬라이드, 앱 등 목적에 맞는 콘텐츠를 실제로 제작하는 능력으로 설명할 수 있겠다. 이 능력은 단순한 기능 숙지가 아닌, 자신의 메시지를 시각적·청각적으로 효과적으로 표현하는 창의적 구성 능력을 포함한다.
- **컨텐츠 비판 능력**: 만든 결과물을 성찰하고, 윤리적 관점에서 점검하는 능력이다. 자신이 만든 콘텐츠를 되돌아보고, 전달하고자 하는 메시지가 정확히 반영되었는지, 타인에게 오해의 소지가 없는지, 저작권이나 개인정보, 윤리적 요소는 고려되었는지를 점검하는 능력이다. 예컨대, 뉴스 영상 속 왜곡된 정보나 혐오 표현을 걸러내는 훈련과 연결될 수 있다.

- **공유 및 피드백 역량**: 자신이 만든 결과물을 교실, 학교, 지역사회 또는 온라인 공간에 공유하고, 타인의 반응이나 피드백을 수용하여 개선할 수 있는 능력이다. 구글 클래스룸이나 패들렛을 통해 학생들이 서로의 작품을 공유하고, 칭찬과 제안 중심의 피드백을 나누는 과정은 이 역량을 자연스럽게 기를 수 있게 한다.

예를 들어, 한 초등학교 수업에서는 '지역 문제 해결 프로젝트'를 통해 학생들이 실제 지역의 환경 문제를 조사하고, 이를 바탕으로 지역 문제 해결 게임을 제작한 뒤 지역사회와 공유하는 활동을 진행하였다. 이 과정에서 학생들은 디지털 자료를 수집하고 편집하며, 함께 토론을 통해 메시지를 정제하고, 발표하는 과정을 통해 실제적인 디지털 생산의 경험을 쌓을 수 있었다.

생산자형 디지털 리터러시는 교과의 경계를 넘나드는 통합적 교육을 지향한다. 단순히 코딩을 배우거나 영상 편집 툴을 익히는 것이 아닌, **학생이 자신의 삶과 연결된 주제를 다루고, 그 속에서 디지털의 역할과 책임을 자각하며, 의미 있는 결과물을 만들어내는 경험을 중시**하는 것이다. 이러한 교육은 궁극적으로 학생이 스스로를 '디지털 세계의 일원'이자 '변화의 주체'로 인식하게 만든다.

지금의 아이들은 디지털 플랫폼 속에서 태어나 자라난 세대다. 우리는 그들에게 단지 기계를 잘 다루는 기술자가 아니라, **디지털을 통해 사회를 이해하고 표현하며 변화시킬 수 있는 시민으로 성장할 기회**를 제공해야 한다. 이것이 바로 이 시대의 교육이 지향해야 할 '생산자형 디지털 리터러시'다.

생산자형 디지털 리터러시는 단순히 기술과 도구를 익히는 것을 넘어서 **아이들이 삶의 주제와 연결된 문제를 발견하고, 이를 디지털이라는 매개를 통**

해 창의적으로 해결해나가는 전 과정을 스스로 설계하고 주도하는 역량이다.

학생은 소비자의 입장에서 벗어나, 창작자이자 협력자, 나아가 사회적 변화를 이끄는 시민으로 성장하게 된다. 이를 위해 교사는 다음과 같은 교육적 장면을 기획할 수 있다.

- 주제 중심 프로젝트 수업: 예를 들어, '우리 동네의 교통안전 문제 해결하기'라는 주제로 수업을 구성할 수 있다. 학생들은 현장을 조사하고, 데이터를 수집해 인포그래픽을 제작하거나, 교통안전 캠페인 영상을 기획해 유튜브에 게시한다. 이 과정에서 리터러시, 시민성, 창의성이 통합된다.
- 디지털 기반 협력 활동: 하나의 콘텐츠를 혼자 제작하는 것이 아닌, 여러 명이 함께 역할을 나누고 공동 결과물을 만들어내는 협업 중심 수업을 통해, 학생들은 실질적인 협력적 창작 경험을 갖게 된다. 구글 슬라이드로 공동 발표 자료를 만들고, 미팅을 통해 피드백을 나누는 과정을 반복하며, 학습의 주체성을 키울 수 있다.
- 학생 맞춤형 표현 방식 허용: 모든 아이가 글을 잘 쓰는 것은 아니다. 어떤 학생은 영상이 더 익숙하고, 어떤 학생은 음악이나 코딩이 더 자연스럽다. 생산자형 리터러시 교육은 다양한 표현 양식을 인정하고, 학생의 강점과 관심사를 존중한다. 이를 통해 학생은 자신의 언어로 세상과 연결될 수 있다.
- 피드백 중심의 성장형 평가: 결과물에 대한 점수 평가보다는 과정 중심의 피드백, 자기 성찰, 동료 피드백 활동을 통해 학생은 '내가 무엇을 더 잘할 수 있을까'를 끊임없이 되돌아보며 성장해 나간다. 이 모든 과정은 디지털 포트폴리오에 축적되며, 학생 스스로 학습 여정을 시각화할 수 있게 된다.

이러한 경험은 단지 디지털 기술을 배우는 것 이상이다. 이는 학생들이 디지털 공간에서 **자신의 관점으로 세상을 바라보고, 의미를 창조하며, 사회와 연결되는 능력**을 기르는 일이다. 이것이야말로 우리가 교육 현장에서 추구해야 할 디지털 교육의 방향이며, 진정한 '생산자형 디지털 리터러시'의 핵심이다.

특히 2022 개정 교육과정은 디지털 리터러시 교육의 필요성을 제도적으로 강화했다. 이번 개정에서는 '기초 소양'의 범주에 기존의 언어 소양, 수리 소양과 더불어 '디지털 소양'을 새롭게 포함시켰으며, 이는 더 이상 디지털 역량이 선택의 영역이 아니라 모든 학습의 기반이자 전제 조건이 되었음을 의미한다. 더불어 AI·디지털 교육자료의 단계적 도입과 같은 교육 혁신 정책은 단순히 교과서를 전자책으로 바꾸는 것을 넘어, 학습자 중심의 맞춤형 학습, 상호작용 기반 수업, 실시간 피드백 중심의 교실로의 전환을 요구한다.

이러한 변화는 교사에게도 새로운 역할과 전문성을 요구한다. 더 이상 교사는 단지 정보를 전달하는 사람이 아니라, 학생들이 디지털 공간에서 정보를 선별하고, 의미를 만들고, 윤리적으로 소통할 수 있도록 돕는 '디지털 시민성의 길잡이'가 되어야 한다. 결국 디지털 소양 교육은 단순히 기기를 사용하는 기술 교육이 아니라, 오늘을 살아가고 내일을 준비하는 시민 교육의 새로운 방식인 것이다.

2 모두를 위한 디지털 역량 교육

2025년 2월 교육부는 디지털 기술이 사회 전반에 깊이 스며들고 있는 현실을 반영하여 **「모두를 위한 디지털 역량 교육 추진방안」**을 발표하였다. 이는 단순히 특정 기술을 가르치는 차원이 아니라, 모든 국민이 디지털 환경 속에서 주체적이고 안전하게 살아갈 수 있도록 생애 전반에 걸쳐 디지털 소양을 기를 수 있는 교육 체계를 구축하겠다는 국가적 선언이다. 유아부터 노년층까지, 학교 안팎의 모든 교육 주체가 디지털 역량을 갖추어야 할 필요성이 높아지는 가운데, 정부는 이를 단순한 선택이 아닌 사회 전체가 함께 준비해야 할 공공의 과제로 인식하고 적극적으로 대응하겠다는 의지를 담은 것이다.

1) "모두를 위한 디지털 역량 교육"이라는 비전의 실현

이 추진 방안은 교육의 전환을 요구하는 시대의 흐름 속에서, 특히 학교 교육의 역할을 강조한다. 기술이 급변하고 그 영향력이 광범위해질수록, 학생들은 단순히 디지털 기기를 '잘 다루는 사람'이 아니라, 디지털 사회를 책임 있게 살아가는 시민으로 성장해야 한다. 이러한 맥락에서 교육부는 단발적인 정책이 아니라, **체계적인 국가 교육 전략으로서 생애주기별 맞춤형 디지털 역량 교육 모델을 마련**하고자 이 계획을 수립한 것이다.

이 정책이 나오게 된 데에는 세 가지 중요한 이유가 있다.

첫째, **전 세계가 디지털 역량의 중요성에 주목하고 있기 때문이다.**

요즘은 단순히 컴퓨터를 잘 다루는 능력만으로는 부족하다. 앞으로의 사회에서는 디지털 기술을 책임감 있게, 건강하게 사용할 수 있는 능력이 꼭 필요하다. 유네스코, 유럽연합, 영국, 캐나다, 싱가포르 등 여러 나라들은 디지털 시대에 꼭 갖춰야 할 능력을 '디지털 시민의 기본 소양'으로 보고, 이를 체계적으로 가르치기 위한 교육 기준과 프로그램을 만들어왔다. 우리나라도 이런 흐름에 맞춰 국가 차원의 디지털 역량 교육을 강화할 때가 된 것이다.

둘째, 디지털 기술의 부작용이 점점 커지고 있기 때문이다.

스마트폰, 인터넷, SNS는 우리 삶을 편리하게 만들지만, 그만큼 위험도 함께 따라온다. 요즘 학생들 중에는 스마트폰에 너무 의존하거나, 사이버폭력에 연루되거나, 딥페이크 같은 범죄에 대해 불안을 느끼는 아이들이 많다. 예를 들어, 2023년 조사에서 청소년의 40%가 스마트폰 과의존 위험군에 속했고, 같은 비율의 학생들이 사이버폭력을 경험한 것으로 나타났다. 딥페이크 범죄에 대해선 여학생의 10명 중 8명 이상이 자신도 피해자가 될 수 있다고 느낀다고 답했다. 이런 문제들을 줄이려면, 단순히 "조심해라"는 말보다 디지털 환경에서 스스로 안전하게 행동할 수 있는 능력을 키워주는 교육이 필요하다.

셋째, 학교 교육과정 안에 디지털 교육을 제대로 뒷받침할 수 있는 기반이 충분히 갖춰지지 않았기 때문이다.

아직 많은 교과 수업에서는 디지털 도구의 활용이 미미하다. 또 학생들 스스로도 "나는 디지털을 잘 못 다뤄"라고 느끼는 경우가 많다. 2023년 조사에 따르면, 한국 학생들은 디지털 기술을 사용할 때 자신감을 느끼는 정도가 국제 평균보다 낮았다. 특히 영어 수업에서의 ICT(정보통신기술) 사용 비율도 국제 평균보다 한참 낮은 19%에 그쳤다. 이는 아이들이 디지털을 단순히 '보는' 도구로만 사용하고, 직접 만들고 창의적으로 활용하는 경험은 부족하다는 뜻이다. 앞으로는 학교에서 아이들이 디지털 기술을 능동적으로 활용하고, 자신만의 콘텐츠를 만들어내는 사람으로 성장할 수 있도록 돕는 교육이 필요하다.

이러한 인식 아래, 교육부는 2025년 『모두를 위한 디지털 역량 교육 추진방안』을 발표하였다. 이 정책은 단순한 ICT 기능 습득을 넘어, 생애주기별로 디지털 역량을 체계적으로 교육하고, 누구도 디지털 환경에서 소외되지 않도록 지원하겠다는 국가적 약속이다.

이러한 세 가지 배경을 바탕으로, 교육부는 디지털 사회에서 누구나 필요한 역량을 갖출 수 있도록 체계적인 교육 시스템을 마련해야 한다는 결론에 도달하였다. 그래서 2025년 2월, 「모두를 위한 디지털 역량 교육 추진방안」을 발표하고 다음과 같은 분명한 목표를 제시하였다

그림 5-5 「모두를 위한 디지털 역량 교육 축진방안」 목표

목표	디지털 시대의 사회 구성원으로서 기본 소양을 갖춘 디지털 시민 양성

여기서 말하는 '모두'란 단지 학교에 다니는 학생들만을 뜻하지 않는다. 유아기부터 성인기까지, 그리고 학생, 학부모, 교사, 일반 시민 누구라도 디지털 환경에서 안전하고 책임감 있게 살아가기 위해 필요한 교육을 받아야 한다는 뜻이다. 이 계획은 단발적인 캠페인이나 실험적인 시범사업이 아니라, 국가가 장기적으로 추진할 체계적인 교육 대전환의 출발점이라 할 수 있다.

정책의 핵심은 '디지털 역량'을 구체적으로 정의하고, 이를 프레임워크(틀)로 정리한 것이다. 교육부는 디지털 역량을 세 가지 영역으로 구분하였다.

그림 5-6 디지털 역량의 세 가지 영역

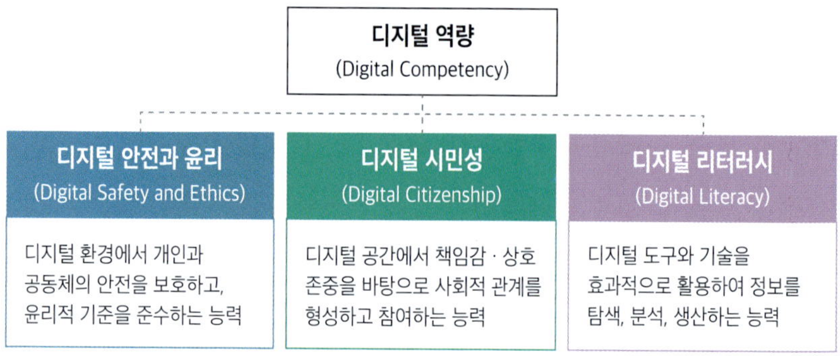

첫째, 디지털 안전과 윤리이다. 이는 디지털 환경에서 자신과 타인의 안전을 지키고, 개인정보를 보호하며, 사이버폭력이나 딥페이크와 같은 문제에 스스로 대응할 수 있는 능력을 뜻한다. 단지 위험을 피하는 것이 아니라, 윤리적인 디지털 시민으로 행동하는 법을 배우는 것이다.

둘째, 디지털 시민성이다. 온라인에서 다른 사람과 협력하고, 의견을 나누고, 공동체의 일원으로서 책임 있게 참여하는 태도를 기르는 것이 중심이다. 디지털 공간에서도 오프라인에서처럼 예절, 배려, 공동체 의식이 필요하다.

셋째, 디지털 리터러시이다. 정보를 단순히 찾아보는 것을 넘어서, 그 정보를 판단하고 분석하며, 나아가 자신만의 콘텐츠로 표현하는 능력을 말한다. 즉, 디지털 세상에서 창의적으로 생각하고 비판적으로 행동할 수 있도록 하는 힘이다.

이 세 가지 영역은 각각 따로 떨어진 것이 아니라, 서로 연결되어 있다. 예를 들어, 가짜뉴스를 비판적으로 보는 눈(디지털 리터러시)은 올바른 판단을 통해 바른 의견을 내고(디지털 시민성), 타인을 존중하며 표현하는 방식(디지털 윤리)으로 이어진다.

이러한 프레임워크는 연령대별로 그 수준과 방법이 다르게 적용된다. 다시 말해, 유아기, 학령기, 성인기 등 생애 전 주기에 걸쳐 각기 다른 접근 방식으로 디지털 역량을 기를 수 있도록 설계되어 있다.

표 5-1 모두를 위한 디지털 역량 프레임워크(안) (Digital Competency Framework for All)

구분	영유아기	학령기	성인기
디지털 안전과 윤리	▶ 영유아 발달단계에 맞는 안전한 디지털 활용 교육 ▶ 보호자와 함께 적정한 수준의 디지털 기기 활용	▶ 디지털 정체성 형성 ▶ 디지털 범죄, 디지털 과의존 · 중독 예방 ▶ 저작권, 개인정보 보호	▶ 디지털 윤리 실천, 성찰 ▶ 디지털 웰빙 ▶ 피싱범죄 예방
디지털 시민성		▶ 디지털 예절 익히기 ▶ 디지털을 활용하여 능동적으로 소통 ▶ 디지털 세상에 참여	▶ 디지털 도구들 활용한 프로 젝트 관리와 협업 ▶ 전문적 디지털 소통 ▶ 디지털 네트워크 구축 및 관리
디지털 리터러시		▶ 디지털 기기 · 소프트웨어 사용법 익히기 ▶ 가짜 정보 판별 ▶ 디지털 콘텐츠에 대한 비판적 사고 ▶ 디지털 콘텐츠 제작	▶ 디지털 트렌드 예측 및 적용 ▶ 디지털 기반 문제해결 ▶ 디지털 지식 생산

이제 다음 장에서는 이 프레임워크가 실제로 어떻게 구성되어 있으며, 각 생애 단계에서 어떤 방식으로 디지털 역량 교육이 이루어지는지를 구체적으로 살펴볼 것이다. 특히, 교실에서 어떤 수업과 활동이 가능한지, 교사로서 어떻게 수업을 설계하고 운영할 수 있는지를 중심으로 자세히 설명하고자 한다.

그림 5-7 교육부 "모두를 위한 디지털 역량 교육" 추진방안 (2025.02.)

목표	디지털 시대의 사회 구성원으로서 기본 소양을 갖춘 디지털 시민 양성		
8대 핵심 과제	디지털 역량 체계 마련	1 디지털 역량 개념 정의 및 프레임워크[안] 마련	△ 디지털 역량 개념 정의 △ 디지털 역량 프레임워크(안)
		2 디지털 역량 프레임워크 정립 · 확산	△ 이론적 기반 정립 및 고도화 △교사, 학부모, 학습자 대상 홍보 확대
	생애 주기별 디지털 역량 교육	3 [영유아기] 안전한 디지털 활용을 위한 준비	△ 학부모 현장 지원자료 개발 △유아 교원 연수 △ 디지털 시범 유치원
		4 [학령기] 자율성과 책임감을 갖춘 디지털 시민	△학교내외 디지털 역량 강화 △교원 역량 강화 △ 역기능 예방교육
		5 [성인기] 직업세계에서 디지털 경쟁력을 갖춘 인재	△ 지역사회 협력 △ 성인 디지털격차 해소 △ 피싱 예방교육
	디지털 역량 교육 추진기반 강화	6 디지털 역량 교육 접근성 강화	△ 디지털 역량, 교육 플랫폼 개편 △ 체계적 자료 제공
		7 디지털 역기능 예방을 위한 제도 개선	△ 스마트 기기 사용 관련 제도 개선
		8 디지털 역량 교육 협력체계 구축	△ 디지털 역량 교육 강화를 위한 민관 협력 체계

2) 영유아기: 안전한 디지털 첫걸음을 위한 기초 다지기

유아기는 디지털 역량을 본격적으로 교육하기보다는, 디지털 환경에서의 안전과 건강한 습관을 형성하는 데 초점을 맞추는 시기이다. 교육부는 **디지털 위험으로부터 영유아를 보호하고, 디지털 역량의 기초를 다질 수 있도록** 다음 세 가지 방향에서 접근하고 있다. 첫째, 발달단계에 맞는 안전한 디지털 활용 교육, 둘째, 보호자와 함께하는 적정 수준의 기기 사용, 셋째, 부모와 교사를 위한 교육 및 지원 체계 구축이다.

그림 5-8 영유아기 디지털 역량 교육

기본방향 **디지털 위험**으로부터 **영유아**를 **보호**하고, **디지털 역량**의 **기초**를 다질 수 있도록 교육

프레임워크

디지털 안전과 윤리	▶ 영유아 발달 단계에 맞는 안전한 디지털 활용 교육
디지털 시민성	▶ 보호자와 함께 적정한 수준의 디지털 기기 활용
디지털 리터러시	

추진사항

1. 학부모 지원 자료 개발·보급
2. 영유아 교원 디지털 역량 강화 연수
3. 디지털 시범 유치원

유의사항

- ▶ (교육대상) 영유아 및 영유아의 부모(양육자), 교사 등
- ▶ (연령별 권장사항) 영유아기는 급격한 뇌 발달 및 양육자와 신뢰·애착을 형성하고, 충분한 수면 및 몸을 움직이는 활동 등이 중요한 시기
  - (만 2세 미만) 디지털 콘텐츠 활용을 권고하지 않음
  - (만 2~5세) 양육자와의 상호작용을 전제로 하루 1시간 이하 사용 권장

먼저, **부모 대상 지원 자료 개발이 핵심이다.** 부모는 유아의 디지털 환경 형성에 가장 큰 영향을 미치는 존재로, 자녀의 디지털 생활을 안전하고 건강하게 이끌 수 있도록 전문가의 의견과 실천 방안이 담긴 자료가 제공된다. 예를 들어, '언제부터 어떻게 미디어를 보여줄까?' 같은 실질적인 고민에 대한 해답을 제공하는 자료가 유치원과 어린이집을 통해 배포된다.

둘째, **교사를 위한 디지털 역량 강화 연수도 병행된다.** 유치원과 어린이집 교사들이 디지털 매체를 올바르게 활용하고, 유아와의 상호작용을 기반으로 수업을 설계할 수 있도록 돕는 프로그램이 마련되어 있다. 이는 단순한 기술 연수에 그치지 않고, 놀이 중심의 수업 속에 디지털 요소를 적절히 통합하는 전문성을 기르는 데 초점을 맞춘다.

셋째, **디지털 시범 유치원 운영을 통해 우수 사례를 발굴하고 확산한다.** 교육부는 2025년 한 해 동안 약 50개 유치원에 시범 운영비를 지원하며, 디지털 기기 사용 환경을 안전하게 조성하고 교수·학습 방법을 개선해 나갈 예정이다.

교육 대상은 유아 그 자체뿐 아니라, 부모(양육자)와 교사를 모두 포함한다. 이 시기에는 특히 만 2세 미만의 경우 디지털 콘텐츠 활용을 권장하지 않으며, 만 2세에서 5세 사이 유아도 양육자와 상호작용하는 방식으로 하루 1시간 이내로 사용하는 것이 바람직하다. 이는 세계보건기구(WHO)나 미국소아과학회(AAP)의 권고와도 일치한다.

그렇다면 실제로 유아기에는 어떤 방식으로 디지털 역량의 기초를 교육할 수 있을까?

실제 수업에서는 디지털 기기 자체를 중심에 두기보다는, 유아가 경험하고 탐색하는 활동 속에서 디지털을 자연스럽게 경험하도록 안내하는 것이 핵심이다. 아래는 각 프레임워크 영역별로 구성된 간단한 활동 예시이다.

⦿ 디지털 안전과 윤리: '디지털 약속 그림책 만들기'

- **활동 목표**: 우리 가족의 기기 사용 약속을 이해한다.
- **활동 내용**: 교사나 부모가 그림책 형식으로 디지털 기기 사용 시 주의사항 (예 너무 오래 보지 않기, 혼자 보지 않기 등)을 설명하고, 유아가 자신만의 약속 그림을 그려보며 디지털의 안전한 사용 습관을 내면화한다.
- **활동 포인트**: 이야기 나눔을 통해 생활 속 사례와 연결한다.

⦿ 디지털 시민성: '내가 찍은 사진으로 이야기 나누기'

- **활동 목표**: 디지털 매체를 활용해 자신의 감정을 표현하고 친구 또는

가족과 소통한다.

- **활동 내용**: 태블릿으로 친구 또는 사물의 사진을 찍고, 그 사진에 대해 왜 찍었는지, 어떤 기분이 들었는지를 말해보는 활동이다. 이 과정을 통해 디지털 도구를 타인과의 소통 수단으로 인식하고, 표현력과 공감 능력을 기를 수 있다.
- **활동 포인트**: '내가 찍은 사진을 볼 사람의 기분은 어떨까?'를 주제로 공동 대화 활동 진행한다.

⊙ 디지털 리터러시: '책 속 장면 그리기 - 디지털 표현'

- **활동 목표**: 책 내용을 디지털 도구를 활용해 재구성한다.
- **활동 내용**: 동화책을 읽은 후, 그 내용을 그림 그리기 앱을 통해 그림으로 표현하게 한다. 이때 교사는 유아의 의도를 듣고, '왜 이 장면을 그렸을까?', '이건 무슨 색으로 했니?'와 같은 질문을 통해 사고를 확장시킨다. 이는 단순 사용을 넘어 디지털을 활용한 창의적 표현의 기초가 된다.
- **활동 포인트**: 같은 장면도 다양한 시각으로 해석될 수 있음을 토론하며 표현력 확장한다.

무엇보다 중요한 것은 **기기 사용 시간을 절제하고, 반드시 보호자 또는 교사의 상호작용을 전제로 한다는 점**이다. 유아는 혼자서 디지털을 해석하고 이해하기 어렵기 때문에, 옆에서 함께 보고 이야기 나누는 시간이 교육 그 자체이다. 이처럼 유아기의 디지털 역량 교육은 단순히 '기기 다루기'가 아니라 '기기를 통해 사람과 상호작용하며 의미를 만들기'에 가깝다.

그림 5-9 동화책을 읽고 드로잉 앱으로 책 내용 표현하기

이러한 실제 교육 사례와 방향은 이후에 제시될 수업 자료 및 시범 유치원 사례를 통해 보다 구체적으로 살펴볼 수 있다. 지금은 무엇보다 유아기의 디지털 경험이 긍정적이고 즐거운 첫인상이 되도록, 안전하고 따뜻한 디지털 환경을 함께 만들어주는 일이 무엇보다 중요하다.

3) 학령기: 자율성과 책임감을 갖춘 디지털 시민

학령기는 디지털 기기 사용이 본격화되고, 학교와 또래 집단을 중심으로 디지털 소통이 활발해지는 시기이다. 따라서 이 시기에는 단순한 디지털 활용 기술을 넘어서, 올바른 디지털 태도와 사고력, 책임감을 키우는 것이 핵심

이다. 교육부는 이를 위해 '자율성과 책임감을 갖춘 디지털 시민'을 양성하고자 세 가지 방향에서 디지털 역량 교육을 추진하고 있다: 첫째, 학교 내 디지털 역량 교육 강화, 둘째, 교원 디지털 역량 강화, 셋째, 디지털 역기능 예방 교육이다.

그림 5-10 학령기 디지털 역량 교육

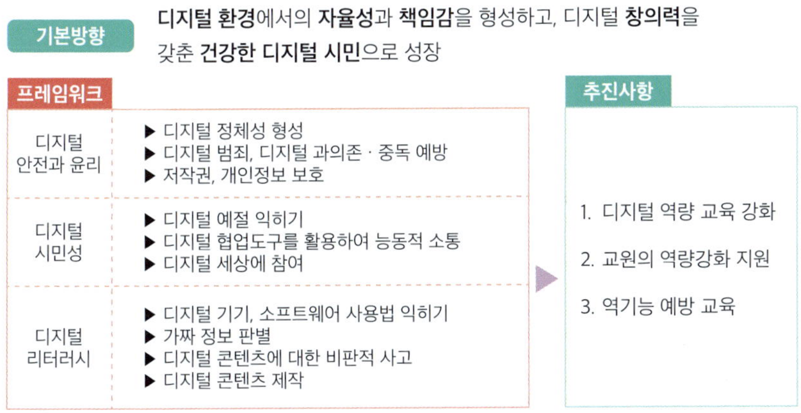

① 학교 내외 디지털 역량 교육 강화

학령기의 디지털 역량 교육은 교과 전반에 걸쳐 통합적으로 이루어진다. 2022 개정 교육과정에서는 디지털 기초 소양을 모든 교과에서 다룰 수 있도록 개편되었다. 예를 들어, 국어에서는 매체 영역이 신설되어 디지털과 미디어에 대한 이해와 활용을 다루고, 사회에서는 지리정보 활용, 미디어 분석과 생산, 디지털 금융 이해 등 실생활에 밀접한 주제를 학습하게 된다. 과학에서는 데이터를 다루는 역량을, 미술에서는 디지털 매체를 활용한 표현 능력을 강조한다.

특히 ‘정보’ 교과의 수업 시수가 대폭 확대되었다. 초등학교에서는 17시간에서 34시간 이상으로, 중학교에서는 34시간에서 68시간 이상으로 두 배 늘어난다. 이를 통해 학생들은 보다 구조화된 디지털 교육을 받을 수 있다.

아울러, 교육부는 실제 수업에서 활용 가능한 다양한 수업 사례와 모델을 개발하여 학교 현장에 보급하고 있다. 주제 중심, 교과 융합형, 중점 교과형 수업 모델 62개가 개발되어 있으며, AI 역량을 기를 수 있는 자료 20개도 추가로 개발되고 있다.

또한, 디지털 역량 교육의 집중 운영을 위해 3월 중 1주일간 ‘디지털 역량 교육 주간’도 운영된다. 특히 2022개정 교육과정과 AI·디지털 교육자료가 적용되는 초등 3·4학년, 중·고 1학년을 대상으로 디지털 안전, 시민성, 리터러시를 집중적으로 지도하게 된다.

이와 함께 방과후 학교 프로그램과 ‘디지털 새싹’ 사업 등과 연계한 AI 윤리, 디지털 윤리 교육도 강화되고 있다. 학생의 발달 단계를 고려한 수준별 교육이 마련되며, 총 16만 명이 참여할 수 있도록 515억 원의 예산이 편성되었다.

또한, 학교 밖에서도 학생들의 디지털 역량을 기를 수 있는 다양한 지원이 이루어진다. 예를 들어, 방송제작 장비를 갖춘 ‘찾아가는 미디어 나눔버스’를 통해 253개 학교에서 미디어 제작과 진로 탐색 프로그램이 운영된다. 교육청에서는 ‘학교로 찾아가는 컨설팅 연수’를 통해 학교 현장의 디지털 전환을 지원하고, 3,000개 학교에 디지털 소양 관련 컨설팅을 제공한다.

교육 소외 지역이나 취약계층을 위한 ‘디지털 문제해결센터’도 운영된다. 서울, 경기, 대구, 광주 등에서는 지역 특색에 맞는 맞춤형 SW 교육, 여름방학 AI 캠프 등이 제공되어, 디지털 격차를 줄이고 누구나 평등하게 배울 수 있는 환경이 조성되고 있다.

다음은 교실에서 어떤 수업과 활동이 가능한지, 교사로서 어떻게 수업을 설계하고 운영할 수 있는지를 중심으로 예를 들어 설명하고자 한다.

⦿ 디지털 안전과 윤리: '우리반 디지털 행동 서약서!'

그림 5-11 Canva를 사용하여 "우리반 디지털 행동 서약서" 포스터 만들기

- **활동 목표**: 하루 동안 디지털 기기를 어떻게 사용했는지 되돌아보고, 바람직한 사용 습관을 찾는다.
- **활동 내용**: 학생들은 하루 동안 자신이 디지털 기기를 어떤 목적으로, 얼마나 사용했는지를 돌아보며 일기 형식으로 정리한다. 어떤 순간이 유익했는지, 스스로 조절이 어려웠던 때는 언제였는지를 쓰게 하고, 친구들과 공유하면서 우리반 디지털 행동 선언서를 함께 제작해 본다.

○ 활동 1: '나의 하루 디지털 기록'을 일기 형식으로 적어보며 사용한 기기와 목적을 기록한다.

○ 활동 2: 모둠 친구들과 디지털 사용 경험을 나누며 유익한 순간과 후회되는 순간을 정리한다.

○ 활동 3: 학급에서 함께 지킬 수 있는 '우리반 디지털 행동 선언서'를 만든다.

- **활동 포인트**: 자기 성찰을 통해 디지털 과의존을 예방하고, 조절 능력을 키운다.
- **관련 교과**: 도덕, 국어

⊙ 디지털 시민성: '함께 쓰는 따뜻한 말 한마디'

그림 5-12 다른 친구의 시를 읽고 패들렛에서 공감 댓글로 소통하기

- **활동 목표**: 온라인 공간에서도 배려 있고 책임 있는 소통 태도를 기른다.
- **활동 내용**: 익명의 온라인 게시글(예 친구가 올린 그림이나 글)에 다양한 댓글을 작성하고, 서로의 댓글을 읽고 공감하며, 더 나은 표현 방법을 찾아본다. 실제 사례를 중심으로 공감과 배려가 담긴 언어 사용을 연습하고, 우리 반만의 디지털 소통 원칙을 만들어본다.
  - 활동 1: 예시 상황을 읽고 자유롭게 댓글을 작성한다. 댓글은 긍정적, 비판적, 혹은 무례할 수 있도록 다양하게 구성된다.
  - 활동 2: 다양한 댓글을 분류하며, 공감 가는 표현과 부적절한 표현을 구분하고 그 이유를 토론한다.
  - 활동 3: 친구와 함께 '공감 댓글 다시 쓰기' 활동을 하며, 더 나은 표현을 고민해본다. 이후 우리 반의 '디지털 공감 댓글 약속'을 정한다.
- **활동 포인트**: 디지털 공간에서 타인을 존중하는 언어를 익히고, 표현을 통해 감정을 조절하는 능력을 기른다.
- **관련 교과**: 도덕, 국어

⊙ 디지털 리터러시: '나는야 디지털 크리에이터'

- **활동 목표**: 에듀테크 도구를 활용해 주제에 맞는 디지털 영상을 제작한다.
- **활동 내용**: 주제를 정해 조사한 정보를 바탕으로 영상을 기획하고, 디지털 도구를 활용하여 시각적으로 효과적인 메시지를 전달하는 활동을 한다.
  - 활동 1: VLLO 등의 에듀테크 도구 사용법을 익히고, 주제에 맞는 정

보를 탐색한다.

- ○ 활동 2: 키워드 정리, 이미지 선택 등 콘텐츠 구성 요소를 기획한다.
- ○ 활동 3: 디지털 영상를 제작하고 친구들과 전시회를 연다.

- **활동 포인트**: 정보 구성 능력과 시각적 표현 능력을 동시에 기를 수 있다.
- **관련 교과**: 미술, 국어

그림 5-13 VLLO를 활용하여 동물보호 캠페인 영상 제작하기

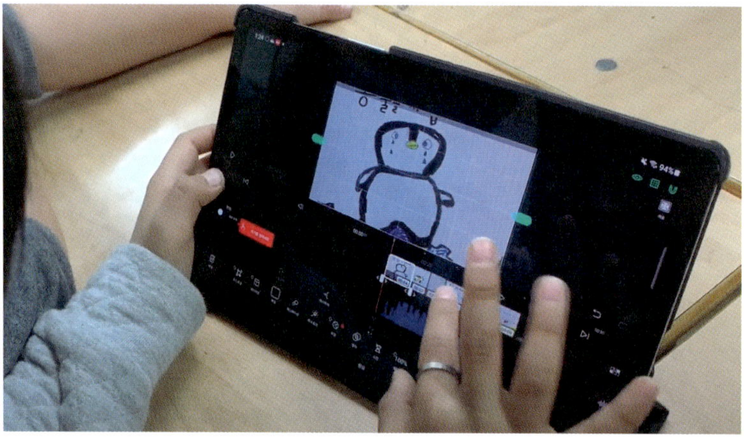

② 디지털 역기능 예방 교육

디지털 기기의 일상화는 교육의 기회를 확장시키는 동시에, 사이버폭력, 디지털 성범죄, 과의존과 같은 심각한 부작용을 초래하기도 한다. 따라서 학교는 단순히 디지털 기술을 활용하는 것을 넘어서, 학생들이 건강하고 안전하게 디지털 환경을 누릴 수 있도록 돕는 '역기능 예방 교육'을 반드시 병행해야 한다. 이러한 취지에서 교육부는 다양한 부처 및 민간과 협력하여 체계적인 예방 교육과 지원 체계를 마련하고 있다.

디지털 범죄 예방 교육

우선, 디지털 범죄 예방 교육은 사이버폭력, 디지털 성폭력, 온라인 도박 등 다양한 유형의 디지털 범죄를 조기에 인식하고 대응할 수 있도록 돕는 것을 목표로 한다. 특히 매년 6월 셋째 주를 '사이버폭력 예방교육주간'으로 지정하여, 전 학교에서 관련 교육과 캠페인을 집중적으로 실시한다. 이와 더불어 수능 이후 학사운영 기간을 활용한 범정부 차원의 온·오프라인 예방 활동도 병행된다.

이러한 교육은 단순히 일회성으로 끝나지 않는다. 교육부, 과기정통부, 법무부, 여성가족부, 경찰청 등 여러 부처가 공동 운영하는 사이버폭력 예방 실무협의체, 그리고 온라인 도박 예방을 위한 범부처 태스크포스(TF)를 통해 지속적인 자료 개발과 정책 실행이 이루어진다.

특히 디지털 성범죄 예방교육은 학교 현장의 필수 과정으로 자리 잡고 있다. 기존의 법정 예방교육 3차시에 더해, 학생의 눈높이에 맞춘 별도 프로그램을 1차시 이상 추가 편성하도록 권장하고 있으며, 교육 콘텐츠는 '디클(DiCL)' 플랫폼을 통해 연령별로 제작·배포되고 있다. 이를 통해 학생들은 디지털 성범죄의 유형과 위험성을 명확히 이해하고, 실제 상황에서 자신을 보호하는 능력을 기를 수 있다.

디지털 과의존 예방 교육

또 다른 주요 역기능은 '디지털 과의존'이다. 스마트폰이나 태블릿, 게임 등에 대한 과도한 몰입은 신체적 건강뿐 아니라 정서적 발달에도 부정적인 영향을 미친다. 이에 따라 과학기술정보통신부는 어린이집, 유치원, 초·중·고등학교에 전문 강사를 파견하고, 예방 교육 콘텐츠와 찾아가는 전문상담 프로그램을 함께 제공하고 있다.

특히 주목할 점은 디지털 ESG(환경·사회·지배구조) 협의체와의 연계다. 이 협의체에는 통신사, 디지털 기업, 금융·유통 분야 등 총 18개의 민간 기업이 참여하고 있으며, 청소년 대상의 디지털 과의존 예방 프로그램을 공동 운영하고 있다. 이러한 민관 협력 모델은 단순한 정보 제공을 넘어서, 청소년이 일상 속에서 건강한 디지털 습관을 체화할 수 있도록 돕는 장점이 있다.

4) 성인기: 직업세계에서 디지털 경쟁력을 갖춘 인재

성인기를 위한 디지털 역량 교육은 개인의 삶의 질 향상은 물론, 직업세계에서의 성공과 직결된다. 빠르게 변화하는 디지털 환경에서 성인은 단지 기술을 배우는 수준을 넘어서, 이를 삶과 직무에 실질적으로 적용할 수 있는 리스킬링(Re-skilling)과 업스킬링(Up-skilling)을 통해 경쟁력을 갖춘 인재로 성장해야 한다. 이에 따라 교육부는 「모두를 위한 디지털 역량 교육 추진방안」의 성인기 영역에서 다음 세 가지 중점 과제를 추진하고 있다.

그림 5-14 성인기 디지털 역량 교육

기본방향 개인의 삶과 직업적 성공을 위한 **디지털 리스킬링 · 업스킬링**

프레임워크

디지털 안전과 윤리	▶ 디지털 윤리 실천, 성찰 ▶ 디지털 웰빙 ▶ 피싱범죄 예방
디지털 시민성	▶ 디지털 도구를 활용한 프로젝트 관리와 협업 ▶ 전문적 디지털 소통 ▶ 디지털 네트워크 구축 및 관리
디지털 리터러시	▶ 디지털 트렌드 예측 및 적용 ▶ 디지털 기반 문제해결 ▶ 디지털 지식 생산

추진사항

1. 지역사회 협력 디지털 업스킬링 · 리스킬링
2. 성인 디지털 격차 해소
3. 피싱 예방교육

① 지역사회 협력 기반 디지털 리스킬링·업스킬링

성인기 디지털 교육은 지역의 수요와 여건에 맞춘 실질적인 재교육 체계를 기반으로 운영된다. 정부는 RISE 체계를 활용하여 지자체·지역대학과 연계된 지역 중심의 디지털 역량 교육 체계를 구축하고 있다. 이를 통해 디지털 전환에 필요한 실무형 인재를 지역 내에서 양성하고, 주민 주도의 학습이 가능하도록 한다.

예를 들어, 대전은 재직자 대상의 디지털 전환(DX) 연합훈련과정을 운영하고 있으며, 세종은 AI·디지털 등 수요 기반 성인학습 중심 협업 교육과정을 추진 중이다. 이러한 협력 구조를 통해 지역산업과 연계된 실제 취업 및 직무 역량 강화가 이루어지고 있다.

또한, 교육부는 AID 선도대학 100개교를 육성하여, 성인 학습자에게 AI·디지털 중심의 실천형 리스킬링·업스킬링을 지원한다.

이 중 일부 대학은 'AID 30+집중캠프'를 통해 30~40대 성인을 대상으로 AI·디지털 전환 교육과정을 운영하며, 중장년층을 위한 디지털 전문대학, 디지털 혁신 사이버대학도 함께 구축 중이다. 온라인과 오프라인을 넘나드는 하이브리드 학습 환경을 통해 다양한 연령과 상황의 성인이 디지털 교육에 참여할 수 있도록 설계되었다.

② 성인 디지털 격차 해소

성인기의 디지털 역량 격차는 일상생활은 물론, 경제 활동과 사회 참여에도 큰 영향을 미친다. 특히 비문해 성인의 디지털 활용 능력 제고를 위한 디지털 문해교육 프로그램과 현장실습 중심의 학습 기회가 확대되고 있다.

2024년에는 82개 지자체, 114개 기관이 해당 프로그램을 운영하고 있으며, 은행·공공기관·지역 상점과 연계한 학습 공간에서 실제 생활에 필요한 디지털 기술을 체험하도록 지원한다.

더불어, AID 커리어 점프 패스 사업을 통해 30세 이상 성인을 위한 생애 맞춤형 디지털 교육 기회를 제공한다. 이 사업은 연간 약 1만 명의 성인에게 디지털 학습 콘텐츠와 상담, 진로 설계 등을 제공하며, 직무나 생애 단계에 따라 교육과정을 달리 구성하는 것이 특징이다.

③ 피싱 예방과 디지털 안전교육

성인기 디지털 역량 교육에서는 사이버 보안, 특히 피싱 사기 예방 교육의 중요성이 강조된다.

정부는 60대 이상 고령자 및 사회 초년생을 대상으로 경찰청과 함께 찾아가는 피싱 교육을 운영하고 있으며, '보이스피싱 예방 누리집'을 통해 온라인으로도 예방 교육을 받을 수 있도록 시스템을 구축하였다.

이와 더불어, 전자잡지 '월간 피싱ZERO'를 발간하여 다양한 사례와 예방법을 소개하며 국민의 경각심을 높이고 있다. 신종 피싱 수법, 예방 수칙, 실제 피해자 인터뷰 등을 통해 누구나 이해할 수 있는 실용적인 정보를 제공한다.

성인기 디지털 역량 교육은 단순한 정보 활용 능력을 넘어서, 삶과 직무 전반에 걸친 실천 역량 강화를 목표로 한다. 이는 단발성 연수가 아닌 지역과 산업, 개인의 생애주기에 맞춘 통합적이고 체계적인 학습 여정을 통해 실현되고 있다. 교육부는 앞으로도 이러한 디지털 재교육 체계를 지속적으로 확대해 나가며, 국민 누구나 디지털 전환 시대에 주체적이고 윤리적으로 살아갈 수 있도록 적극 지원할 계획이다.

그림 5-15 월간 피싱 ZERO (경찰청)

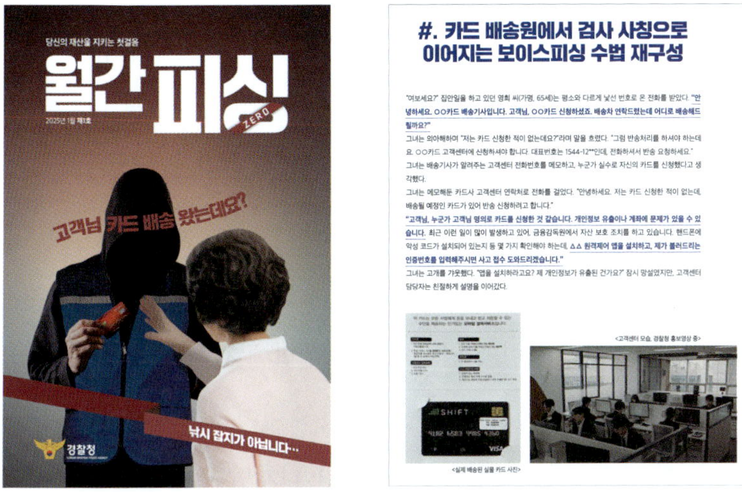

출처: 경찰청

3 교실에서 시작되는 모두를 위한 디지털 리터러시

교실에서 아이들을 마주할 때마다 깨닫는다. 이제는 '디지털을 얼마나 잘 다루느냐'보다, '디지털을 통해 무엇을 생각하고 어떤 가치를 만들어내느냐'가 훨씬 중요해졌다는 것을. 눈앞의 아이들은 이미 디지털을 삶의 일부로 받아들이며 살아가고 있다. 검색하고, 촬영하고, 공유하고, 반응을 주고 받는 일이 일상이 된 지금, 그 안에서 아이들이 어떤 생각을 하고, 어떤 시선으로 세상을 바라보는지가 교육의 핵심이 되어야 한다.

그러나 현실은 여전히 소비 중심의 디지털 활용에 머무르고 있다. 정보를 주체적으로 해석하기보다 무비판적으로 받아들이고, 표현보다는 수용에 익숙하며, 스스로 설계하기보다 알고리즘이 제시한 콘텐츠에 의존한다. 바로 이 지점에서 디지털 교육은 다시 출발해야 한다.

본 장에서는 이러한 배경하에, 소비형 디지털 사용에서 생산자형 디지털 리터러시로의 전환을 제안하였다. 디지털을 단지 사용하는 데 그치지 않고, 아이들이 디지털 속에서 자기 생각을 표현하고, 타인과 협업하며, 사회적 의미를 만들어갈 수 있도록 이끄는 교육이 필요하다는 것이다.

이러한 디지털 생산성 리터러시는 초등 교육 현장에서만 이뤄져서는 충분하지 않다. 디지털은 이제 인간의 생애 전반에 걸쳐 영향을 미치는 환경이 되었기에, 영유아기부터 학령기, 성인기까지 이어지는 체계적인 디지털 리터러시 교육이 필요하다. 유아에게는 건강한 디지털 노출과 습관 형성이, 청소년에게는 창의적 표현과 협업 능력이, 성인에게는 지속 가능한 시민성 교육이 요구된다.

결국, 모두를 위한 디지털 역량 교육이란 기술을 가르치는 일이 아니라, 디지털 환경 속에서 '어떻게 살아갈 것인가'를 함께 묻는 일이다. 교실에서 시작된 작은 실천이 아이들을 더 주체적이고 따뜻한 디지털 시민으로 자라게 할 것이다. 그리고 그 변화는 우리가 오늘 함께 나누는 수업, 하나의 프로젝트, 짧은 대화 속에서도 이미 조금씩 시작되고 있다. 이제는 그 가능성을 믿고, 디지털 교육의 다음 장을 함께 써 내려갈 때다.

참/고/문/헌

과학기술정보통신부. (2024.12.02). 2024 OECD 디지털 경제 전망. 과학기술정보통신부.

교육부. (2025.02). "모두를 위한 디지털 역량 교육" 추진방안. 교육부.

한국언론진흥재단. (2022). 2022 10대 청소년 미디어 이용 조사. 한국언론진흥재단.

OECD. (2022). Skills matter: Additional results from the Survey of Adult Skills (PIAAC). OECD Publishing.

OECD. (2024). OECD Digital Economy Outlook 2024 (Volume 2): Strengthening connectivity, innovation and trust. OECD Publishing. https://doi.org/10.1787/3adf705b-en

Chapter 6

AI·디지털 교육자료 활용 교수·학습방법

● 김동준

1 2022 개정 수학과 교육과정 정리하기

1) 2022 개정 교육과정

2022 개정 교육과정[3]은 미래 사회 변화에 대응하고, 디지털 대전환에 대비하여 '포용성과 창의성을 갖춘 주도적인 사람'을 양성하고자 도입되었다. 이는 4차 산업혁명, 인공지능 발전, 국가 발전 및 미래 사회 불확실성에 대한 대응을 위한 교육 체제 개혁을 목표로 한다.

주요 개정 방향을 살펴보면 다음과 같다.

첫째, 미래 사회에 대응할 수 있는 능력과 기초 소양 및 자신의 학습과 삶에 대한 주도성을 강화하기 위해 학습의 기반이 되는 언어, 수리, 디지털 소양 등을 기초 소양으로 하여 교육 전반에서 강조하고, 디지털 문해력 및 논리력, 절차적 문제해결력 등의 함양을 위해 교과 특성에 맞는 디지털 기초 소양

3 교육부 고시 제2022-33호 초등학교 교육과정

을 반영한다.

둘째, 학생 개개인의 인격적 성장 지원 및 구성원 모두의 행복을 위한 공동체 의식을 강화하기 위해 기후·생태환경 변화 등에 대한 대응 능력 및 지속가능성 등 공동체적 가치 함양 교육을 강조하고, 다양한 특성을 가진 학생이 차별받지 않도록 지원하며, 지역·학교 간 교육 격차를 완화할 수 있는 지원 체제를 마련한다.

셋째, 학생들이 자신의 진로와 학습을 주도적으로 설계하고, 적절한 시기에 학습할 수 있도록 학습자 맞춤형 교육과정을 마련하기 위해 지역 연계 및 학생의 필요를 고려한 선택 과목을 개발·운영할 수 있도록 학교자율시간을 도입하고, 학교급 간 교과 교육과정 연계, 진로 설계 및 탐색 기회 제공, 학교생활 적응을 지원하는 진로연계 교육의 운영 근거를 마련한다.

넷째, 학생이 주도성을 기초로 역량을 기를 수 있도록 교과 교육과정을 마련하여 교과별로 꼭 배워야 할 핵심 아이디어 중심으로 학습량을 적정화하고, 학생들이 경험해야 할 사고, 탐구, 문제해결 등의 과정을 학습 내용으로 명료화하여 교수·학습 및 평가방법을 개선한다.

특히 초등학교에서는 학교자율시간 도입, 입학 초기 및 학교급(학년) 전환시기 진로연계교육 도입, 초등학교 안전 교육 강화, 입학 초기 적응 교육 개선, 저학년 신체 활동 강화 등을 주요 개정 사항으로 정리할 수 있다.

2) 2022 개정 수학과 교육과정 살펴보기

2022 개정 수학과 교육과정[4]의 방향은 핵심 아이디어를 중심으로 수학의

4 교육부 고시 제2022-33호 수학과 교육과정.

지식·이해, 과정·기능, 가치·태도를 통합적으로 교수·학습하여 수학 교과 역량을 함양하고 수리 소양을 갖추게 한다.

① 수학과 교과 역량

2015 개정 수학과 교육과정에서는 6개의 교과 역량을 제시하였는데 2022 개정 교육과정에서는 태도와 실천 역량이 삭제되고, 창의융합역량이 연결 역량으로 수정되어 문제해결 역량, 추론 역량, 의사소통 역량, 연결 역량, 정보처리 역량의 5가지 교과 역량을 제시하고 있다.

표 6-1 2022 개정 교육과정 교과 역량

역량	내용
문제해결 역량	수학적 지식을 이해하고 활용하여 적극적이고 자신감 있게 여러 가지 문제를 해결한다.
추론 역량	수학적 사실에 대해 흥미와 관심을 갖고 추측과 정당화를 통해 추론한다.
의사소통 역량	수학적 사고와 전략에 대해 의사소통하고 수학적 표현의 편리함을 인식한다.
연결 역량	수학의 개념, 원리, 법칙 간의 관련성을 탐구하고 실생활이나 타 교과에 수학을 적용하여 수학의 유용성을 인식한다.
정보처리 역량	목적에 맞게 교구나 공학 도구를 활용하여 자료를 수집하고 처리하여 정보에 근거한 합리적 의사 결정을 한다.

② 수학과 성격과 목표

수학과 교육과정의 성격에서는 수학과의 고유한 특성과 수학 학습의 필요성을 제시하였다. 목표는 총괄 목표와 세부 목표로 구성하였는데, 총괄 목표는 지식·이해, 과정·기능, 가치·태도를 통합적으로 학습하여 수학 교과 역량을 함양하는 것으로, 세부 목표는 문제해결, 추론, 의사소통, 연결, 정보처리 역량을 각각 함양하는 것으로 설정하였으며 역량을 중심으로 목표를 진술하였다.

수학과 교육과정의 목표는 수학의 개념, 원리, 법칙을 이해하고 수학의 가치를 인식하며 바람직한 수학적 태도를 길러 수학적으로 추론하고 의사소통하며 다양한 현상과 연결하여 정보를 처리하고 문제를 창의적으로 해결하는 수학 교과 역량을 함양하는 것이다.

(1) 수학적 지식을 이해하고 활용하여 적극적이고 자신감 있게 여러 가지 문제를 해결한다.

(2) 수학적 사실에 대해 흥미와 관심을 갖고 추측과 정당화를 통해 추론한다.

(3) 수학적 사고와 전략에 대해 의사소통하고 수학적 표현의 편리함을 인식한다.

(4) 수학의 개념, 원리, 법칙 간의 관련성을 탐구하고 실생활이나 타 교과에 수학을 적용하여 수학의 유용성을 인식한다.

(5) 목적에 맞게 교구나 공학 도구를 활용하며 자료를 수집하고 처리하여 정보에 근거한 합리적 의사 결정을 한다.

③ 수학과 교육과정 내용 체계

수학과 교육과정의 내용체계표에는 핵심 아이디어가 반영되었는데 2015 개정 교육과정의 일반화된 지식을 2022 개정 교육과정에서는 핵심 아이디어 형태로 진술하였다.

모든 교과의 내용 체계 범주가 '지식 · 이해', '과정 · 기능', '가치 · 태도'로 통일되었기 때문에 2015 개정 교육과정의 '내용' 요소가 '지식 · 이해' 범주로, '기능'이 '과정 · 기능'의 범주로제시되었고, '가치 · 태도' 범주는 신설되었다.

④ 수학과 교육과정의 영역

수학과의 기존 영역은 수와 연산, 도형, 측정, 규칙성, 자료와 가능성의 5개 영역이었는데 2022 개정 교육과정에서는 도형과 측정 영역을 합쳐 '도형과 측정' 영역이 되었고, 규칙성 영역은 '변화와 관계' 영역으로 변경되었다.

⑤ 수학과 교육과정의 성취기준

2015 개정 교육과정에서 제시한 수학과 성취기준은 128개였지만 2022 개정 교육과정에서는 7개를 줄여서 총 121개의 성취기준을 제시하고 있다. 기존 2개로 나누어져 있던 성취기준을 1개로 합치고, 일부에서는 성취기준에서 제외하며, 3개의 성취기준은 새로 만드는 것과 같은 방법으로 성취기준을 제시한다.

3) 2022 개정 수학과 교육과정 교수 · 학습방법

2022 개정 수학과 교육과정에서는 교과 역량 함양을 통해 수학을 깊이있게 학습하고 적용할 기회를 제공하기 위한 교수·학습방법을 제시하고 있다.

① 문제해결 역량 함양

(1) 수학의 개념, 원리, 법칙을 이용하여 해결 가능한 문제를 학생에게 제시한다. 이때 다양한 방법으로 해결 가능한 문제, 여러 가지 해답이 나올 수 있는 문제 등을 활용할 수 있다.

(2) 문제에 주어진 조건과 정보를 분석하고 적절한 문제해결 계획을 수립하고 실행하며 문제해결 과정을 반성하도록 구체적인 발문과 권고를 제시한다.

(3) 문제해결 과정 및 결과의 의미를 재해석하여 주어진 문제를 변형하거나 새로운 문제를 만들어 해결하게 한다.

(4) 성공적인 문제해결 경험을 바탕으로 적극적이고 자신감 있게 문제해결에 참여하게 하고, 단번에 답이 나오지 않는 문제라도 끈기 있게 도전하여 성취감을 느끼게 한다.

② 추론 역량 함양

(1) 수학의 개념, 원리, 법칙에 흥미와 관심을 갖고 다양한 방법으로 탐구하고 이해하게 한다.

(2) 귀납, 유추 등의 개연적 추론을 통해 수학적 추측을 제기하고 일반화하며 증명하면서, 수학적 증거와 논리적 근거를 바탕으로 비판적으로 사고하는 태도를 갖게 한다.

(3) 수학의 개념, 원리, 법칙을 도출하는 과정과 수학적 절차를 논리적이고 체계적으로 수행하고 반성하게 한다.

③ 의사소통 역량 함양

(1) 수학 용어, 기호, 표, 그래프 등의 수학적 표현을 정확하게 사용하고 표현끼리 변환하게 한다.

(2) 학생이 자신의 사고와 전략을 수학적 표현으로 나타내고 설명하면서 수학적 표현의 편리함을 인식하게 한다.

(3) 학생 간 상호 작용과 질문이 활발한 교실 문화를 조성하고 수학적으로 의미 있는 의사소통이 이루어지도록 적절한 과제를 제시하고 안내한다.

(4) 수학적 아이디어에 대해 상호 작용하는 과정에서 타인을 배려하고 의견을 존중하는 태도를 기르게 한다.

④ 연결 역량 함양

(1) 영역 간에 관련된 수학의 개념, 원리, 법칙 등을 유기적으로 연계하여 새로운 지식을 생성하면서 창의성을 기르게 한다.

(2) 수학과 실생활, 사회 및 자연 현상, 타 교과의 내용을 연계하는 과제를 활용하여 수학의 유용성을 인식하게 한다.

⑤ 정보처리 역량 함양

(1) 실생활 및 수학적 문제 상황에서 자료를 탐색하고 수집하며 수학적으로 처리하여 합리적인 의사 결정을 하는 태도를 기르게 한다.

(2) 교구나 공학 도구를 활용하여 추상적인 수학 내용을 시각화하고 수학의 개념, 원리, 법칙에 대한 직관적 이해와 논리적 사고를 돕는다.

(3) 학생이 주도적으로 교구나 공학 도구를 활용하여 탐구하게 한다.

(4) 계산 기능 함양을 목표로 하지 않는 교수·학습 상황에서는 복잡한 계산을 할 때 공학 도구를 이용할 수 있게 한다.

2 수학과 교수·학습을 위한 AI·디지털 교육자료 수업 모델 탐구

1) AI·디지털 교육자료 활용 개념 기반 탐구 수업 설계모델

그림 6-1 AI·디지털 교육자료 활용 개념 기반 탐구 수업 설계모델

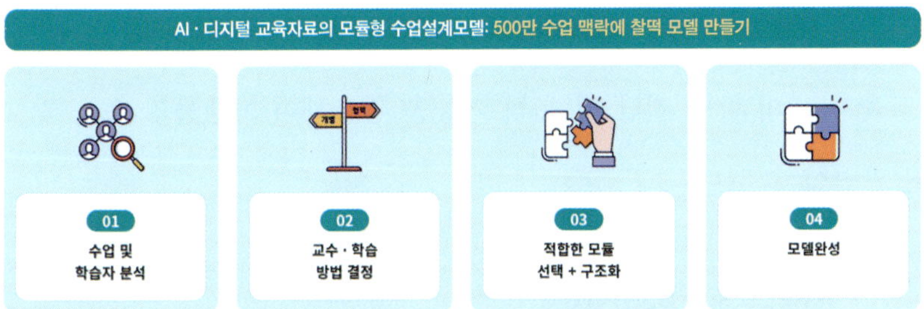

- 선생님이 구현하려는 수업 특징에 알맞게, 수업설계모델을 유연하게 적용할 수 있습니다.
- 학생 참여 중심 수업을 개별학습과 협력학습으로 나누어 제시하였습니다.
- 적합한 활동 선택과 구조화를 위한 원칙이 있으며, 원칙은 모든 참여 중심 수업에 적용됩니다.
- 모델완성은 협력학습을 예로 들어, 총 6시간의 수업에서 AI·디지털 교육자료가 유연하게 사용되는 상황을 보여줍니다.

디지털 기반 교육혁신 역량강화 지원방안에서 제시한 AI·디지털 교육자료를 활용한 개념 기반 탐구 수업 설계모델[5]은 [그림 6-1]과 같다.

수업 설계모델은 '수업 및 학습자 분석', '교수·학습 방법 결정', '적합한 활동 선택 및 구조화', '모델 완성'의 4단계로 제시하고 있으며, 교사가 구현하려는 수업 특징에 맞게 유연하게 적용할 수 있도록 구성하였다. 학생이 수업에 참여하는 형태는 개별학습과 협력학습으로 나누었고, 모든 참여 중심 수업에 적용되는 수업 설계 원칙을 제시하였다.

5 디지털 기반 교육혁신 역량 강화 지원방안(2024.4.).

2) 1단계: 수업 및 학습자 분석

수업에서 AI·디지털 교육자료를 활용하기 위한 수업 설계의 첫 번째 단계는 수업과 학습자를 분석하는 단계이다. 이 단계의 핵심 질문은 '학생별 수준, 취약점 확인이 필요한가?'이다.

교사의 판단을 통해 해당 단원의 수업을 시작하기 전 학생의 학습 수준 분석이 필요할 경우 학습 요구 진단 활동을 실시할 수 있으며, 이때 AI·디지털 교육자료[6]의 학습 진단 및 분석 기능을 활용하여 학생들의 수준 및 취약점을 확인할 수 있다.

그림 6-2 1단계 – 수업 및 학습자 분석

각 단원별로 AI·디지털 교육자료에서 제공하는 진단평가 기능을 활용하면 학생의 평가 결과를 실시간으로 확인할 수 있고, 응답한 학생의 결과를 분석하여 대시보드를 통해 개인별/학급별 리포트로 제공하며, 결과 분석을 통

6 AI·디지털 교육자료 웹 전시본(천재교과서, 초등 수학 3-1, 박민구).

해 학생 맞춤형 수업을 위한 피드백을 제안할 수 있다.

그림 6-3 AI·디지털 교육자료 단원 진단 평가

대시보드에서 제공하는 평가 리포트를 통해 학생별 정/오답 현황을 직관적으로 파악할 수 있고, 풀이 결과를 확인할 수 있다.

그림 6-4 대시보드 평가 리포트

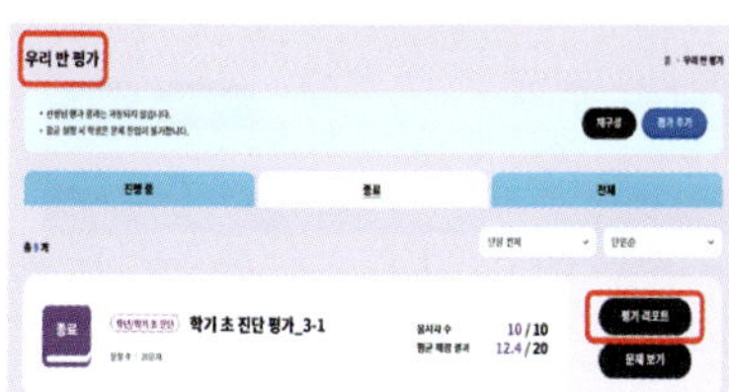

그림 6-5 평가 리포트 현황

평가 리포트 내에서 개별 학생의 이름을 클릭하면 학생별 평가 리포트를 통해 해당 학생의 평가 결과를 분석해주고, 어떤 영역에서 어느 정도 부족한지 시각적으로 확인이 가능하다.

그림 6-6 학생별 정오답 현황

AI · 디지털 교육자료에서 지원하는 평가 재구성 기능을 이용하면 교사가 직접 진단 평가 문제를 수정하여 활용할 수 있다.

그림 6-7 평가 재구성

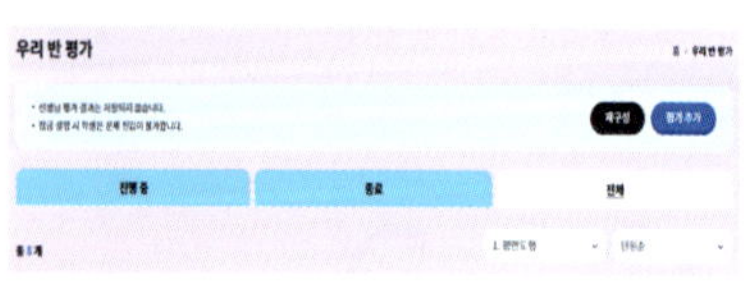

그림 6-8 문제 수정

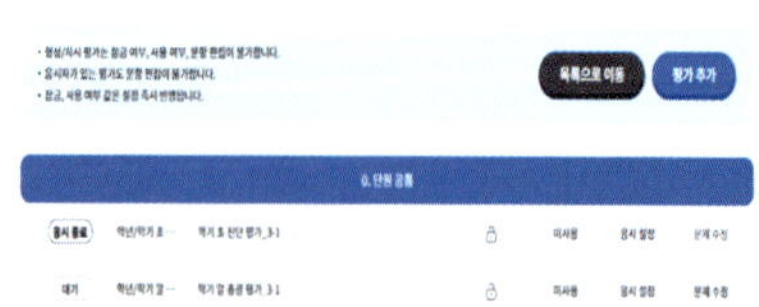

'문제지 요약' 기능을 이용하여 평가 문항의 토픽/키워드 중심으로 문항의 내용이나 순서를 수정할 수 있고, '유사 문항' 기능을 이용하여 유사 문제를 추가하여 제시할 수 있다.

그림 6-9 문제지 요약

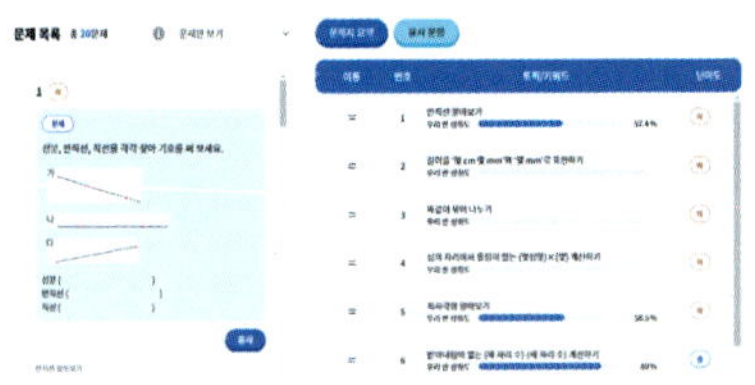

그림 6-10 유사 문항

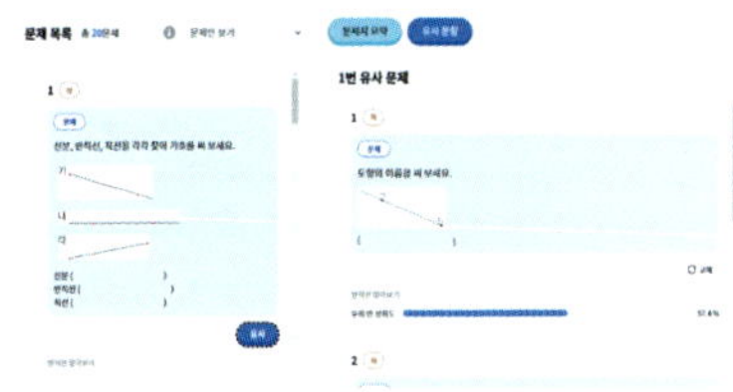

만약 수업 및 학습자 분석이 필요 없는 상황이라면, 즉, 학생별 학습 현황을 교사가 충분히 확인할 수 있는 상황이라면 다음 단계인 교수·학습 방법 결정 단계로 넘어갈 수 있다. AI·디지털 교육자료를 활용하는 상황이라면 학생별 학습 현황을 보다 면밀하게 분석할 수 있다.

그림 6-11 단원별 성취 현황

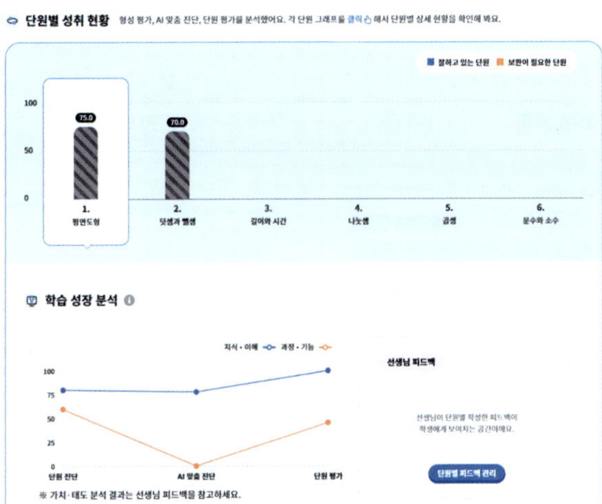

그림 6-12 성취기준별 분석

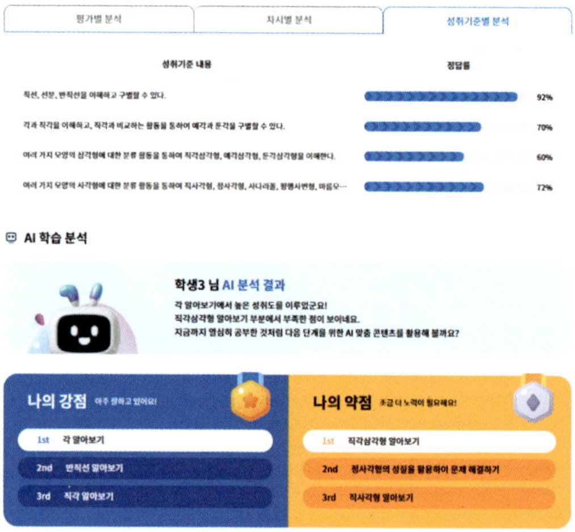

우리반 수업의 단원별 '학생 학습 현황' 화면에서도 교과서 공부, 수학익힘, 형성 평가 등 학생의 차시별 학습 현황을 확인할 수 있다.

그림 6-13 학생 학습 현황

그림 6-14 교과서 공부

그림 6-15 수학익힘

그림 6-16 형성 평가

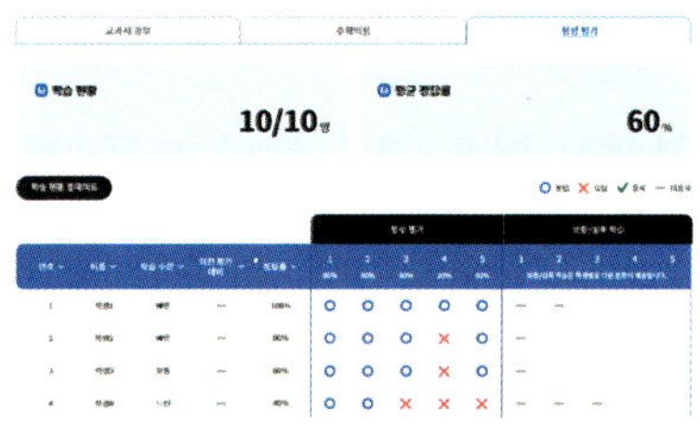

3) 2단계: 교수·학습 방법 결정

그림 6-17 2단계 – 교수·학습 방법 결정

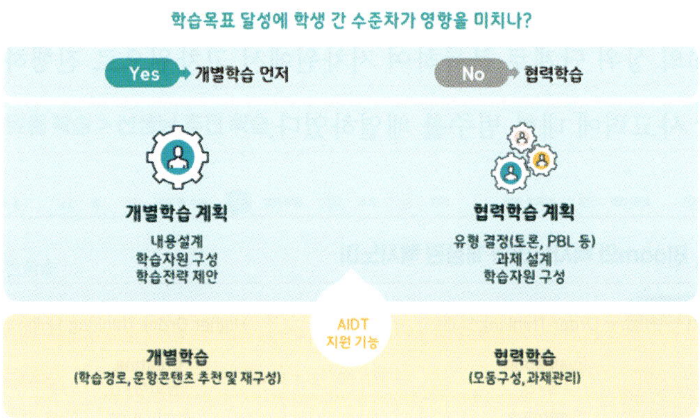

수업 및 학습자 분석이 끝나면 다음 단계는 교수·학습 방법 결정 단계이다. 이 단계의 핵심 질문은 '학습목표 달성에 학생 간 수준차가 영향을 미치나?'이다.

수학과 학습 목표를 달성하기 위해 적절한 교수·학습 방법을 선택하는 것은 대단히 중요하다. 특히 학생들이 토론, PBL 등 협력 학습을 통해 학습 목표를 달성하도록 수업을 설계할 때 AI·디지털 교육자료의 강점을 잘 활용

콘텐츠 재구성 기능을 제공하여 동시간대 수준별 맞춤형 학습을 지원하고 있다.

그림 6-20 원 클릭 학습 설정

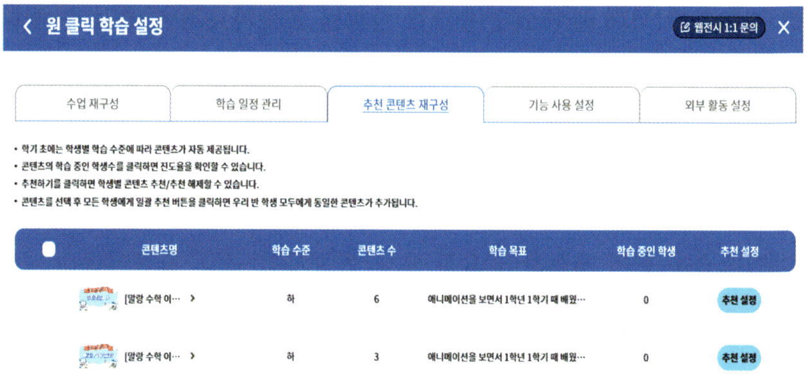

추천 콘텐츠 재구성 화면에서는 학습 수준별 콘텐츠가 제공되는데 추천 설정을 통해 학생별로 추천할 수 있는 콘텐츠를 추천/추천 해제 할 수 있고, 학습 중인 학생수를 통해 진도율을 확인할 수 있다.

그림 6-21 AI 맞춤 추천

학생의 학습 수준을 참고하여 체크한 학생만 콘텐츠를 추천하거나 AI 맞춤 추천이 가능하다.

그림 6-22 수업 재구성 > 내 콘텐츠 추가

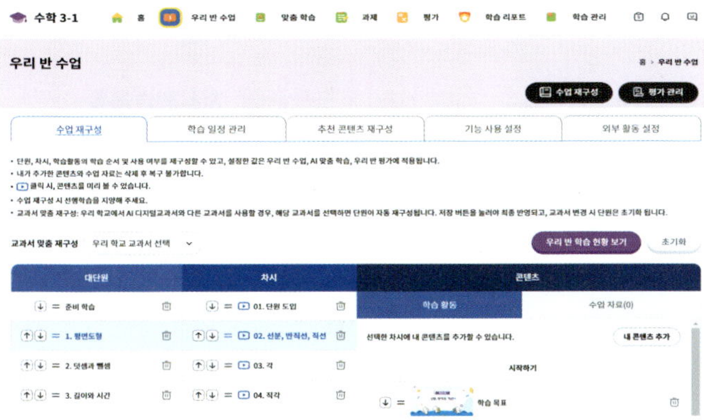

AI·디지털 교육자료의 수업 재구성 기능 역시 개인별 맞춤형 학습을 설계하는 기능을 포함하고 있다. 우리반 수업의 수업 재구성에서 콘텐츠 추가 기능을 이용하면 각 차시별로 학생에게 추가적으로 제공할 개별 학습 자료를 추가할 수 있다.

그림 6-23 콘텐츠 > 학습 활동

그림 6-24 콘텐츠 추가 화면

학습 활동에서 내 콘텐츠 추가 기능을 이용할 경우, 수업 학습창에 추가한 콘텐츠가 제공되며 학습 순서 조정도 가능하다. AI·디지털 교육자료에서 추가할 수 있는 콘텐츠는 문서, 동영상, 게시물, 링크 등 수업과 관련된 다양한 파일 형식을 지원하고 있다.

그림 6-25 콘텐츠 > 수업 자료

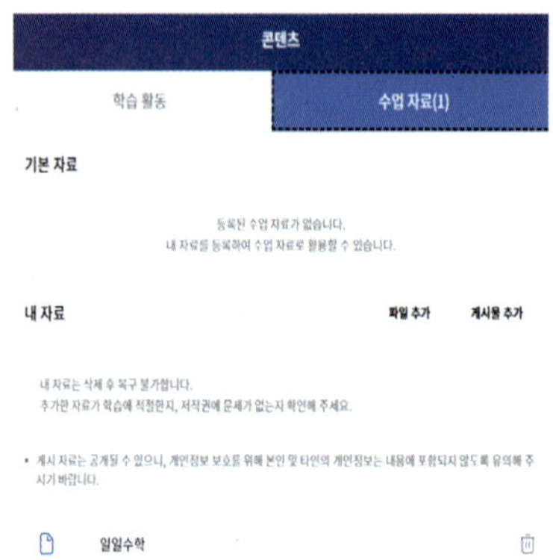

그림 6-26 차시 학습 목록

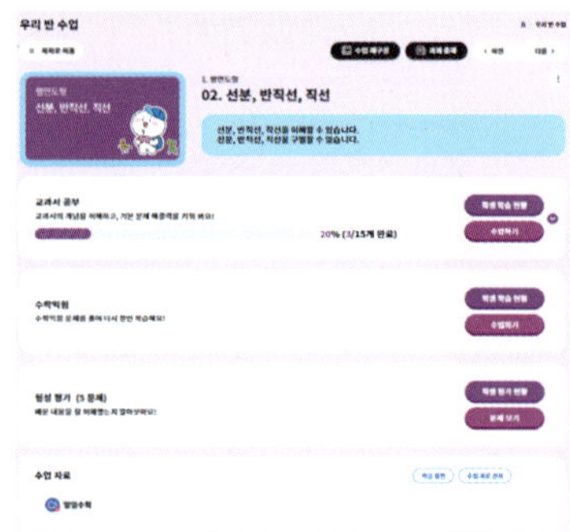

콘텐츠의 수업 자료에 파일 또는 게시물을 추가할 경우, 차시 학습 목록에 추가한 콘텐츠가 제공된다.

만약 학습 목표 달성에 학생 간 수준차가 영향을 미치지 않을 경우에는 개별 학습 과정을 생략하고 바로 고차원 협력 학습이 가능한 방향으로 수업을 설계할 수 있다. AI·디지털 교육자료에서도 협력 학습을 지원하는 기능을 제공하고 있으므로 적절히 활용할 수 있다.

그림 6-27 새 모둠 그룹 생성하기

AI·디지털 교육자료에서 제공하는 모둠 그룹 기능은 자동으로 간편하게 모둠을 구성하는 기능 외에도 실제로 학생들이 AI·디지털 교육자료 학습을 통해 분석된 학습 수준에 따라 모둠을 구성할 수 있는 장점이 있다. 이를 적절히 활용한다면 모둠 그룹별 수준을 적절히 조절하여 시작 단계에서부터 발생할 수 있는 편차를 줄여서 효과적인 협력 학습을 도울 수 있을 것이다.

그림 6-28 모둠별 과제 제공

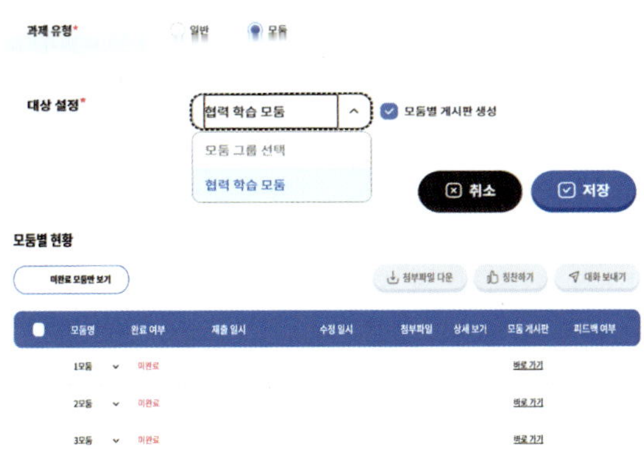

AI · 디지털 교육자료를 활용한 모둠 그룹의 경우 모둠별 게시판 생성 기능을 포함하고 있어서 온라인 의사소통, 협업, 모둠별 과제 해결 등에 적절히 활용할 수 있다.

그림 6-29 학급 칠판 게시판 만들기

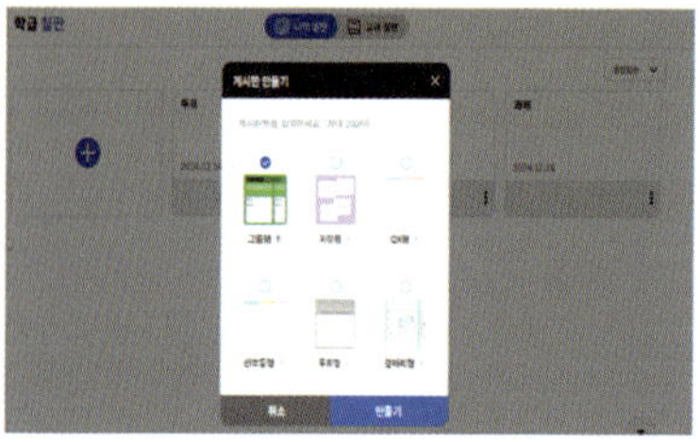

그림 6-30 게시판 유형

일반적으로 학생들과 온라인 도구를 사용하여 상호작용 하는 방법의 협력적 학습 활동이 빈번하게 이루어지고 있다. AI · 디지털 교육자료 역시 이와 같은 온라인 협력 도구를 탑재하여 목적에 맞게 다양하게 활용할 수 있도록 기능을 제공하고 있다. AI · 디지털 교육자료에서 제공하는 도구는 '학급 칠판'으로 그룹형, 자유형, OX형, 신호등형, 투표형, 갤러리형 등 학급에서 활용할 수 있는 다양한 활동에 맞게 여러 가지 유형으로 구분하여 제공함으로써 학생들의 협력적 상호작용을 도울 수 있다.

3) 적합한 모듈 선택 + 구조화

일반적으로 교실에서 이루어지는 교수 · 학습활동을 살펴보면 활동 안내, 학생 참여, 평가 및 성찰, 보충·심화의 형태로 이루어진다. 수업 활동 중 AI·디지털 교육자료 활용이 효과적이라고 판단될 경우 적절히 반영할 수 있는데 세부 활동별로 '모듈' 단위로 나누어 적재적소에 AI·디지털 교육자료의 기능을 선택하여 설계할 수 있다.

그림 6-31 3단계 – 적합한 모듈 선택+구조화

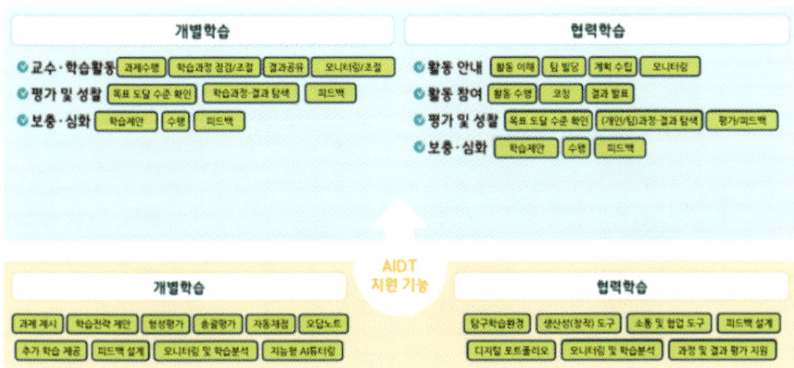

예를 들어 수업 활동을 안내할 때 AI·디지털 교육자료에서 제공하는 동영상 콘텐츠 혹은 이야기 자료를 읽도록 하고, 수업 활동에서는 AI·디지털 교육자료 상에서 문제를 직접 풀고 정리하는 활동을 제시하며, AI·디지털 교육자료의 자료 제출이나 수학 문제 풀이 결과, 화면 캡처 및 정리 등을 통해 활동 결과를 발표하도록 설계할 수 있다. AI·디지털 교육자료를 통해 학생이 학습한 결과는 교사가 대시보드를 통해 학생 개인별 목표 도달 수준을 확인하고, 문제 해결 과정 혹은 결과를 살펴볼 수 있다. AI·디지털 교육자료의 자동 채점 및 분석 기능을 통해 평가 결과를 확인하고, AI 튜터와 함께 학생들에게 적절한 피드백을 제공할 수 있는 것도 AI·디지털 교육자료가 갖고 있는 맞춤형 학습 기능을 충분히 활용하는 방법이라고 할 수 있다. 이와 같이 수업의 모든 활동에서 AI · 디지털 교육자료의 기능을 무조건적으로 활용하는 것이 아니라 필요한 단계에서 필요한 기능을 선택하여 수업을 설계할 수 있기 때문에 적재적소에 AI · 디지털 교육자료 활용을 선택하는 모듈 선택 원칙에 대한 이해도 필요하다.

그림 6-32 모듈 선택 원칙

모듈 선택의 원칙은 '맥락', '지식구성', '상호 작용 및 협력', '맞춤교육'의 4가지로 이루어진다.

'맥락'은 학생이 실제 삶의 맥락에서 문제를 해결하도록 돕는지 확인하는 것으로 학생 생활 주변에서 접근 가능한 내용, 방법과 관련하여 문제 해결 방법을 구안한다. '지식구성'은 수동적, 기계적인 반응이 아닌, 학생이 지식을 구성하고 자신의 경험을 성찰해 가도록 도울 수 있는지를 판단한다. '상호 작용 및 협력'은 AI · 디지털 교육자료를 활용한 수업 활동이 학생들의 협력적 활동을 지원하는지를 고려한다. '맞춤교육'은 학생이 갖고 있는 사전 지식이나 특성을 고려한 맞춤교육을 도울 수 있는지 확인한다.

모듈 선택의 원칙 적용을 위해 재구성 관점을 체크리스트[8] 질문으로 확인할 수도 있다. 각 영역별 관련 여부를 확인하기 위해 5~6가지 질문 형태로 제시하여 적합한 활동을 선택할 수 있도록 이해를 도와준다. 예를 들어 '맥락'에서는 핵심 아이디어를 중심으로 내용 요소가 유기적으로 연결되었는지, '지식구성'에서는 단순한 암기가 아닌 핵심 역량 활용이 가능하도록 설계되었는지, '상호작용 및 협력'에서는 학생-학생 간 상호작용 유무를, '맞춤교육'에서는 평가 결과에 대한 피드백을 다음 차시 수업에 환류할 수 있는지 등 실제적인 부분에 대한 질문으로 구성되어 있다.

그림 6-33 지식 구조화의 설계 원칙

이와 같이 AI·디지털 교육자료 수업에서는 모듈 선택 원칙을 고려하여 적재적소에 활용하는지 여부를 교사가 직접 선택하여 설계할 수 있으며, 학

8 교실혁명 선도교사 디지털기반 교육혁신 연수자료(2024.6.), 교육부.

생들의 고차원 학습을 위해 AI·디지털 교육자료가 지원해 줄 수 있는 기능을 필요한 과정에서 충분히 활용할 수 있도록 AI·디지털 교육자료가 제공하는 기능과 특징을 정확하게 이해하고 숙지할 필요가 있다.

4) 모델 완성

'수업 및 학습자 분석', '교수·학습 방법 결정', '적합한 활동 선택+구조화'의 단계를 거쳐 'AI·디지털 교육자료 활용 수업 모델을 완성'할 수 있다. 수학과 수업에서 학생 협력적 활동을 촉진하는 데 도움을 주는 기능을 중심으로 모듈을 선택 및 배치함으로써 AI·디지털 교육자료를 활용한 학생 참여형 수업의 흐름을 구성하고, 특히 단원 전체의 수업 설계시 AI·디지털 교육자료를 활용하는 수업에만 사용 여부를 표시하는 등의 방법을 이용하여 수업 모델을 완성한다.

그림 6-34 4단계 - 모델 완성

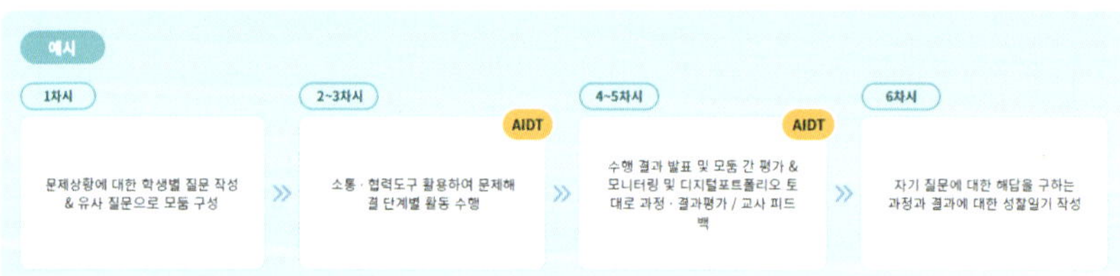

AI·디지털 교육자료 활용의 핵심은 학생 맞춤형 학습을 구현하는 것이므로 AI·디지털 교육자료를 활용한 모듈형 수업 설계 모델은 학생 개별 상황에 부합할 수 있기에 '500만 수업 맥락에 들어맞는 찰떡 모델'로 표현하고

있다. 다인수 학급에서 AI · 디지털 교육자료가 제공하는 학생 개인별 설계, 학생의 학습 현황 분석 및 피드백 제공을 통해 각각의 학생들이 각기 다른 수준을 고려한 수업의 모습을 그려가게 된다.

이를 정리하면 '수업 및 학습자 분석' 단계에서는 학생의 수준, 취약점을 확인하고, '교수 · 학습 방법 결정' 단계에서는 개별 학습을 통해 수준 차를 해소한 뒤 협력 학습을 적용하며, '적합한 모듈 선택+구조화' 단계에서는 적재적소에 모듈 선택 원칙에 따라 AI · 디지털 교육자료가 지원하는 기능을 배치함으로써 AI · 디지털 교육자료를 활용한 학생 참여형 '수업 모델을 완성'하게 된다.

그림 6-35 AI·디지털 교육자료의 모듈형 수업 설계 모델

AI · 디지털 교육자료의 수업 설계 모델 완성까지의 각 단계별 수행할 과정을 정리하면 다음과 같다.

그림 6-36 AI·디지털 교육자료의 수업 설계 모델

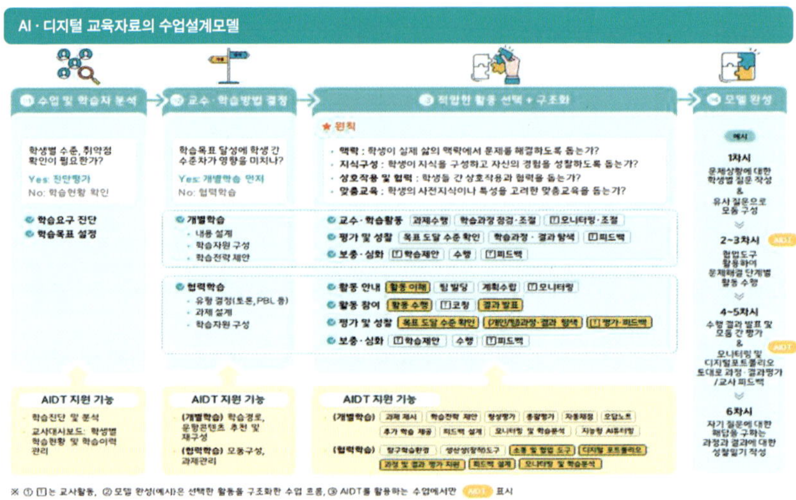

3 AI·디지털 교육자료 활용 수학과 교수·학습 방법 실천 전략

2022 개정 수학과 교육과정에서 강조하는 교수·학습 방법과 함께 AI·디지털 교육자료를 효율적으로 활용할 수 있는 실천 전략에 대해 이야기해 보고자 한다.

1) 수학과 교수·학습 환경 및 분위기 조성

2022 개정 수학과 교육과정에서는 학생들이 수학 학습에 주도적으로 참여하는 교수·학습 환경과 분위기 조성을 위해 다음과 같은 사항을 제시하고 있다.

1) 수학 학습의 주체가 학생 자신임을 인식하고 수학 학습에 적극적으로 참여하도록 유도한다.
2) 스스로 수학 학습 목표와 계획을 세우고 학습 결과를 평가하고 성찰하도록 안내한다.
3) 수학을 효과적으로 학습하는 방법을 탐색하고 자신의 학습 과정과 태도를 돌아보고 조절하는 자기주도적 학습 습관을 형성하도록 지도한다.
4) 교사 및 동료와 협력적 관계 속에서 수학 학습에 대한 조언과 의견을 경청하고 수용할 수 있도록 허용적인 분위기를 조성한다.
5) 수학 학습에 자신감을 가지고 실수가 배움의 기회임을 인식하며 끈기 있게 도전하도록 격려하고 지원한다.

AI·디지털 교육자료를 활용할 때 학생은 교실 수업을 진행하는 선생님 외에도 AI 튜터라는 인공지능 교사가 존재하여 학생의 학습 현황을 분석하고 적절한 피드백 및 추천 학습을 자동으로 담당해 준다. AI·디지털 교육자료의 피드백은 정량적 요소 외에도 정성적 요소를 담고 있어 학생의 강점과 약점을 파악하여 흥미를 갖고 학습을 이어갈 수 있도록 학생을 적극 독려하는 역할도 함께 지원해 준다.

그림 6-37 개별 학생 단원별 성취 현황

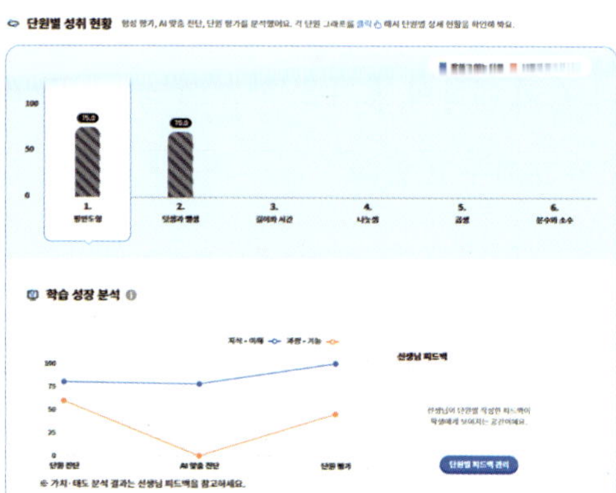

그림 6-38 AI 학습 분석

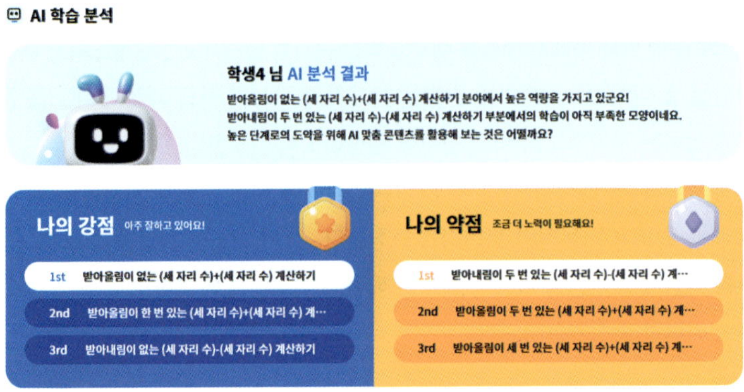

AI 튜터 기능을 통해 AI·디지털 교육자료를 활용하는 학습 환경에서 학생은 체계적으로 관리받고 있다는 안정감과 함께 개별 학습 활동의 세부적인 부분까지 분석하여 개선 방향을 안내받음으로써 자기 주도적인 학습력을 가질 수 있게 된다.

수업 중 교사와 학생의 활발한 대화가 쉽지 않은 교실 환경을 고려할 때 AI·디지털 교육자료는 수업 중 학생의 궁금증과 관련한 사항을 도와줄 수 있는 규칙 기반의 AI 챗봇 기능을 제공하고 있다. 일반적으로 알고 있는 AI 챗봇과는 달리 AI·디지털 교육자료에서 구현되는 챗봇은 학습과 관련된 개념, 학습 현황 등과 같이 대화의 범위를 '학습'에 국한시켜 학생들이 교육적으로 활용할 수 있도록 도와주고 있다.

그림 6-39 AI 챗봇 활용

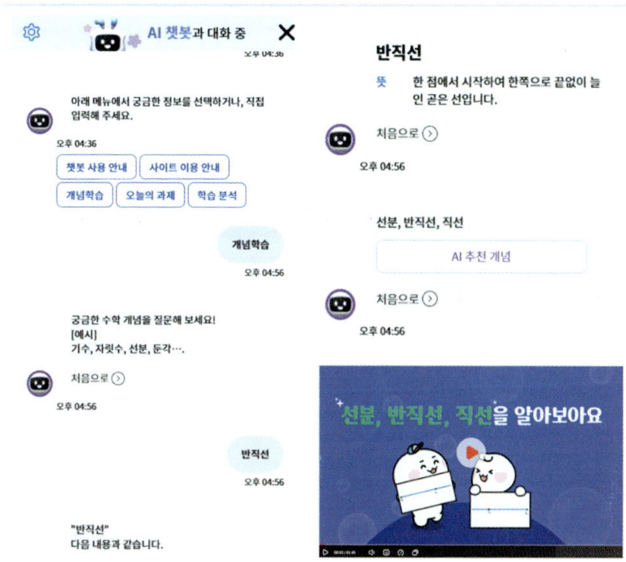

AI·디지털 교육자료가 제공하는 AI 맞춤형 학습은 학생 스스로 자신의 학습 과정과 태도를 돌아볼 수 있게 하고, 틀렸던 부분을 정확하게 분석하여 끈기를 갖고 도전하게 만드는 습관을 형성하는 데 도움을 준다.

그림 6-40 AI 맞춤 학습

AI·디지털 교육자료의 실시간 모니터링 기능은 교사와 학생 사이의 거리 제한을 없애고 학생의 학습 현황을 실시간으로 파악하여 실제적인 도움을 주는 용도로 활용할 수 있다.

그림 6-41 AI·디지털 교육자료의 실시간 모니터링

그림 6-42 학생별 학습 현황

학생별 학습 현황

No	이름	학습 완료	노트
1	학생1	✓ 00:04	
2	학생2	✓ 00:04	
3	학생3	✓ 00:05	
4	학생4	✓ 00:04	
5	학생5	✓ 00:06	
6	학생6	✓ 00:04	
7	학생7	✓ 00:04	
8	학생8	✓ 00:05	
9	학생9	✓ 00:04	
10	학생10	✓ 00:06	

그림 6-43 제출 및 풀이 답안

학생별 학습 현황

No	이름	제출 여부	풀이 답안
1	학생1	완료	2, 4
2	학생2	완료	2, 4
3	학생3	완료	2, 4
4	학생4	완료	2, 4
5	학생5	완료	1, 3
6	학생6	완료	2, 4
7	학생7	완료	2, 4
8	학생8	완료	2, 4
9	학생9	완료	2, 4
10	학생10	완료	1, 3

2) 수학과 교수·학습 방법과 AI·디지털 교육자료

2022 개정 수학과 교육과정에서는 학생의 학습 능력과 수준 등을 고려하여 다음의 교수·학습 방안을 적절히 선택하여 활용하는 것을 제시하고 있다. 수학과 교수·학습 방안과 연계하여 활용할 수 있는 AI·디지털 교육자료의 실천 전략을 함께 다루어본다.

가) 설명식 교수 : 교사가 설명과 시연을 통해 수업을 주도하는 교수·학습 방안

⇨ 수업 내용을 구조화하여 체계적으로 지도하는 데 효과적이다.

⇨ 교사는 학생의 적극적인 수업 참여를 유도하고, 사고를 촉진하는 발문을 적절히 활용한다.

그림 6-44 설명식 교수에 효과적인 실시간 모니터링 기능

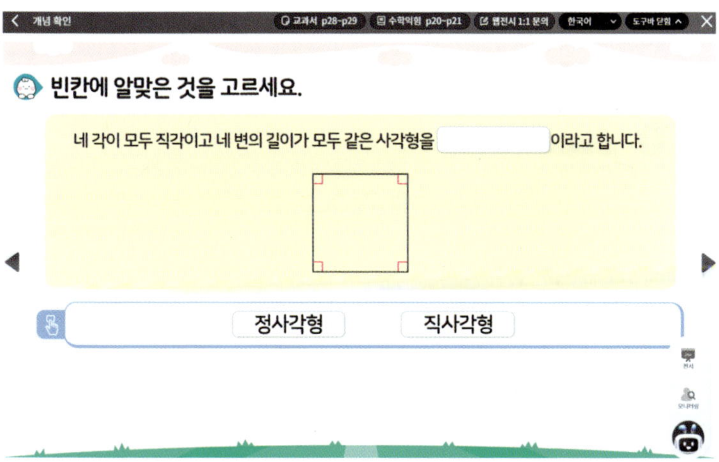

AI·디지털 교육자료는 학생들이 직접 사용하고 있는 자신의 교과서와 같은 화면을 이용하여 교사가 설명 및 시연할 수 있으며, 교사의 판서 및 참고 자료를 학생들에게 공유하거나 직접 제공할 수 있다. 또한 실시간 모니터링 기능을 이용할 경우, 개념 이해가 부족한 학생 화면에 직접 접속하여 학생의 이해를 돕는 실시간 정보 제공이 가능하다.

나) 토의·토론 학습: 특정 주제에 대해 협의하거나 논의하는 교수·학습 방안

⇨ 학생들이 수학 내용을 폭넓게 이해하고, 자신의 주장을 효과적으로 표현하고, 다른 사람의 의견을 비판적 사고를 통해 수용하여, 합리적으로 의사 결정하는 태도를 기를 수 있게 한다.

그림 6-45 AI·디지털 교육자료의 소통 및 협업 도구 활용

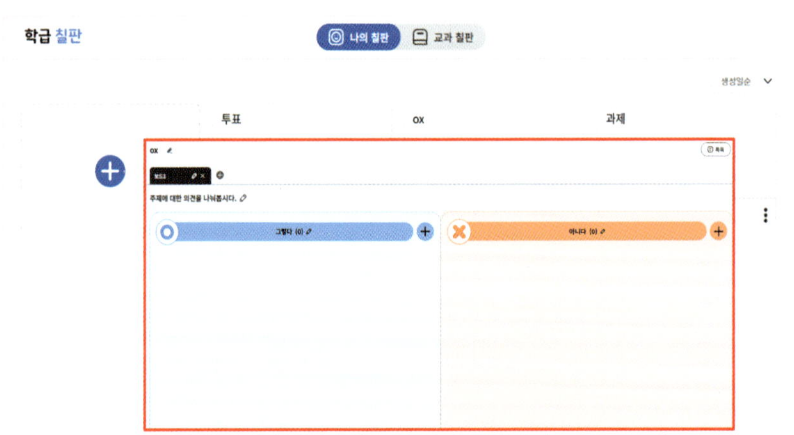

AI·디지털 교육자료의 학급 칠판을 적절히 활용하면 토의·토론 활동에 있어 대면 수업 상황에서 좀처럼 의견을 표현하지 않는 학생들도 접근성을

높여 토의·토론 활동에 참여할 수 있는 장점이 있다. 투표 기능, OX 선택 등을 통해 학생 개인별 의사가 충분히 반영된 수업 활동이 가능하다.

다) 협력 학습 : 모둠 내의 상호 작용, 의사소통, 참여를 통해 공동의 학습 목표에 도달하도록 하는 교수·학습 방안

⇨ 다른 사람을 존중하고 배려하며 모둠 내의 역할을 수행하고 책임감을 기를 수 있게 한다.

그림 6-46 모둠 그룹 기능

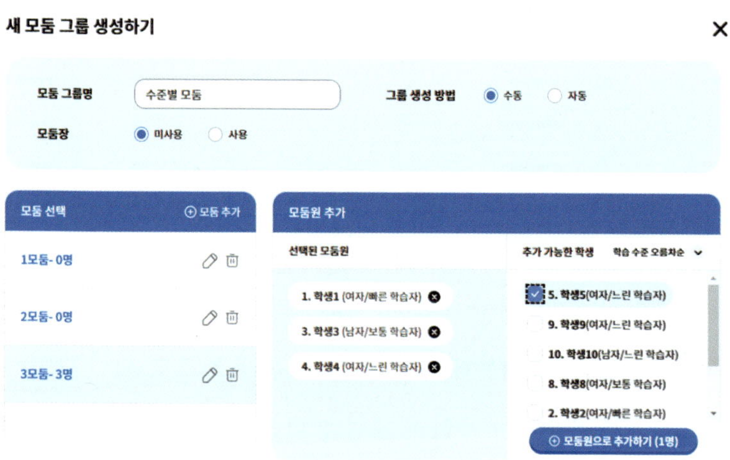

대면 수업 상황에서의 협력 학습의 중요성은 두말할 필요가 없다. AI·디지털 교육자료의 모둠 설정 기능을 이용할 경우 모둠 생성 단계에서부터 학생들의 학습 수준을 고려한 모둠 구성이 가능하고, 모둠 게시판 기능과 같은 기본적으로 제공하는 온라인 협업 도구를 학생들이 편리하게 활용할 수 있기에 협력 학습을 도와주는 차원에서의 AI·디지털 교육자료의 강점을 표현할 수 있다.

라) 탐구 학습 : 학생이 중심이 되어 수학의 개념, 원리, 법칙을 발견하고 구성하는 교수·학습 방안

⇨ 학생 스스로 자료와 정보로부터 지식을 도출하거나 지식의 타당성을 확인하는 것이 중요함을 알게 할 수 있다.

그림 6-47 문항별 정오 현황

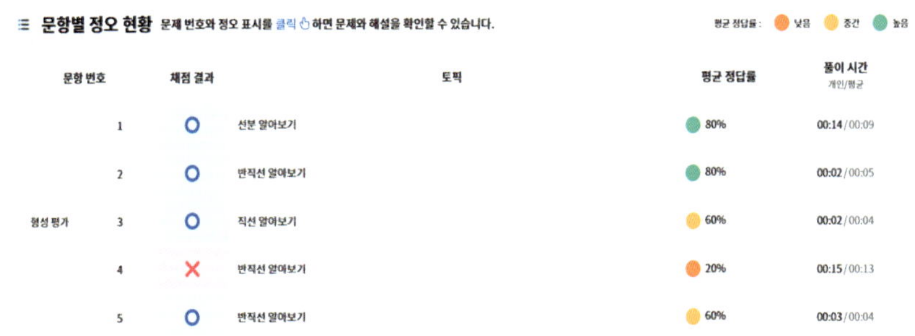

☰ **문항별 정오 현황** 문제 번호와 정오 표시를 클릭 하면 문제와 해설을 확인할 수 있습니다.

평균 정답률 : 낮음 중간 높음

	문항 번호	채점 결과	토픽	평균 정답률	풀이 시간 개인/평균
	1	O	선분 알아보기	80%	00:14/00:09
	2	O	반직선 알아보기	80%	00:02/00:05
형성 평가	3	O	직선 알아보기	60%	00:02/00:04
	4	✕	반직선 알아보기	20%	00:15/00:13
	5	O	반직선 알아보기	60%	00:03/00:04

AI·디지털 교육자료에서 제공하는 평가 리포트는 학생이 자신의 수준을 정확하게 파악하고 분석하는데 도움을 준다. 학생 스스로 AI·디지털 교육자료를 통해 문제를 해결하고 수학의 개념과 원리, 법칙을 올바로 배워나갈 수 있기때문에 탐구 학습을 위한 개념 지도에 활용할 수 있는 가능성이 높다.

마) 프로젝트 학습 : 학생 스스로 특정 주제나 과제를 탐구하고 해결하기 위해 계획을 수립하고 수행하여 결과물을 산출하고 공유하는 교수·학습 방안

⇨ 자기주도적으로 수학 지식과 경험을 통합하게 할 수 있다.

그림 6-48 AI·디지털 교육자료의 맞춤 학습

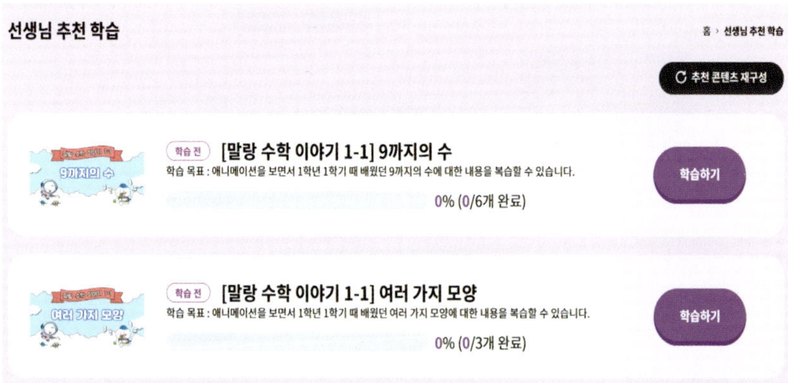

학생은 수업을 통해 특정 주제나 과제에 관심을 갖고 개별적으로 더 학습하고 싶은 의욕을 가질 수 있는데 AI·디지털 교육자료는 맞춤 학습 기능을 통해 학생의 수준에 적합한 다양한 추천 콘텐츠를 추가적으로 제공하고 있다. 맞춤 학습은 학생의 학습 수준을 고려한 난이도, 해결 과제 등을 제안하여 스스로 계획을 수립하고 문제를 해결해 가는 프로젝트 학습을 실행할 수 있는 학생의 역량을 쌓아가는데 도움을 준다.

바) 수학적 모델링 : 학생의 삶과 연계된 현상을 다양한 수학적 표현 방식을 이용하여 수학적 모델로 만들고, 수학적 모델을 다시 실생활이나 사회 및 자연 현상에 이용하는 교수·학습 방안

⇨ 수학의 응용에 대한 넓은 안목을 갖게 할 수 있다.

그림 6-49 다양한 콘텐츠 제공 수업 설계

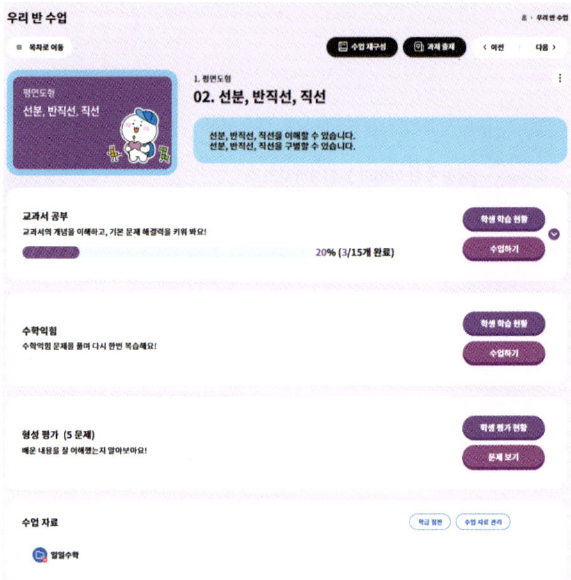

AI·디지털 교육자료 학습은 교과서 공부, 수학익힘, 형성 평가 외에도 교사가 제공하는 다양한 수업 자료를 이용할 수 있다. 학생들이 AI·디지털 교육자료를 통해 삶과 연계된 수학적 배움을 체득할 수 있도록 충분한 콘텐츠를 제공할 수 있는 것은 상당한 강점이다.

사) 놀이 및 게임 학습 : 호기심과 흥미를 유발하는 놀이 및 게임 활동을 활용하는 교수·학습 방안

⇨ 활동 속에서 수학 개념이나 원리를 탐구하고, 동료와 경쟁 또는 협력하면서 자연스럽게 수학에 접근한다.

⇨ 수학 학습에 대한 자신감 및 의사소통 역량을 기르게 할 수 있다.

AI · 디지털 교육자료에서는 별도의 준비 과정 없이 디지털화된 다양한 수업 도구를 제공하여 수학 수업 활동에서 참여 및 조작과 관련된 학생들의 즐거운 배움 활동이 일어날 수 있도록 지원한다. 학생들의 학습 활동 시간을 안내하는 워치는 디자인과 효과음으로 활동시간을 적절히 분배하고, 디지털 판서를 통해 가독성 있는 학습 정보를 효과적으로 제공하며, 디바이스 사용 시 집중을 유도하는 집중 벨을 활용하여 학생들의 적극적 참여를 돕는다.

그림 6-50 워치

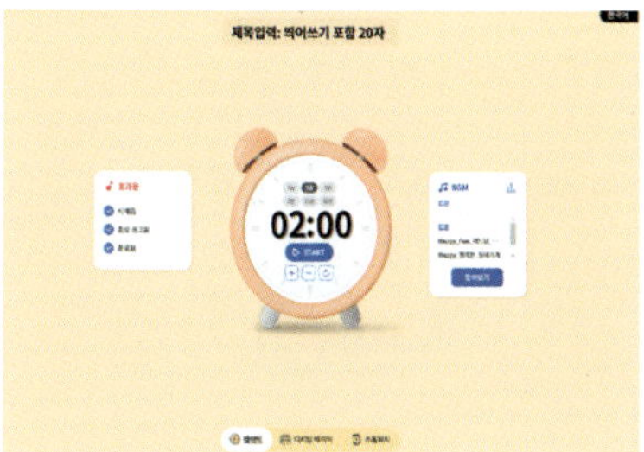

그림 6-51 판서

그림 6-52 집중 벨

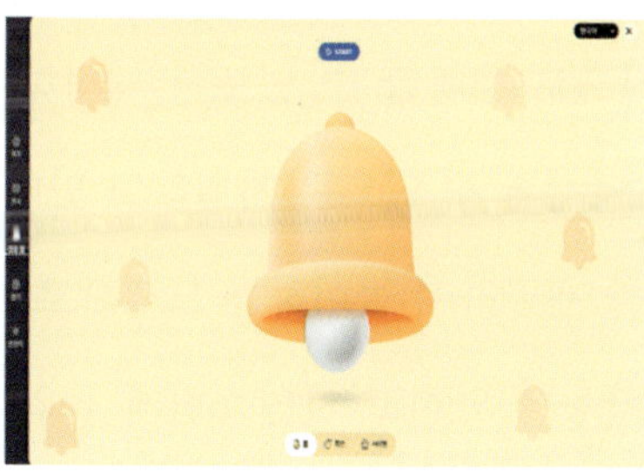

그림 6-53 뽑기

발표, 룰렛, 사다리, 캔디머신 등의 뽑기 시스템을 통해 학생들이 호기심과 흥미를 갖고 참여 및 경쟁, 협력하도록 유도한다.

그림 6-54 발표 도우미

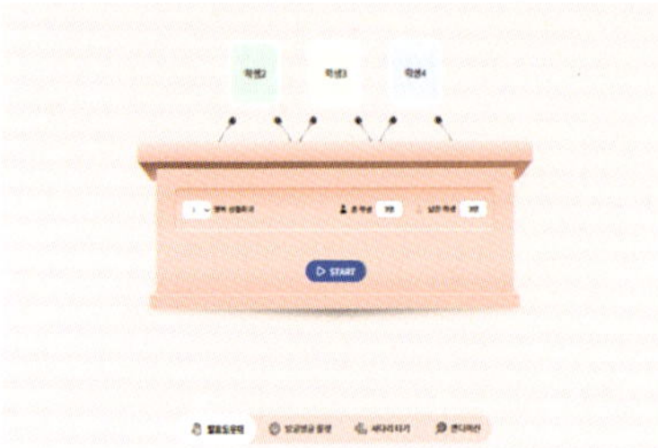

그림 6-55 빙글빙글 룰렛

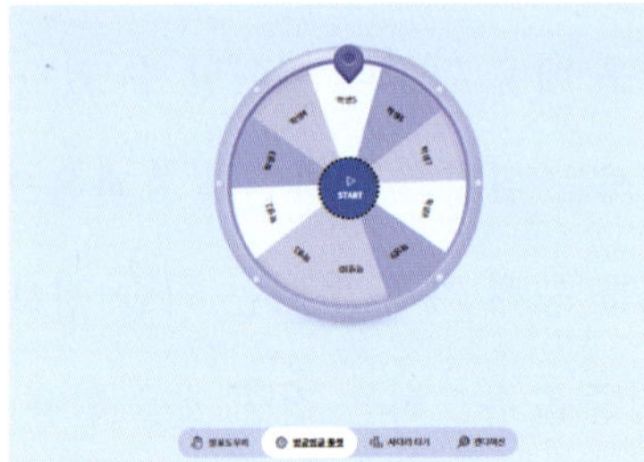

그림 6-56 사다리 타기

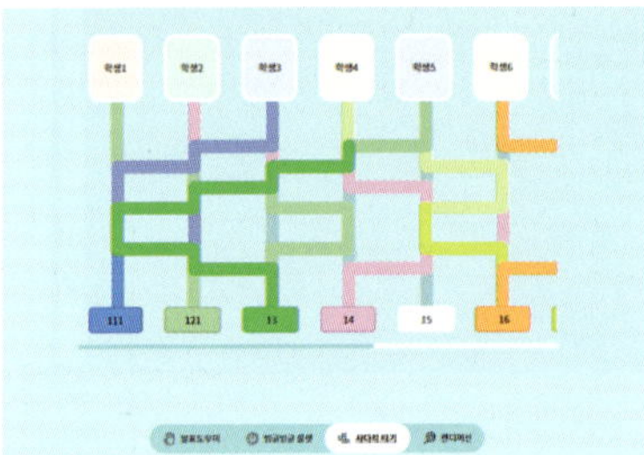

그림 6-57 캔디머신

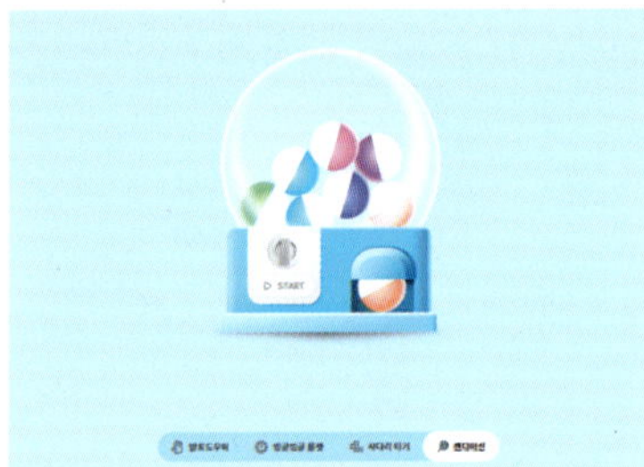

디지털 수학 교구는 수 모형, 모양 만들기, 도형판, 계산, 평면도형 이동, 시계 조작, 분수 계산, 그래프 등을 직관적으로 조작할 수 있도록 제작하여 별도의 교구가 없이도 충분히 학습 목표를 달성할 수 있도록 지원하고 있다.

알지오매스 키즈 프로그램은 2D와 3D를 제공하여 놀이하는 느낌으로 도형과 관련된 수학적 개념이나 원리 탐구 활동을 익히고 자연스럽게 몰입하는 순기능을 보여준다.

그림 6-58 수학 교구

그림 6-59 알지오매스 키즈 프로그램

Chapter 7

깊이 있는 학습과 AI·디지털 기반 탐구질문 수업설계

이 성 일

1 AI 시대, 수업의 전환

"선생님, 이건 왜 배워야 해요?"

수업 시간, 학생이 던진 이 한마디에 잠시 멈칫했다. 교사라면 누구나 한 번쯤 들었을 질문이다. 이 질문을 처음 들었을 때는 '배우기 싫다는 말인가?' 라는 생각이 들어 어떻게 대답해야 할지 막막하였다. 하지만 곰곰이 생각해 보니 이 질문은 어느 순간부터 나에게 수업의 본질을 묻는 신호가 되었다. 검색이나 생성형 AI와 같은 기술을 통해 누구나 지식을 찾고 학습할 수 있는 시대에 살고 있는 지금, 학생들은 어떤 의미로 질문을 던진 것일까? 바로 학생들은 단순히 새로운 지식을 거부하는 것이 아니라 자신의 삶과 수업이 어떻게 연결되는지, 그리고 지금 배우는 것이 어떤 의미를 가지는지를 묻고 있는 것이다. 이제 교사는 단순한 지식 전달자가 아니라, 학생이 질문을 던지고 스스로 탐구할 수 있도록 설계하고 조율하는 학습 설계자로의 전환이 필요하다. 그리고 이러한 전환은 AI·디지털 기반 수업 설계를 통해 도움을 받을 수 있으며 이를 바탕으로 학생들의 질문에 응답하는 것이 앞으로의 학교 교육이 나아가야 할 방향이라고 생각한다.

2022 개정교육과정에서는 이러한 질문에 응답하며 깊이 있는 학습을 여러 번 언급하고 있다. 이는 단지 많이 배우고 수업 내용이 어려워지는 것이 아니라, 학생의 사고 수준과 수업의 구조 자체가 바뀌어야 한다는 의미이다.

2022 개정 교육과정 초·중등학교 교육과정 총론

Ⅰ 교육과정 구성의 방향

1. 교육과정 구성의 중점

마. 교과 교육에서 **깊이 있는 학습**을 통해 역량을 함양할 수 있도록 교과간 연계와 통합, 학생의 삶과 연계된 학습, 학습에 대한 성찰 등을 강화한다.

Ⅱ 학교 교육과정 설계와 운영

2. 교수·학습

가. 학교는 학생들이 **깊이 있는 학습**을 통해 핵심역량을 함양할 수 있도록 교수·학습을 설계하여 운영한다.

1) 단편적 지식의 암기를 지양하고 각 교과목의 핵심 아이디어를 중심으로 지식·이해, 과정·기능, 가치·태도의 내용 요소를 유기적으로 연계하며 학생의 발달 단계에 따라 **학습 경험의 폭과 깊이를 확장할 수 있도록 수업을 설계한다.**

5) 교과의 **깊이 있는 학습**에 기반이 되는 언어·수리·디지털 기초소양을 모든 교과를 통해 함양할 수 있도록 수업을 설계한다.

깊이 있는 학습이란 단편적인 개별 지식의 습득을 넘어 학생의 주도적인 탐구과 사고를 통해 개념 간의 관계를 이해하고 전이하면서 새로운 상황에 적용하고 그 과정을 설명하고 성찰할 수 있는 역량을 기르는 것을 목표로 한다. 다시 말해 '왜' 배우는지를 스스로 이해하고 '어떻게' 응용할지를 탐색하게 하여 삶과 연계된 학습과 학습에 대한 성찰을 강화하는 것이다. 하지만 초등학교 수업은 40분이라는 시간과 다양한 수준의 학생들 속에서 진행되기 때문에 깊이 있는 수업이 어렵다고 느껴질 수 있다. 이를 위해서는 학생의 '능동적 참여'를 끌어내는 수업이 필요한데, 여기서 '참여'는 단순한 수업 출석이나 활발한 활동의 수준을 넘어서, 학생의 관심과 호기심에 기반한 '생각의 참여'를 의미한다. 이를 위해서는 학생의 눈높이에 맞춘 또는 학생의 일상 세계와 연결된 적절한 탐구 질문을 제시하며, 학생의 호기심을 유발해 내는 것이 수업 설계의 가장 중요한 과제라 할 수 있다.(2022 개정 교육과정 총론 해설, 교육부 고시 제2022-33호, 2022.12.22.) 학생들의 생각의 참여를 위해 탐구 질문이 필요하며, 탐구 질문은 학생들의 사고를 이끌어 내고 관심을 갖고 스스로 학습에 참여하게 하며 깊이 있는 학습을 유도하는 데 중요한 역할을 담당한다. 따라서 탐구 질문을 통해 탐색 및 정리, 표현이 유기적으로 연결된다면 초등학교 수업도 충분히 깊이 있는 학습 구조로 운영할 수 있다.

AI와 디지털 기술의 발전은 이 흐름을 더 확장할 수 있는 가능성을 제공하고 있다. 교사의 수업 설계를 단순화하는 도구를 넘어 탐구 질문 중심 수업을 설계하고 확장할 수 있도록 돕는 파트너로 진화하고 있는 것이다. 하지만 초등학교에서는 학생의 직접적인 생성형 AI의 활용은 주의해야 하며, 교사가 AI 및 디지털 기술을 활용해 수업 설계에 도움을 받고 피드백을 설계하는 방식이 교육적으로도 적절하며 현실적인 활용 방안이다. 이는 학생의 발달 단계와 교과의 구조적 특성을 고려할 때도 타당하다. 초등학생은 탐구의 개념적 틀을 교사로부터 안내받으며 구성하는 과정에 있으며, AI가 제공하는 다양한 정보와 피드백을 비판적으로 선택하거나 조직하는 데에는 교사의 조율이 필요하다. 다시말하면 AI는 교사의 수업 설계를 지원하고 학습 구조를 설계하는 데 도움을 주는 방향으로 접근되어야 한다.

그림 7-1 AI·디지털 교육자료의 수업 설계 지원 기능

예를 들어 2025년 도입된 AI·디지털 교육자료에서도 이러한 기능을 활용할 수 있다. AI가 우리 반 종합 분석 결과를 통한 맞춤 자료 지원과 수업 재구성 기능, 지식맵 기반의 학생별 강점·약점을 분석하는 기능, 모둠별로 학습자 수준이 골고루 분포 되도록 편성해 주는 기능 등을 통해 교사의 수

업 설계를 지원받을 수 있다. ([그림 7-1] 참고) 또한 웹사이트나 동영상, 문서 등의 자료를 기반으로 탐구 질문, 퀴즈, 활동지, 피드백 문장 등을 자동으로 생성하거나 조정해주는 AI 기반 수업 설계 도구 Brisk Teaching을 활용할 수 있다. Brisk Teaching은 수업 흐름을 짧고 선명한 구조로 재구성하고 교사의 설계 시간을 줄이며 수업 흐름을 자동화 하는 데 강점을 가진다. 이러한 기능은 질문을 수업 중심에 놓고 싶지만, 수업 준비에 제한이 있는 교사들에게 탐구 질문 중심 수업의 실현 가능성을 크게 높여준다. 특히 생성형 AI(ChatGPT 등)를 병행하면 학생 질문을 정제하고 대체 설명을 마련하거나 다양한 표현활동까지 구성할 수 있다.

결국 AI 및 디지털 기술은 교사를 대신하는 존재가 아니라 교사의 질문을 확장하고, 설계의 효율과 사고의 깊이를 함께 높일 수 있는 교육적 동반자가 될 수 있다. 이렇게 된다면 AI 및 디지털 기술은 단순한 기술 도입을 넘어 교육의 본질인 학생의 이해와 의미 구성에 기여하는 도구로 자리매김할 수 있을 것이다. 이 장에서는 이러한 관점에서 깊이 있는 학습을 설계하는 교사의 전략과 활용 가능한 AI·디지털 도구, 그리고 수업 안에서 실현 가능한 실천의 사례들을 중심으로 살펴보고자 한다.

2 깊이 있는 학습의 원리와 수업 설계 전략

1) 개념기반 교육과정의 철학과 구조

개념기반 교육과정은 단편적 지식의 축적이 아닌, 핵심 개념을 중심으로 학습자의 이해를 조직하는 교육과정 설계 방식이다. 이 접근은 영역을 아우르면서 해당 영역의 학습을 통해 일반화할 수 있는 내용을 핵심적으로 진술한 '핵심아이디어'라 불리는 개념적 중심을 통해 학생들이 해당 영역 학습의 초점을 부여하여 다양한 맥락에서 지식을 연결하고 전이하는 깊이 있는 학습을 가능하게 하는 토대가 된다. 즉, 개별적인 사실이나 절차를 외우는 대신, 핵심 개념을 이해하고 이를 통해 새로운 상황에 적용할 수 있는 능력을 기른다.

2022 개정 교육과정에서는 모든 교과에서 이러한 개념 중심의 설계를 강조하고 있다. 예컨대 수학 교과의 수와 연산의 영역의 경우, '수와 사칙 계산은 수학 학습의 기본이 되며, 실생활 문제를 포함한 다양한 문제를 해결하는 데 유용하게 활용된다'는 개념은 원리 탐구를 통해 심화되고, 타 교과나 실생활 맥락으로도 확장 가능하다. 국어 교과에서는 '독자는 다양한 상황 맥락과 사회·문화적 맥락 속에서 자신의 읽기 목적을 달성하기 위하여 다양한 유형의 글을 읽는다'는 개념 아래에서 설명문, 주장하는 글, 이야기글을 통합적으로 다루며, 과학에서는 '물질은 여러 가지 상태로 존재하며, 구성 입자의 운동에 따라 물질의 상태와 물리적 성질이 변한다'는 개념은 다양한 실험과 탐구를 통해 심화된다. 이러한 공통된 개념 중심 수업은 교과 간 연결성과 학습의 전이를 촉진한다. 핵심 아이디어를 중심으로 한 수업은 다음과 같은 특징을 갖는다.

- 다양한 사실·경험·자료를 하나의 개념으로 수렴시킨다.
- 반복되는 학습을 통해 개념을 정착시키고, 점진적으로 심화한다.
- 새로운 상황에 개념을 적용하거나 전이하는 과제를 중심에 둔다.
- 교과별 고유 개념과 학습자 중심 문제 해결을 결합하여 깊이 있는 학습을 이끈다.

2) 탐구 질문으로 설계하는 수업·평가 흐름

'무엇을 가르칠 것인가?'보다 먼저 물어야 할 질문은 있다. 바로 '학생은 어떤 질문을 품고 이 수업을 시작하게 될까?'이다. 교사는 가르치는 사람이자, 학생의 질문을 설계하는 사람이다. 학생이 단순히 정보를 기억하는 것이 아니라, 그 지식을 왜 배우는지, 어디에 쓰이는지, 어떤 의미를 갖는지를 스스로 물어보며 배우도록 이끄는 것이 바로 '탐구 질문' 중심 수업의 출발점이다. 2022 개정 교육과정은 이러한 관점에서 지식을 제시하는 것이 아니라, 개념을 탐색하고 구성할 수 있도록 수업을 재설계해야 한다. 그 핵심은 탐구 질문으로부터 출발해, 평가까지 연결되는 흐름을 만드는 데 있다.

① 탐구 질문 만들기

탐구 질문을 만들기 위해서는 먼저 교육과정 분석이 필요하다. 교육과정 분석은 2022 개정 교육과정에서 제시하고 있는 핵심 아이디어, 성취기준, 내용 체계 등을 살펴보는 것이다. 핵심 아이디어는 초1~중3까지 활용할 수 있도록 통합적으로 진술되어 있어 교사의 재구성이 필요하다. 단원 성취기준, 내용 요소 분석 그리고 우리 반 학생들의 발달 수준을 고려하여 학생들의 역량 함양을 위한 중요 개념을 추출한 뒤 학생들의 수준에 맞게 바꿔본다. 이후 학생들이 단원 학습 이후에 도달해야 할 지향점이며, 탐구 질문에 대한 학생들의 답변인 단원 핵심 아이디어를 설정한다. 그리고 단원 핵심 아이디어를 대답으로 할 수 있는 질문인 단원 탐구 질문을 만든다. 이 때, 타 영역 및 교과 그리고 실생활에도 일반화할 수 있는 부분이 무엇인지 함께 살펴보면 더욱 좋다.

표 7-1 탐구 질문을 만드는 과정

1단계: 학습 내용과 관련된 핵심 아이디어 선정
↓
2단계: 단원 성취기준, 내용 요소 분석, 우리 반 학생들의 발달 수준을 고려하여 학생들의 역량 함양을 위한 중요 개념 추출
↓
3단계: 추출한 개념어를 학생들의 수준에 맞게 바꾸기
↓
4단계: 학생들의 답변할 수 있는 수준의 핵심 아이디어 만들기
↓
5단계: 단원 핵심 아이디어로 답변할 수 있는 탐구 질문 만들기

② 질문에서 평가까지 연결하는 백워드 설계

백워드 설계는 수업을 단순한 활동 나열이 아닌 학습의 궁극적 성취를 중심으로 설계하는 접근 방식이다. 교사는 수업을 시작하기에 앞서 학생이 단원을 통해 어떤 개념을 이해하고, 어떤 방식으로 이를 보여줄 수 있어야 하는지를 먼저 고민한다. 그 다음 단계에서는 해당 목표가 실제로 학생에게 어떤 형태로 나타나야 하는지를 보여줄 수 있는 평가 과제를 설계한다. 이때 중요한 것은 평가가 단순히 개념 이해 여부를 확인하는 정답형 문제가 아니라, 질문에 대한 탐색과 적용 결과를 학생 스스로 표현해내는 수행 중심 과제가 되어야 한다는 점이다. 마지막으로 그러한 과제를 가능하게 하기 위한 탐색활동, 자료 해석, 토의, 정리 등 수업 활동의 흐름을 역으로 구성한다. 이처럼 이해 목표 설정 → 평가 과제 설계 → 수업 활동 구성의 순서로 설계하는 방식을 질문-탐색-표현-평가가 끊기지 않고 이어지는 수업 구조를 만들어낸다. 이 설계 방식은 다음 세 단계로 정리할 수 있다.

(1) 이해 목표 설정: 단원을 통해 학생이 반드시 이해하고 있어야 할 핵심 개념을 명확히 정의한다.
(2) 평가 과제 설계: 그 개념을 적용하고 설명할 수 있는 실제적이고 창의적인 과제를 구성한다. 이 과제는 학생의 사고를 시각화하거나, 다른 사람에게 설명하기 위한 산출물로 표현될 수 있어야 한다.
(3) 수업 활동 구성: 학생이 과제를 수행할 수 있도록 질문을 던지고 탐색하고 개념을 구성하며 최종적으로 표현에 이를 수 있도록 수업 활동을 구성한다. 이 과정에서 토의, 실험, 시뮬레이션, 피드백 등의 다양한 도구가 활용된다.

이러한 백워드 설계는 수업과 평가를 분리하지 않는다. 학생이 질문에 답하기 위해 참여하는 모든 과정이 곧 학습이며, 그 결과로 생성된 표현이 평가의 본질적 자료가 된다. 따라서 평가를 위한 수업이 아니라, 질문을 탐색하며 개념을 구성하는 수업의 흐름 안에서 평가가 자연스럽게 통합되는 구조가 완성되는 것이다. 특히 초등학교 수업에서는 단편적인 결과보다 사고의 흐름과 표현 과정에 주목하는 것이 중요하다. 학생들이 질문에 대해 어떤 가정을 세우고, 어떤 자료를 탐색하며 어떻게 그것을 설명하려 했는지를 관찰하고 피드백하는 것이 교사의 핵심 평가 역량이 된다. 이러한 백워드 설계는 이후 소개할 GRASPS 수행 과제 설계나 AI·디지털 기반 수업 설계 등과도 유기적으로 연결되어 탐구 질문 수업의 완성도를 높이는 근거가 된다.

③ 평가 과제 개발하기: GRASPS를 활용한 평가 설계

깊이 있는 학습이란, 학생이 개념을 단순히 기억하는 것을 넘어, 그 개념을 적용하고 설명하며 다른 상황에 전이할 수 있는 사고 역량을 기르는 것을 의미한다. 이를 위해서는 지식 확인 중심의 전통적 평가 방식으로는 한계가 있으며, 학생이 자신의 언어로 개념을 표현하고, 실제적 맥락 속에서 적용해 보는 수행 중심 평가가 필요하다.

GRASPS는 이러한 수행 중심 평가를 구조화된 틀로 설계할 수 있게 도와주는 전략이다. Grant Wiggins와 Jay McTighe가 백워드 설계 이론을 구체화하면서 제안한 이 틀은, 학습자가 몰입할 수 있는 과제를 실제적인 문제 상황에 배치하고, 그 안에서 개념적 사고를 드러낼 수 있는 산출물을 창의적으로 만들어내는 경험을 목표로 한다. GRASPS는 다음과 같은 요소들로 구성된다.

- Goal(목표): 학습자가 도달해야 하는 과제의 목적
- Role(역할): 학습자가 수행 중 맡게 되는 역할
- Audience(청중): 과제 결과물을 전달하게 될 대상
- Situation(상황): 과제가 주어지는 가상 혹은 실제 상황
- Product(결과물): 산출물 또는 수행 과제
- Standards(평가준거): 평가 기준 및 성공 조건

예를 들어 초등학교 6학년 과학 '지구와 달의 운동'단원에서는 다음과 같이 GRASPS 과제를 설계할 수 있다.

- Goal(목표): 일정기간 동안 달의 모양 변화를 관찰하고, 그 과정을 그림책으로 만들어 설명한다.

- Role(역할): 어린이 과학 그림책 작가
- Audience(청중): 달을 처음 배우는 저학년 친구들
- Situation(상황): 저학년 친구들이 달의 모양이 왜 바뀌는지 궁금해하고 있다. 학생들은 과학 지식을 쉽게 설명해주는 그림책 작가가 되어, 달의 변화를 쉽고 재미있게 알려주는 그림책을 만들어야 한다.
- Product(결과물): 달의 변화 과정을 담은 그림책(Book Creator 활용)
- Standards(평가준거)

  → 과학적 정확성: 달의 모양 순서와 설명이 정확한가?

  → 창의성: 그림, 글, 표현 방식이 창의적인가?

  → 표현력: 쉬운 말로 저학년 학생들이 이해할 수 있게 표현했는가?

  → 완성도: 최소 8쪽 이상, 깔끔하게 구성되었는가?

이러한 과제는 단순히 배운 내용을 반복하거나 암기한 정답을 확인하는 방식이 아니다. 학생은 개념을 자신의 말과 표현 방식으로 재구성해야 하며, 실험 결과를 바탕으로 다른 사람을 설득하기 위해 논리적 설명력과 시각적 구성력까지 활용해야 한다. 평가 과정 역시 일회성 활동이 아니라, 질문을 해석하고 증거를 탐색하며 개념을 정리하고 표현하는 일련의 학습 흐름과 결합된다. 결국 평가란, 학생이 질문에 답하기 위해 고민한 전 과정과 그 결과물을 의미 있게 바라보는 일이 된다. 실제로 학생들은 이 과정을 통해 단지 달의 변화 과정을 학습하는 데 그치지 않고, 그 개념을 활용하고 알기 쉽게 풀어 동창적으로 이야기해보는 경험을 하였다. 이것이 바로 개념기반 교육과정이 지향하는 전이 가능한 이해이며, GRASPS는 그 이해를 구체적이면서도 학생 친화적인 방식으로 실현할 수 있게 하는 도구다.

3) 교사의 역할: 질문 설계자이자 사고 흐름 디자이너

탐구 질문을 중심에 두고 백워드 설계로 수업을 구상하는 과정은, 교사에게 단순한 교수법의 선택을 넘어 교사의 역할이 달라짐을 의미한다. 이제 교사는 지식을 전달하는 사람이 아니라, 학생이 스스로 질문을 던지고, 개념을 형성하며, 사고를 표현할 수 있도록 안내하는 설계자가 되어야 한다. 학생은 질문을 중심으로 학습을 시작한다. 그 질문은 교사가 설계한 것이지만, 그 질문에 답하는 과정은 학생의 탐색과 해석, 개념 구성의 흐름으로 채워진다. 따라서 교사는 질문을 잘 던지는 것에서 멈추지 않고, 그 질문에 접근하기 위한 사고 흐름, 자료 구조, 활동 흐름 전체를 설계해야 한다. 이러한 흐름 속에서 교사는 마치 연출가처럼 전체 수업의 구조를 구상하면서도, 동시에 상호작용하는 동료로서 학생 개별의 사고에 민감하게 반응해야 한다. 단원 내 핵심 개념이 학생의 언어로 재구성되는 순간, 비로소 교사의 질문은 살아 있는 배움의 도구가 된다.

더 나아가, 교사는 개념이 학생의 삶과 연결되도록 돕는 연결자이기도 하다. 학생이 수업 중 품은 질문을 실생활 맥락으로 확장할 수 있도록 돕고, 이를 통해 배움이 교과 안에 머물지 않고 학생의 내면 세계와 현실 세계를 연결하는 창이 되도록 구성해야 한다. 이러한 역할 변화는 단순한 교수 전략의 전환이 아니다. 그것은 교육과정이 담고 있는 철학을 수업 속에 실현하기 위한 교사의 전문성과 실천 역량의 전환이다. 질문을 만들고, 사고의 흐름을 조직하고, 표현을 이끌어내는 수업은 지식 중심 수업보다 더 많은 설계력과 판단력을 요구하지만, 그만큼 학생에게 깊이 있는 배움과 오래 남는 이해를 제공할 수 있다. 그리고 바로 이 지점에서 AI와 디지털 도구는 교사의 설계 역량을 보완하고 확장하는 조력자로서 기능할 수 있다. ChatGPT, Brisk Teaching 등과 같은 생성형 도구나 AI·디지털 교육자료는 교사가 설계한 질문을 다양한 방식으로 다듬고, 수업 흐름에 맞는 활동지, 피드백, 시각자료, 심지어 수행 과제의 예시까지도 빠르게 구성할 수 있게 해준다.

AI는 수업을 대신하지 않는다. 하지만 질문 설계-자료 구성-개념 정리-표현 과제 설계의 전 과정에서, 교사의 사고를 가속화하고 구조화하는 파트너가 될 수 있다. 결국, AI는 교사의 전문성을 대체하기보다는 수업의 철학을 구체적인 실천으로 옮길 수 있는 실행 기반을 제공하는 도구가 될 수 있다.

교사는 여전히 수업의 중심에 서 있지만, 이제 그 손에는 강력한 설계 보조 도구가 함께 쥐어져 있다.

3 AI·디지털 기반 수업 설계 전략

1) AI, 수업을 설계하는 교사의 동반자

AI 기술이 교육 현장에 빠르게 확산되고 있다. 그러나 초등교육에서는 여전히 학생이 AI를 직접 활용하기보다, 교사가 AI를 활용하여 수업을 설계하고 운영하는 방식이 더욱 교육적으로 적절하다. 초등학생은 인지 발달상, 생성형 AI의 위험성이나 정보의 신뢰도를 스스로 판단하기 어렵고, 개인 정보나 표현 윤리에 대한 통제 능력도 충분하지 않기 때문이다. 하지만 그렇다고 해서 AI가 학생의 배움과 무관한 것은 아니다. 비록 AI를 직접 다루지는 않더라도, AI의 지원을 통해 설계된 수업은 학생의 질문을 더 깊게 이끌고, 탐구 활동을 더 풍부하게 하며, 표현 기회를 더 다양하게 제공할 수 있는 수업 환경을 가능하게 만든다.

예를 들어, 교사가 단원의 핵심 개념을 중심으로 탐구 질문을 설계할 때, AI는 그 질문을 다양한 유형으로 제안해준다.

- 사실형: 달이 항상 같은 모양으로 보이지 않는 이유는 무엇일까?
- 설명형: 하루동안 태양의 위치가 달라지는 까닭은 무엇일까?
- 전이형: 만약 지구가 자전하지 않는다면 우리 하루는 어떻게 달라질까?

이러한 질문은 학생이 그저 지구와 달의 운동의 학습 내용을 암기하는 것이 아니라, 자신만의 설명을 만들고, 실험을 설계하며, 다양한 표현 방식으로 사고를 드러낼 수 있는 배움의 조건이 된다. 또한 AI는 교사가 학생의 활동을 정리할 때, 학습 흐름 요약, 피드백 문장, 표현 과제 예시 등을 제공함으로써 학생의 사고와 표현이 더 깊어지도록 구조를 잡아준다.

AI는 수업의 흐름을 빠르게 만들고, 사고의 틀을 제공하며, 교사가 학생과 더 깊이 상호작용할 수 있도록 시간과 설계 에너지를 확보해주는 동반자다. 즉, AI는 교사를 중심에 두되, 학생이 경험하게 될 질문, 탐색, 표현의 경로를 더 넓히고 다양하게 만들어주는 도구로 기능해야 한다. 결국 AI는 교사만을 위한 것이 아니라 교사가 설계한 수업 안에서 학생의 사고를 자극하고, 활동을 깊이 있게 만들어주는 설계 조력자이다.

이와 같은 관점에서 볼 때 AI는 초등학교 교실에서 학생의 배움을 더 촘촘히 설계하기 위한 교사의 설계 기반으로서의 가치를 지닌다. 그리고 이때 교사의 역할은 단순한 기술 사용자에 그치지 않고, 질문을 설계하고, 흐름을 구성하며, 기술을 교육적으로 맥락화하는 전문가로 확장되어야 한다.

2) AI·디지털 도구의 수업 설계 기능

AI·디지털 도구는 단순한 정보 검색을 넘어서, 교사의 사고 흐름과 설계 과정을 구체화해줄 수 있는 도구다. 특히 초등 수업 설계에서 AI·디지털 도구는 다음과 같은 영역에서 유의미하게 활용될 수 있다.

① 탐구 질문 생성 및 정제

교사가 단원의 핵심 아이디어를 입력하면, AI는 다양한 유형의 탐구 질문을 제안할 수 있다. 이를 바탕으로 학급 수준에 맞는 탐구 질문을 선택하고 수정하여 학생들이 수업에 능동적으로 참여하고 깊은 사고를 할 수 있게 해준다(그림 7-2, 7-3).

그림 7-2 ChatGPT 탐구 질문 아이디어 제시 프롬프트

<5학년 지구와 우주 단원 탐구 질문 아이디어 제시>

단원 핵심 아이디어: 지층과 화석은 지구의 과거에 대한 중요한 증거로, 이를 통해 지구의 역사를 해석하고 현재와 미래의 지구 환경 변화를 이해할 수 있다.

단원 주요 차시 내용
- 지층의 형성 과정 알아보기
- 퇴적암의 특징 알아보기
- 화석의 생성 과정 알아보기
- 화석을 통한 과거 생물과 환경 추리하기
- 지층과 화석 연구의 중요성 이해하기

그림 7-3 ChatGPT 탐구 질문 아이디어 답변

5학년 "지구와 우주" 단원에 대한 탐구 질문을 아래와 같이 제시합니다. 각 차시의 주요 내용에 맞춰 학생들이 탐구할 수 있도록 설계된 질문들입니다.

1. **지층의 형성 과정 알아보기**
   - **지층은 어떻게 쌓이고 변하는 걸까요?**
     (지층의 형성과 변형 과정에 대해 탐구하고, 시간이 흐르면서 지층이 어떻게 변화하는지 이해)
2. **퇴적암의 특징 알아보기**
   - **퇴적암은 어떻게 만들어지며, 다른 암석과 무엇이 다를까요?**
     (퇴적암의 형성 과정, 성분, 그리고 퇴적암의 특징을 다른 종류의 암석과 비교하여 탐구)
3. **화석의 생성 과정 알아보기**
   - **화석은 어떻게 형성되며, 어떤 조건에서 만들어질까요?**
     (화석이 만들어지는 과정을 이해하고, 어떤 환경과 조건에서 화석이 잘 보존되는지 탐구)
4. **화석을 통한 과거 생물과 환경 추리하기**
   - **화석을 통해 과거의 생물과 그들이 살았던 환경을 어떻게 추리할 수 있을까요?**
     (화석의 종류와 분포를 분석하여 과거 생물의 모습, 생활 방식, 그리고 그들이 살았던 환경을 추리)
5. **지층과 화석 연구의 중요성 이해하기**
   - **왜 지층과 화석을 연구하는 것이 중요할까요?**
     (지층과 화석 연구를 통해 지구의 과거를 어떻게 해석할 수 있는지, 그리고 현재와 미래의 지구 환경 변화에 어떤 영향을 미치는지 탐구)

이 질문들은 학생들이 단원 내에서 중요한 개념을 탐구하고, 지구의 과거를 이해하는 데 중요한 역할을 하는 지층과 화석에 대해 더 깊이 이해할 수 있도록 도와줄 것입니다.

② 수업 활동의 구조화 및 흐름 제안

AI는 특정 개념에 대한 수업 흐름(도입-탐색-정리-적용)을 자동 제안하거나, 교사가 제시한 활동 목표에 맞는 활동지, 발표자료, 퀴즈 등을 생성해줄 수 있다. 이는 특히 시간 부족에 시달리는 교사에게 '준비는 빠르게, 수업은 깊게' 가능하게 하는 핵심 전략이 된다(그림 7-4, 7-5).

그림 7-4 패들렛의 AI 추천 레시피 - 수업활동 생성을 통한 아이디어 얻기

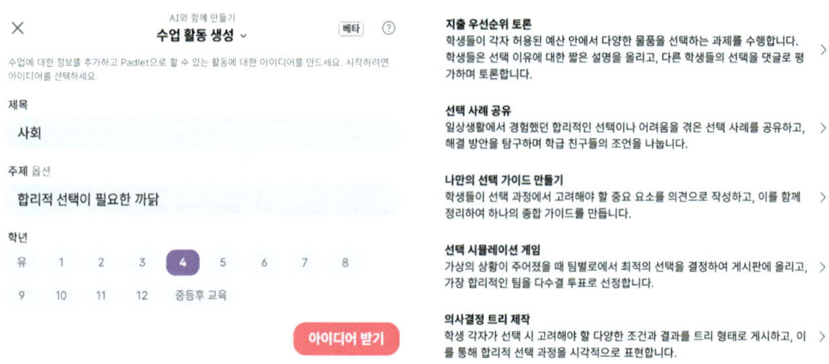

그림 7-5 패들렛 TA를 활용한 객관식 문제 만들기

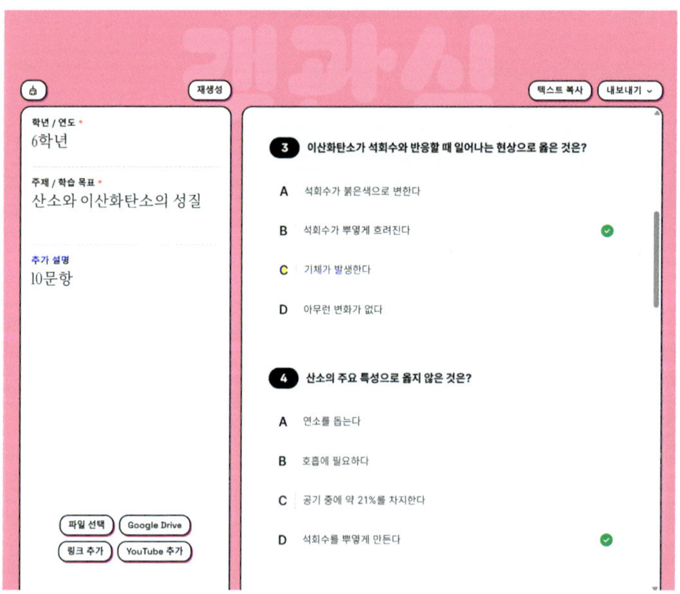

(3) 피드백, 평가 문장, 학습 요약 도출

생성형 AI는 학생의 응답을 요약하거나 활동 결과에 대한 피드백 문장을 제시하고, 학습 수준에 맞는 말뭉치를 제안함으로써 정서적 공감과 개념적 이해를 동시에 지원한다(그림 7-6). 이러한 AI의 기능은 교사가 피드백 초안을 빠르게 확보하고, 필요에 따라 학생의 상황에 맞게 수정하거나 보완할 수 있는 유연성을 제공한다. 덕분에 교사는 반복적인 피드백 작성의 부담을 줄이면서도, 보다 개별화된 피드백을 손쉽게 구성할 수 있으며, 학생과의 정서적 연결과 학습 촉진에 더 많은 에너지를 집중할 수 있다. 나아가 AI가 제안한 표현을 통해 교사 스스로도 다양한 언어적 표현과 피드백 방식을 확장하게 되어, 수업의 질과 피드백의 다양성이 함께 향상된다.

그림 7-6 AI 코스웨어의 AI 평어 생성 기능 활용 피드백 만들기

Comment

담당 선생님 의견

○○○ 학생의 전반적인 수학 성취도는 대체로 좋은 편입니다. 여러 유형에서 SMILE과 GREEN 수준을 기록했으며, 특히 각기둥과 각뿔, 그리고 소수의 나눗셈 개념에 강점을 보였습니다. 그러나 각기둥과 각뿔의 전개도와 소수의 나눗셈 활용 부분에서는 어려움을 겪고 있어 보충이 필요합니다. 먼저 각기둥과 각뿔의 전개도와 소수의 나눗셈 활용 문제를 집중적으로 학습하여 부족한 부분을 보완하는데 주력하는 것이 좋겠습니다. 장점인 각뿔의 기초 개념을 활용하여 이해를 확장하는 것도 좋은 방법입니다. 이러한 과정을 통해 균형 있는 성취도를 이룰 수 있을 것입니다.

출처: 스쿨플랫 AI 평어 생성

AI·디지털 도구는 아직 사람만큼 어휘적 표현이 섬세하거나 맥락에 완벽하게 부합하지는 않지만, 교사의 사고를 자극하고 교육적 실천을 신속하게 구체화한다는 점에서 수업 설계 도우미로서 높은 활용 가능성을 지닌다. 교사는 AI를 활용해 수업활동 아이디어를 빠르게 생성하거나, 학습 주제에 기반한 탐구 질문을 다양하게 구성할 수 있으며, 학생의 응답이나 결과물을 바탕으로 정서적 공감과 개념적 명확성을 동시에 담은 피드백을 보다 쉽게 작성할 수 있다. 이 과정에서 AI는 일종의 창의적 사고 촉진자로 작용하여, 교사가 기존에 고려하지 못했던 수업 구상이나 표현 방식에 대한 새로운 관점을 확보하는 데 도움을 준다. 특히 시간과 에너지의 소모를 줄이면서도 수업의 질을 높이는 보조자로 기능하며, 교사의 전문성과 디지털 기술이 조화를 이루는 수업 혁신의 기반을 마련할 수 있다.

3) AI·디지털 교육자료와 수업 설계의 접점

AI·디지털 교육자료는 기존의 정적 콘텐츠 중심 교과서에서 벗어나, 학습자의 반응을 실시간으로 분석하고, 그에 따른 맞춤형 학습 경험을 제공하는 지능형 교수학습 도구로 진화하고 있다. 특히 초등 영어와 수학 교과에서는 현재 적용 중인 AI·디지털 교육자료를 통해, 교사의 수업 설계 전반에 실질적인 지원이 가능하다는 가능성이 입증되고 있다.

① 진단 기반 맞춤형 설계 지원

AI·디지털 교육자료는 학생의 학습 결과를 기반으로 수준별 데이터를 분석하고, 개별 맞춤 콘텐츠를 자동으로 제시한다. 이를 통해 교사는 수업 설계 초기 단계부터 학습자의 현재 상태를 정확히 반영한 활동 구성이 가능하며, 학습 데이터를 반영한 모둠 구성(그림 7-7)이나 맞춤 학습계획 등에서 데이터 기반 수업설계를 자연스럽게 만들 수 있다.

그림 7-7 AI·디지털 교육자료의 모둠 자동 편성 기능

② 실시간 피드백과 교정 중심 수업 설계

AI·디지털 교육자료를 활용한 영어 수업에서는 AI가 학습자의 말하기·쓰기 결과를 분석하여 정확성, 표현력, 문법적 오류에 대한 피드백 문장을 자동 생성한다. 이는 교사가 개별 학생에 대해 즉각적인 피드백을 제공할 수 있도록 하여, 수업 중에도 피드백 중심 수업 설계가 가능하게 한다. 수학에서도 풀이 방식이나 오류 분석을 기반으로 한 피드백 제공이 가능하다.

③ 교사의 수업 설계 사고를 촉진하는 조력자

AI·디지털 교육자료는 교사의 수업 구상 과정을 지원하는 설계 촉진 도구로 기능하며, 수업 아이디어의 생성과 구조화 과정에서 교사의 사고를 유

연하게 확장시킨다. 교사는 AI가 제시하는 수업 흐름이나 활동안을 단순히 수용하는 것이 아니라, 이를 자신의 교육 맥락과 철학에 따라 비판적으로 해석하고 창의적으로 재구성함으로써, 수업의 질과 적합성을 높일 수 있다. 이 과정은 교사에게 설계의 부담을 줄여주는 동시에, 교육적 자율성과 전문성을 유지할 수 있는 여지를 확보하게 해 준다. 결과적으로 AI는 교사의 수업 설계를 대신하는 존재가 아니라, 사고를 확장시키고 실행을 가속화하는 조력자이자 실천적 파트너로 자리하게 된다.

4) 기술을 교육에 맥락화하는 교사의 설계 역량

AI와 디지털 도구가 아무리 정교하게 고도화되더라도, 그 기술이 교실 안에서 교육적으로 의미 있게 작동하기 위해서는 교사의 수업 설계 역량과 철학적 판단이 반드시 전제되어야 한다. 기술은 수업을 자동화하거나 교사의 판단을 대체하는 것이 아니라, 교사의 전문성과 실천적 지혜가 개입될 때에만 학생의 배움에 실질적인 기여를 할 수 있다. 다시 말해, 기술을 수업에 단순히 삽입하는 것이 아니라, 교사의 수업 구조와 교육적 목표 안에서 맥락화하고 구조화하는 설계력이 중심이 되어야 한다.

이를 위해 교사는 다음과 같은 역량을 갖추어야 한다.

- 탐구 질문을 중심으로 학생의 사고 흐름을 설계하는 역량
- 디지털 도구의 기능을 교육적으로 변환하고 재구성하는 역량
- 학생의 반응과 표현을 기반으로 정서적·개념적 피드백을 설계하고 조정하는 역량
- 동료 교사와 실천 사례를 공유하며 협력적 설계 문화를 만들어 가는 역량

이러한 역량은 이미 다수의 교사들이 실천을 통해 축적해온 경험 속에서 발전하고 있으며, 교실은 점진적으로 기술을 포함한 새로운 학습 구조로 재구성되고 있다. 단순히 기술을 잘 다루는 교사가 아닌, 기술을 교육의 본질에 맞게 해석하고 연결하는 설계자로서의 교사가 지금 이 순간에도 교실 안에서 변화를 만들어 가고 있는 것이다.

우리는 이제 교사가 이끄는 교실혁신이 시작된 시대에 살고 있다. 이 혁신은 거창한 선언이 아니라, 수업을 고민하고 기술을 비판적으로 수용하며 학생의 변화를 설계해 온 교사들의 일상적인 실천 속에서 이미 전개되고 있는 변화다. 그리고 그 변화의 핵심에는, 늘 배움의 현장에서 학생과 함께 호흡하는 교사의 교육적 전문성과 신념이 자리하고 있다.

4 수업 사례 - 질문으로 설계하고 기술로 확장한 과학수업

1) 단원의 개관과 수업 설계 배경

이 장에서는 6학년 과학 '지구와 달의 운동' 단원을 중심으로, 탐구 질문 중심 수업 설계와 AI·디지털 도구가 통합된 실제 수업 흐름을 제시한다. 이 단원은 천체의 운동과 그로 인한 현상을 중심으로, 지구의 자전과 공전, 달의 공전과 모양 변화에 대한 과학적 개념을 탐구하는 내용을 담고 있다. 학생들은 태양과 달의 위치 변화, 낮과 밤의 변화, 달의 모양 변화 등의 일상적 현상을 경험하지만, 그 이면의 과학 개념은 직관적으로 연결되지 않는다. 따라서 질문 설계와 시각적 자료, 시뮬레이션 중심의 탐구 활동이 효과적인 개념 형성에 핵심적 역할을 한다.

본 수업은 개념기반 교육과정과 백워드 설계, GRASPS 기반 과제 설계를 중심으로 이루어졌으며, SenGPT(서울시교육청 서비스), Brisk Teaching과 같은 AI 도구, Stellarium과 같은 시뮬레이션 도구, Canva, Padlet, Book Creator 등의 디지털 도구를 적극적으로 활용하였다.

2) 수업 설계의 과정(SenGPT 활용)

SenGPT는 서울시교육청에서 웍스 ai를 통해 교사들에게 제공하는 혁신적인 서비스로 생성형 AI 기능을 제공하여, 문서 작성 및 행정업무를 효율적으로 처리할 수 있게 돕는다. 특히, 공공기관인 교육청의 특수성을 고려하여 한글 파일 지원 및 교육 맞춤형 비서 기능이 강화되어 있다. 다양한 맞춤형 비서 중 '(초)탐구질문으로 설계하는 수업 평가 비서'를 활용하여 수업 설계에 도움을 받았다(그림 7-8).

그림 7-8 SenGPT 탐구질문으로 설계하는 수업 평가 비서 초기화면

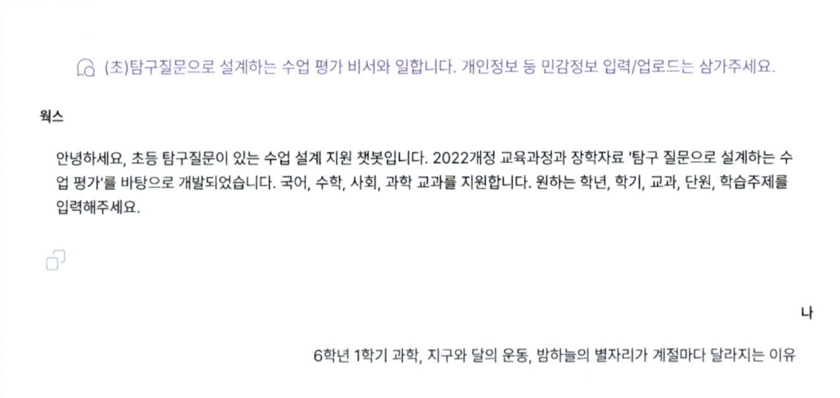

그림 7-9 SenGPT 탐구질문으로 설계하는 수업 평가 비서 - 성취기준 분석

입력하신 정보에 따라 "6학년 과학, 지구와 달의 운동, 밤하늘의 별자리가 계절마다 달라지는 이유"와 관련된 영역과 성취기준을 확인했습니다.

해당 영역은 **지구와 우주**이며, 관련 단원은 **지구의 운동**으로 나타났습니다.

성취기준:

1. [6과12-03] 지구의 공전을 알고, 계절에 따라 달라지는 별자리를 관찰할 수 있다. 성취기준 해설: 별자리 명칭보다는 계절에 따라 보이는 별자리와 별자리의 위치가 달라지는 까닭을 이해하는 데 초점을 둔다 1.

이어서, 성취기준 적용 시 고려사항을 탐색할까요?

교육과정에 제시된 성취기준 적용 시 고려사항은 다음과 같습니다:

- **지구와 우주 영역:**
  - 초등학교 3~4학년군 '밤하늘 관찰', 5~6학년군 '지구의 운동', 중학교 1~3학년군 '태양계', '별과 우주'와 연계됩니다.
  - 관찰과 실험을 중심으로 지구의 운동과 관련된 개념을 이해하고 지구의 자전과 공전에 따른 현상을 지구의 관측자 중심 관점에서 탐구할 수 있는 활동이 필요합니다.
  - 탐구 활동 전, 교실이나 운동장 공간에서 관측자가 남쪽을 바라볼 때 방위를 설정하는 것이 필요합니다.
  - 디지털 소양 교육과 관련하여 계절별 대표적인 별자리는 남쪽 하늘 별자리를 중심으로 천체 관측 프로그램이나 실감형 자료로 조사할 수 있습니다 1.

이제 성취기준을 분석해 볼까요?

성취기준 분석

성취기준: [6과12-03] 지구의 공전을 알고, 계절에 따라 달라지는 별자리를 관찰할 수 있다.

1. **목적과 의미:**
   - 이 성취기준은 지구의 공전과 밤하늘의 별자리 변화에 대한 이해를 중심으로 한다.
   - 이를 통해 학생들이 계절의 변화와 우주 관측의 기초 개념을 이해하도록 돕는다.
   - 복잡한 별자리 식별보다는 계절별 위치 변화의 원리를 탐구하는 데 중점을 둔다.
2. **학습 의도:**
   - 지구 공전에 따른 계절 변화와 별자리 관측의 관계를 탐구하도록 설계되었다.
   - 학생들이 지구의 공전 개념을 실험 및 관찰을 통해 체득하도록 한다.
3. **중요성 및 핵심 포인트:**
   - 계절별 별자리 변화를 이해하기 위한 지구 운동(공전)의 과학적 기초를 제공한다.
   - 지구 중심 관찰 관점에서 별자리가 계절마다 달라지는 과학적 이유를 학습한다.
   - 천문학적 관찰 기술을 경험하고 별자리 변화가 생활에 주는 함의를 느끼도록 유도한다.

원하는 학년, 학기, 교과, 단원, 학습주제를 입력하면 SenGPT가 먼저 영역과 성취기준을 탐색한다(그림 7-9). 성취기준 탐색은 단원 핵심 아이디어 및 탐구 질문을 만들기 위해 필요한 과정으로 관련 성취기준은 물론 성취기준 적용 시 고려사항까지 보여줘 교사가 손쉽게 성취기준 탐색 및 분석을 할 수 있게 된다.

성취기준 분석 단계가 끝나면 단원의 핵심 아이디어를 설정해야 한다(그림 7-10). 앞에서 서술한 것처럼 교육과정에 제시된 핵심 아이디어는 초1~중3까지 활용할 수 있도록 통합적으로 진술되어 있어 단원 성취기준, 내용 요소 분석 그리고 우리 반 학생들의 발달 수준을 고려하여 교사의 재구성이 필요하다. 이 과정을 생성형 AI의 도움을 받아 단원의 핵심 아이디어를 만드는데 도움을 받을 수 있다.

그림 7-10 SenGPT 탐구질문으로 설계하는 수업 평가 비서 – 단원 핵심아이디어 설정

단원 핵심 아이디어를 다음과 같이 설정하였습니다:

단원 핵심 아이디어:
"지구의 공전으로 인해 계절마다 밤하늘에서 볼 수 있는 별자리가 달라진다."

핵심 아이디어 설정 배경 설명:

1. **학생 이해도 중심 구성:**
    - 과학에서는 지구의 공전으로 인한 계절별 별자리 변화를 이해하는 것이 주요 초점입니다.
    - 이를 단순 명료하게 재구성하여, 학생들이 바로 이해할 수 있도록 표현했습니다.
2. **학습 요소 중심의 연결성 강화:**
    - 본 단원의 주요 학습 요소는 '지구의 공전', '계절', '별자리 변화'입니다. 이러한 개념을 하나의 구문으로 통합했습니다.
3. **교과 연계와 실생활 의미 부여:**
    - 단원 핵심 아이디어를 통해 학생들은 자연현상(계절 별 별자리 변화)을 과학적 원리(지구의 공전)에 연결하고, 과학 탐구의 재미와 실생활 전망을 경험하도록 유도됩니다.

단원 핵심 아이디어가 적절하다면 단원 탐구 질문 제안 단계로 넘어갈까요?

그림 7-11 SenGPT 탐구질문으로 설계하는 수업 평가 비서 – 탐구 질문 만들기

단원 탐구 질문을 다음과 같이 제안드립니다:

1. **단원 탐구 질문:**
   - "밤하늘의 별자리는 왜 계절마다 달라질까요?"
   - "지구의 공전이 별자리 변화와 어떤 관련이 있을까요?"
   - "별자리가 계절에 따라 다르게 보이는 현상으로 우리는 무엇을 알 수 있을까요?"

탐구 질문 설정 배경:

1. **호기심 자극:**
   - "밤하늘의 별자리는 왜 계절마다 달라질까요?"라는 질문은 학생들에게 자연현상을 관찰하고 과학적 근거를 찾아보는 과정을 유도합니다.
2. **과학적 원리 탐구:**
   - "지구의 공전이 별자리 변화와 어떤 관련이 있을까요?"라는 질문을 통해 학생들이 지구의 공전 개념과 별자리 변화를 이해하도록 유도합니다.
3. **통합적 사고 촉진:**
   - "별자리가 계절에 따라 다르게 보이는 현상으로 우리는 무엇을 알 수 있을까요?"라는 질문은 학생들이 계절의 변화와 우주의 질서를 통합적으로 사고하도록 돕습니다.

차시 탐구 질문을 다음과 같이 제안드립니다:

수업 주제: 밤하늘의 별자리가 계절마다 달라지는 이유

1. **차시 탐구 질문 1:** "밤하늘의 별자리를 관측하려면 무엇이 필요할까요?"
   - 학생들이 별과 별자리를 관측하는 방법과 도구(별자리 지도, 관측 방향 등)에 대해 탐구하도록 유도합니다.
2. **차시 탐구 질문 2:** "별자리가 계절마다 달라지는 이유는 무엇일까요?"
   - 대체로 지구의 공전과 관찰자의 위치 변화에 따른 별자리 변화의 원리를 이해하도록 이끌 질문입니다.
3. **차시 탐구 질문 3:** "별자리 변화는 어떻게 우리의 생활에 도움을 줄까요?"
   - 별자리 변화를 시간과 계절의 측정 및 역사적 활용과 연결시켜 생각해볼 기회를 제공합니다.

배경 설명:

- 이러한 탐구 질문들은 학생들이 실질적이고 구체적으로 과학적 탐구를 할 수 있도록 설계되었습니다.
- 예를 들어, 학생들은 별자리 변화를 관찰하면서 운동장을 활용해 모의 실험을 하거나 디지털 천문 관측 프로그램을 통해 직관적으로 이해할 수 있습니다.

설정한 단원 핵심 아이디어를 바탕으로 단원 탐구 질문 및 차시 탐구 질문을 만들 수 있다(그림 7-11). 이 과정에서도 SenGPT의 제안을 받아 탐구 질

문을 설계하는 데에 도움을 받을 수 있다. 단순히 탐구 질문의 결과만 보여 주는 것이 아니라 설정 배경을 함께 서술해 주기 때문에 교사의 수업 방향과의 적합성을 판단할 수 있는 근거로 도움받을 수 있다. 그리고 탐구 질문을 만드는 데 드는 시간과 노력을 줄일 수 있어 수업 설계의 효율성이 높아진다.

탐구 질문까지 만들었으니 차시별 활동을 계획하는 단계이다. 필자는 GRASPS를 통한 단원 평가 계획을 미리 세운 상태라 본 단계에서는 수업 활동 아이디어를 얻는 용도로 도움을 받았다(그림 7-12). 프롬프트에 실생활 연계와 디지털 관련 내용을 추가하여 수업 활동 아이디어를 얻고자 하였으며, 다양한 활동을 제시해 주는 점이 만족스러웠다.

그림 7-12 SenGPT 탐구질문으로 설계하는 수업 평가 비서 – 차시 학습 활동

실생활 연계 학습 활동 (디지털 관련 활동 포함)

1. 디지털 천문 관측 프로그램 활용

- **활동 내용:** "스텔라리움(Stellarium)" 같은 천문 시뮬레이션 소프트웨어 또는 모바일 애플리케이션을 사용하여 계절별 대표 별자리의 위치와 관찰 시간을 확인합니다.
- **학습 효과:** 학생들이 디지털 도구를 활용하여 밤하늘을 시뮬레이션하고, 별자리 변화를 직관적으로 경험하도록 지원합니다.

2. VR/AR 별자리 체험학습

- **활동 내용:** VR 헤드셋을 통해 계절별 별자리 정찰 프로그램을 체험하거나 증강현실(AR) 애플리케이션으로 하늘을 비추며 별자리의 실제 위치를 확인합니다.
- **학습 효과:** 실제적인 강의 경험 대신 몰입형 학습을 제공하여 우주와 관측의 재미를 증대시킵니다.

3. 별자리 타임랩스 영상 제작

- **활동 내용:** 사진 앱 또는 소프트웨어를 통해 밤하늘의 별자리 모습을 여러 시간에 걸쳐 촬영하고 이를 이어 붙여 영상 제작을 합니다. 계절별 변화도 시뮬레이션으로 추가합니다.
- **학습 효과:** 학생들이 천문 현상을 관찰하고 디지털 미디어를 활용하여 이를 기록, 공유, 분석하는 경험을 제공합니다.

4. 디지털 별자리 퀴즈

- **활동 내용:** Kahoot, Quizizz 같은 디지털 퀴즈 플랫폼을 활용해 계절별 별자리와 관련된 퀴즈를 진행합니다.

서울시교육청 SenGPT 비서를 활용하여 탐구질문을 중심으로 수업을 설계하는 과정에서 매우 유익한 지원을 받을 수 있었다. 이 도구는 단순한 보조적 역할을 넘어, 수업 설계의 전반적인 흐름을 보다 체계적으로 구축할 수 있게 도와주었으며, 복잡한 교육 내용을 쉽게 풀어내는 데 큰 도움이 되었다. 특히, 학생들의 탐구 능력을 키우는 데 필요한 질문을 다양하게 제시해 주어, 수업 목표에 부합하는 효과적인 수업 구성안을 마련할 수 있었다.

3) 수업의 실제

앞에서 설계한 내용을 바탕으로 AI와 디지털 기반의 탐구질문을 활용한 과학 수업을 진행하였다. 이 수업에서는 학생들이 크롬북을 적극적으로 활용하여 각자의 학습을 심화시키고, 디지털 도구를 통해 탐구 활동을 보다 효율적으로 수행할 수 있도록 하였다. 수업은 일정한 구조와 패턴을 기반으로 진행되었으며, 각 차시마다 명확한 탐구 질문을 제시하여 학생들이 과학적 사고를 기를 수 있는 기회를 제공하였다. 이러한 패턴화된 수업 구조는 학생들에게 예측 가능한 흐름을 제공하여 집중력과 학습 효과를 극대화하는 데 도움이 되었다.

또한, 디지털 도구와 AI 기술을 적절히 활용함으로써, 학생들이 실시간으로 정보를 탐색하고, 데이터를 분석하며, 자신의 학습을 더욱 능동적으로 조정할 수 있었다. 이러한 과정을 통해 학생들은 단순한 지식 습득을 넘어, 문제 해결 능력과 창의적 사고를 배양하는 데 큰 도움이 되었다. 구체적인 내용을 살펴보면 다음과 같다.

① AI 코스웨어를 활용한 전시학습 상기

과학 수업은 학생들이 흥미를 느끼지만, 관련된 과학 개념을 학습하는 데 어려움을 겪는 경우가 많았다. 특히 교과 전담 수업으로 이루어지는 환경에서는 학생들의 개념 이해도를 확인하기 어려운 점이 많았다. 이를 보완하기 위해 수업 도입에 AI 코스웨어를 활용하였다. AI 코스웨어를 통해 이전 차시의 문제를 해결하며 학습한 과학 개념을 다시 확인하고, 이를 통해 전시 학습을 상기시켰다. 그리고 학생들이 자연스럽게 다음 차시로 이어질 수 있도록 유도하였다. 또한, 오답률이 높은 문제를 함께 풀어보며, 오개념이나 미학습된 개념을 다시 한 번 짚어보는 시간을 가졌다.

이렇게 AI 코스웨어를 활용한 접근법은 몇 가지 긍정적인 효과를 가져왔다. 첫째, 학생들은 이전에 학습한 과학 개념을 다시 확인하면서 자신이 이해한 내용을 명확히 할 수 있었고, 이를 통해 개념 이해도가 높아졌다. 둘째, 오답률이 높은 문제를 함께 풀어본 결과, 학생들이 자신의 오개념을 쉽게 파악하고 수정할 수 있는 기회를 가졌다. 셋째, 학습한 개념을 반복적으로 다루면서 학습의 흐름이 자연스럽게 이어졌고, 학생들의 집중력이 높아졌다. 마지막으로, AI 코스웨어를 활용함으로써 학생들은 더 자율적이고 능동적인 학습을 경험했으며, 학습에 대한 자신감도 향상되었다. 5분 남짓의 짧은 활용이었으나 학생들의 과학 개념 이해도를 높이는 데 큰 도움이 되었다.

그림 7-13 AI 코스웨어(지니아튜터)를 활용한 학생 응답 현황 대시보드

학생·문제별 현황 문항을 클릭하면 응답 분포를 확인 할 수 있습니다.

선택학생 시험 초기화 | 채점 수정

낮음 — 높음

번호/이름	정답율 / 성취율	Q1	Q2	Q3	Q4	Q5	제출 시간 (풀이 시간)
전체 선택		74%	91%	22%	78%	57%	
1	60%	○	○	×	○	×	25.04.18 08:56 (02분 35초)
2	80%	○	○	○	○	×	25.04.18 08:57 (02분 35초)
3	100%	○	○	○	○	○	25.04.18 08:57 (03분 31초)
4	60%	○	○	×	○	×	25.04.18 08:56 (01분 22초)
5	40%	×	○	○	×	×	25.04.18 08:57 (01분 39초)
6	40%	×	○	×	×	○	25.04.18 08:57 (03분 16초)
7	60%	○	○	×	○	×	25.04.18 08:56 (01분 57초)

② Brisk Teaching을 활용한 수업 이해도 확인

Brisk Teaching은 교사와 학생 간의 실시간 상호작용을 촉진하는 크롬 확장 프로그램으로, 수업 중 학생들의 이해도를 즉시 확인하고 그에 맞춰 학습을 조정할 수 있는 기능을 제공한다. 이 프로그램은 수업을 더욱 역동적이고 참여적인 방식으로 이끌어 가며, 특히 학생들이 학습하는 과정에서 겪는 어려움을 즉각적으로 파악하고, 필요한 피드백을 제공하는 데 큰 도움을 준다.

필자가 사용한 기능 중 하나는 출구 티켓(Escape Ticket)으로, 수업의 마지막에서 학생들이 배운 내용을 점검하는 중요한 도구이다. 학생들은 AI와 대화를 통해 퀴즈 형식의 질문에 답하면서 수업의 핵심 개념을 다시 한 번 되새기고, 자신이 이해한 내용을 스스로 확인할 수 있다(그림 7-14). 특히 학생 개개인의 응답에 따라 AI가 보충 질문을 맞춤형으로 제시해 주어 학생이 오늘

그림 7-14 Brisk Teaching 학생 활동 모습(학습 내용 정리)

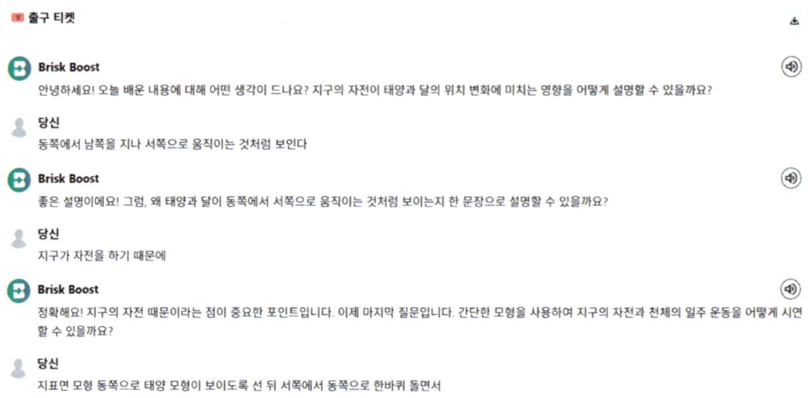

그림 7-15 Bisk Taaching 교사 대시 보드(학생 진행 상황 확인)

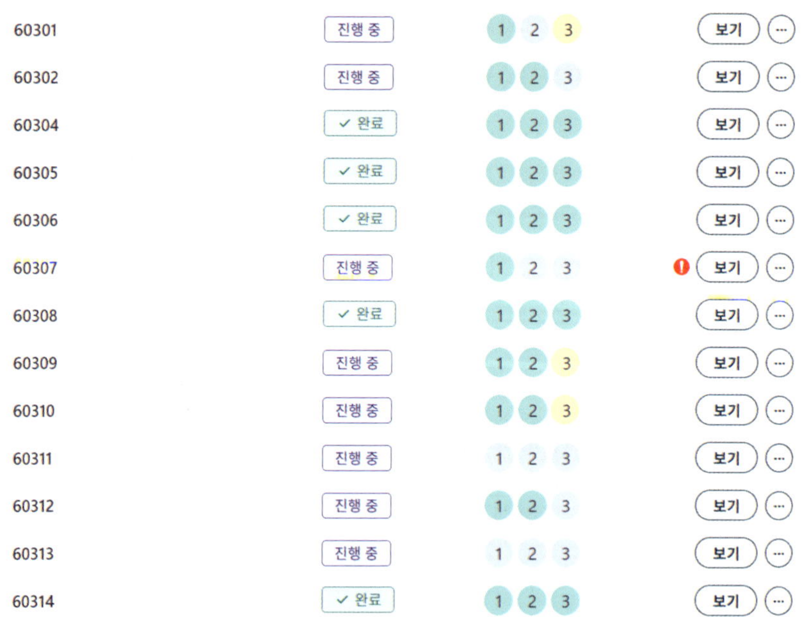

학습 내용이나 개념을 이해하는 데 큰 도움이 되었다. 이 과정에서 학생들이 어떤 부분을 제대로 이해하지 못했는지를 파악할 수 있으며, 교사는 이를 바탕으로 후속 학습을 계획할 수 있다. 또한, 교사는 실시간으로 AI와 학생들의 대화를 모니터링할 수 있어, 수업에 대한 학생들의 이해도를 쉽게 확인할 수 있다(그림 7-15). 만약 수업과 관련 없는 대화가 발생할 경우, 알림을 통해 수업의 흐름을 방해하는 상황을 신속하게 인지하고 대처할 수 있다.

③ 디지털 도구를 활용한 단원 산출물 제작

이번 단원의 최종 산출물은 '달의 모양 변화를 설명한 그림책 만들기'로 정하였다. 단원이 시작되기 전, 학생들에게 시나리오와 함께 최종 과제를 안내하였으며, 수업이 진행되는 동안 과제를 해결하는 데 도움이 될 수 있는 다양한 팁들을 꾸준히 제공하였다. 이를 통해 학생들은 과제에 대한 이해도를 높이고, 적극적으로 참여할 수 있는 동기를 부여받았다.

특히, 과제의 기획 단계에서 ChatGPT를 활용하여 재미있고 창의적인 시나리오를 작성하였다(그림 7-16). 이 시나리오는 학생들이 과제에 몰입하고 흥미를 가지도록 유도하는 효과를 나타냈다. 시나리오를 통해 학생들은 달의 모양 변화에 관한 과학적 원리를 더욱 흥미롭게 탐구할 수 있었으며, 그 과정에서 과제 해결에 대한 기대감을 키울 수 있었다.

그림책 제작은 Canva와 Book Creator라는 도구를 활용하여 이루어졌다. 이 두 가지 도구는 학생들이 시각적으로 창의적인 작업을 할 수 있도록 도와주었으며, 각자의 아이디어를 구체화하는 데 유용한 플랫폼이 되었다. 최종적으로, 그림책 제작을 완료하는 데에는 두 차시가 소요되었으며, 학생들은 그림책을 완성하면서 달의 모양 변화에 대해 깊이 이해하고, 자신만의 방식으로 이를 표현하는 성취감을 경험할 수 있었다.

그림 7-16 GPT가 작성한 평가 시나리오

수업 시나리오: '달의 변화 그림책 만들기'

(교실 분위기: 편안하고 활기찬 분위기에서 교사가 학생들에게 말하는 듯한 구어체)

여러분, 혹시 밤하늘에서 달을 본 적 있나요?
매일매일 달의 모양이 조금씩 달라지는 거, 느껴본 친구?

오늘부터 여러분은 **어린이 과학 그림책 작가**가 될 거예요.
여러분의 임무는, 아직 달을 잘 모르는 **1~2학년 동생들에게 '달은 왜 모양이 바뀔까?'** 하는 궁금증을 쉽게 설명해주는 **그림책**을 만드는 거예요.

자, 그럼 여러분이 만들어야 할 그림책은 어떤 걸까요?

[과제 안내]

제목:
《달의 변화 그림책 만들기》

목표:
한 달 동안 달의 모양이 어떻게 바뀌는지 관찰하고, 그 과정을 그림과 이야기로 표현해요.

여러분의 역할:
달을 연구한 내용을 쉽게 설명해주는 **어린이 그림책 작가**

그림 7-17 학생들이 제작한 그림책 1

그림 7-18 학생들이 제작한 그림책 2

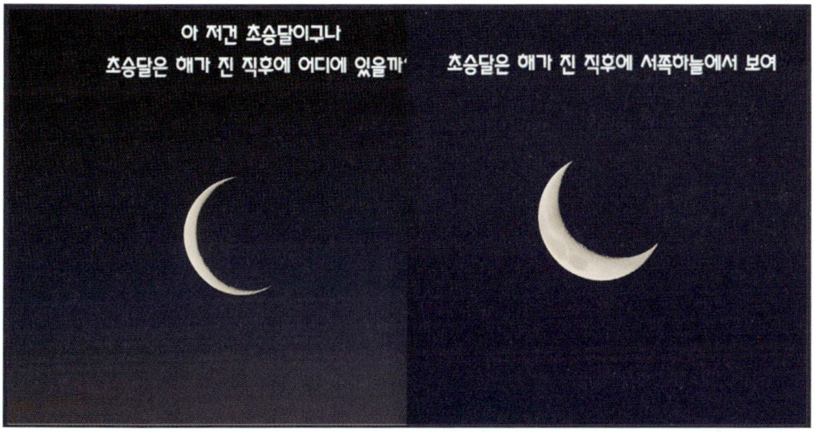

4) 교사의 성찰

AI·디지털 도구를 활용하여 탐구질문 수업을 진행한 후 다음과 같은 중요한 성찰을 하게 되었다.

첫째, 탐구 질문의 설계는 학생들의 사고 흐름을 결정짓는 중요한 요소임을 깨달았다. 탐구 질문은 단순히 수업의 시작점을 제공하는 것에 그치지 않고, 학생들의 사고를 깊이 있게 이끌어가는 핵심적인 역할을 한다. 적절한 질문을 던짐으로써 학생들은 주어진 개념을 단순히 암기하는 것에서 벗어나, 그 개념에 대해 스스로 탐구하고, 다양한 관점에서 사고를 확장하는 기회를 갖게 된다. 이는 학생들이 과학적 원리나 현상을 더 잘 이해하도록 돕고, 학습의 목표에 맞게 사고의 깊이를 더하는 데 중요한 영향을 미친다.

둘째, AI와 디지털 도구는 단순한 자료 생성의 역할을 넘어서, 교사의 수업 설계 흐름을 정교하게 보완하는 도구라는 점을 인식하게 되었다. 이 도구들은 수업을 보다 효율적이고, 개인화된 방식으로 전개할 수 있도록 돕는다. 교사는 AI와 디지털 도구를 통해 수업의 진행 상황을 실시간으로 파악하고, 학생들의 이해도를 점검하는 한편, 그에 맞춰 수업을 조정할 수 있다. 이를 통해 교사는 학생들에게 보다 맞춤형 학습 경험을 제공할 수 있으며, 수업의 흐름을 더욱 정밀하게 설계할 수 있다는 점에서 큰 장점이 있다.

향후 학습할 단원에서도 탐구 질문 중심의 흐름, AI·디지털 도구의 활용, 그리고 디지털 도구를 활용한 산출물을 지속적으로 설계할 계획이다. 이러한 접근 방식은 학생들이 각 단원의 핵심 개념을 깊이 이해할 수 있도록 돕고, 수업을 보다 직관적이고 실용적으로 이끌어갈 것이다. 탐구 질문은 학생들이 스스로 문제를 해결할 수 있게 도와주고, AI·디지털 도구는 학생의 경험을 확장시키고 개별 학습을 맞춤형으로 지원한다. 또한, 디지털 도구를 활용한 산출물은 추상적인 개념을 구체적으로 이해하는 데 큰 도움이 될 것이다. 이를 통해 학생들은 더 깊이 있는 학습을 경험하고, 과학적 사고를 확장할 수 있을 것이다.

참/고/문/헌

교육부(2022). 교육부 고시 제2022-33호 [별책 1] 초중등학교 교육과정 총론.

교육부(2022). 교육부 고시 제2022-33호 [별책 5] 국어과 교육과정.

교육부(2022). 교육부 고시 제2022-33호 [별책 8] 수학과 교육과정.

교육부(2022). 교육부 고시 제2022-33호 [별책 9] 과학과 교육과정.

서울특별시교육청(2025). 2025 탐구 질문으로 설계하는 과학과 수업·평가 도움자료. 서울특별시교육청.

Chapter 8

디지털융합수업의 등장과 평가 패러다임의 변화 과정 중심 평가를 중심으로

이 성 강

1 디지털 전환과 평가의 대변혁

2019년부터 지금까지 교직생활을 했던 교사라면 급격한 교육의 대변혁을 모두다 지켜보았을 것이다. 교육 조직의 체계, 행정 절차를 바꾸거나 교육 내용을 바꾸려는 노력들은 언제나 있어왔지만 최근 몇 년간의 변화는 그 전의 것들과 완전히 달랐다. 2019년, 전 세계적으로 발생한 팬데믹은 디지털 교육 생태계를 급격히 앞당기는 촉매 역할을 했다. 온라인 수업, 원격 학습 플랫폼의 보편화는 전통적인 교실 수업의 틀을 무너뜨리고, 시간과 공간의 제약 없이 이루어지는 유연한 학습 경험을 확산시켰다. 아이들이 없는 환경에서도 수업을 했던 교사들은 아이들이 학교로 돌아오자 각자의 노하우를 뽐내며 혁신적인 디지털 융합 수업을 가동시켰다. 2024년부터는 도입되며 전례없는 디지털 교육자료 시대를 열기도 했다.

야구계에 '더위는 모든 것을 바꾼다. 야구마저도'라는 말이 있다. 더위로 인한 예측할 수 없는 리그의 순위 변화를 의미하여 만든 문장이다. 이번 챕터에서는 이런 말을 하고 싶다. '디지털은 모든 것을 바꿨다. 평가마저도' 팬데믹에서부터 AI 디지털교과서까지 이어진 디지털 교육 혁신의 흐름은 단순히 수업 방식의 변화에 국한되지 않았다. 이제 우리 교육은 '평가'의 영역에서도 근본적인 전환을 요구하고 있다.

이번 장에서는 최근 강조되는 평가의 흐름을 소개하고, 디지털 융합수업의 등장과 함께 과정중심평가가 교육현장에서 어떤 방식으로 실현되고 있으며, 평가 패러다임에 어떤 변화를 가져오고 있는지를 깊이 탐구하려고 한다. 특히 2022 개정 교육과정에서 강조하는 이해 중심 교육과정 및 백워드 설계의 도입과 맞물려 과정중심평가가 정책적으로 부각되고 있는 상황을 중점적으로 살필 예정이다. 특히 깊게 다루는 점은 디지털 도구의 활용이 평가 내실화에 어떤 기회를 제공하는지, 동시에 어떤 과제를 요구하는 지에 대한 고찰이다. 많은 수업을 경험한 교사에게도 평가는 언제나 어려운 주제이다. 이 장이 현장 교사들의 평가 발전에 새로운 시각을 제시하는 계기가 되었으면 한다.

2 과정중심평가의 등장

1) 역량중심교육과정

역량중심교육이 아닌 교육을 경험해보았는가? 역량중심교육은 공기처럼 우리 교육 속에 자리잡았다. 역량중심교육의 역사는 1997년으로 거슬러올라간다.[9] OECD는 1997년부터 OECD DeSeCo(Definition and Selection

9 경기도교육연구원(2019) OECD 학습 나침반 2030: 변혁적 역량과 민주시민교육의 접점.

of Competency) 프로젝트를 진행했다. 이 프로젝트는 21세기의 미래 사회에서 성공적으로 살아갈 학생들이 가져야할 역량을 규정하는 프로젝트였다. OECD는 '여러 도구를 상호작용적으로 활용하는 능력', '사회적으로 이질적인 집단에서의 상호작용 능력', '자율적으로 행동하는 능력'까지 세 가지 핵심역량(Key Competency)을 설정하여 교육의 방향성을 제시했다. 이 핵심역량은 전 세계적인 교육 아젠다를 형성하는 데 일조하였다.

표 8-1 OECD DeSoCo 핵심 역량

핵심 역량	역량 내용
여러 도구를 상호작용적으로 활용하는 역량	• 언어 · 상징 · 텍스트 등 다양한 소동 도구 활용 능력 • 지식과 정보를 상호작용적으로 활용하는 능력 • 새로운 기술 활용 능력
사회적으로 이질적인 집단과의 상호작용 역량	• 인간관계 능력 • 협동능력 • 갈등관리 및 해결능력
자율적인 행동 역량	• 전체 조직 내에서 협력적 · 자율적으로 행동할 수 있는 능력 • 자신의 인생계획 · 프로젝트를 구상 · 실행하는 능력 • 자신의 권리, 필요 등을 옹호 · 주장하는 능력

출처: 경기도교육연구원(2019). OECD 학습 나침반 2030: 변혁적 역량과 민주시민교육의 접점.

이런 흐름의 맞춰 우리나라도 2015 개정 교육과정부터 역량 중심 교육과정을 도입하여 2022 개정 교육과정까지 기조를 유지하고 있다. 우리 교육의 결과로 학생들이 지녀야 할 역량을 제시하면서 교육과정 내에 해당 역량을 포함시키고, 내면화 하는 과정을 집중 조명했다.

이러한 흐름은 2022 개정 교육과정의 방향성과도 깊이 연결된다. 2022 개정 교육과정은 '미래 사회를 살아갈 핵심역량 함양'을 최우선 목표로 삼고 있다. 이는 기존의 단편적 지식 전달 중심의 교육에서 탈피하여 학생의 삶과 연결된 실제적 문제 해결력을 키우는 방향으로 전환하고자 하는 의지를 반영한 것이다. 2022 개정 교육과정은 '자기관리 역량', '지식정보처리 역량', '창의적사고 역량', '심미적 감성 역량', '의사소통 역량', '공동체 역량'을 제시했다.

이는 교사 중심의 지식 전달을 넘어 학생의 자율성과 주체성을 신장시키는 방향이며, 궁극적으로 평가 역시 그 흐름에 맞춰 전환되어야 한다는 요구를 내포하고 있다.

2022 개정 교육과정은 이해중심교육과정을 기반으로 수업과 평가의 일체화를 강조하고 있다. 평가를 단순한 성적 산출이나 결과 기록의 도구가 아닌, 학습자 성장을 지원하는 실질적인 도구로 전환하기 위해, 교육부는 '교육과정-수업-평가'의 일체화를 강조하며 이해중심교육과정을 전격 도입했다. 이것은 수업과 평가가 분리되는 것이 아니라, 평가와 자연스럽게 연결되어야 함을 의미한다. 교육과정과 수업을 이해하는 것은 곧, 내실 있는 평가를 구축하는 길이다.

2) 과정 중심 평가

이러한 흐름은 수업에서 이루어지는 모든 활동이 평가와 긴밀하게 연계되어야 한다는 점에서, 과정중심평가의 도입 및 확산과 밀접한 연관성을 가진다. 학생의 올바른 성장을 위해 필요한 역량을 정했다면 그것이 잘 키워지고 있는지 궁금할 수밖에 없다. 그러나 전통적인 평가는 우리의 궁금증을 만족시켜주지 않았다. 과거의 평가는 주로 학습 결과물을 바탕으로 학생의 성취 수준을 판별하는 데 초점을 맞췄다. 어떤 교과라도 중간고사, 기말고사를 통해 지필평가를 실시하고 등수를 매겨 학습수준을 측정했다. 그 결과로 학생들을 줄세우고, 경쟁적으로 학습 시킬 수 있었으나 실질적으로 학생이 학습 중 어떤 사고를 했는지, 어떤 전략을 사용했는지, 어떤 반성을 했는지 파악하기 어려웠다. 학생의 등수는 알 수 있었으나 학생의 성장을 살펴볼 수는 없었다.

학습의 전 과정을 보지 않고 단편적인 성과만으로 평가하는 구조에서는 학생의 성장 가능성이나 잠재력이 간과되기 쉽다. 가장 흔한 사례가 학생의 수행을 지필평가로 확인하는 것이다. 국어과로 예를 들자면, 학생의 수행 과정을 필수적으로 확인해야 할 토의·토론 활동을 지필평가로 시험보는 것이다. '다음 중 토론의 절차로 올바른 것은?'이라는 문항만 보아도 어떤 문제일지 예상이 갈 것이다. 단순히 토론의 절차가 어떻게 진행되는지 외운다고 해서 '[6국 01-07] 절차와 규칙을 지키고 타당한 이유와 근거를 제시하며 토론한다'의 성취기준에 도달했다고 보기 어렵다.

이러한 문제의식 속에서 2015 개정 교육과정에서 '과정중심평가'가 대안으로 부각되었다. 학습자의 사고, 태도, 전략, 협력 과정 등을 포함한 전체적인 학습 과정을 포착함으로써 진정한 의미의 '평가' 즉, 교육의 본질에 가까운 평가를 실현하고자 하는 접근이다. 교육부(2017)는 과정중심평가를 '성취기준에 기반한 평가 계획에 따라 교수 학습과정에서 학생의 변화와 성장에 대한 자료를 다각도로 수집하여 적절한 피드백을 제공하는 평가'라고 설명한다.

그림 8-1 과정중심평가의 특징

	종래의 평가 방식		새로운 평가 방식
평가 체제	• 상대평가 • 양적평가	→	• 절대평가 • 질적평가
평가 목적	• 선발 · 분류 · 배치 • 한 줄 세우기	→	• 지도 · 조언 · 개선 • 여러 줄 세우기
평가 내용	• 학습의 결과 중시 • 학문적 지능의 구성 요소	→	• 학습의 결과 및 과정 중시 • 실천적 지능의 구성 요소
평가 방법	• 선택형 문항을 사용한 지필평가 중심 • 일회적 평가 • 객관성 · 일관성 · 공정성 강조	→	• 다양한 평가 방법 고려 • 지속적 · 종합적 평가 • 전문성 · 타당성 · 적합성 강조
평가 시기	• 학습 활동이 종료되는 시점 • 교수 · 학습과 평가 분리	→	• 학습 활동의 모든 과정 • 교수 · 학습과 평가 동합
교사 역할	• 지식의 전달자	→	• 학습의 안내자 · 촉진자
학생 역할	• 수동적인 학습자 • 지식의 재생산자	→	• 능동적인 학습자 • 지식의 창조자
교수 하수	• 교사 중심 • 인지적 영역 중심 • 암기 위주 • 기본 학습능력 강조	→	• 학생 중심 • 인지적 · 정의적 영역 모두 강조 • 탐구 위주 • 창의성 등 고등 사고기능 강조

출처: 평가 비교 대조표. 한국교육과정평가원(2017) 과정을 중시하는 수행평가 어떻게 할까요? pp.5

과정중심평가는 평가패러다임을 바꿔놓았다. 학습의 결과보다 학습 과정 자체에 주목하며 기존의 결과 중심 평가로부터의 완전한 독립을 선언했다. 이는 학생이 학습에 참여하는 방식, 사고의 흐름, 협력 과정, 자기 성찰 등을 평가의 주요 요소로 간주한다. 전통적인 평가는 총괄평가를 중시하는 반면, 과정중심평가는 수행평가를 중심으로 진단, 형성, 총괄평가 모두를 아우르는 성격을 띠며 학습 과정 전반에서 일어나는 변화를 포착하려는 시도를 내포한다.

기존의 총괄평가 중심의 수업은 많은 문제가 있었는데 특히 학습 동기에 있어 문제가 많았다. 교실 속 수업의 참여와 태도보다는 학습의 결과만을 바라보기 때문에 학생들은 수업의 활동에 집중하기보다 시험의 지필 문제에 매매몰되는 효과를 낳았다. 결국 학교 수업이 무너지게 되었고 학습에 흥미를 보이고, 주도적 학습을 하는 학생들은 점점 사라지게 되었다

과정중심평가는 단순히 평가라는 의미보다 아이들의 학습의 나침반 역할을 하여 학습 동기를 고취시키는 데 목적이 있다. 학생의 성장 기회를 제공하는 목적으로 실시하는 평가인 만큼 적절한 피드백을 제공하고, 학습 동기를 북돋는 역할을 한다. 따라서 과정중심평가의 결과가 곧, 성적이라고 말하는 것엔 무리가 있다. 과정중심평가 중 일부가 성적에 반영이 된다고 보는 것이 자연스럽다.

사실 학술적으로 과정중심평가는 그 근거가 약하다. 평가라는 것이 곧, 학생의 학습 및 과제 수행 과정 모두를 평가하는 것이기 때문에 과정중심 평가는 과정만을 평가하는 것으로 느껴지기도 한다. 그 이유는 바로 과정중심평가가 정책적 용어이기 때문이다. 과정중심평가라는 용어는 2015 개정 교육과정에 처음 명시되었으며 2022 개정 교육과정에서 교육과정-수업-평가 일체화를 강조하며 더욱 확대되었다.

과정중심평가가 처음 등장할 당시에는 그야말로 센세이셔널한 새로운 개념의 등장이었지만 지금은 너무나도 당연한 이야기가 되어 버렸다. 교육지원청별로 '성장중심평가', '학습으로의 평가', '학습을 위한 평가', '과정중심평가' 등 용어를 혼재하여 사용하여 이런 분위기가 더욱 짙어진 듯 하다. 교육부에서 공식적으로 정의하는 과정중심평가는 '학습을 위한 평가', '학습으로서의 평가', '학습결과에 대한 평가'이다. 결국, 과정중심평가는 정책적 용어

그림 8-2 과정중심평가 용어

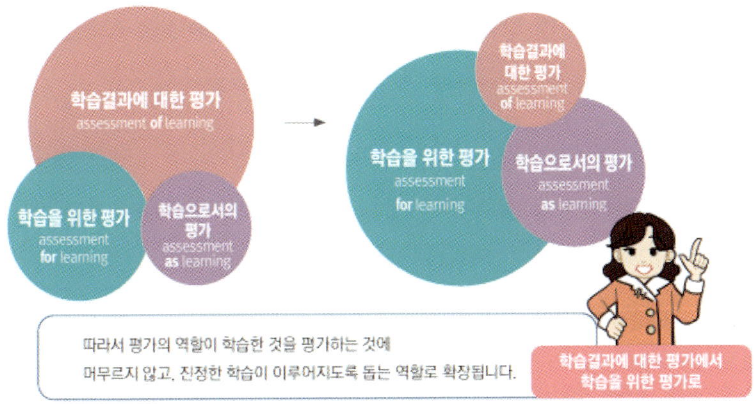

출처: 경상남도교육청(2020). 과정중심평가 이렇게 해 봐요!(중등교사용).

로 시작하였으며 결과중심의 평가에서 벗어나 학습자의 학습과정 전반을 평가하는 흐름이라고 이해하면 되겠다.

그림 8-3 2015 개정 교육과정 교육부 질의응답

○ 기존 중간 · 기말고사 등 지필형 총괄평가를 지양하고, 과정 중심의 평가를 통해 학생들의 성장 · 발달과정을 면밀하게 관찰하고, 환류합니다.

- 이를 통해 자기주도 학습을 유도하고, 또래와의 협력학습을 촉진하는 계기가 될 수 있도록 하였습니다.
- 또한 학생들이 지필 시험 부담에서 벗어나 다양한 활동에 적극 참여하게 함으로써 교수 · 학습 활동과 연계된 자연스러운 과정 중심 평가가 이루어지도록 하겠습니다.

출처: 2015 개정 교육과정 교육부 질의응답 자료 pp.16

과정중심평가가 처음 등장했을 때, 대부분의 평가는 정량적 점수로 판별하는 지필형 총괄평가가 주를 이뤘다. 이에 교육부는 명시적으로 중간, 기말평가와 같은 지필 시험 방식을 통해 총괄평가하지 말 것을 주문했다. 전과목 평균 점수로 아이들의 학습 이해 수준을 평가하는 풍토의 종말을 뜻하는 것이었다. 과정중심평가는 이런 평가를 '학급 결과에 대한 평가'라고 지칭한다. 그 대신 '관찰', '면담', '활동 결과물' 중심의 수행평가를 권장 방법으로 제시한다.

그림 8-4 과정중심평가 방법

- **구술·발표**는 특정 내용이나 주제에 대해서 자신의 의견이나 생각을 구술·발표하도록 하여, 학생의 준비도, 이해력, 표현력, 의사소통 능력 등을 직접 평가하기 위해 활용하는 방법입니다.
- **실기**는 학생들의 지식이나 기능을 직접 행동으로 나타내도록 하는 평가로, 과거의 실기시험과는 달리 자연스러운 상황에서 실제로 하는 것을 여러 번 관찰하여 그 수행 능력을 평가하는 방법을 음악, 미술, 체육 교과 뿐만 아니라 읽기, 듣기, 쓰기, 말하기 등 언어 분야에서도 활용할 수 있습니다.
- **토의토론**은 특정 주제에 대해 학생들이 서로 토의·토론하는 것을 관찰하여 평가합니다.
- **프로젝트**는 특정한 연구나 산출물 개발을 수행하도록 한 다음 프로젝트의 전 과정과 결과물을 종합적으로 평가합니다.
- **실험·실습**은 학생들이 직접 실험·실습을 하고 그에 대한 과정이나 결과에 대한 보고서를 쓰게 하고 교사가 실험·실습 과정에서 관찰한 내용과 학생이 제출한 보고서를 종합적으로 평가합니다.
- **포트폴리오**는 학생이 산출한 자료를 체계적으로 누적·관리한 작품집 등을 대상으로 한 평가 방법으로 미술과 이외에도 국어과 쓰기 영역 등에서 학생의 지속적인 수행 과정과 성장 과정을 평가할 수 있는 방법입니다.
- **보고서법**은 학생의 능력이나 흥미에 적합한 주제를 선택하여 그 주제에 대해서자료를 수집하고 분석·종합하여 보고서로 작성하도록 하여 평가합니다.
- **서술형 평가**는 학생들이 주어진 문제에 대해 가지고 있는 지식이나 개념, 원리, 의견 등을 작성하도록 하는 평가 방법입니다.
- **논술형 평가**는 특정 내용이나 주제에 대해서 학생이 자신의 주장과 근거를 작성하도록 하여 논리력, 설득력, 이해력, 표현력, 의사소통능력, 창의력 등을 평가하기 위해 활용하는 방법입니다.
- **협력적 문제해결력 평가**는 교육과정-수업-평가를 통하여 협력적 문제해결력이 함양될 수 있도록 설계하고 학생이 다른 사람과 생각을 공유하고 협력해서 문제를 해결하는 경험을 할 수 있는 과정에서 자연스럽게 평가를 실시합니다.
- **정의적능력 평가**는 설문지, 글쓰기, 관찰 및 면담 등 다양한 방법으로 학생들의 정의적 능력(자아개념, 가치관, 흥미, 동기 등)에 대한 확인을 통하여 학생을 종합적으로 지원해줄 수 있는 평가입니다.

출처: 경기도교육청(2023). 성장중심평가 평가도구 이렇게 만들어요.

과정중심평가의 평가도구들은 우리가 아는 수업의 수 만큼 다양하다. 총괄평가라서 과정중심평가가 아니고, 진단평가를 한다고해서 과정중심평가가 아니라는 것은 오해이다. 지필평가 또한 과정중심평가가 될 수 있다. 다만, 교육과정-수업-평가가 유기적으로 구성되는 것이 목적이므로 성취기준을 도달하려면 대부분의 경우 수행평가로 구성되는 것이 자연스러울 뿐이다.

3) 과정 중심 평가의 이론적 배경

과정중심평가는 구성주의적 학습이론으로부터 출발해 이해중심교육과정의 '백워드 설계(Backward Design)'와 만난다. 구성주의 학습 이론은 학습자가 자신의 경험을 바탕으로 지식을 재구성한다는 관점을 전제하며, 이 과정에서 교사는 안내자 역할을 수행한다. 따라서 수업과 평가 역시 지식의 정답 유무를 확인하는 것이 아니라, 학습자의 구성 과정을 이해하고 지원하는 방향으로 변모하게 된다. 그래서 과정중심평가는 형성평가의 중요성을 강조하며, 평가결과를 토대로 교수학습 과정 중 피드백을 통한 환류를 요구한다. '백워드 설계(Backward Design)'는 Wiggins와 McTighe가 제안한 이해 중심 교육과정 설계 모델로, 목표에서 시작하여 수업을 설계한다는 점에서 기존의 '교과서 중심, 진도 중심, 지식 중심' 수업과는 근본적으로 다르다. 백워드 설계는 다음의 세 단계로 이루어진다.

표 8-2 백워드설계 과정

목표 설정	→	평가 설계	→	수업 설계

① 목표설정

수업 중 교사가 가장 먼저 생각해야 할 점은 이 수업으로 아이가 어떤 모습으로 성장할 것인지 생각해보는 것이다. 학습의 결과로 학생들이 무엇을 알아야하고, 무엇을 할 수 있어야 하는지 구체화 해보아야 한다. 모든 것은 국가수준의 교육과정을 참고하여 교사 수준 교육과정을 재구성되어야 한다.

② 평가 설계

교육과정을 재구성했다면 평가를 설계해야 할 차례이다. 학생들의 도달 정도를 평가하기 위한 신뢰도와 타당도를 확보하는 단계로 평가 자료를 어떻게 수집하고, 얼마나 수집할지를 결정한다. 모든 평가가 성적에 반영이 되는 것은 아니기에 사전 사후의 평가, 관찰 평가 등 다양한 방법을 열어놓고 고민하는 것이 좋다.

③ 수업 설계

탄탄한 평가가 설계되었다면 수업을 설계하는 것은 수월해진다. 수업 과정에서 학생의 성취수준 도달을 위해 비계, 피드백 제공 등 다양한 교육요소를 적용할 수 있다. 더불어, 재도전기회를 통한 성취수준 도달을 최대한 많은 학생이 경험할 수 있도록 고민해야 한다.

'백워드설계'의 개념은 학습과 평가를 분리하지 않고, 평가와 수업을 통합적으로 바라보는 데 그 의미가 있다. 이점은 과정중심평가의 기본 철학과 일맥상통한다. 물론, 앞서 언급한 대로 과정중심평가는 정책적 강조의 용어이므로 명확히 규정하기는 어려운 측면이 많다. 하지만 어느 부분을 강조하기 위한 개념인지 생각하면 평가를 설계할 때의 방향성이 명확해 질 것이다.

3 디지털 도구와 과정중심평가의 융합

1) 디지털 소양

표 8-3 2022 개정 교육과정 교육부 질의응답

구분	언어 소양	수리 소양	디지털 소양
개념	언어를 중심으로 다양한 기호 양식매체 등을 활용한 텍스트를 대상,목적, 맥락에 맞게 이해하고,생산 · 공유, 사용하여 문 제를 해결하고 공동체 구성원 과소통하고 참여하는 능력	다양한 상황에서 수리적정보와 표현 및 사고 방법을 이해, 해석, 사용하여 문제 해결, 추론, 의사소통하는 능력	다지털 지식과 기술에 대한 야해와 윤리의식을 바탕으로, 정보를수집 · 분석하고 비판적으로이해 · 평가하여 새로운 정 보와지식을 생산 · 활용하는 능력

출처: 2022 개정 교육과정 교육부 질의 응답 자료 pp.6

2022 개정 교육과정은 핵심 역량과 더불어 모든 학생이 미래 사회를 살아가는 데 꼭 필요한 핵심 능력으로 언어, 수리, 디지털 소양 세 가지 기초 소양을 설정했다. 그 중 교육계에 반향을 일으켰던 것은 디지털 소양이었다. 디지털 지식과 기술을 이해하고 올바르게 활용하도록 하는 디지털 소양이 언

어, 수리와 디지털이 동일선 상에서 논의된다는 것은 새로운 시대의 등장을 의미하는 것이었다.

디지털 소양의 등장과 함께 디지털은 순식간에 수업 과정에 빠르게 흡수되었다. 디지털 소양의 등장은 어찌보면 당연한 이야기였던 것일지도 모르겠다. 더 이상 수업 시간에 태블릿을 꺼내 정보를 찾고 활용하는 것은 예의 없는 일이라거나 수업을 방해하는 일로 치부되지 않으며 오히려 권장하는 일로 여겨진다. 이미 현장에서는 디지털 소양의 중요성을 피부로 느끼고 있다.

덕분에 에듀테크라고 불리는 디지털 도구도 눈부신 발전을 이뤘다. 이런 도구들을 활용한 디지털 융합 수업은 편리하고, 빠르며, 다양하게 변모했다. 교사와 학생 모두 적재적소에서 디지털 도구를 활용해 다채로운 수업을 즐기고 있다. 덩달아 디지털을 활용한 평가에 대한 관심도 나날이 높아지고 있다.

2) 디지털 융합 평가에 대한 걱정

그러나 아직 평가의 측면에서 디지털 도구들은 어색하게 다가온다. 정보 유출의 걱정, 정책적 기반의 부족, 교사의 부족한 경험은 평가에 있어 디지털 도구들의 도입을 주저하게 만든다. 뭔가 평가는 아날로그적이어야 할 것 같고, 종이로 근거가 남아야 할 것 같은 막연한 걱정도 한 몫한다.

그런 우려를 교육부도 알고 있다. 아래는 2022 개정 교육과정과 관련한 교육부의 설명 자료이다.

> 새로운 교육과정이 적용되면 학교 현장에서는 토의·토론, 프로젝트 수업, 협력 학습, 탐구 활동 등 교과 특성에 따른 다양한 학생 주도형 수업이 활성화되고, 디지털·인공지능(AI) 기반의 개별 맞춤형 수업과 평가가 활성화 되어 학생들이 자신에게 맞는 속도와 방법으로 학습하는 교실 수업의 변화가 기대됩니다.
>
> 출처: 2022 개정교육과정 질의 응답 자료. 교육부.

사실 우리 모두가 알고 있듯 교사 한 명이 모든 학생을 아우르는 환경에서 기존의 피드백, 비계 설정은 한계가 있기 마련이다. 과정중심평가가 지향하는 맞춤형 평가를 시도하고 싶어도 교사들은 구조적인 한계로 인해 좌절을 맛본다.

이에 2022 개정 교육과정에서는 디지털·인공지능(AI) 기반의 맞춤형 평가의 도입을 명시했다. 전격적으로 도입된 AI 디지털교과서와 함께 실제 현장에서 쓰이는 구글 클래스룸(Google Classroom), 패들렛(Padlet), 캔바(Canva), 카훗(Kahoot), 위두랑 등의 디지털 도구들이 평가 과정에 적극적으로 활용될 근거가 마련된 것이다. 교육부는 그 동안 어떤 방법으로도 쉽게 해결되지 않던 맞춤형 수업과 평가의 해답이 디지털 도구에 있다고 보았다.

2022 개정 교육과정은 AI·디지털 교육자료의 도입을 명시적으로 포함하고 있으며, 이에 따라 평가 과정에서 디지털 도구 활용의 비중도 매우 커졌다. 디지털 기반 평가의 핵심은 '기록 가능성', '누적 가능성', 그리고 '정량+정성 분석'의 병행에 있다. 교육부는 디지털 도구가 단순한 편의적 수단이 아니라, 학생 개별 맞춤형 평가 및 교사 업무 경감에 있어 핵심적 역할을 할 수 있다고 본다.

또한, 디지털 교육자료에 포함된 자기평가 도구, 동료 피드백 기능, 실시간 루브릭 첨부 기능 등은 학생 스스로 자신의 학습을 돌아보고, 친구의 의견을 참고하며 평가에 능동적으로 참여할 수 있게 만든다. 이는 곧 평가가 '교사의 일'이 아닌 '학생과 함께 만들어가는 과정'으로 변화하는 흐름과 맞닿아 있다. 교육부는 이러한 디지털 기반의 과정중심평가가 학습자 중심 교육의 실현을 위한 핵심 수단이라고 보고 있다.

3) 디지털 융합 평가의 해답

2023년 교육과정평가원의 초등교사 대상 인식조사 결과,[10] 대부분의 교사가 국어, 사회, 수학, 과학, 미술, 영어 등 교과에서 디지털 도구를 활용한 평가에 어려움을 호소했다. 수업 측면에서는 디지털 도구의 편리함에 공감하는 선생님들이 많지만 아직 평가의 측면에서는 어떻게 사용해야 할지 막막하게 느끼고 있었다. 원격 수업을 처음 맞이한 그 때처럼 디지털 융합 평가는 아직 어렵기만 하다. 2023년 이후 '터치교사단', '교실혁명선도교사', '수업평가혁신지원단' 등 교사 역량 개발에 관한 교육부 사업들이 홍행하였다. 하지만 아직도 막상 실천에는 덜컥 겁이 나는 교사들이 많다. '어떻게 해야 할지', '무엇이 좋길래 활용해야 하는 것인지' 의문이 들 때도 있다.

수업-평가는 유기적인 과정이다. 수업에 도입하고 있다면 이미 평가에도 도입하고 있는 것이다. 디지털 도구는 더 이상 특별한 수업을 위한 부가적 도구가 아니다. 대부분의 교사들은 이제 수업 준비와 운영, 자료 제공, 과제 제출, 피드백 제공 등의 과정을 디지털 플랫폼을 통해 진행하고 있다. 당연히

10 뉴시스 새 교육과정 기초 소양 '디지털'…초등교사 과반 "평가 어떻게?" (https://www.newsis.com/view/NISX20230911_0002445355)

굳이 디지털 융합 평가를 도입할 필요는 없다. 그러나 어떤 효과를 불러일으키는지 아는 것과 모르는 것은 천지차이다.

그림 8-5 Canva로 발표 자료 제작하기

디지털 도구들을 사용한 평가는 단순한 자료 전달을 넘어서, 학생의 참여를 이끌고 학습 과정의 활발한 공유와 시각화를 가능하게 한다. 최근 교사들은 수행과제를 온라인으로 받기 시작했다. 학생은 자신의 과제 제출 내역, 피드백, 수정 과정 등을 한눈에 확인할 수 있다. 교사는 "선생님 저 냈나요?", "제 꺼 확인됐나요?" 등의 지겨운 질문에서 벗어날 수 있게 되었다. 학생이 과제를 제출하면 교사는 제출된 과제를 나의 입맛대로 분류하고 정렬한다. 과제별, 학생별, 시간 순서, 가나다 순서 등의 분류 및 정렬 방법은 다양하게 활용된다. 예를 들어, 수행의 과정마다 제출한 자료를 시간순으로 정렬해보면 학생의 성장이 눈에 보이기 시작한다. 주제별로 학생들의 과제를 모아 보면 어떤 과제에 우리 반 아이들이 어려움을 느끼는지 알 수 있다. 자료를 손수 분류하고 정리하던 시대에는 생각지도 못했던 학생에게 채워줄 부분을 고민하고, 준비하는 시간이 생기기도 한다.

실시간 공유와 피드백이 가능하다는 것은 디지털 도구만이 가진 장점이다. 큰 종이 하나에 모든 아이들이 붙어 누구는 글씨를 거꾸로 보고, 교누구는 멍하니 자기 차례를 기다리는 모습을 본 적 있는가? 그런 기억이 있는 교사라면 디지털 도구를 활용하며 희열을 느낄 것이다. 협업 기반 디자인, 발표 작업도 이제는 거뜬하다. 온라인 디자인 도구들을 활용하면 모든 과정을 교사가 감독하고, 요소 하나하나를 피드백할 수 있다. 발표 자료에 출처가 제대로 달려 있는지, 어떤 아이가 어떤 작업에 참여했는지 교사와 학생이 같이 평가에 참여하는 기회가 열린다.

친구가 붙인 포스트잇을 교사가 읽어줄 때까지 기다리기보다 이젠 온라인 보드의 친구의 글에 하트를 남긴다. 교사는 교육과정 연수에서 강조했던 동료 평가와 자기 평가가 이런 것임을 깨닫는다.

4) 디지털 융합 환경적 측면

이러한 디지털 도구는 이제 수업의 구조를 바꾸고, 평가의 경계를 허무는 중요한 매개체가 되었다. 디지털 환경은 학생의 활동을 실시간으로 기록하고 저장할 수 있는 환경을 제공하며, 교사는 이를 바탕으로 평가의 질을 높이고, 수업과 평가의 통합을 실현할 수 있게 만들어준다.

특히 1인 1기기의 정착은 이러한 도구의 실질적 활용을 가속화했다. 2024년 기준 초등학교 3학년 이상 학생들의 스마트기기 보급률은 약 80퍼센트에[11] 육박한다. AI 디지털교과서가 도입된 만큼 그 이후에는 100퍼센트를

11 파이낸셜뉴스 초·중·고 디지털 인프라 개선 위해 963억 투입…AI교과서 준비 박차(http://fnnews.com/news/202405141054353018)

달성했을 것이다. 학교 현장에는 디지털 기기 부담을 경감하기 위해 전담 인력이 투입되었으며 교육청에서는 디지털 인프라를 개선하기 위한 전문 조직이 운영되고 있다. 아직도 디지털 융합 평가에 어려움을 느꼈던 교사라면 이제는 용기를 낼 수 있을 것이다. 제도적, 환경적 요인들이 점차 개선되고 있다.

그림 8-6 1인 1기기가 도입된 교실 환경

4 실천 사례와 교육현장의 변화

1) 프로젝트 수업

포트폴리오는 과정중심평가를 생각하면 가장 먼저 떠오르는 평가 방법이다. 다양한 수업과 연계지을 수 있지만 보통은 프로젝트 수업과 관련지을 수 있을 것이다. 특히 2022 개정 교육과정에서는 교과 간 융합 수업과 실제적인 문제 해결 학습을 강조하고 있기 때문에 프로젝트 수업은 더욱 확산될 가능성이 높다. 이 과정에서 다양한 평가 방법을 활용할 수 있지만 포트폴리오는 복잡한 학습과정을 기록하고, 반성적으로 성찰하며, 최종적으로 스스로의 학습을 정리하는 데 매우 적합한 도구이기에 프로젝트 수업과 함께 활용하기 좋다.

하지만 포트폴리오법을 쓰더라도 학생이 프로젝트 활동을 통해 어떻게 문제를 해결했는지, 어떤 아이디어를 냈고, 친구들과 어떤 방식으로 협력했는지를 모두 수기로 기록하거나 기억에 의존해 평가하기는 매우 어렵다. 또한 수업 중 학생의 발언이나 태도 변화, 사고의 확장을 실시간으로 포착해 피드백을 제공하기란 현실적으로 불가능에 가깝다. 하지만 디지털 도구를 활용하면 학생의 활동을 영상으로 기록하거나, 협업 과정의 로그를 저장하고, 피드백을 누적하며 학습의 맥락을 보존할 수 있다. 이런 기능들은 교사의 평가 업무를 줄이는 데 그치지 않고, 평가의 질과 신뢰도를 높이며, 학습자의 성장을 세밀하게 관찰하고 지원할 수 있는 기반이 된다.

[6실 03-02] 발명사고기법과 기술적 문제해결 과정을 이해하고, 다양한 재료를 활용하여 생활 속 문제를 해결할 수 있는 창의적인 제품을 구상하고 만들어 봄으로써 실천적 태도를 갖는다.

2022 개정 교육과정의 '발명'을 주제로 한 프로젝트 수업을 진행해보자. 발명사고기법을 배우더라도 학생들이 쉽게 아이디어를 떠올리기는 어렵기 때문에 '디자인씽킹'을 활용하여 프로젝트 수업을 설계하고 평가 방법을 고안해야 한다. 디자인 씽킹'이란 인간 중심의 접근 방식을 통해 창의적이고 혁신적인 해결책을 도출하는 문제해결 방법이다. 단순히 아이디어를 떠올리는

과정에 그치지 않고, 실질적인 문제를 이해하고 공감하며, 사용자 중심의 사고를 기반으로 솔루션을 찾아가는 체계적인 사고 프로세스이다. 수업 환경에서는공감하기(Empathize), 문제 정의하기(Define), 아이디어 내기(Ideate), 프로토타입 제작하기(Prototype), 테스트하기(Test)의 다섯 가지 단계로 프로젝트를 구성하여 진행하게 된다.

그림 8-7 프로젝트 수업 패들렛 1

이 때 교사는 성취기준에 따라 '발명사고기법', '기술적 문제해결 과정', '다양한 재료', '생활 속 문제', '창의적인 제품', '실천적 태도'를 고려해야 한다. 모든 성취기준을 고려한다면 포트폴리오법이 가장 최적임을 알고 방법을 찾을 것이다. 디지털 도구가 평가의 도구로서 가장 좋은 것은 아니지만 여러모로 불편함이 많은 서류철을 활용하기보다는 패들렛을 활용하면 훨씬 편리하게 포트폴리오를 만들 수 있다. 평가에 있어 패들렛은 어떤 장점이 있을까?

그림 8-8 프로젝트 수업 패들렛 2

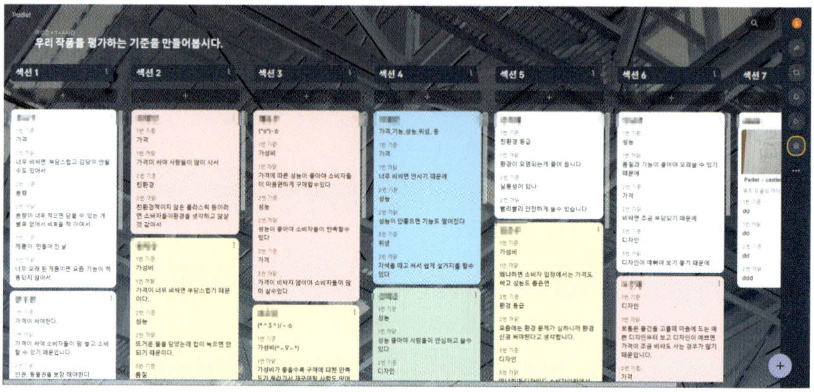

패들렛과 같은 온라인 보드들은 아이디어 발상부터 구체화 과정, 제작 결과와 피드백까지의 전 과정을 시간 순으로 기록할 수 있는데, 이를 통해 교사는 개별 학생의 기여도, 변화 과정, 사고 흐름 등을 추적할 수 있다. 와우아이디어스같은 보드를 계열화, 서열화할 수 있는 도구를 사용하면 여러 보드가 하나로 합쳐져 평가자료이자 교사의 수업 계획서를 만들 수도 있다.

또한 이런 온라인 보드들은 자기평가와 동료평가를 단시간에 많은 학생들이 참여할 수 있다는 장점이 있다. 2022 개정 교육과정은 자기평가와 동료평가를 강조한다. 자기평가와 동료평가는 신뢰성이 높은 평가라고 볼 수는 없지만 그 자체로 피드백이자 메타인지를 가능하게 하는 장치이기 때문이다. 친구의 작품을 평가하며 나의 작품과 비교해보고 스스로 개선할 점을 찾는 경험은 교사가 개선점을 지적할 때보다 훨씬 더 교육적 전이가 잘 일어나도록 한다.

교실 현장에서 동료평가를 하기는 참 어렵지만 디지털 도구를 활용하면 어렵지 않다. 간단하게는 하트를 표시한다던가, 구체적으로는 교사의 가이드라인에 따라 댓글을 다는 행위로 학생이 스스로 평가를 할 수 있다. 더 나아가 교사의 루브릭을 학생에게도 공유하여 좀 더 내실있는 동료평가를 실시할 수도 있다. 이렇게 정리된 자료는 학습자와 교사 모두에게 귀중한 성찰 도구가 되며, 신뢰도 높은 평가 자료가 된다.

2) 실기 평가

실기 수업은 평가를 어떻게 해야 할지가 가장 어려운 문제이다. 모두가 동시에 실시하는 실기 과목은 평가를 할 때 가장 고민을 하는 부분이다. 대부분 체크리스트를 제작하여 학생의 실기 내용을 평가하게 된다. 실기시험을 실시할 때 고민 되는 지점은 교사가 일일이 학생의 수행과정을 옆에서 지켜볼 수 없어 제대로 된 평가를 하기가 어렵다는 점이고, 한 명씩 교사 앞에서 실기를 하는 것 또한 많은 시간이 소요된다는 점이다.

리코더 연주나 가창 시험을 보기 위해 학생들을 한 명씩 불러 시험을 보게 한 경험이 있을 것이다. 시험을 보기 위해 한 차시 할애하지만 그마저도 모자른 때가 있다. 그러면 따로 학생을 남겨 시험을 보거나, 어르고 달래 쉬는 시간을 뺏어야 한다.

실과 프로그래밍 수행 평가는 어떻게 진행하는 것이 좋을까? 일단 컴퓨터실에 방문하는 것부터 많은 노력이 필요하다. 그리고 시험 중에 아이들이 했던 결과물을 직접 보러 학생의 컴퓨터를 직접 교사가 들여다 보아야 한다. 글을 읽기만 해도 참 번거롭다. 이럴 때는 어떻게 해야할까? 6학년 실과 프로그램 수업에 대한 평가 사례를 살펴보자.

[6실05-01] 컴퓨터를 활용한 생활 속 문제해결 사례를 탐색하고 일상생활 속 문제를 해결하기 위한 알고리즘을 다양한 방법으로 표현한다.

[6실05-02] 컴퓨터에게 명령하는 방법을 체험하고, 주어진 문제를 해결하는 프로그램을 작성한다.

[6실05-03] 실생활의 문제를 해결하는 프로그램을 협력하여 작성하고, 산출물을 타인과 공유한다.

[6실05-04] 디지털 데이터와 아날로그 데이터의 특징을 이해하고, 인공지능에 활용할 수 있는 데이터의 유형이나 형태를 탐색한다.

[6실05-05] 인공지능이 만들어지는 과정을 체험하고, 인공지능이 사회에 미치는 영향을 탐색한다.

출처: 2022 개정교육과정 실과 성취기준.

2022 개정 교육과정 6학년 실과 디지털 사회와 인공지능 영역을 평가하고자 한다면 위의 성취기준을 활용하게 될 가능성이 높다. 2022 개정 교육과정은 디지털과 인공지능에 대한 성취기준이 많아졌다. 일부 중등 교육과정이 초등 교육과정으로 수준을 달리하여 내려오기도 했다.

앞으로 실과 수업의 경우 2015 개정 교육과정보다 훨씬 더 깊이가 깊어져 수업과 평가가 더 어려워질 가능성이 높다. 만약, 이 영역을 수행평가로 실시한다면 컴퓨터를 활용하게 될텐데 이때 평가를 어떻게 해야 할 것인지 고민이 된다. 가장 먼저 드는 생각은 학생들이 교사가 준 과제를 완료하면 손을 들고, 교사가 학생의 모니터에서 프로그램이 잘 작동되는 지 확인하는 것이다. 물론, 이 방법이 가장 간단하지만 프로그램이 잘 작동이 된다고 하여도 주어진 과제의 조건을 충족하였는지 순간적으로 확인하기 어려운 단점이 있다. 또한 부분점수를 주고 싶어도 평가 기준의 어떤 요소를 충족하는지 세

세히 살펴보기가 어려워 신뢰도 높은 평가가 되기 어렵다.

그림 8-9 실과 프로그래밍 평가

그림 8-10 실과 수행평가 캡처화면

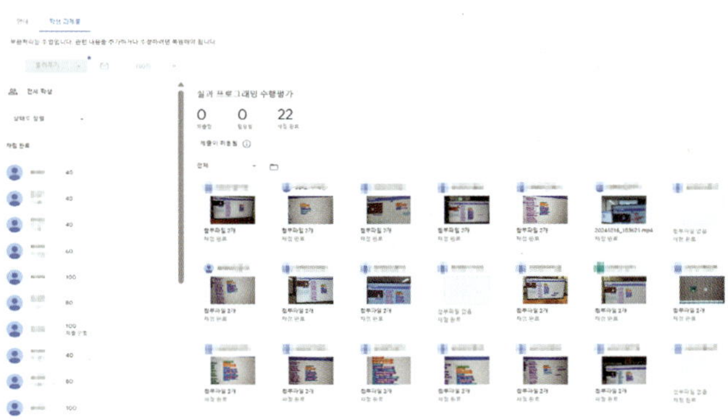

이럴 때 LMS[12]를 활용한다면 내실 있는 평가를 도입할 수 있다. 2022 개정 교육과정은 디지털 평가 도구 활용을 명시하고 있기에 필요하다면 언제든지 LMS를 활용한 평가를 실시할 수 있다.

컴퓨터실의 수업이라면 학생들은 자신의 태블릿을 지참하여 컴퓨터실 컴퓨터를 이용하여 수행평가 과제를 완성한다. 자신이 만든 프로그램의 코드 사진을 한 장 찍고, 완성된 프로그램의 작동화면을 녹화하여 두 파일을 LMS에 업로드한다. 교사는 실시간으로 학생들의 수행 속도를 파악할 수 있으며 부정행위 방지를 위해 뒤에서 학생들의 수행과정을 지켜본다. 수행평가가 모두 끝나면 LMS의 평가기능을 활용하여 미리 설정해둔 루브릭을 활용해 점수를 부여하면 된다. 영상으로 과정이 남아 있기 때문에 평가기준에 따라 면밀히 평가할 수 있으며, 학생들과 같은 영상을 보면서 개별 피드백을 제공할 수 있다.

3) 형성 평가

수학시간에 활용하는 수학 익힘은 중요한 형성평가 도구 중 하나이다. 수학만큼 형성평가를 자주하는 수업은 없을 것이다. 형성평가 결과는 학습 데이터이다. 매 수업마다 생기는 형성평가 데이터는 학생들의 익힘책 안에서 잠든다.

학습 데이터가 사라지는 교실 환경에서는 모든 아이들이 소외된다. 상위권, 하위권 학생들은 물론, 중위권 학생들도 역시나 소외당한다. 당연히 잘하

12 LMS: Learnig Management System. 학습 관리 시스템을 의미한다. 대표적으로 '다했니', '구글클래스룸', '팀즈' 등이 있으며 학생들에게 과제를 배포하고, 평가하는 도구이다.

는 줄 알았던 아이들이 분수, 소수, 나눗셈, 비례식 등 어려운 단원에서 성취 수준에 도달 못 하는 경우들이 우후죽순 발생하곤 한다. 하지만 교사는 하위권 아이들을 돌보느라 중위권 학생까지 챙길 시간이 나지 않는다.

이런 문제는 구조적이다. 한 반에 20명이 넘는 아이들을 모두 파악하는 건 불가능에 가깝다.

그림 8-11 코스웨어 접속 화면

하지만 AI·디지털 교육자료, 또는 AI 학습 코스웨어가 그 해답이 될 수 있다. 평가를 자동화하고 결과를 기록하는 이런 프로그램을 사용하면 채점하는 시간을 줄일 수 있고, 잘하는 아이들에게 자동으로 할 일을 생성시켜줄 수 있다. 더불어, 학습 수준에 관계없이 아이들의 학습 과정을 교사가 한눈에 볼 수 있는 데다 누가 어느 단원에서 헤매고 있고, 어떤 차시에서 잘하는지 알 수 있는 장점이 있다.

AI·디지털 교육자료를 비롯한 학습 코스웨어가 정말 많다. 무엇이 좋은지 비교할 땐 아래와 같은 기준을 적용하면 좋다.

1. 로그인 방법이 쉬워야 한다.
초등학교에서 디지털 융합 수업할 때 가장 어려운 점이 바로 로그인이다. 매번 아이디와 비밀번호를 잊어버리는 아이들이 있기 때문에 이 점을 꼼꼼히 살펴봐야 한다.

2. 자동 채점 내용이 교사에게 보여야 한다.
자동 채점은 기본 중의 기본이다. 채점 시간을 단축하는 것만으로 교사는 수업에 더 많은 활동을 추가할 수 있다. 이에 더해 아이들의 채점 내용이 교사에게 모니터링되고, 누적이 되어야 한다. 실시간으로 아이들이 풀었는지가 기록되며 학생들이 수업에 따라오는 속도를 판단할 수 있어야 교사가 형성평가를 원활히 진행할 수 있다.

3. 교과서 차시대로 되어야 한다.
다양한 학습 코스가 있으면 학생 혼자서 공부할 때는 좋지만 수업에 적합하지는 않다. 교과서 수업 진도를 따라서 맞춰져 있는 학습 자료를 그대로 사용하는 것이 좋다.

4. 오답을 다시 풀 수 있어야 한다.
과정중심평가는 재도전 기회를 부여하도록 한다. 맞은 문제를 다시 푸는 것보다 틀린 문제에 재도전 하며 학생들은 제대로된 성장을 한다.

형성평가 데이터의 기록을 위해 AI·디지털 교육자료나 학습 코스웨어를 활용하는 것이 좋다. 이 때 익힘책은 과감히 사물함 속으로 보내는 용기가 필요하다.

아이들은 프로그램에 접속하면 바로 자신에게 부여된 과제를 볼 수 있다. 이 문제들은 익힘책처럼 각 차시에 해당하는 과제로 구성되어 있다. 문제는 보통 교사가 제공하는 문제만 풀 수 있기 때문에 다른 과제에 접속하거나, 마음대로 선행학습을 할 수는 없다. 현재 예시로 삼는 프로그램은 AI 클래스라는 AI 학습 코스웨어이다. 이 프로그램은 난이도가 익힘책 정도의 수준이라 학생들이 평소 수업과 같이 형성평가에 임할 수 있다.

그림 8-12 학습 현황

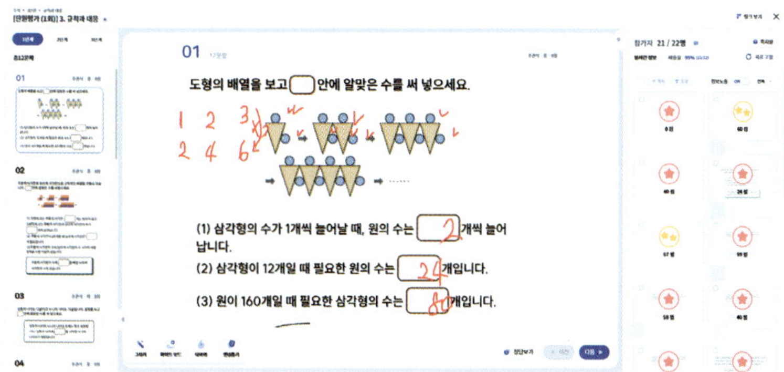

이런 수업환경이 되면 편리한 점은 교사가 시간이 생긴다는 점이다. 교사는 학생들이 문제를 다 풀었는지 일일이 확인할 필요가 없다. 클릭 한 번이면 "다 풀었나요?"의 질문과 동일한 효과를 얻을 수 있다. 그리고 학생들이 어떤 문제를 가장 어려워하는지도 알 수 있게 된다. 누가 해당 단원과 차시에서 잘하고 못하는지도 명확히 알 수 있게 되어 중요한 학부모 상담자료로 사용하기도 한다.

AI·디지털 교육자료와 AI 학습 코스웨어의 핵심 중 하나는 리포트이다. 데이터를 어떤 방식으로 정리해서 교사에게 보여주냐. 그것은 개발사들의 노하우이자 개발할 때 가장 중요하게 여기는 요소 중 하나이며, 리포트는 교사의 전문성을 높여주는 도구로 쓰인다.

리포트를 학부모에게 보여주며 실시하는 상담과 그렇지 않은 상담은 교사의 상담 속 발언의 무게에 확연한 차이를 만든다. 리포트를 들이밀며 "우리 학생이 이런 부분이 부족하네요. 방학 동안 이런 보완이 필요합니다."라고 말하는 상황이라면, 학부모는 교사의 발언에 무한 신뢰를 보낼 것이다.

리포트는 매 수업마다 활용할 수 있는데 '아이들이 순식간에 다 찍으면서 풀어놓고 노는 것은 아닌지', '우리 반 아이들이 대체로 어려워하는 문제는 무엇인지', '이번 차시에서 의외의 모습을 보이는 학생이 누군지' 살펴볼 수 있다. 그 외에도 학생의 성장을 살펴보고, 구체적이고 체계적인 피드백을 가능하도록 하기에 과정중심평가의 측면에서 수업 중 평가에 가장 적합한 도구가 바로 AI·디지털 교육자료와 AI 학습 코스웨어라고 할 수 있다.

5 평가 패러다임의 변화가 의미하는 것

1) 평가 패러다임의 변화

전통적인 평가가 성적 산출, 서열화, 비교에 집중했다면, 과정중심평가는 평가의 본래 목적인 학습자의 이해를 돕고 성장 방향을 제시하는 기능으로 돌아가고자 한다. 그러나 과정중심평가의 강조가 계속되면서 어느순간 과정중심평가 조차 전통적인 평가로 느껴지는 것도 사실이다.

디지털 융합 수업은 매너리즘에 빠진 과정중심평가를 새로운 패러다임으로 인도했다. 디지털 도구의 도움으로 학생의 과정을 보다 세밀하게 추적할 수 있게 되면서, 디지털 도구는 '학습을 방해하는 행위'가 아니라 '학습을 지원하는 도구'로 자리매김할 수 있게 되었다.

디지털 도구를 활용한 평가 패러다임은 학습의 양적 측정을 넘어, 질적 성장을 확인하는 도구로 진화하고 있다. 예컨대, 학생이 어떤 개념을 이해하게 된 배경, 자신의 생각을 어떻게 발전시켜 나갔는지, 친구들과의 협업 속에서 어떤 역할을 수행했는지 등이 이제 평가의 중심 영역으로 편입된다. 이는 곧 교사의 관점 변화, 평가 도구의 변화, 교육 시스템의 변화까지 요구하는 총체적 전환이다. 디지털 도구의 등장은 현실적 어려움들로 인해 공허하게 느껴졌던 과정중심평가를 내실화하는 계기가 될 것이다.

디지털 도구의 가장 큰 강점 중 하나는 학습의 흔적을 자동으로 기록하고 분석할 수 있다는 점이다. 예를 들어, AI·디지털 교육자료, AI코스웨어, 학습 관리 시스템(LMS)은 학생이 접속한 시간, 자료 열람 시간, 퀴즈 정답률, 과제 제출 시간 등을 자동으로 기록하고, 이러한 데이터를 바탕으로 학생의 참여도와 학습 패턴을 시각화하여 대시보드에 나타난다. 교사는 시각화된 자료를 보고 학생의 성장과정을 분석하면 된다. 기존에는 데이터 시각화는 언감생심, 학생의 학습 흔적을 기록하는 것조차 엄두 내기 어려운 과제였다. 과정중심평가에 관심을 갖고 실천하는 교사들은 이런 과정을 직접 수행했지만 학생 하교 후 방과후에 이렇게 많은 작업을 해낼 수는 없었고, 밤을 지새우기 일쑤였다. 결과를 내어도 학생과 학부모에게 해당 자료를 설명하기가 어려웠지만 이제는 시각화된 리포트 자료 하나면 모든 과정을 해결할 수 있다.

이외에도 피드백의 저장과 누적은 디지털 도구가 가진 중요한 장점이다. 수기로 진행되던 피드백은 시간이 지난 뒤 사라지고 학생이 쉽게 되돌아보기 어려웠지만, 디지털 환경에서는 교사 피드백, 동료 피드백, 자가 성찰 기록 등이 하나의 플랫폼에 누적된다. 이러한 정보는 학생의 성장 이력을 한눈에 파악하게 해주며, 학부모 상담 자료, 학습 계획 수립에도 효과적으로 활용된다. 또한 교사가 기억과 수기 기록에 의존하여 작성하던 생기부 작업도 훨씬 객관적이고 체계적인 데이터에 기반하여 작성할 수 있게 되었다. 증거 기반 과정중심평가의 완성이 가까워졌다.

2) 제언과 시사점

그림 8-13 OECD 2030 학습나침반

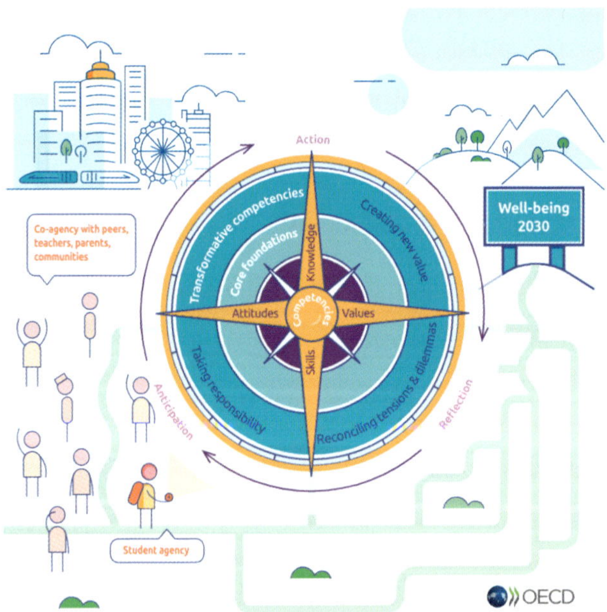

출처: OECD. https://www.oecd.org/

OECD는 학생의 핵심 역량을 키우기 위해 교사가 학생의 Well being을 위한 코치가 되도록 요구하고 있다. 운동 코치가 선수의 데이터를 분석하고, 솔루션을 내놓듯 이제 교사도 학생의 코치가 되어 학습 데이터를 해석하고, 분석하는 능력이 필요하다. 이러한 자동 기록 기능은 교사에게 보다 정교한 진단 및 개별화 피드백을 제공할 수 있는 가능성을 열어준다. 또한 학생도 자신의 학습 이력을 확인하면서 스스로를 점검할 수 있으며, 자기주도 학습 역량을 키워나가는 데 도움이 된다.

디지털 융합 과정중심평가가 성공적으로 이루어지기 위해서는 교사의 전문성이 핵심이다. 교사는 단순한 '채점자'가 아니라, 수업을 설계하고 평가를 설계하며, 학생의 변화를 읽어내는 분석가가 되어야 한다.

이를 위해 교사들의 역량강화를 위한 환경 조성이 필수적이다. 먼저, 지속적인 과정중심평가, 디지털 융합 평가에 관한 전문학습공동체 활동, 교육청 및 교원연수원의 체계적 연수 지원, 현장 사례 기반 워크숍 지원을 통해 실제적인 디지털 융합 평가 경험을 키워주어야 한다. 제도적으로 안전한 환경에서 교사가 디지털 도구를 평가에 활용할 수 있는 방안을 안내하고, 이를 실천할 수 있도록 안내해야 한다.

또한 디지털 도구의 확산은 교육의 다양성을 보장할 수 있는 중요한 기회이지만, 동시에 새로운 형태의 불평등을 야기할 위험성도 내포하고 있다. 디지털 소양에 대해 이야기를 나눌 때 항상 제기되는 문제가 바로 지역 간 인프라 격차, 가정 내 디지털 기기 접근성, 교사의 디지털 리터러시 수준 등이 공정성과 형평성을 위협하게 되는 것이다. 평가에 있어서도 이런 점은 반드시 고려되어야 한다. 자칫, 디지털 도구의 사용이 불평등의 요소로 작용하지 않도록 깊은 고민과 함께 디지털 도구가 평가에 사용되어야 한다.

참/고/문/헌

경기도교육청(2025) 2025 초등 학습으로의 평가 이해하기

경상남교육청(2020) 과정중심평가 이렇게 해 봐요!(중등교사용)

교육부(2016) 2015 개정 교육과정 질의 응답 자료

교육부(2022) 2022 개정 교육과정 질의 응답 자료

교육부, 교육과정평가원(2017) 과정을 중시하는 수행평가 어떻게 할까요?(중등)

교육부, 교육과정평가원(2017) 교사별 과정 중심 평가 - 초등학교 교원 역량 강화 직무 연수 강사 가이드

뉴시스 새 교육과정 기초 소양 '디지털'…초등교사 과반 "평가 어떻게?"

파이낸셜뉴스 초·중·고 디지털 인프라 개선 위해 963억 투입…AI교과서 준비 박차

https://www.oecd.org/

Chapter 9

AI 기반 서·논술형 과제 피드백의 현재와 방향

● 장 덕 진

1 AI·디지털 교육자료와 'AI 기반' 개별 맞춤형 피드백 강화

2025년, 모든 학생을 위한 맞춤 교육을 표방한 'AI·디지털 교육자료'가 학교 현장에 보급되었다. 2025년, 모든 학생을 위한 맞춤교육을 지향하는 'AI·디지털 교육자료'가 학교 현장에 보급되었다. 이는 1998년부터 시작된 컴퓨터 활용 교육을 통해 교육 정보화의 혜택을 받으며 성장한 세대가 교사가 되어, 자신이 받았던 국가의 혜택을 이제는 자신이 가르치는 학생들에게 되돌려줄 수 있는 뜻깊은 계기가 되었다.

교사와 학생을 데이터 기반으로 도와줄 수 있는 도구가 교실에 들어오고, 현장에 안착하는 중으로 실제 학생과 AI 디지털 교육자료 및 코스웨어를 사용해본 교사들 사이에서 긍정적 반응이 많이 나오고 있다.

그러나 여전히 AI·디지털 교육자료에 대한 '걱정의 목소리' 역시 여러 교육계 종사자 사이에서 제기되고 있다. 디지털 기반 교육혁신 정책에 대해서는 모두 동의하는 바이지만 그 실현 방법은[13] AI·디지털 교육자료 도입 전과

13 조·중등교육법 일부 개정법률안 수정안의 국회 본회의안 통과에 따라 현재 AI 디지털교과서

후에 지속하여 이야기가 나오고 있으며 이 장에서는 해당 논쟁 중 한 가지에서 시작하여 주제로 나아가보고자 한다.

AI·디지털 교육자료는 교사의 수업 전문성을 높여주기 위한 핵심 도구로서 '교사'를 수업을 설계하는 디자이너이자 학생들의 마음을 읽어주고 지원해주는 사회·정서적 지지자로서 그 역할을 재정립할 수 있도록 해주었다. 동시에 교원 업무 경감 정책을 통해 교사가 수업에 집중할 수 있는 분위기가 조성되면, 교사의 수업 연구를 도와주는 보조 도구로 역할을 할 것으로 공감대가 모아졌었다.

그래서 2022 개정 교육과정이 전면 도입되어 초·중·고 모두에서 변화가 이루어지는 2025년이 AI·디지털 교육자료의 도입 적기로 여겨졌다. 이러한 기대를 바탕으로 탄생한 디지털 교육자료의 실물을 보고난 후 많은 사람들이 질문하고 궁금해한 바가 있었다.

AI·디지털 교육자료라는 핵심 기제가 문제풀이식 혹은 소위 주입식 형태로 학습하도록 계획되지 않았는가 하는 목소리와 더불어 2022 개정 교육과정이 바라는 바를 구현할 수 있는지 의문이 제기되었다.

이 두가지는 같은 맥락에서 나타난 지적으로 볼 수 있는데, 2022 개정 교육과정(교육부 고시 제2022-33호)에서는 교육과정 개정 중점 중 하나로 "다양한 학생 참여형 수업을 활성화하고, 문제해결 및 사고의 과정을 중시하는 평가를 통해 학습의 질을 개선한다(교육부, 2022)."를 들고 있다.

또한, 학교 교육과정 설계와 운영에서 "학습의 결과만이 아니라 결과에 이르기까지의 학습 과정을 확인하고 환류하여, 학습자의 성공적인 학습과 사고능력 함양을 지원한다(교육부, 2022).", "수행평가를 내실화하고 서술형과

의 법적 지위가 교육자료로 변경되었음. 원고는 '25년 1학기 작성 기준임.

논술형 평가의 비중을 확대한다(교육부, 2022)." 등을 제시하고 있다.

위 사항을 살펴보면 분명 2022 개정 교육과정을 지원하기 위해 등장한 AI·디지털 교육자료임에도 불구, 오래 전부터 강조되어 왔으며 또한 현장에서의 요구가 커진 '서·논술형 평가'에 대한 지원이 부족하지 않은가에 대한 지적이 자연스레 대두될 수 있다.

다만, 여기에서 분명히 이야기할 수 있는 바는 교육의 이상론자가 아닌 학교 현장에서 아이들을 직접 가르치는 교사로서 내 경험을 이야기하자면 문제풀이식 교수학습이 나쁜가에 대해 의견을 들어보고 싶다. 가령 초등 수학을 예로 들면, 수학 영역 중에서 가장 많은 차시가 배정된 '수와 연산'과 확률과 통계에 해당하는 '자료와 가능성' 영역을 비교해보면 어떨까 생각한다.

실생활과의 연계성, 그리고 프로젝트 기반의 산출물까지 그 교수·학습의 과정과 창의적인 산출물 결과를 살펴본다면 분명 '자료와 가능성' 영역에서 가르치고 배우는 내용이 우리가 흔히 일반적으로 '바람직하다'라고 말하는 교육에 가까울 것이다.

하지만, 실제 초등 수학을 가르치는 현장 교사라면 사칙연산과 구구단을 비롯한 '수와 연산' 영역에서의 무한 반복을 통한 자동화가 통계교육보다 더 필요하고 중요하다고 말한다. 우리는 모두 이상적인 수업을 그려보나, 학교에는 '기초·기본'이 되지 않는 학생이 많으며 아무리 좋은 수업이든, 훌륭한 철학이든 그 어떤 것을 가져와도, 수업에서 배워야 할 기초가 되지 않은 학생에게는 마음으로 전혀 와닿지도 않고 머리로도 이해되지 않는 상황이 매일 반복된다. 따라서, 교사로서 무엇이 정말 학생을 위한 수업인지 고민해 볼 필요가 있다. 학생이 지식을 얻어갈 수 있도록 하는 수업이 올바른지, 혹은 교사의 만족에 기반해 교사가 바람직하다고 생각하는 수업이 모든 학생에게도 유용한 수업일지에 대해서 성찰할 필요가 있으며 두 가지 방식 모두 장, 단점이 있고, 옳고 그름 혹은 맞고 틀림의 문제가 아닌 각각의 경험·환경에 기반한 우선순위 문제라 생각한다. 궁극적으로는 기본적 토대를 마련하는 학습과 교사의 전문성을 바탕으로 학생이 주도적으로 참여하는 창의적 학습이 공존하는 형태로 나아가야 할 것이다.

다음으로, 주입식 교육이라는 비판에 대해 생각을 논하고자 한다.

AI·디지털 교육자료를 비롯한 교수학습용 소프트웨어(AI 코스웨어)를 활용한 교육이 주입식 교육인가에 대해 논쟁이 많으나, 확실하게 결론나지 않았다. 기존 서책형 교과서 출판사에서 제공하는 디지털 교수·학습플랫폼[14]에 비해 오히려 학생의 흥미와 관심을 고려하여 교사가 재구성할 수 있는 장점이 있으며, 주입식 교육이라는 것은 학습에 대한 이해는 없이 "외우자"라고 하면서 단순 암기식으로 학생을 밀어 부치는 방식이 주입식이기 때문이다.

그런 점에서 AI·디지털 교육자료를 비롯한 코스웨어는 아무 죄가 없다. 교과서와 교수·학습자료는 도구일 뿐, 주입식인지 아닌지에 대한 결정인자는 바로 그것을 가르치는 '교사'와 받아들이는 '학생'의 상호작용이 어떤 현상을 보이며 나타나는가이다.

다시 2022 개정 교육과정으로 돌아와 디지털 기반 교수·학습에 대해 제기된 교육과정 실현과 관련해 지적된 문제점을 살펴보자.

2022 개정 교육과정은 '서·논술형 평가'를 강조하고 있으나 이와 동시에 개별 학습자 맞춤형 교육에 대한 강조 역시 제시되어 있다. 교육과정에 대한 설명에서 교수학습 측면 중 "정보통신기술 매체를 활용하여 교수·학습 방법

14 최근 서책형 교과서 출판사의 디지털 교수학습플랫폼에서도 교수·학습 재구성 기능이 활용되고 있으며, 관련 기술의 발전에 따라 교사의 수업 재구성이 보다 용이해지고 있다.

을 다양화하고, 학생 맞춤형 교육을 위해 지능정보기술을 활용할 수 있다(교육부, 2022).”라고 안내되어 있으며, 평가 측면에서 “학교의 여건과 교육활동의 특성을 고려하여 다양한 지능정보기술을 활용함으로써 학생 맞춤형 평가를 활성화한다(교육부, 2022).”라고 명시하였다.

더하여 2015 개정교육과정과 2022 개정 교육과정의 차이점을 비교하며 2015 개정 교육과정은 과정중심평가 확대를, 2022 개정 교육과정은 학습의 과정을 중시하는 평가 및 개별 맞춤 피드백 강화를 그 특징으로 설명했다. 즉, AI·디지털 교육자료 및 AI 코스웨어 등은 개별 학습자 맞춤형 교육을 데이터 기반으로 도와주는 도구로 2022 개정 교육과정의 정신을 실현하고 있다.

물론, AI·디지털 교육자료의 실제 활용에 있어 기대치가 개인의 경험과 역량 수준에 따라서 천차만별로 다른 차원을 예상하였기에 관련 질문들이 계속해서 제기되고 있는 건 자연스러운 현상으로 나 역시도 마찬가지로 문제를 인식하는 중요 지점 중 하나이다.

다만, 여기에서 주목할 점은 AI·디지털 교육자료와 관련하여 ‘개별 맞춤형 피드백 강화’가 가능한지에 대해 현장의 의견이 분분하며, 바로 이 부분이 이 챕터에서 논하고 싶은 주제의 출발점이다.

먼저, AI·디지털 교육자료를 통해 제공되는 개별 맞춤형 피드백 관련 예시 한 가지를 살펴보면 다음과 같다.

현재 AI·디지털 교육자료 A 출판사에서 제공[15]하고 있는 AI를 활용한 개별 맞춤형 피드백 사례 중 하나는 학생의 단원별 성취에 대해 교사의 피드백을 자동으로 생성하여 개별적으로 제공하는 방법이다. 이때 학생 문제풀이 등의

15 ’25.3. 기준

데이터를 기반으로, 학생의 성취도를 파악하고 이에 맞는 피드백을 학생별로 AI가 자동으로 생성하여 입력할 수 있다. 동시에 교사는 학생 개인 데이터를 확인할 수 있다. 클릭 한 번으로 화면에 보이는 자료의 근거를 파악할 수 있다. 또한, AI가 데이터를 기반으로 생성한 피드백을 그대로 활용할 수도 있지만 교사의 전문성을 바탕으로 수정하여 '보내기'를 할 수 있도록 구성되어 있다.

그림 9-1 개별 맞춤형 피드백 제공(AI·디지털 교육자료('25.3 기준)_천재)

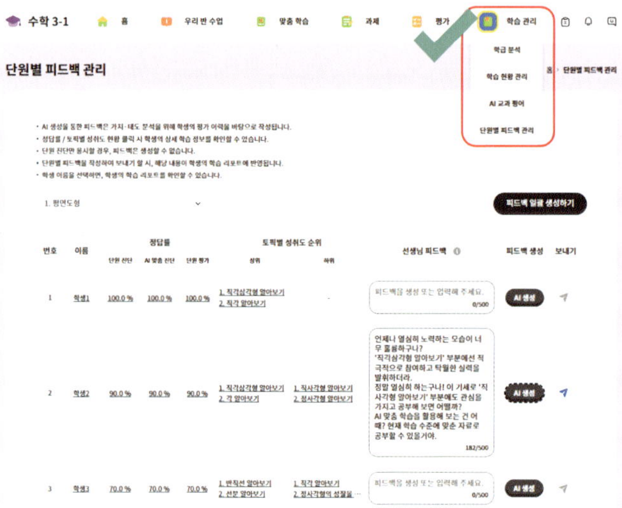

그 외 학생들의 학습 결과에 기반하여 AI 평어를 생성하여 학생 개별 성취 수준에 따라 제공하는 기능 역시 현재 AI·디지털 교육자료에 탑재되어 제공되고 있다.

다만, 이러한 기능에도 불구하고 여전히 학교 현장에서는 더 많은 개선을 요청하고 있다. 기존 교과서에 비해 어쩌면 AI·디지털 교육자료에 대해 더 혹독하리만큼 많은 것을 희망하고, 모든 교육 문제를 해결하는 '만병통치약'

으로 그 역할과 효능을 바라고 있을지도 모른다.

이미 현재 수준으로도 교사는 수업에서 학생을 제대로 이해하는 데 큰 도움을 받고 있으며, 동시에 일부 업무 경감 효과를 얻고 있다. 그렇지만 더 보완되고 발전되기를 바라는 마음으로 현장 요구를 정리하면 다음과 같다.

첫째, 학교 속 수업의 단위가 '단원 수준'이 아닌 '차시 수준'이기 때문에 **각 차시에서 활용할 수 있는 또는 더 작은 단위인 각 활동 단위에서 성취나 수행에 대한 피드백을** 제공한다면 보다 교사들에게 도움이 될 것이다.

둘째, 학생의 학습 과제 중 **서 · 논술형 과제에 대해서도 이를 평정하거나 혹은 지원할 수 있는 피드백 방법**이 필요하다. 현재는 학습 데이터 기반으로 AI가 개별 학생 지식수준을 추적하여 적절한 피드백을 맞춤형으로 제공하고 있기 때문에 모든 학생이 자신의 수준에 맞는 학습을 진행함에 현재 방법이 적절할 수 있다. 다만, 앞으로 궁극적으로는 기본적인 토대 위에 창의적이고 고차원적인 학생 교육이 공존해야 한다. 따라서 **학생의 학습 성취를 깊이 있게 평가하는 방법 중 한 가지로 활용되는 서 · 논술형 평가에 대해서도 교사와 학생을 지원하는 방법이 고민될 필요가 있다.**

셋째, **학생의 학습 과정에 대한 평가가 진행**될 수 있도록 해야 한다. AI 기술을 평가에 그대로 도입하는 것은 위험할 수 있으나 AI 기술을 활용하여 학생의 학습 과정을 분석하고 이에 대한 피드백을 제공하는 것은 교사들이 그토록 꿈꿨던 학생 학습 과정에 대한 데이터 · 근거 기반의 '과정중심평가'를 구현하는 방법이다. 현재는 개별 학습 결과를 기반으로 데이터를 분석하고 이를 바탕으로 피드백을 주는 수준인데 학생 개인의 활동 기록, 풀이 기록이 누가 기록되면서 어떻게 학생 개인이 변화하는지, 그 과정을 추적하며 동시에 그 중간에 교사가 개입하여 학생에게 지원할 수 있도록 개선할 필요가 있다.

2 서·논술형 과제 피드백의 실제

이 장에서는 앞서 AI·디지털 교육자료의 발전 방향 중 두 번째로 제시했던 '서 · 논술형 과제 피드백'에 대하여 논하고자 한다. 해당 기능은 2022 개정 교육과정에서 강조하는 '서 · 논술형 평가'와 밀접하게 관련되어 있고 2025년 현재 공공 · 민간 학습플랫폼 기능 개선 방안의 뜨거운 이슈로 부상하였다.

현재 학교에서 활용할 수 있는 보급된 'AI 기반 서 · 논술형 과제 피드백'이 어느 정도까지 그 수준이 도달하였는지 알아보기 위하여 그 실제에 대해 총 세 가지의 에듀테크를 통해 살펴보고자 한다. 여기에서는 서·논술형 과제 피드백의 현재를 예시적으로 안내하며, 이를 바탕으로 2025년 현재 수준에서 교사가 어느 정도 기술의 도움을 받을 수 있을지 그려 볼 것을 기대한다.

이 소주제에 들어가기 전 반드시 언급하고자 하는 점이 있는데 교사가 가진 고유한 평가 권한은 AI가 대체할 수 없으며 해서도 안된다. 교사의 부담을 줄이기 위해 기술 발전의 혜택을 누릴 수 있으나 '판단'에 도움을 주는 부분에 한정해야 하며, 최종적인 '평가'는 반드시 교사가 해야 한다.

그렇기에 장의 제목을 'AI 기반 서 · 논술형 과제 평가'가 아닌 'AI 기반 서 · 논술형 과제 피드백'으로 이름 지었다.

1) 해외 사례: Brisk AI Teaching

AI를 활용한 개별 학생 맞춤형 피드백 제공 도구로서 최근 교사들 사이에서 활용되는 크롬 확장 프로그램으로 'Brisk AI Teaching'(이하, Brisk)이 있다.

Brisk는 크롬 브라우저를 활용할 수 있다면 누구나 쉽게 설치하고 사용할 수 있으며 모든 웹 페이지에 적용할 수 있어 그 범용성이 매우 넓다.

Brisk라는 프로그램을 처음 발견하게 된 계기는 온라인 학급 교실을 구글 클래스룸으로 운영하며 학생들에게 과제를 내주며 겪은 불편함 때문이다.

학생에게 과제를 제출할 때 교사가 직접 만든 자료가 없다면 기존 출판사의 디지털 교수·학습자료 플랫폼에서 제공하는 문항들을 복사하거나 혹은 별도로 캡처하여 이미지를 구글 설문지에 삽입하여 과제를 제시해야 한다. 이때 교사 개인이 문항을 출제하는 번거로움은 덜 수 있으나, 캡처하는 과정에서 불필요한 파일이 PC에 많이 저장되거나, 저작권 이슈에서 자유롭지 못한 경우가 있었다.

그래서 생성형 AI의 도움을 받아 어떻게 하면 학생에게 쉽게 문제를 출제할 수 있을까 고민하였다. 그런데 정보의 보고인 유튜브 등을 검색한 결과 일반 교사들이 쉽게 할 수 있는 방법을 찾기란 어려웠다. 대부분 API를 연동하는 방법을 활용하여 자동화하는 것이었다. 조금 더 쉽게 할 수 있는 방법을 고민하다가 **문항을 자동으로 생성하는 원리에 대한 탐색을 시작**했다. **원리에 대한 고민 끝에 내가 생각해 낸 방법**은 다음과 같다.

> 첫째, 유튜브 영상의 대본을 가져온다.
> 둘째, 대본을 ChatGPT에 입력하고 문항을 생성한다.
> 셋째, 구글 설문지를 자동 생성하는 코드를 ChatGPT로 생성하고 구글 앱 스크립트로 실행한다.

먼저, 크롬 웹스토어에서 'Youtube AI' 또는 '유튜브 요약'을 검색해 확장 프로그램을 설치한다. 여기에서는 세 번째에 나오는 프로그램을 설치했다.[16]

그림 9-2 크롬 웹스토어에서 확장 프로그램 설치

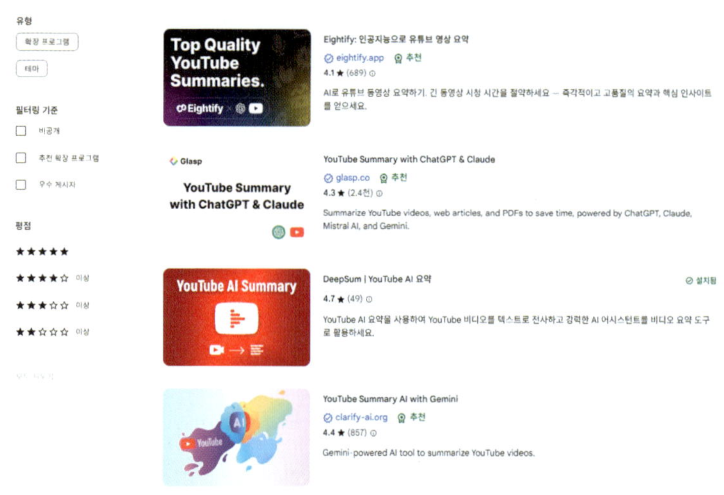

다음으로 유튜브에 재접속한 후, 임의의 동영상을 클릭하여 영상 재생 화면에 들어가 확장프로그램이 제대로 설치되었는지 확인한다. 확장 프로그램이 제대로 설치되었다면 유튜브 영상 우측에서 확장 프로그램이 영상을 요약하는 기능(별 2개)과 대본(3줄)을 음성 기반으로 그대로 만들어주는 기능을 활용할 수 있다. 여기에서는 Transcript(대본)에 들어간 후 복사하기 아이콘을 클릭한다. 유튜브 영상 속 화자가 말한 내용이 모두 자동으로 추출되며 이를 클릭 한 번으로 클립보드에 복사할 수 있다.

16 크롬 웹스토어 검색어로 'Deepsum'을 입력하면 바로 찾을 수 있다.

그림 9-3 유튜브 우측에 확장 프로그램 표출-Transcript(대본) 확인

그 후, ChatGPT에 들어가 퀴즈를 생성한다. 생성형 AI에서 복잡한 프롬프트 없이 말하듯 쉽게 퀴즈 문항 생성을 요청할 수 있는데 여기에서는 "위 내용을 바탕으로 이해도 점검을 위한 객관식 문제 5개를 만들어줘"로 프롬프트를 작성했다. 이때 GPT에서 원하는 답을 제공하지 않으면 다시 한번 구체적인 요청사항을 정리하여 제공한다.

(이 과정은 책을 읽는 모두가 그대로 따라 익힐 필요는 전혀 없다. 이는 내가 AI 기반 서·논술형 과제 피드백 프로그램인 Brisk를 어떻게 접했는지, Brisk의 핵심 기능과 원리를 이해할 수 있도록 설명하기 위한 과정이다.)

다음으로 ChatGPT에 해당 문항을 구글 설문지로 만들어주는 스크립트 코드를 작성해줄 것을 요청한다. "위의 퀴즈 문제 5가지를 포함한 편집 가능한 구글 설문지를 만들고 싶어, 구글 앱스 스크립트 코드를 작성해줘"라는 간단한 프롬프트를 입력하면 코드 생성이 완료된다. 관련 그림은 [그림 9-4]와 [그림 9-5]와 같다.

그림 9-4 ChatGPT를 활용해 이해도 점검 문항 만들기

그림 9-5 구글 앱스 스크립트 코드 작성 요청 및 복사하기

그 후, 구글 드라이브에 접속해서 구글 앱스 스크립트를 실행한다. 구글 앱스 스크립트는 웹 앱 제작 등을 도와주는 구글 도구이다. 여기에서 활용할 방법은 구글 문서 도구를 자동으로 생성하는 기능이다. ChatGPT가 만든 코드를 그대로 복사해서 붙여 넣고 [실행] 버튼을 1번 ~ 2번 정도 클릭한다.

그림 9-6 구글 드라이브에서 Google App Script 접속하기

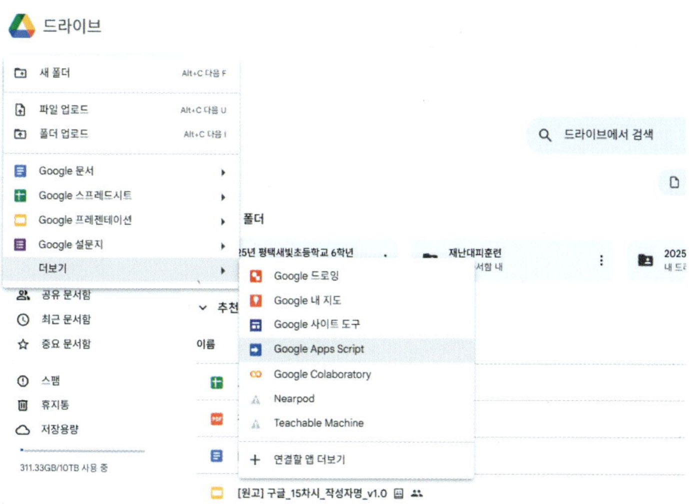

그림 9-7 크롬 웹 스토어에서 Brisk 검색하여 설치하기

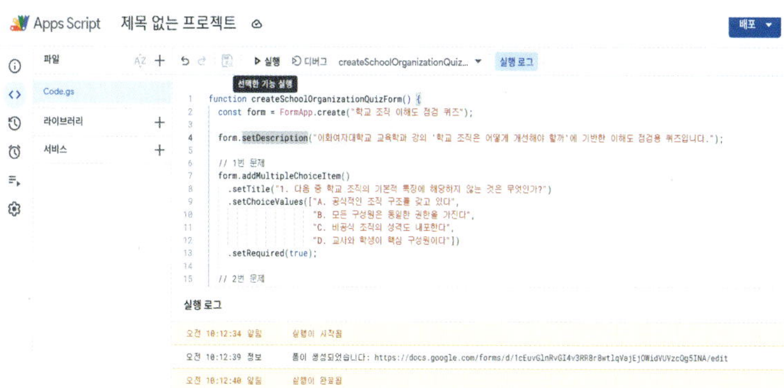

정상적으로 실행되면 권한 승인을 요청받고 자동으로 설문이 생성된 것을 확인할 수 있다. 생성된 문항이 차시와 성취기준에 부합하는지 교사가 검토를 진행하고 이후 학생에게 배포한다.

그림 9-8 자동으로 생성된 구글 설문지

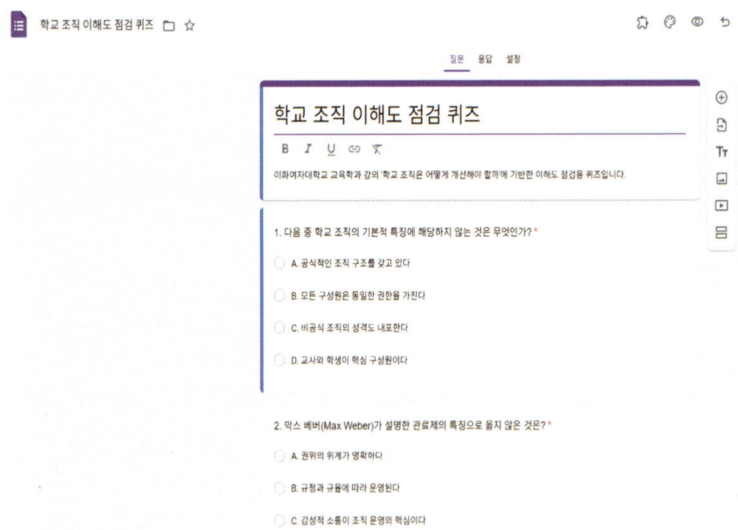

이 방법을 활용하면 "수학 6학년 1학기 1단원 분수의 나눗셈, 2차시" 등과 같은 키워드를 유튜브에 검색한 후 영상의 대본을 가져와서 학생에게 제공할 새로운 문항을 자유롭게 만들 수 있게 된다.(이 방법을 활용하면 구글 설문뿐 아니라 모든 구글 문서를 생성할 수 있다.)

온라인 학급방에서 이해도 확인 문항을 쉽게 배포하기 위한 이상의 과정을 진행하던 중, 이렇게 생성형 AI를 이용해 아주 간단하게 만드는 것에도 교사가 매일 진행하기에는 번거로움이 느껴져서 좀 더 쉽게 할 수 있는 방법이 없을까 고민하고 찾아보다가 하나의 크롬 확장 프로그램을 알게 되었다.

바로 'Brisk AI Teaching'이다.

먼저, 위의 유튜브 대본과 GPT를 활용한 방법이 아닌, Brisk를 이용해 이해도 점검 문항을 만드는 과정을 살펴보면 다음과 같다.

첫째, 크롬 웹 스토어에서 'Brisk'를 검색해서 확장 프로그램을 설치한다.

그림 9-9 크롬 웹 스토어에서 Brisk 검색하여 설치하기

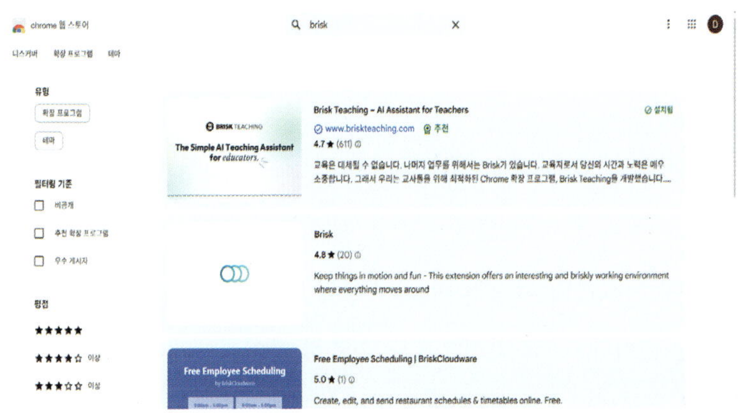

둘째, Brisk 프로그램을 설치한 후 유튜브 영상에서 Brisk 확장 프로그램을 클릭하면 다양한 작업을 할 수 있다. 여기에서는 Quiz 버튼을 눌러 이해도 점검 문항을 생성한다. Brisk에서는 언어, 학년은 물론이며 문항 유형과 개수까지 지정하여 클릭 한 번으로 만들 수 있어 매우 편리한 활용이 가능하다.

그림 9-10 Brisk 실습하기

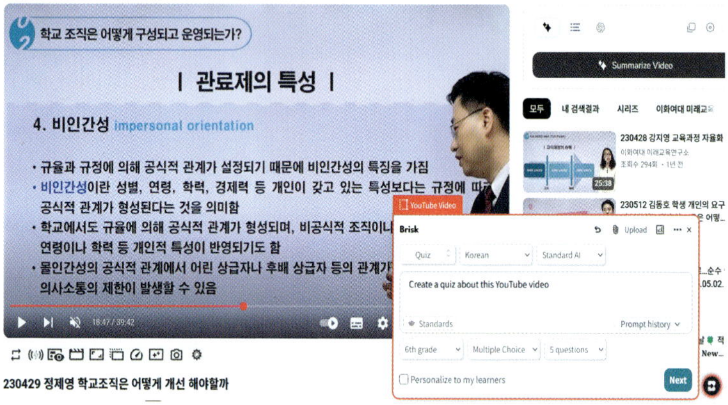

지금까지 내가 Brisk라는 프로그램을 만난 이야기를 알아보았다. 이 프로그램을 처음 접한 후, 사용법을 익히는 과정에서 또다시 새로운 가능성을 하나 발견하게 되었는데 그것이 바로 후술할 'AI 기반 서·논술형 과제'에 적용 가능하다는 점이다. 무료 버전으로도 충분히 아이들에게 피드백을 제공할 수 있으며, 이 글에서는 아이들에게 여러 번 적용한 후 현재 수준에서의 활용 정도를 예시적으로 안내한다.

구체적 사례로 초등학교 6학년 국어과 3단원 교과서 내용을 기반으로 학생이 자신의 꿈에 대해 발표하는 모둠 활동을 예시로 함께 살펴보면 다음과 같다.

이 활동은 학생들이 자신의 꿈에 대해 발표하기 위한 자료를 탐색하여 준비하고 이를 바탕으로 PPT를 캔바로 제작한 후 공식적인 말하기 상황을 가정하여 발표하는 것으로 구성되어 있다.

그림 9-11 국어과 6학년 1학기 3단원 모둠 활동

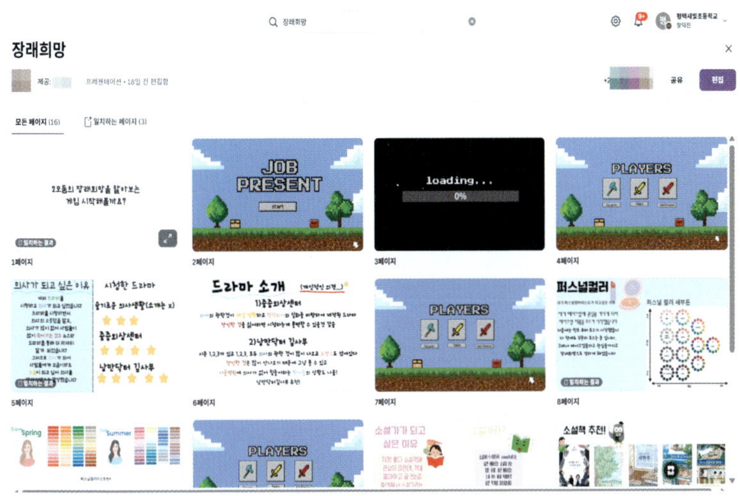

학생들은 발표를 위한 발표 대본을 작성하는 과제를 교과서 활동으로 제시받는다. 이때, 기존 교실에서는 한 명의 교사가 모든 학생의 수행에 개별 맞춤으로 지원하거나 피드백을 제공하기 어렵다.

따라서 나는 교사로서 디지털·AI 기술의 도움을 받아 학생의 실습 과정을 지원하고 피드백 주는 방안을 고민해보았다. 학생들에게 캔바로 발표 자료를 제작하고, 발표 대본 작성을 구글 클래스룸 과제로 제시하여 구글 문서로 제출하도록 안내했다.

이때, 학생이 제출한 구글 문서 과제에 대해 교사는 Brisk 크롬 확장프로그램을 클릭하여 피드백을 제공한다. 구체적인 활용은 [그림 9-12]와 같다.

학생 제출 과제의 문서 유형인 구글 문서도 웹 페이지이기 때문에 Brisk의 적용 대상이 되며 구글 문서 내용을 기반으로 앞과 같이 이해도 퀴즈 생성이나 유인물을 제작할 수 있다. 다만, 여기에서는 'Give Feedback'을 클릭한다.

그림 9-12 Brisk 아이콘 클릭 - Give Feedback 클릭

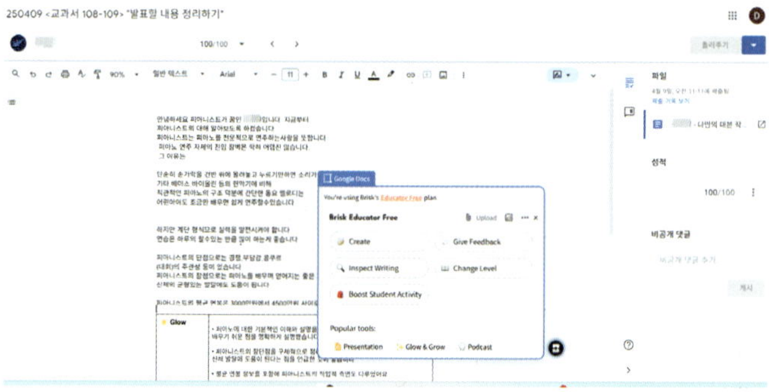

Brisk에서는 교사가 다양한 조건에 따라 피드백을 줄 수 있다. '몇 학년 수준, 어떤 관점에서 피드백을 줄 것인지 정할 수 있으며 평가 지표를 넣거나, 특정 조건을 넣을 수도 있다. 일반적으로는 학년 수준 지정 후 'Glow & Grow & Wondering'을 클릭하여 사용하며, 만약 평가 지표에 따른 구체적 피드백이 필요하면 관점에 루브릭을 넣어줄 수 있다.

그림 9-13 학생 수행에 대한 피드백 설정 옵션

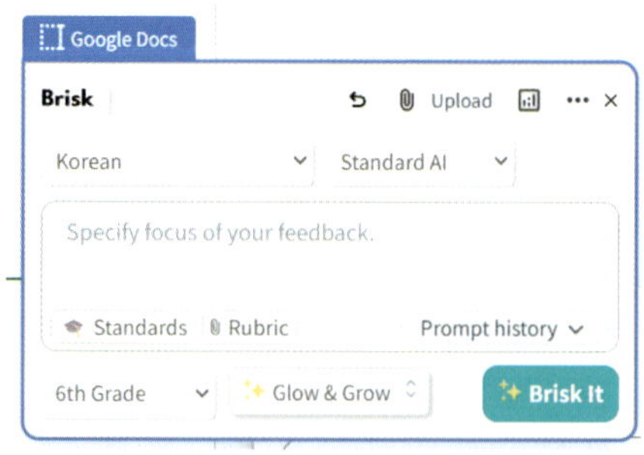

'Brisk it'을 클릭하면 교사가 설정한 조건에 따라 피드백이 생성되는데, 구

글 문서의 경우 채점 타겟을 정해 피드백을 요청할 때는 구글 문서 옆에 댓글로 질문이 달리며, 기본적으로 제공하는 'Glow/Grow/Wondering'의 경우 아래와 같이 표로 나타난다.

이때도 중요한 점은 바로 삽입되는 것이 아니라 교사가 검토할 수 있도록 임시 상태로 나타나며, 최종적으로 교사가 내용을 확인하고 수정 보완하여 확인 버튼을 누르면 학생에게 피드백을 넣어줄 수 있다. 다만, 이 과정을 실제로 모든 학생들에게 일일히 해주는 것은 수업 중에는 불가하고 수업 후에 가능하다. 따라서 수업 중에는 눈으로 훑어본 후 내용적 오류 정도만 검토한 후 피드백을 제공한다.

[그림 9-14]를 살펴보면 초안의 수준이 상당히 높게 나옴을 학생 과제에 대한 피드백 예시를 통해 알 수 있다.

그림 9-14 Brisk가 제공한 피드백 예시

Glow	• 피아노에 대한 기본적인 이해와 설명을 잘 제시했어요. 피아노의 진입 장벽과 배우기 쉬운 점을 명확하게 설명했습니다. • 피아니스트의 장단점을 구체적으로 정리해서 발표했어요. 특히 피아노 학습이 신체 발달에 도움이 된다는 점을 언급한 것이 좋습니다. • 평균 연봉 정보를 포함해 피아니스트의 직업적 측면도 다루었어요.
Grow	• 문장 구조와 맞춤법을 좀 더 정확하게 다듬어보세요. 일부 문장이 조금 어색하게 느껴집니다. • 피아니스트가 되기 위한 구체적인 학습 과정이나 전문성 개발 방법에 대해 더 자세히 설명해주면 좋겠어요. • 피아노 연습의 구체적인 방법이나 팁에 대해 조금 더 깊이 있는 정보를 추가할 수 있습니다.
Wondering	• 피아니스트가 되고 싶은 학생들에게 어떤 조언을 해주고 싶나요? • 피아노 학습의 가장 큰 도전은 무엇이라고 생각하나요? • 전문 피아니스트가 되기 위해 어떤 노력이 필요하다고 생각하나요?

이렇게 서·논술형 과제에 대해 피드백을 제공하면 교사도 그 편리함에 놀라지만, 학생의 반응도 그러하다. 수업 중 AI의 유용성을 경험한 학생들은 "선생님, 이번에 쓴 글은 피드백 안 주시나요?"라고 하거나 혹은 "피드백 주세요"라고 직접 이야기를 하기도 한다. 해당 기능과 사례를 바탕으로 기술의 발전이 어떻게 교육 현장을 변화시키는지 알 수 있다.

기존의 전통적 교사라면 학생 한 명 한 명의 과제에 대해 제대로 읽는 것만으로도 많은 에너지가 소모되어 아이를 사랑하고 평가에 진심일 수록 많이 지칠 수 있다. 그러나 디지털 기술의 도움을 받게 된다면 교사는 보다 편해지고 더 적은 에너지로 더 많이 아이들에게 자세한 피드백을 제공해줄 수 있다. 물론 단편적 사례이지만 디지털 기반 교육 혁신이 어떻게 교사를 도와주는 지 생각해볼 수 있다.

2) 국내 사례: 클래스팅 AI 글쓰기

다음으로, 국내에서 AI 기반 서·논술형 피드백을 제공하는 사례가 없는지 탐색하다 발견하고 적용해본 ㈜씨티에서 제공하는 '클래스팅 AI 글쓰기'에 대해 살펴보고자 한다.

처음 클래스팅 AI 글쓰기를 접하게 된 계기는 앞의 Brisk가 누구나 쉽게 사용할 수 있는 간편한 도구였지만 '초등학교'에서 아이들을 대상으로 적용할 때 필요하다 느껴지는 우리나라의 에듀테크 기업이 잘하는 한국형 기능이 부족했다 느꼈기 때문이다.

가장 큰 문제점은 우리나라에서는 학생의 수행 과정에 대해 모니터링하고 이를 적극적으로 지원하는 사회·정서적 지원 및 하이터치가 가장 중요한 교사의 역할 중 하나로 다루어지고 있으나 Brisk의 경우 구글 문서로 작성한 학생의 과제가 교사의 구글 클래스룸에 제출이 되기 전까지는 작업 과정에 대해 살펴볼 수 없다는 아쉬움이 있다. 또한, 학생들이 인터넷 자료를 복사해 붙여 넣는다면 구글 클래스룸의 원본성 검사 기능을 통해 검사하는 방법이 있음에도 불구하고 과제 제출의 신뢰성[17]에 대해 의문을 품을 수도 있다.

그러다 또 다른 대안이 없을까 여러 수업 사례와 적용 사례들을 분석하다 발견한 우리나라 학급 정서에 맞는 프로그램인 '클래스팅 AI 글쓰기'를 적용 사례를 바탕으로 설명하고자 한다.

물론 해당 프로그램 역시 100% 완전하게 작동된다거나 평가에 활용할 수 있을 정도로 신뢰성을 담보하는 지는 여전히 여러 전문가와 기관들의 충분한 검토가 필요한 부분이다. 다만, 2022 개정 교육과정에서 추구하는 학생 개별 맞춤형 피드백 제공이라는 방향과 서·논술형 평가 강화라는 방향성 아래 이러한 도움을 현실 수준에서는 받을 수 있다는 점을 논하고자 한다.

그림 9-15 국어과 6학년 1학기 3단원 모둠 수행평가

17 최근 AI 서논술형 평가에서는 생성형 AI를 활용한 답안에 대한 검토의 어려움이 제기되어 문항은 학생 수기로, 채점과 피드백은 디지털으로 하는 방법이 논의되고 있다. 손으로 직접 작성한 서논술형 평가에 대해 OCR을 활용하여 분석하고, 개별 피드백 지원하는 것이 신기술로 많이 등장하는 중이다.

위의 'Brisk' 활용 수업과 같이 국어과 6학년 1학기 3단원 수업을 진행하며 실제 활용해 본 결과, 국어과에서 자료를 수집하여 발표하는 활동은 물론이며 조사·발표 활동이 있는 모든 교과에서 유용하게 활용할 수 있을 것으로 기대된다.

학생들은 자신의 관심사에 대해 발표 자료를 협동하여 제작하고 다른 사람 앞에서 공식적인 말하기로 발표하는 수행평가를 제시받고 작품을 제작했다.

이때 학생들은 캔바로 발표 자료를 만들고 직접 발표하는 수행평가 외에 대본 작성이라는 또 하나의 과제를 부여받았다. 그리고 교사는 대본 작성 과제를 서술형 평가로 활용했다.

그림 9-16 페이지별 발표자 대본 작성 서술형 과제

대본은 학생이 자신의 언어로 글의 내용을 조직하고 표현하는 서술적 산출물로 여기에서는 대본 작성에 대해 성적을 매기는 것이 아니라 조금 더 개선하고 발전할 수 있도록 피드백함에 그 초점을 두었다. 먼저, 학생들은 디지털로 자료를 만들며 생각나는 대로 작성한 발표자 노트와 함께 교과서를 펼친다.

그림 9-17 학생이 수기로 작성한 발표 대본

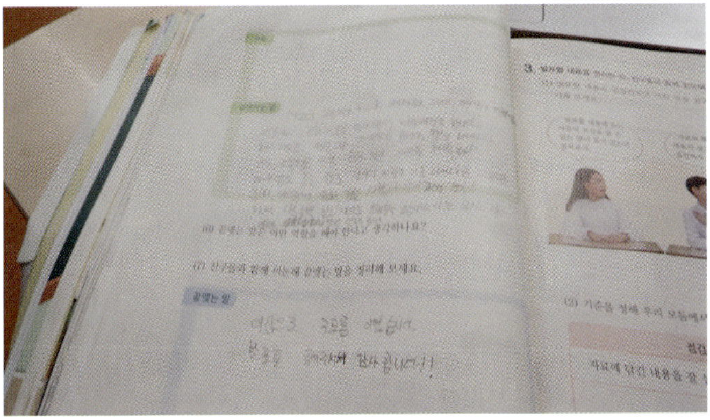

교과서에는 발표자료가 갖추어야 할 구조적 내용이 있다. 교과서의 활동 내용에 따라 1차적으로 발표 대본을 준비하도록 하며, 수기로 교과서에 대본을 작성하도록 한다. 여기에서 한가지 짚고 넘어갈 부분이 있다. 디지털 활용 수업에 대한 오해이다. 디지털 기반 교육활동을 진행하는 데 있어 학교 안에서 아이들을 가르치는 교사와 밖에서 바라보는 외부인의 인식 중 큰 차이 한 가지는 실제 **디지털로 교수·학습하는 교사는 절대 '디지털로만' 수업하는 경우가 없다.** 수학도 '손'으로 풀어야 의미가 있고 국어도 손으로 글을 적어봐야지 머릿속에 내용이 정리된다.

실제 수업을 보면 학생이 대본을 손으로 작성하여 완성하면 그 때서야 크롬북과 함께 앞(교사 책상)으로 나오도록 한다. 학생이 자신의 속도에 맞추어서 작성한 대본을 제출하면, 교사는 학생의 과제를 점검하고 피드백한다. 또한, 어느 정도 괜찮은 수준인 경우 학생에게 클래스팅 AI에 접속하여 자신이 쓴 글을 옮겨 적도록 한다. 또한 이 과정에서 이미 작성한 글도 수정 가능하다고 안내한다.

그림 9-18 국어책과 크롬북을 가져온 후 서술형 과제 입력 준비

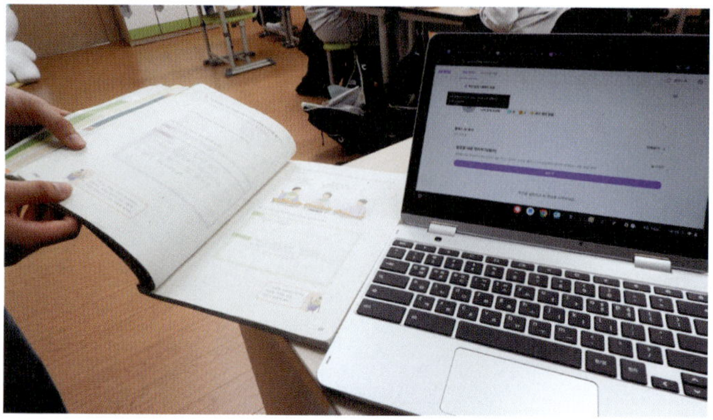

학생이 서술형 과제를 수행할 때 국내 에듀테크(클래스팅 AI)를 활용하며 적용할 수 있는 기능은 다음과 같다.

교사의 의도에 따라 문단 수, 글자 수를 지정할 수 있고, 무의미한 분량 채우기 등에 대한 방지를 할 수 있다. 초등교사들이라면 누구나 공감하는 "선생님, 얼마나 써야 해요?, 몇 줄 써야 해요" 등에 대한 정확한 가이드를 줄 수 있고, 국어 교과서에서 단골로 등장하는 문단 단위에서 중심 문장을 찾는 활동, 이를 중심 내용으로 구성하고 제목으로 연결하여 글의 짜임을 익히도록 하는 것까지 연결하여 지원할 수 있다.

또한, 활동을 하며 국내 에듀테크(클래스팅 AI)가 우리나라 교실 정서에 조금 더 맞다고 다시 한 번 느낀 이유는 해외 에듀테크에서 어려웠던, 학생 학습 활동 중 그 과정에 대한 모니터링이 가능하다는 점 때문이다. 이는 국내 에듀테크에서는 현장 선생님들의 요구와 대응 경험이 쌓여 반영되었기 때문으로 생각된다. 실제 프로그램에서는 학생 한 명, 한 명 실시간으로 어떻게 작업하고 있는지 교사가 확인할 수 있으며 구두로 제안하거나 지원할 수 있다.

그림 9-19 문단 및 글자 수 규정, 무의미한 분량 채우기 방지

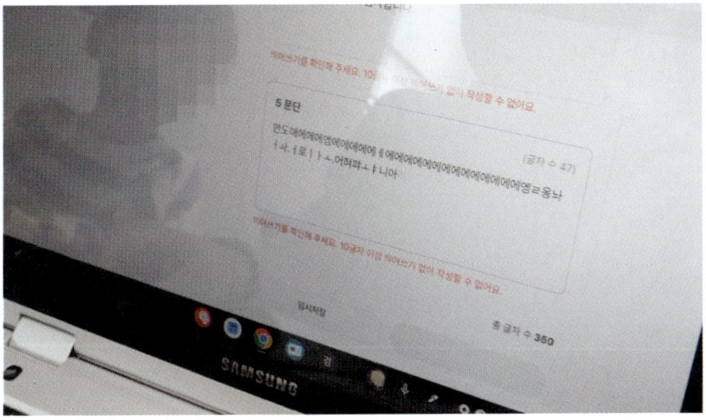

또한, 무분별한 복사-붙여넣기가 불가능한 점도 유용하다. 과제를 제시했을 때 디지털 역량에 따라 구글링 또는 GPT 검색을 통해 그대로 활용하는 학생이 한 반에 몇 명씩 있다. 현재 클래스팅 AI는 학생이 자신의 글을 작성함에 외부의 글을 복사하여 붙여넣을 수 없고 직접 손으로 작성한 후 옮기는 작업을 하도록 되어 있다. 이 지점 역시 국내 정서와 맞는 부분이 아닐까 생각한다.

그림 9-20 개별 학생 모니터링

그림 9-21 학생 과제 제출 후 AI 분석 진행

학생이 자신의 서술형 과제를 제출하면 30초 내외로 AI 피드백이 자동 생성된다. 이때 생성된 피드백은 학생에게 바로 제공되지 않는다. AI는 초안을 생성할 뿐이며, 교사의 검토가 필수적이다. 이때 교사는 '수정하기' 버튼을 클릭하여 AI가 생성한 개별 피드백을 수정하고 보완할 수 있다.

더하여 '맞춤법 검사' 기능 역시 있어 학생이 작성한 글이 맞춤법에 맞는지 아닌지에 대해서도 검사를 할 수 있다. 현재 초등학교 고학년 학생은 입학한 후 코로나를 마주한 세대로 받아쓰기 등을 통해 올바른 맞춤법을 익혀야 할 적절한 시기를 놓쳐 상당수 학생이 맞춤법을 어려워 하는 상황이다.

따라서 많은 교사가 학생들이 글쓰기 활동을 하거나 과제 수행을 할 때 내용적 오류에 대한 피드백보다 맞춤법을 고쳐주는 데 더 많은 시간을 소요한다는 점을 공통적으로 지적하고 있다. 이에 디지털 기술의 맞춤법 교정 기능 지원은 학교 교실에 유용하게 작용한다.

그림 9-22 AI 피드백(학생 제공용)-교사 수정 화면

학생실습용14 ● 완료

AI 피드백 수정하기

종합 점수 (68.4점)

다연 학생의 글은 자신에 대한 다양한 정보를 담고 있어 흥미롭게 읽을 수 있었어요. 장래희망, 좋아하는 드라마, 관심사 등을 구체적으로 설명하며 자신을 잘 표현했어요. 하지만 중복된 표현과 문법적 오류를 조금 더 신경 쓰면 글이 더 깔끔해질 거예요. 또한, 각 주제를 연결하는 문장을 추가하고 표현을 풍부하게 하면 글의 완성도가 더욱 높아질 것입니다. 앞으로도 글쓰기를 통해 자신의 생각을 멋지게 표현하는 연습을 계속해 보세요!

내용의 충실도 (75점)

다연 학생, 글에서 자신에 대한 여러 가지 정보를 잘 담아내었어요. 특히 장래희망인 의사에 대한 이유를 드라마와 연결하여 설명한 점이 인상 깊어요. '드라마를 시청하면서 의사의 소중함을 알고, 병원에 의사가 없어 사람들이 사망하는 사례도 드라마를 통해 알게되었습니다.'라는 부분은 주제를 잘 이해하고 자신의 생각을 표현한 예입니다. 하지만 중복된 표현이 조금 보입니다. 예를 들어, '좋아하는 드라마'가 두 번 언급되었는데, 이를 한 번으로 정리하면 글이 더 깔끔해질 수 있어요. 또한, 관심사와 취미에 대해 조금 더 구체적으로 작성하면 글의 내용이 더 풍부해질 것 같아요. 예를 들어, '보이넥스트도어의 어떤 점이 특히 좋고, 그들을 응원하며 어떤 활동을 하는지'를 추가하면 좋겠어요.

구성의 논리성 (65점)

글의 구조가 명확하여 읽는 사람이 쉽게 이해할 수 있어요. '장래희망, 좋아하는 드라마, 관심사'라는 순서대로 내용을 전개한 점이 좋습니다. 하지만 문단 간 연결이 조금 어색한 부분이 있어요. 예를 들어, '제가 소개할 내용은 장래희망, 좋아하는 드라마, 관심사, 취미, 좋아하는 드라마입니다.'라는 문장에서 '좋아하는 드라마'가 두 번 반복되어 혼란을 줄 수 있어요. 이를 '제가 소개할 내용은 장래희망, 좋아하는 드라마, 관심사, 취미입니다.'로 수정하면 더 명확해질 거예요. 또한, 각 주제를 연결하는 접속어나 문장을 추가하면 글의 흐름이 더 매끄러워질 거예요.

어휘와 표현력 (70점)

다연 학생은 글에서 간단하고 명확한 어휘를 사용하여 자신의 생각을 잘 전달했어요. 특히 '낭만닥터 김사부는 시즌 1, 2, 3가 있고, 의학에 관한 드라마입니다.'와 같은 문장은 정보를 잘 전달하고 있어요. 하지만 표현을 조금 더 풍부하게 하면 글이 더 생동감 있게 느껴질 수 있어요. 예를 들어, '낭만닥터 김사부는 의학 드라마로, 사람들의 생명을 구하는 감동적인 이야기가 담겨 있어요.'처럼 표현하면 더 흥미롭게 들릴 거예요. 또한, '드라마를 시청하고 의사가 되고 싶었습니다.'라는 문장은 '드라마를 보며 의사가 되는 꿈을 키웠습니다.'처럼 바꿔보는 것도 좋겠어요.

물론, 기술을 직접 활용해 본 결과 아직까지 완전하지 못하다. 가령, 학생이 활용하는 표현 중 심각한 오류 등에 대해 완전히 정확한 피드백을 제공하지는 못한다. 다만, 수정을 위한 기본 초안을 제공하며 이 정도로도 활용성이 있다. 또한, 기술의 도움 측면에서 미처 생각지 못했지만 현장에 정말 필요한 기능이 어떤 것인지 알 수 있게 함에 시사점이 있다. 향후 교사를 도와줄 AI 기반 서·논술형 피드백 기술 안에는 내용적 지원을 넘어 이러한 맞춤법과 같은 글의 기술적인 표현을 지원하는 기능도 고려되어야 할 것이다.

그림 9-23 맞춤법 검사 제공 기능

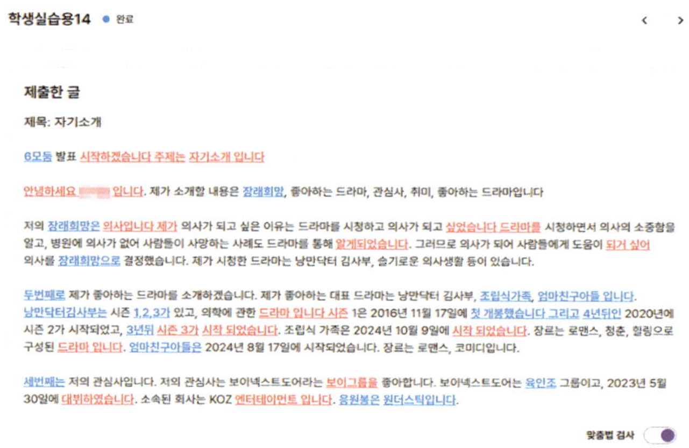

이렇게 교사가 피드백을 검토한 후, 학생에게 피드백을 제공하면 학생 역시 교사가 본 피드백과 같은 화면을 제공받게 된다. 대시보드 속 방사형 그래프와 막대그래프 등 시각화 자료를 바탕으로 학생은 쉽게 자신이 어떤 부분을 더 보완해야 하는지 파악할 수 있다.

그림 9-24 피드백을 제공받은 학생

AI 기반 서·논술형 피드백 도구를 바탕으로 학생들은 자신이 제출한 대본에 대한 피드백을 받고 교사와 기술의 도움을 바탕으로 수정·보완의 과정을 거쳤다. 그 후, 발표 자료의 각 페이지에 수정하고 보완한 발표자 노트를 작성했다.

번외로, 그렇다면 학부모님들은 이에 대해 어떻게 생각할지 잠시 살펴보고자 한다. 대본 작성이라는 서술형 과제가 더해진 자신만의 자료를 제작하여 발표하는 수행평가 연계 활동은 학부모 공개 수업에서 선보여졌다.

이 장의 주제와 거리가 있으나 책의 전체적 주제와 관련된 디지털 기반 교육이 그려낼 수 있는 장점에 대해 살펴보면 서책과 디지털 활동이 병행될 때 학생이 경험하는 범위는 늘어나며 각자의 흥미와 관심사를 고려한 모든 학생이 주도성을 가지고 열심히 참여하는 교실이 구현될 수 있다. (이때 사실 교사는 수업을 설계하는 디자이너일 뿐이며, 아이들이 할 수 있도록 칭찬과 격려로 사회·정서적 지지자면 충분하다.) 그렇다면 이에 대한 학부모님의 반응은 어떠한 지 디지털 기반으로 진행된 학생 참여형 수업을 살펴본 학부모님의 반응을 보면 다음과 같다.

그림 9-25 학부모님 반응1

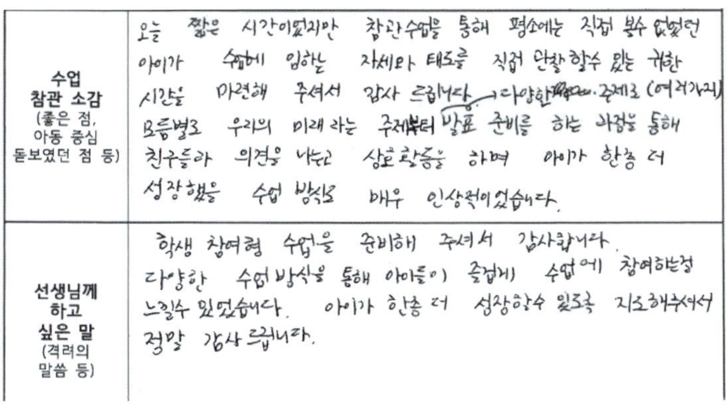

수업 참관 소감 (좋은 점, 아동 중심 돋보였던 점 등)	오늘 짧은 시간이었지만 참관수업을 통해 평소에는 직접 볼수 없었던 아이가 수업에 임하는 자세와 태도를 직접 관찰할수 있는 귀한 시간을 마련해 주셔서 감사 드립니다. 다양한 주제로 (여러가지) 모둠별로 우리의 미래 라는 주제부터 발표 준비를 하는 과정을 통해 친구들과 의견을 나누고 상호 활동을 하며 아이가 한층 더 성장했을 수업 방식도 매우 인상적이었습니다.
선생님께 하고 싶은 말 (격려의 말씀 등)	학생 참여형 수업을 준비해 주셔서 감사합니다. 다양한 수업 방식을 통해 아이들이 즐겁게 수업에 참여하는걸 느낄수 있었습니다. 아이가 한층 더 성장할수 있도록 지도해주셔서 정말 감사 드립니다.

그림 9-26 학부모님 반응2

수업 참관 소감 (좋은 점, 아동 중심 돋보였던 점 등)	아이들의 관심사를 고려한 자기주도식 수업참여가 너무 좋았습니다. 선생님 말씀처럼, 완성도는 조금 미숙하지만, 다양한 지식을 자신의 관점에서 재해석하고 정보를 활용해서 준비한 흔적들이 보여서 흐뭇한 참관시간이었습니다.
선생님께 하고 싶은 말 (격려의 말씀 등)	매체를 활용한 수업 진행 방법이, 특히 돋보였으며, 아이들의 참여가 높은, 의미있는 수업이었습니다. 도입 부분, 마블 룰렛 활용도 신선했어요~^^

그림 9-27 학부모님 반응3

수업 참관 소감 (좋은 점, 아동 중심 돋보였던 점 등)	다른 모둠의 발표도 집중하여 잘 듣고 있는 모습이 기특하네요. 멘트를 잘 외워서, 청중을 바라보고 발표하는 모습이 의젓하고 흐뭇했습니다.
선생님께 하고 싶은 말 (격려의 말씀 등)	무엇보다 선생님의 표정이 좋으셔서 학교생활에 마음이 푹 놓입니다. 사춘기 꿈틀이들 지도하시느라 저희는(학부모) 모를 고충도 있으실텐데, 행복하시고! 지지하겠습니다.

그림 9-28 학부모님 반응4

수업 참관 소감 (좋은 점, 아동 중심 돋보였던 점 등)	각자 책임감 있게 발표하는 모습들이 훌륭했습니다. 발표하는 모습이 훌륭했습니다. 자신감 있는 모습에 놀랍기도 하고 기특해 보여서 좋았습니다. 학교생활 잘 하고 있는 모습이 또 보기 좋았습니다.
선생님께 하고 싶은 말 (격려의 말씀 등)	각 모둠별로 친구들이 협동하여 발표하는 모습들이 멋졌습니다. 발표하기가 적극적이고 서로 도와주는 모습들이 보기 좋았습니다.

다만, 이러한 국어과 발표 수업에서 소기의 성공을 거둘 수 있었던 이유를 생각해보면 직접 수업을 한 교사의 의견은 '기초 · 기본'의 중요성이라고 생각한다.

학생들이 모두 어릴 때부터 살아오며 자연스레 말로서, 글로써 표현 활동을 하였기에 '기초 · 기본'이 준비된 상태에서 국어과 학생 참여형 수업을 했기에 효과적이었던 것으로 추정된다. 다만, 학생 개인차가 있는 수업에서는 이러한 참여형 수업이 구현될 수 있을지 의문이 있다.

따라서 현재 학생별로 격차가 발생하는 수학·영어 등 교과에서 느린 학습자는 기본 학습을 보충해주고, 빠른 학습자에게는 또 그에 맞는 맞춤형 콘텐츠가 제공된다면 위 사례처럼 모든 학생이 주도성을 가지고 몰입하는 학생 참여형 수업이 잘 구현될 수 있지 않을까 생각한다.

이에 디지털 기반 교육의 방향을 크게 두 가지 갈래로 잡고 나아가야 하지 않을까 생각한다.

첫째는, 학생이 기초·기본·심화 학습으로 배워야 할 내용을 개별 맞춤형으로 지원하는 방법이고 둘째는, 협업 기반 활동이지만 그와 동시에 나만의 생각을 창의적으로 표현할 수 있도록 하는 참여형 수업을 지원하는 방법이다.

이 장에서 다루는 AI 기반 서·논술형 과제 피드백은 현재 수준에서 발전해야 할 점들이 많지만 두 가지 유형의 디지털 기반 교육 방향 모두에서 미래에 중추적인 역할을 담당할 것으로 예상된다.

이상으로 국내 에듀테크 중 AI 기반 서·논술형 평가를 제공하는 '클래스팅 AI 글쓰기'에 대해 살펴보았다. 물론 다른 국어과 관련 에듀테크 및 코스웨어 역시 다양하게 존재하고 있으나 대부분 유사한 수준에서 피드백을 제공하는 것으로 추정된다.

앞서 살펴본 해외와 국내, 각각 하나의 사례 외에도 최근에는 교육청에서 개발한 공공 플랫폼에서도 AI 기반 서·논술형 평가 시도가 이루어지고 있다.

이 책에서는 범용성의 문제로 자세히 다루지 않았지만 경기도교육청의 AI 기반 맞춤형 교육 플랫폼인 '하이러닝' 역시 AI 논술형 과제를 제시하고 이에 대한 평가를 '필수 개념의 이해', '논리의 정합성', '교과 성취기준' 기준에 근거하여 제공하고 있다.

그림 9-29 이러닝 - 문항 출제 - AI 논술형 출제하기

하이러닝에서 교사가 문항을 출제하면 학생은 교사가 제시한 조건에 따라 글을 작성할 수 있다. '제한 시간', 포함되어야 할 '필수 키워드'를 준수하면서 과제를 수행하도록 안내받으며 작성하는 중 실시간으로 글의 분량을 글자 수로 확인할 수 있다.

그림 9-30 하이러닝 - 학생 제출 화면

학생이 과제를 작성한 후 '제출하기' 버튼을 클릭하면 교사에 전달되는데, 여타 프로그램들과 마찬가지로 바로 AI의 피드백을 받을 수 있는 것이 아니라 담임교사의 검토 후, 교사가 보낸 피드백을 바탕으로 결과를 확인할 수 있다.

교사는 학생의 수행 과제를 확인하고 AI가 평가한 점수와 선생님이 평가한 점수를 함께 검토할 수 있는데, 이때 교사의 평가점수와 피드백 문구 역시 초안으로 AI가 생성해준다. 다만, 앞선 프로그램들과 마찬가지로 교사가 블록을 클릭하여 글을 수정하고 보완할 수 있으며 '저장하기' 버튼을 누르면 그대로 채점 결과가 저장되고 학생에게 결과가 보이게 된다.

다만, 하이러닝의 서·논술형 과제 피드백 역시 부족한 점이 존재한다. 일반적으로 글은 한 번 쓰고 끝나는 것이 아니라 지속해서 피드백하고 수정·보완해야 하는 것으로 기능상 한 번의 제출, 한 번의 채점으로 끝나는 점은 추후 이를 보충하는 기능의 개발 필요성이 있다.

그림 9-31 하이러닝 - 교사 확인 화면

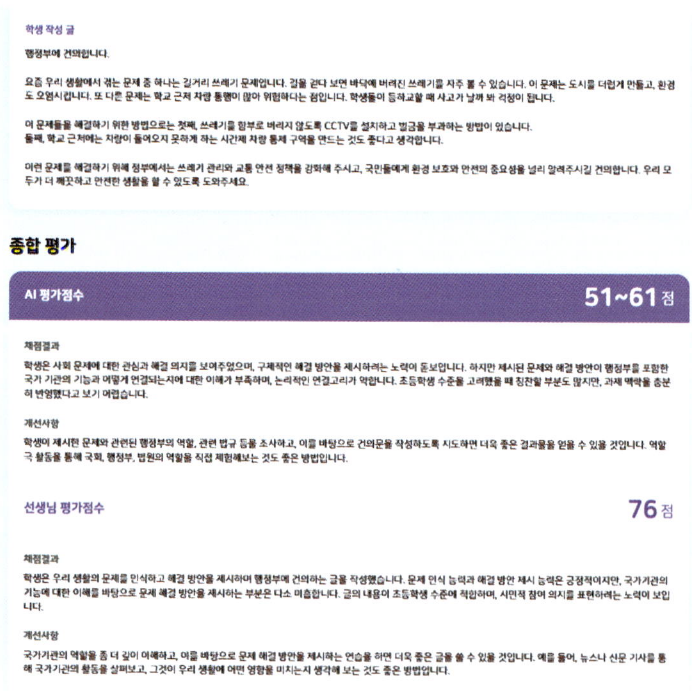

지금까지 AI 기반 서·논술형 과제 피드백이 학교 현장에서 어떻게 진행되고 있는지 알아보았다. 물론 여전히 평가 전문가의 시선에서는 미흡한 부분이 많고, 동시에 AI 전문가의 눈에도 역시 부족한 부분이 보일 것이다. 하지만, 현재 수준에서도 교사가 기존에 생각만 했던 그러나 물리적 한계로 하지 못한 개별 맞춤형 피드백의 가능성, 그 실마리를 찾은 느낌을 받을 수 있다.

'개별 맞춤형 교육'을 위한 에듀테크는 매우 많이 개발되어 있다.
이제는 '개별 맞춤형 피드백'을 지원하는 방안에 대한 시간이 진행 중이다.
그리고 '과정중심평가'와 '서·논술형 평가'를 위한 시간도 필요하다.

디지털 기술의 발전은 교육 현장의 고민을 조금씩 꾸준히 해결하는 중이다.
그렇기에 '디지털 교육'의 발전적 성장의 흐름은 지속되어야 한다.

3 AI 기반 서·논술형 과제 피드백의 한계와 방향

이번 장에서는 'AI 기반 서·논술형 과제 피드백'의 현재 수준을 예시로 보며 그 가능성을 알아보았다. 그러나 여전히 해결해야 할 문제점이 많으며 현장에서 지적될 수 있는 한계점도 명확하다. 여기에서는 그 한계를 개론적으로 살펴보며 이런 한계점을 극복하는 방안이 곧 'AI 기반 서·논술형 과제 피드백'의 방향이 될 것임을 말하고자 한다.

이 장에서는 평가에 AI를 활용하는 것이 현 단계 수준에서는 적절치 않음을 지적하며 피드백으로 단위를 낮추어 표현하였으나 궁극적으로는 평가까지 나아갈 것으로 바라보고 평가를 포괄하여 설명한다.

첫째, 서·논술형 평가 고유의 한계가 존재한다: 평가의 신뢰성

먼저 전통적인 서·논술형 평가와 마찬가지로 채점자 간/내 채점 일관성에 관한 문제가 AI 활용 평가에도 발생할 수 있다. 생성형 AI에 대해 평가 영역에서 불신의 눈빛을 보내는 것은 생성형 AI에서 같은 프롬프트로 질문을 넣더라도 다른 응답을 하는 경우를 일반인들이 많이 경험했기 때문이다. 따라서 이러한 부분에 대한 인식이 긍정적으로 변화하는 데 시간이 상당히 소요될 것으로 예상한다. 물론 AI의 채점은 사람보다 일관성이 높을 가능성도 있으나, 창의적 답안을 평가 절하 하거나 편향된 채점을 할 가능성도 존재한다.

둘째, 현재 대부분의 AI 모델은 블랙박스이다.

비록 교사가 제공하는 평가 기준을 넣을 수 있고 그것이 반영될 수 있다고 할지라도 실제 AI 기반 솔루션이 활용하는 튜닝모델은 기업의 영업비밀로서 사용자 교사에게도 구체적으로 자세하게 안내하지 못하는 한계가 있다.

즉, 교사가 제공한 루브릭과 별개로 AI가 실제로 피드백 또는 평가 시 사용하는 루브릭 또는 평가 기준을 알 수 없는 상황으로 블랙박스 상태에 놓여 있다. 그렇다면 결국 평가의 투명성 측면에서도 문제가 제기될 수 있으며, 기업에 학생 평가가 좌지우지되는 상황에 대한 우려가 있을 수 있다. 만약 현재 거대 언어 모델과 마찬가지로 동일 응답을 재현하는 확률이 높지 않은 상태로 개발된다면 결국 AI는 교사의 루브릭과 다른 방식으로 채점할 수 있어,

이는 평가의 투명성과 공정성 측면에서 중대한 한계로 작용할 수 있다.

셋째, 해석의 다양성과 창의적 표현에 대한 채점 여부

AI는 결국 데이터를 학습한 값을 기반으로 응답한다. 따라서 다양한 해석이 가능한 역사 교과, 철학 교과, 윤리 교과 등에서 사고를 제한하고 응답을 특정 관점으로 몰아갈 확률이 존재한다. 또한 이런 데이터 기반 평가는 소수 내용에 대하여 오판할 수 있으며 형식적 요소에 대해 높은 평가를 할 확률이 있다. 즉, 독창성보다는 형식적 학습이 강화될 우려가 있고, 내용은 들어갈 것만 들어가고 형식을 잘 맞추어야 점수가 괜찮게 나오는 현상이 발생할 수도 있다.

넷째, 책임 소재의 불분명함

앞서 살펴본 모든 AI 기반 서·논술형 피드백을 지원하는 도구에서는 AI가 생성한 내용이라도 교사가 수정하고 발행하는 주체이며 최종 결정 권한은 교사에게 있다. 교사의 편의성을 높여주고 동시에 교사의 전문성에 대해 지원하는 보조적 도구로서 의미가 있었지만, 만약 실제 AI 기반 서·논술형 평가로 인하여 불이익을 받는 사람이 나타났을 때 그 오류에 대해서 누가 책임을 질 것인가에 대해 아직 법·제도적으로 명확하게 체계가 마련되지는 못한 상황이다.

앞서 살펴본 바와 같이 기술의 발전에 따라 교사가 개별 맞춤형 피드백을 제공할 수 있도록 도움을 받을 수 있다는 점은 명확하나 이상의 한계점 역시 존재하기에 'AI 기반 서·논술형 과제 평가 및 피드백'의 발전 방향은 다음과 같은 측면에서 모색해야 한다.

첫째, 신뢰성과 공정성을 높이기 위한 체계적 기준 마련이 필요하다.

AI가 평가에 활용되기 위해 사람과의 일관성뿐 아니라, 다양한 의견·생각과 창의적 표현을 공정하게 평가할 수 있는 기준을 갖추어야 한다.

이를 위해 교사가 제공한 평가 기준 또는 루브릭을 AI가 학습하는 과정에 반영해야 하고, 그 반영 여부를 확인할 방법이 모색되어야 한다. 더불어 동일 답안 반복 테스트 등의 방법을 통해 교사와 AI의 피드백 또는 평가 간에 얼마나 일치하는지 꾸준히 추적하여 신뢰성을 높여야 한다.

둘째, AI 모델의 블랙박스 문제를 해결하기 위하여 Ex AI(AI 원리 설명)가 교육용 모델에 도입되어야 한다.

평가를 담당하는 교사는 물론이며 학생들과 학부모 역시 AI의 판단 기준을 이해할 수 있어야 하며, 피드백이나 점수가 어떻게 도출되었는지 누구나 인정할 수 있도록 해야 한다. 이는 평가의 투명성을 높여주며 동시에 디지털·AI 기술을 활용하는 교사의 신뢰 확보, 학생과 학부모 대상의 설명 책임까지 시스템적으로 확보할 수 있게 도와준다.

셋째, 창의성과 다양성이 요구되는 곳에서 활용할 수 있도록 개선한다.

정답 중심의 평가에서는 충분히 AI의 데이터 기반 판단이 적절히 작동할 것으로 예상된다. 다만, 논쟁의 여지가 있는 다양성이 요구되는 영역과 창의적인 인사이트가 개입될 여지가 있는 교과의 경우 학습 데이터에 이를 충분히 반영한 열린 해석이 가능한 AI 모델과 평가 기준이 마련될 필요가 있다.

넷째, 책임 구조를 분산하며 교사의 부담을 완화한다.

사람은 실수를 할 수 있고, 각 기업에서 제작한 평가 지원 인공지능 역시 완전 무결할 수는 없다. AI의 오류는 교사의 의사와 무관하게 피평가자인 학생의 성적과 그 결과에 개입할 여지가 있을 수 있다. 따라서 AI 모델로 인한 오류 혹은 불이익에 대한 책임 소재가 명확해야 한다.

특히 교사만이 유일한 최종 책임자로서 남게 만든다면 아무리 유용한 도구가 생기더라도 교사는 절대 활용하지 않을 것이다. 따라서 그 책임과 역할을 분담하는 구조를 마련해야 한다.

결론적으로, 현 단계에서 **AI 기반 서·논술형 피드백 시스템은 교사의 전문성과 판단을 대체하는 도구가 아닌 보완하는 보조 도구로서 기능하고 있다.** 이처럼 기술에 학생 피드백 및 평가를 완전히 넘기는 것이 아니라, 교사의 평가 전문성과 결합한 형태로 적용하는 것이 현 수준에서 가장 바람직하면서도 현실적인 활용이 아닐까 생각한다.

기술의 도움을 받되, 우리 교육의 힘이자 본질인 사고의 다양성과 민주시민 양성을 훼손하지 않도록 교사의 전문성과 결합하여 조화로운 방향으로 나아가는 것, 그것이 바로 AI 기반 서·논술형 평가 및 피드백이 가야할 방향일 것이다.

참/고/문/헌

「초·중등학교 교육과정 총론」(교육부 고시 제2022-33호, 2022. 12. 22.)

저자 약력

강주원
인공지능융합교육 석사
AI·디지털 기반 교육혁신 선도교사
교육부 디지털기반교육혁신 연구학교 운영

김효정
서울대진초등학교 교사
AI·디지털 기반 교육혁신 선도교사, TOUCH교사단 및 AIEDAP 마스터교원
아이스크림연수원 직무연수강사

박준호
경기반송초등학교 교사, 경기도교육감 교육정책자문위원
(사)디지털미디어교육콘텐츠교사연구협회 '몽당분필'대표이사
AI·디지털 기반 교육혁신 선도교사, Canva Korea local leader 교사

김진관
T.R.I.P.O.D 수업-평가 연구회 운영진 및 AI티처스쿨 대표교사
2023 대한민국 정보교육상
요즘 교사를 위한 AI 디지털 수업 설계 가이드(대표저자) 외 7권 공저

이혜림
안양과천 에듀테크 활용교육 연구회 대표
전 경기도미래교육연수원 교수요원('23)
AI·디지털 기반 교육혁신 선도교사, AIEDAP 마스터교원, TOUCH교사단

김동주
AI·디지털 기반 교육혁신 선도교사
AIEDAP 마스터교원
경기미래교육 연수기획단

이성일
서울영신초등학교 교사
AI·디지털 기반 교육혁신 선도교사, TOUCH교사단
디지털기반 교육혁신 유공교원 교육부장관 표창

이성강
이담초등학교 교사
AI·디지털 기반 교육혁신 선도교사
아이스크림연수원 직무연수강사

장덕진
평택새빛초등학교 교사
소방·안전공학 박사, 컴퓨터교육 석사
대한민국 정보교육상, 대한민국 안전대상

교실 속 AI 디지털 교육 인사이트

초판발행 2025년 10월 15일

지은이 강주원 · 김효정 · 박준호 · 김진관 · 이혜림 · 김동준 · 이성일 · 이성강 · 장덕진
펴낸이 노 현

편 집 조영은
기획/마케팅 이선경
표지디자인 이영경
제 작 고철민 · 김원표

펴낸곳 ㈜ 피와이메이트
서울특별시 금천구 가산디지털2로 53, 210호(가산동, 한라시그마밸리)
등록 2014. 2. 12. 제2018-000080호
전 화 02)733-6771
f a x 02)736-4818
e-mail pys@pybook.co.kr
homepage www.pybook.co.kr
ISBN 979-11-7279-165-0 93370

정 가 29,000원

박영스토리는 박영사와 함께하는 브랜드입니다.